國家"雙一流"建設學科"南京大學中國語言文學"資助項目

江蘇省2011協同創新中心"中國文學與東亞文明"資助項目

第二十九輯 ｜ 童　嶺　編

域外漢籍研究集刊

多元文化視野下的漢籍與「漢文化圈」專號

中華書局

北京　2025

圖書在版編目(CIP)數據

域外漢籍研究集刊. 第二十九輯/童嶺編. —北京:中華書局,
2025.6. —ISBN 978-7-101-17301-7

Ⅰ. K207.8-55

中國國家版本館 CIP 數據核字第 2025PY4301 號

書　　名	域外漢籍研究集刊　第二十九輯
編　　者	童　嶺
責任編輯	王傳龍
封面設計	劉　麗
責任印製	韓馨雨
出版發行	中華書局
	(北京市豐臺區太平橋西里 38 號　100073)
	http://www.zhbc.com.cn
	E-mail:zhbc@zhbc.com.cn
印　　刷	北京僑友印刷有限公司
版　　次	2025 年 6 月第 1 版
	2025 年 6 月第 1 次印刷
規　　格	開本/710×1000 毫米　1/16
	印張 26½　插頁 2　字數 430 千字
國際書號	ISBN 978-7-101-17301-7
定　　價	128.00 元

目　次

中古的多元文化

3 世紀至 7 世紀的中亞⋯⋯⋯⋯⋯⋯⋯馬爾沙克（Boris I. Marshak）撰

　　　　　　　　　　　　　黄奕揚　劉超譯（3）

胡漢之間

　　——中世紀盛期東伊朗語人群在漢地的

　　　　　遷徙與融合⋯⋯⋯⋯魏義天（Étienne de la Vaissière）

　　　　　　　童丕（Éric Trombert）撰　尹磊譯（13）

中國歷史上統一的影響

　　——隋朝與宋朝的建立⋯⋯⋯⋯⋯⋯⋯譚凱（Nicolas Tackett）撰

　　　　　　吴慧慧　操瑞軼譯　何劍葉校（53）

不得其門而入

　　——歐美關於中國書法研究的論著

　　　　　概況 ⋯⋯⋯⋯⋯⋯⋯⋯⋯畢羅（Pietro De Laurentis）（91）

日本漢籍研究

遣倭使視角下的邪馬臺國問題新探

　　——以《倭人傳》爲中心 ⋯⋯⋯⋯⋯⋯馮立君　余曉東（115）

論九條家本《群書治要》所引《曾子》之校勘功能

　　及其“治要”之意義 ⋯⋯⋯⋯⋯⋯⋯⋯⋯⋯潘銘基（143）

日藏《新修本草》殘卷回傳考略 ⋯⋯⋯⋯⋯⋯⋯陳　秋（159）

中古正史與域外校讎

古寫本《玉篇》殘卷徵引《漢書》輯考

　　——兼論南朝梁代的《漢書》傳本與舊注 …………蘇　芃（177）

日本静嘉堂藏宋本《北史》及其校勘學價值 ………………黄　樓（205）

海東文獻與文化

唐羅同盟的瓦解

　　——中韓記事取捨的

　　　　比較……約翰·查爾斯·賈米森（John C. Jamieson）撰

　　　　　　　　　　　　宋麗譯　拜根興校（221）

新羅《慧超往五天竺國傳》再考 …………………………徐　燁（229）

突厥、回鶻史專欄

突厥阿史那懷道夫婦墓石槨石門紋飾中的域外元素………李小勇（251）

突厥第二汗國末期研究………………………片山章雄撰　朱振宏譯（269）

哈喇巴勒哈遜碑與初期回鶻摩尼教史

　　——牟羽可汗、彼得·茨默·拉里·克拉克、

　　　森安孝夫 …………………吉田豐撰　山本孝子譯（287）

安史之亂後唐與回鶻關係新論

　　——以新出回紇王子移禄啜墓志爲中心的考察………王慶昱（305）

西方漢籍文獻

17 世紀漢籍入藏歐洲圖書館的歷史

　　——以劍橋大學圖書館第一本漢籍爲中心的考察……何　妍（317）

俄羅斯傳教士沃兹涅先斯基的手寫日記

　　及其漢籍收藏…………………馬義德（Maiatskii Dmitrii）（343）

學術書評

北魏史研究中的墓志線索

　　——以窪添慶文《墓志運用與北魏史研究》

　　　　爲中心 …………………………路雲賀　薛海波（357）

先唐女性話語的遮蔽與建構

　　——評胡秋蕾《棄婦和閨怨：早期中古文學中

　　女性話語的形成》……………………賴伶雙　張　月（371）

感受前朝，講述前朝

　　——評魯大維《在蒙古帝國的陰影下：明代中國

　　與歐亞世界》……………………………胡簫白（385）

學術訪談

一帖蘭亭只爲卿

　　——吉川忠夫《王羲之：六朝貴族的世界》的歷史

　　　場景……………胡阿祥　張學鋒　童嶺　陸帥對談

　　　　　　　　　　　　康海源　解冰清整理（397）

中古的多元文化

3 世紀至 7 世紀的中亞[*]

馬爾沙克（Boris I. Marshak）撰　黃奕揚　劉超譯

　　本文基於新近考古發現，簡要考察了中亞史的典型特徵和關鍵事件。許多民族都曾生活在這片位於伊朗和中國之間的遼闊大地上，一部分定居於幾個大型綠洲，另一部分則遊牧於從黑海海岸綿延到蒙古的草原長帶內[①]。那麼首先就不得不提及中亞史的一大矛盾特徵：生齒相對較少的遊牧民族，反而得以統治綠洲中的稠密人口，建立起一系列偉大而短命的王朝。我們所能見到的關於綠洲邦國的記載並不多，因爲彼時外來的觀察家們往往倒重於書寫遊牧民族的歷史，後者才更多地牽涉到對外政策的制定。因此，我們必須圍繞匈奴、嚈噠和突厥這幾個遊牧民族及其所統治的時期展開討論。

　　爲什麼這些遊牧民族如此强大，但他們的帝國卻又總是夭亡？這第一個

* 本文是教育部中華優秀傳統文化專項課題（A）重大項目（尼山世界儒學中心）："隋唐歷史文化認同與中華民族的發展研究"（23JDTCZ009）及國家社科基金重大項目 "中古域外漢籍舊鈔本整理與 '漢文化圈' 研究"（24&ZD233）階段性成果之一。

本文英文版 "Central Asia from the Third to the Seventh Century"，原載朱安耐（Annette L. Juliano）、樂仲迪（Judith A. Lerner）編 *Nomads, Traders and Holy Men Along China's Silk Road: Papers Presented at a Symposium Held at the Asia Society in New York, November 9-10, 2001*, Brepols Publishers，2002，pp.11—22。

① 有關中世紀早期中亞文明史的討論，見 Boris A. Litvinsky, ed., *History of Civilizations of Central Asia*, vol. 3, Paris: UNESCO, 1996; Dennis Sinor, ed., *The Cambridge History of Early Inner Asia*, Cambridge, 1990; Richard N. Frye, *The Heritage of Central Asia from Antiquity to the Turkish Expansion*, Princeton, NJ, 1996.

問題並不難回答。在遊牧社會中,每位男性都是技藝高超的騎手和弓箭手。並且,他們可以把自己的牧群托付給少數牧人,從而迅速集結起大規模的騎兵部隊。與此相反的是,在定居社會中,農民們無法從日常生活中習得作戰技能。此外,他們一旦離開農田、長期投身軍事行動,就會導致作物損失慘重。所以,這些綠洲邦國幾乎沒有訓練有素的軍隊,更難以向廣闊草原上的遊牧民族進攻。既然如此,他們也往往樂於接受一個强大的遊牧政權的統治,這樣的話,無論是其商隊的貿易往來,還是本土的生活安全,都能得到保護。他們儘管就此淪爲附庸國,卻仍享有幾乎完整的自主權。

　　第二個問題則可以結合中亞的地理環境來回答。在歐亞大陸上,條件最好的牧場都位於北方森林與南部沙漠之間的草原帶中。實力最爲强大的遊牧族群每年都會兩次穿越該地帶。有時,他們的北方近鄰,即那些曾是獵人和漁民的群落,會遷移到前者遺棄的草原上,並且很快變成牧民。古匈牙利人就是最好的例子,其祖先原本生活在西西伯利亞的森林中,後來則演化爲草原民族。當一個遊牧族群征服了另一個相鄰的族群時,就會發現自己的力量是先前的兩倍,並且能夠輕鬆地吞併其他那些向東或是更常向西遷徙的群體。於是,我們可以看到所謂的"多米諾效應"在部族間產生,最終形成一個新的帝國。然而,組成這種帝國的各個群體之間幾乎沒有共同利益,因此他們雖然容易被統一,卻也同樣容易回歸四分五裂的狀態。

　　一些遊牧統治者遷移到南方的定居國家,並在那兒建立了新的王朝。很快,他們融入了定居社會,逐漸失去了與龐大且好戰的草原部落的密切聯繫,也變得不再那麼强大。在草原帶的南部,有兩個次重要的遊牧中心,分別位於靠近天山和興都庫什山脈的地區,那裏牧場廣闊,水草豐茂。

　　在中亞的歷史舞臺上,扮演了另一些重要角色的便是當地的定居民族。在前蘇聯、阿富汗和中國進行了長達六十年的大規模考古發掘之後,我們可以很有把握地説,這些定居民族的力量並不如遊牧民族强大,但卻有著遠爲發達的文化和藝術。

　　在本文中,我將簡要探討幾個人口定居的地區:位於澤拉夫尚河和卡什卡河河谷的粟特(窣利,其主要城市爲撒馬爾罕和布哈拉);位於阿姆河三角洲的花刺子模(克哈里茲姆),以及在文化上與粟特聯繫緊密的東北鄰邦烏斯特魯什納和赭時;還有圖哈利斯坦(前巴克特里亞/大夏古國),其位於粟特南部,東至穿越興都庫什山脈的小徑處。

　　該地區的三種主要語言是粟特語、花刺子模語和大夏語，它們都屬於印歐語系東伊朗語支。而新疆綠洲地區的用語則分爲兩部分，西部講東伊朗語支的和田語，東部（龜兹、焉耆）講吐火羅語（一種同屬印歐語系但非伊朗語支的語言）。通過連接中國與印度以及地中海國家的商隊路線網，這些肥沃富饒的河谷和綠洲得以相互聯通。這裏的商隊路線，也就是通常所説的絲綢之路，儘管它實際包含許多條不同的道路，而且除了絲綢之外，還有各種其他商品沿著它們運輸。

　　在所有災難性的戰爭中，破壞最大的是 4 世紀（或許還有 3 世紀）的匈奴入侵。粟特本是一個富饒且人口稠密的農業國家。經過一段繁榮發展後，由於人口過剩，許多人不得不背井離鄉。粟特人的遷徙和對其他地區的殖民是公元後最初幾個世紀中區域融合因素的代表。粟特人在絲綢之路的北方支路上建立了貿易殖民地，甚至有的是從事農業活動的城鎮和村莊，一直延展至中國西部的敦煌，並深入內陸。從 4 世紀到 7 世紀，凡是從印度河上游去往印度的路線[1]，基本都是由粟特人開闢的[2]。絕大多數旅行者、印度河上游渡口的商人以及吐魯番市場上的買賣雙方都是粟特人。烏斯特魯什納、赭時、大宛、七河地區（天山北部邊緣一帶）和花刺子模的貨幣上都鎸刻著粟特的傳説故事，其主導性的文化角色可見一斑。由此，粟特語也成爲了中亞的通用語。然而，粟特人卻從未建成過統一的帝國。他們的國家由幾個城邦和小公國組成，不過，整個東粟特地區都對其傳統意義上的首都撒馬爾罕尊崇備至。

　　在 3 世紀，最重要的政治事件當屬大一統的貴霜王國的隕落，其版圖西接大夏古國，東抵印度。大夏 - 吐火羅斯坦曾是貴霜治下的繁榮地區，後來成爲了伊朗帝國的一部分，由薩珊王朝統治（公元 3 世紀至 7 世紀）。薩珊王朝的軍隊還曾入侵過粟特，但薩珊人卻從未將其納入到帝國版圖中，由此，粟特傳統的硬幣形制才得以留存。

　　公元 313 年，一位粟特商人從中國致信其在撒馬爾罕的親屬，稱殘暴的遊牧民族匈奴人入侵了中國，他在此處的同胞正由於饑荒而不斷死去，並預計自己也

---

[1] Nicholas Sims-Williams, *Sogdian and Other Inscriptions of the Upper Indus*, 2 vols., Corpus Inscriptiones（譯者注：作者即寫爲 Inscriptiones，疑爲 Inscriptionum 的訛誤）Iranicarum, London, 1989, 1992.

[2] Jonathan Skaff, "Sasanian and Arabo-Sasanian Coins from Turfan: Their Relationship to International Trade and Local Economy", *Asia Major* 2, no. 2, 1998, pp.67-115.

難以幸免①。就在同一世紀，匈奴人在伏爾加河谷站穩了腳跟，這是他們向西歐遷徙進軍的起點，也成了日後羅馬帝國的崩潰之源。同樣在 4 世紀下半葉，一位匈奴統治者佔領了撒馬爾罕，並在粟特建立起一個新的王朝。考古學家們發現，大約在同一時期，許多農業定居點都遭到毀壞，並且，幾乎所有半遊牧民族的墓地也都不再投入使用，而幾個世紀以來，這些半遊牧民族一直生活在粟特人灌溉的農田周邊。甚至連撒馬爾罕，也被部分地遺棄了。然而這場危機之後，人口再次迅速增長。一些學者認爲，在一份 5 世紀的中國使團前往粟特的報告（這是我們了解這一事件的唯一資料來源）中，“匈奴” 這個詞掩蓋了另一個名字——真正的侵略者是基奧尼特人或其他民族。然而，這一結論似乎並無根據，因爲早在 4 世紀時，粟特人和中國人就都已經很清楚匈奴人所指是誰②。

　　在 4 世紀，吐火羅斯坦由一位被稱爲 “庫什安沙阿” 的薩珊總督統治；作爲其盟友（有時也是對手）的基奧尼特人，則可能是來自印度河流域的土著遊牧部落。到 4 世紀中葉，吐火羅斯坦國王的名字 “格拉姆貝茨” 已經是大夏語式③。所以，大約在公元 400 年，基奧尼特人應該已經控制了吐火羅斯坦。隨後在 5 世紀上半葉，一個名叫基達拉的人（可能是貴霜出身）試圖依靠服役於他的匈奴人重建貴霜王國，而匈奴人或許正是在他治下進入了現代阿富汗的領土，後來成爲了對印度極具威脅的鄰國。我推測，基達拉是在粟特或周邊地區遇到了那些匈奴人（後被稱爲基達里特匈奴人），因爲基達拉的名字出現在了傳統的撒馬爾罕形制的硬幣上，這足以表明，粟特也被他納入了統治範圍中。值得一提的是，這種類型的粟特硬幣，雖然歷經了匈奴入侵、薩珊佔據以及撒

---

① Nicolas Sims-Williams, "Sogdian Letter", in *Monks and Merchants: Silk Road Treasures from Northwest China, Gansu and Ningxia, 4ᵗʰ-7ᵗʰ Century,* New York, 2001, pp.47-49.

② 有關基奧尼特人、基達里特人和嚈噠人的討論，見 Robert Göbl, *Dokumente ur Geschichte der Irannischen Hunnen in Baktrien und Indien*, vols. 1-4, Wiesbaden, 1967; Boris Marshak, "K voprosu o vostoshnykh protivnikakh Irana v V v", *Strany i narody Vostoka*, vol. 10., Moskva. 1971, pp.58-66; Frantz Grenet, "Regional Interaction in Central Asia and Northwest India in the Kidarite and Hephthalite Periods: The Present State of the Evidence", *Ancient Indian and Iranian Peoples and Language*, Seminar in Cambridge on December 16-18, 1999 .

③ Nicolas Sims-Williams, *New Light on Ancient Afghanistan: The Decipherment of Bactrian,* London: SOAS, 1997, p.13.

馬爾罕王朝的變遷,卻都保存了下來 ①。粟特的基達拉硬幣也與從前貴霜地區發行的基達里特硬幣截然不同。粟特的錢幣鑄造表明,雖然戰爭等政治事件接連發生,當地的行政機構卻依舊十分穩定。不過,這些硬幣的尺寸越造越小,儘管它們和所仿效的古希臘錢幣原型一樣,都被稱爲 "staters"。在 5 世紀的中間三十年,薩珊人摧毀了基達里特王國,又在巴達赫尚遇到了嚈噠人,後者兩次擊敗了薩珊軍隊。公元 484 年,嚈噠人在戰爭中殺死了薩珊國王卑路斯。隨後,伊朗成爲了嚈噠人的附屬國,前後長達八十年。除此之外,嚈噠人還入侵印度,並征服了新疆的綠洲地區,當地的國王也成爲了他們的附庸。

大英博物館内,藏有一隻製作於興都庫什山東南地區的銀碗,它反映出 5世紀中葉中亞政權的過渡情況 ②。在這隻碗的中心浮雕中,刻劃著一位當地領主的肖像。在碗的側面,則可以看到他與兩位寄多羅國王一同狩獵,他們戴著各具特色的王冠,身邊還有一位前帝國時期的嚈噠王子。他尖尖的頭骨,與所謂的 "ALXONO" 組早期嚈噠貨幣上所描繪的形象相似。撒馬爾罕博物館中藏有一隻類似的碗,很可能也是由嚈噠人委託製作的,因爲碗底同樣有類似的浮雕。這隻碗發現於撒馬爾罕附近的支列,和它同時出土的,還有一個描繪卑路斯的薩珊盤子以及另外兩隻粟特碗 ③。

大約在公元 509 年,粟特被剛建立的嚈噠帝國納入了版圖 ④。這一次,當地的鑄幣業的確中止了,因爲粟特收到了大量來自卑路斯的精美銀幣,這是波斯人進獻嚈噠的巨額貢品之一。很快,粟特商人就把這些薩珊銀幣帶到了中國。在興都庫什山地區,嚈噠仍是遊牧的民族,但根據拜占庭方面的記載,在粟特等其他被征服的領地上,嚈噠則成爲了城鎮居民。不過,這些記載只涉及嚈噠的駐軍以及他們的官員,並不包括那些從未真正抵達過粟特的遊牧部落本身。

我們目前尚不清楚,嚈噠人到底是東興都庫什地區的外來者還是原住民。

---

① Evgeny Zeymal, "Political History of Transoxiana", in *Cambridge History of Iran*, vol.ⅠⅠ, part I, Cambridge, 1983, pp.232-262; Evgeny Zeymal, "The Kidarite Kingdom and Central Asia", in *History of Civilizations of Central Asia*, vol. III, Paris: UNESCO, 1996, pp.119-133.

② Ormond M. Dalton, *The Treasure of the Oxus*, 3rd edition, London, 1964, plates 29-31; Boris Marshak, *Die Silberschätze des Orients*, Leipzig, 1986, pp.29-39, fig. 14.

③ Marshak, *Silberschätze*, op. cit., pp.23-41, plates 2, 4, 11-13, 36, 37.

④ Kazuo Enoki, "On the Nationality of the Hephtalites", *Memoires of the Research Department of the Toyo Bunko* 18, 1958, pp.1-58.

儘管嚈噠可能有部分北方民族的血統,但他們顯然有著清楚的本土特徵。嚈噠人實行的一妻多夫制,在北方草原上聞所未聞,對中國人來說也匪夷所思;但是根據兩份大夏的文獻記載,這一習俗正與定居的大夏人和吐火羅斯坦人相同 ①。

　　6 世紀的下半葉,是中亞民族史上的轉折期。來自阿爾泰山脈的突厥人成爲新的民族元素。他們在草原帶的東部擊潰了柔然汗國,而後在 60 年代,又先後佔領了嚈噠、粟特,不久吐火羅斯坦也成爲了突厥汗國的屬地。突厥人成爲了粟特商隊的強力保鏢,許多粟特人也出任突厥汗國的文武官職,其中有一些作爲使臣,在此後去往了波斯和拜占庭。

　　6 世紀下半葉,居住在中國的粟特人舉辦葬禮時,會用到靈床和屏風,而這些屏風上的浮雕,則顯示出國與國之間的聯繫 ②。安伽墓就是最好的例子。

---

① Nicolas Sims-Williams, *Bactrian Documents from Northern Afghanistan*, Studies in the Khalili collection, vol. 3, Corpus Inscriptiones Iranicarum, vol. 6, pt. 2, Oxford and New York: Nour Foundation with Azimuth and Oxford University Press, 2000, pp.32-35, 136-137.

② Jiang Boqin, "The Zoroastrian Art of the Sogdians in China"（譯者注 :姜伯勤《中國祆教藝術史研究》）, *China Archaeology and Art Digest* 4, no. 1, December, 2000, pp.35-71; Annette Juliano, "Northern Dynasties: A Perspective", in *Chinese Archaic Bronzes, Sculptures and Works of Art*, New York: J.J. Lally and Co., 1992, no pagination; James Watt, "Three Panels with Relief Carving", in *The Metropolitan Museum of Art: Ancient Art from the Shumei Family Collection*, New York, 1996, pp.142-145; Judith Lerner, "Central Asians in Sixth-century China: A Zoroastrian Funerary Rite", *Iranica Antiqua* 30, 1995, pp.179-187; Annette L. Juliano and Judith A. Lerner, "Cultural Crossroads: Central Asian and Chinese Entertainers on the Miho Funerary Couch", *Orientations* 28, no. 9, 1997, pp.72-78; Annette L. Juliano and Judith A. Lerner, "Eleven Panels and Two Gate Towers with Relief Carving from a Funerary Couch", in *Miho Museum: South Wing*, Shigaraki, 1997, pp.247-257; Yin Shenping and others, "Notes on the Excavation of the Tomb of An Qie", *China Art and Archaeology Digest* 4, no. 1, 2000, pp.15-29（譯者注 :尹申平等《西安北郊北周安伽墓發掘簡報》,《考古與文物》2000 年第 6 期）; Zhang Qingjie and others, "Brief Reports on the Stone Sarcophagus of Yu Hong", *China Art and Archaeology Digest* 4, no. 1, 2000, pp.30-34（譯者注 : 張慶捷等《太原隋代虞弘墓清理簡報》,《文物》2001 年第 1 期）; *Kaogu yu Wenwu*, no. 6, 18-35; *Wenwu*, no. 1, 2001, pp.4-26; *Wenwu*, no. 1, 2001, pp.27-52; Han Wei, "Views on Questions Relating to the Surrounding Screen of the Stone Bed in the Tomb of An Jia, Northern Zhou", *Wenwu*, no. 1, 2001, pp.90-101（譯者注 :韓偉《北周安伽墓圍屏石榻之相關問題淺見》,《文物》2001 年第 1 期）; Annette Juliano and Judith Lerner, "The Miho Couch Revisited in Light of Recent Discoveries", *Orientations* 32, no. 8, 2001, pp.56-61.

安伽是一名中國官員，他死於公元 579 年，並下葬於西安。他的祖父很可能來自布哈拉。安伽總是以身著一條樸素的灰色長袍的形象出現。在背景屏風中央的一塊浮雕中，他和他的妻子正坐在一張中式長榻上。在另一塊浮雕中，安伽坐在突厥可汗的大帳內，而包括粟特國王在內的其他來客都被安置在帳外。在旁邊的浮雕中，安伽則正於中式的亭子裏招待一個突厥人（突厥人總被描繪爲留著長髮）。這個突厥人正在觀賞一場粟特舞蹈，不過在任何場景中，都没有見過突厥和其他遊牧民族的人起舞。即便到了 20 世紀初，遊牧的哈薩克人和吉爾吉斯人也未曾跳過舞。

安伽身旁坐著他的粟特客人，而在下一塊浮雕上，我們能看到粟特和突厥的獵人。另外兩塊浮雕上，安伽正接受某個遊牧部落酋長的招待，那裏的土地上遍佈野生動物。隨後，安伽也參與了狩獵，地點可能就在此國之中。第三塊浮雕展現了女士們乘坐馬車離開葬禮現場的情形。另有兩塊浮雕刻畫了安伽祖先的故鄉。他正在一個葡萄園裏喝酒。旁邊的浮雕中，粟特人和長髮的突厥人同坐在粟特式的亭子中。從一場葬禮宴會的情形就能看出，粟特人和突厥人的關係十分緊密。在上方的浮雕中，突厥人與粟特人相遇；左下方，他們則一同宴飲。美秀美術館所藏的一架 6 世紀的長榻上，也出現了畫面相似的浮雕，但是其中只能看到粟特人。

到 7 世紀，中亞的形勢發生了變化，因爲兩個强大的新生國家先後建成：西邊的阿拉伯哈里發王朝 / 阿拉伯帝國和東邊的大唐帝國。7 世紀中葉，阿拉伯人從薩珊人手上奪取了伊朗，隨即開始向東亞擴張。伊朗難民帶著他們的財寶遷往中亞，其中一些人甚至抵達了中國。

在東方，中國人於 630—658 年間擊敗了突厥人。東部的綠洲邦國歸屬了唐朝。撒馬爾罕及其鄰邦同樣在 658 年承認了中國對其享有主權，但他們的地方統治者都没有失去任何權力，只是獲得了新的封號。在撒馬爾罕，一間宮室西墙的壁畫中描繪了這一事件，將此視作當地國王的重大功績，而他很可能希望通過這個儀典，助其打開粟特商品在中國的銷路[1]。在這面墻的底部中央，即正對著宮室入口的地方，畫有幾個手持絲綢的中國人形象。兩側墙上則畫著突厥的軍隊。

---

[1] Lazar I. Al' baum, *Zhivopis' Afrasiaba*, Tashkent, 1975; Boris I. Marshak, "Le programme iconographique des peinturs de la 'Salle des Ambassadeurs' à Afrasiab (Samarkand)", *Arts Asiatiques* 49, 1994, pp.1-20.

根據突厥的鄂爾渾文獻記載，他們曾在 658 年前後穿越粟特，到達其西南邊界，不情不願地爲中國皇帝服役 [1]。在其中一個突厥人的手上，刻有一個粟特語的單字銘文 "arg"。這個單詞即表示契約奴隸的身份 [2]。另一面墻上，壁畫師描繪了一位唐朝皇帝狩獵豹子以及船上一群中國宮女的畫面。7 世紀的最後幾十年仍是粟特最爲繁榮的時期，儘管它於此時開始遭到阿拉伯人的侵襲。

在中亞的東北部，突厥人自 679 年起反抗唐朝統治，重新建立了突厥汗國，而在東南地區，新生的吐蕃國從 7 世紀 70 年代開始，就在不斷進攻唐朝在吐魯番盆地的駐軍。

政治歷史的框架有助於理解文化關係。我們可以從藝術作品中發現，在貴霜時期（2 世紀），佛教開始扎根於吐火羅斯坦。其於 3 世紀傳入新疆南部綠洲諸國，4 世紀則傳入北部，並在隨後的時期（5 世紀—7 世紀）繁榮起來。而貴霜王朝終結後，佛教也幾乎銷聲匿跡於吐火羅斯坦。然而，在 6 世紀末 7 世紀初突厥人的治下，佛教又在該國掀起熱潮 [3]。我認爲巴米揚城的興建應該就發生在 600 至 650 年間，而不是晚於這一時段太多 [4]。

在粟特本土，只有少數人信奉佛教。然而，在唐朝統治下的粟特殖民地中，佛教卻逐漸流行。出土於片治肯特的一副泥塑佛像的模具，在粟特地區獨一無二 [5]。許多佛經在粟特（也有可能是在中國）從中文被譯成粟特語。我們知道，在 7 世紀晚期，中國人在碎葉城（七河地區）建造了一座佛寺。考古學家還發掘出幾座基本與其同時代的佛寺，兩座在阿克・貝希姆遺址（碎葉城），一座在紅列奇卡（七河地區），還有一座位於庫瓦（費爾干納 / 大宛）。在阿克・貝

---

① 影山悦子告訴我，她在《唐會要》第 99 卷中讀到一則有關撒馬爾罕的記載，言此事發生在 658 年，而非 650 至 655 年之間。

② 來自於弗拉基米爾・A. 利夫希茨（Vladimir A. Livshits）和我的口頭交流。

③ Tamara I. Zeymal, "On the Chronology of the Buddhist Site of Kara tepe," in *Coins, Art and Chronology: Essays on the pre-Islamic History of the Indo-Iranian Borderlands*, Vienna, 1999, pp.413-422.

④ Zemaryalai Tarzi, *L'Architecture et le décor rupestre des grottes de Bamiyan*, Paris, 1977; Deborah E. Klimburg-Salter, *The Kingdom of Bamiyan: Buddhist Art and Culture of the Hindu Kush*, Naples, 1989.

⑤ Boris I. Marshak and Valentina I. Raspopova, "Buddha Icon from Panjikent", *Silk Road Art and Archaeology* 5, 1997/98, pp.297-305.

希姆遺址的佛寺中，存有青銅浮雕鐫刻的兩位粟特神祇的形象，其邊框則裝飾著中式的花紋[1]。

　　一般來説，粟特人自視爲祆教信徒，但對他們而言，多神崇拜（祆教的和非祆教的）似乎比瑣羅亞斯德的原教義更加重要。我們知道，在 6 世紀和 7 世紀的粟特與中、粟混血的藝術作品中，有一些形象是完全祆教式的。印度肖像學和世俗文學的主題直到 6 世紀才開始影響粟特，彼時嚈噠人統治著粟特和印度的西北部。隨後，在瓦拉赫沙，粟特藝術家們將阿胡拉·瑪兹達描繪成騎在象背上的因陀羅形象，而在片治肯特，風神維施帕卡則是以濕婆的形象出現，等等[2]。

　　在中亞地區，世俗藝術幾乎並不存在，粟特則是一個例外。在撒馬爾罕，以及特別是在片治肯特（一座建於 5 到 8 世紀的城鎮，位於今塔吉克斯坦的片治肯特古城遺址附近），出土了許多紀念碑。到了 7 世紀和 8 世紀，片治肯特壁畫所描繪的文學主題則源於希臘（《伊索寓言》）、印度（《五卷書》和《摩訶婆羅多》）、伊朗（魯斯塔姆的豐功偉業），以及當地流傳的各種故事[3]。

　　這種世界性的視野，正是中亞，亦即歐亞文化傳統交匯點處的文化特徵。這一時期的另一特徵性事件，則主要是從 5 世紀到 7 世紀，羅馬、伊朗、吐火羅斯坦（大夏）和粟特的銀器紛紛傳入[4]中國，極大影響了中國的銀器工藝發展[5]。

[1] Leonid R. Kyzlasov, "Arkheologicheskie issledovaniia na gorodishche Ak-Beshim v 1953-1954 gg", in *Trudy Kirgizskoi kompleksnoi arkheologo-etnograficheskoi expeditsii*, vol. 2, Moskva, 1959, pp.206-209, fig. 38, 7. 在紅列奇卡，發現了一尊由唐代中國雕刻家製作的佛像，見 Galina A. Brykina, ed., *Sredniaia Aziia i Dal'nii Vostok v epokhu srednevekov'ia. Sredniaia Aziia v rannem srednevekov'e*, Moskva, 1999, plate 100, 4.

[2] Alexander M. Belenitskii and Boris I. Marshak, "The Painting of Sogdiana", pt. 1 of *Sogdian Painting*, Berkeley, Los Angeles, and London, 1981, pp.29-33 and fig. 5.

[3] Ibid., 27, 28, 68.

[4] 公元 6 至 7 世紀的薩珊王朝鍍金銀水壺。大都會藝術博物館收購，道格拉斯·狄龍夫婦禮贈與收購基金（Mr. and Mrs. Douglas Dillon Gift and Rogers Fund）支持。見 Annette Juliano and Judith Lerner, *Monks and Merchants: Silk Road Treasures from Northwest China*, New York: Abrams, 2001, pp.98-100.

[5] Boris I. Marshak, "A Sogdian Silver Bowl in the Freer Gallery of Art", *Ars Orientalis* 29, 1999, pp.101-110; Qi Dongfang, *Research on Tang Gold and Silver*, Beijing, 1999（譯者注：齊東方《唐代金銀器研究》，中國社會科學出版社，1999 年），pp.249-289, 306-369, 372-382 (in Chinese with an English summary).

　　總之,值得一提的是,在中亞最西端的粟特,曾出土過幾件中國的藝術品,其中包括一面極爲精美的隋朝鏡子①;並且,在7世紀撒馬爾罕的一道宮墙上,當地的畫家描繪了一位唐朝皇帝狩獵豹子和一群宮女乘船遊蕩的畫面②。

(作者單位:俄羅斯冬宮博物館;

譯者單位:南京大學文學院)

---

① Amriddin Berdimuradov and Masud Samibaev, *Khram Dzartepa II* (*The Temple of Jartepa-II: The Problems of Cultural life of Sogdiana in the 4th-8th c. A.D.*), Tashkent, 1999, pp.44, 45, plates 84, 86, 2; Qi Dongfang, op. cit., pp.378-382, figs. 3-83.

② Marshak, "Le programme iconographique", op. cit.

胡漢之間

——中世紀盛期東伊朗語人群在漢地的遷徙與融合*

魏義天（Étienne de la Vaissière）　童丕（Éric Trombert）撰
尹磊譯

　　中世紀盛期顯然標志著蒙古時代來臨前漢地與中亞之間交流的頂峰。自公元 640 年以降的一個世紀，唐（618—907）在事實上或在名義上控制了整個中亞地區。這樣的征服事業，是經歷了一個漢地與西域諸國——印度、伊朗、突厥語人群的諸帝國以及遙遠的拜占庭——之間的頻繁交流時期所産生的後果：亞洲的商業空間明顯地被編織在粟特商人所組成的商隊網絡之中。這些粟特人來自於索格狄亞那（Sogdiana）的偉大城市，諸如撒馬爾罕、布哈拉和塔什干，而它們都是建立在草原邊緣的商業中心的基礎之上。無論在中亞還是漢地的城市中，這些説伊朗語的人均廁身於漢人官吏、突厥士兵、印度和龜茲僧侶之中……5 至 8 世紀，這些混雜的人群即所謂 "克里奧爾人"，便源自於極爲複雜的遷徙移居進程，並由粟特、突厥和漢之間的交互影響而産生。他們

* 本文是教育部中華優秀傳統文化專項課題（A）重大項目（尼山世界儒學中心）："隋唐歷史文化認同與中華民族的發展研究"（23JDTCZ009）及國家社科基金重大項目 "中古域外漢籍舊鈔本整理與 '漢文化圈' 研究"（24&ZD233）階段性成果之一，同時受國家社科基金冷門絕學研究專項學術團隊項目：絲路古道新疆段遺跡考察與中華民族 "三交" 史文物文獻整理研究（23VJXT016）資助。
　本文法文版 "Des Chinois et des Hu: Migrations et intégration des Iraniens orientaux en milieu chinois durant le haut Moyen Âge"，原載 *Annales. Histoire, Sciences Sociales*, 2004, 59e année, No. 5/6, pp.931-969.

中的精英在中亞和北方均在政治和文化上發揮著重要作用,漢人稱這些操東伊朗語的人群爲“胡”,或更爲寬泛的“雜胡”。所有這些“胡”都不是嚴格意義上的粟特人,甚至不能説是伊朗語人群,而是接受了伊朗語人群特别是粟特人在文化、語言和經濟上的趨向愛好的這樣一群人,而突厥貴族則在賦予其軍事特徵上發揮著主要作用。

我們最開始對“胡”人感興趣的地方,是將其視爲一種特殊的社會群體。在那時,只有他們的商業活動引起了關注。然而相關文獻和考古資料的重要性已經無從忽視,並且至少可以使我們對於其社會史進行基本的分析研究①。除了與這一群體直接相關的若干文書②之外,中亞東部的沙漠和洞窟——吐魯番和敦煌——實際上保存著與漢人的日常習俗相關的大量文書:在阿斯塔納和哈拉和卓墓地,用已經使用過的廢紙爲亡者製作壽衣材料的習慣③,爲我們提供了大量的文獻證據;而在敦煌發現的寫本,雖然原本是佛教主題的,但通常又進行重新利用,在背面抄寫了經濟和社會文書,時間則是 9 至 10 世紀,從而同樣可以使我們進行社會史的分析。在中原内地,(同時代)有關日常習俗的文書佐證則付之闕如。相反,史料編纂的傳統使得編修和保存了大量的專題著作、王朝正史、方志、類書、傳記,等等,它們都非常具有利用價值。此外,某些存世的墓志形成了一種優選材料,利用它們來處理與説伊朗語人群相關

---

① 文獻資料縮略語如下:

　P. :巴黎法國國家圖書館(BNF)伯希和特藏所收文書;

　S. :倫敦大英圖書館斯坦因特藏所收文書;

　TWC :國家文物局等編《吐魯番出土文書》,文物出版社,1981—1991 年,10 卷 + 索引,1996 年。

　THTD-2 :山本達郎,池田温等《敦煌吐魯番社會經濟文書集》,第二卷,户籍。2 卷。東洋文庫,1984—1985 年。

　THTD-3 :山本達郎,池田温等《敦煌吐魯番社會經濟文書集》,第三卷,契約文書。2 卷。東洋文庫,1986—1987 年。

　KDSC :池田温《中國古代籍帳研究》,東洋文化研究所,東京大學,1979 年。

② 特別是在距敦煌不遠的地方發現的由 5 封信件所組成的一個郵包,即“粟特文古信劄”,它們是 313 年居於河西走廊的商人們所寫的;此外,還有 7 世紀吐魯番的一份奴隸買賣契約。

③ 在 1959 年至 1975 年間,對 456 座墓穴進行了發掘,其中 118 座發現了 27000 塊殘片,得以重構出 1600 份漢語文書,其中一半是官文書,另一半則是私人文書。其中三分之一是 273 年到 640 年,剩下則是 640 年到 778 年的。

的問題仍然處於起步階段。這些我們期待將會有所發現的另外的社會地層，本質上也都是與精英人物相關的。

　　根據傳統而言，我們在漢文史料中辨認出這些"胡"人，靠的是他們所具有的特殊的姓氏，"康"是來自撒馬爾罕的，"安"是來自布哈拉的，而"羅"則是來自巴克特里亞的。但這樣的方法有時在對那些很久以來就已經漢化了的家族中的胡人進行歸類時並不準確，而且母系爲胡人的又常常被忽略。它只能運用於初步的分類，然後還需要通過婚姻情況、名字的選取、社會等級的提升過程、社會職業的聚合、移居情況、社群結構等更爲準確的分忻來予以完善。類似的分析還處於起步階段。但是，這樣的社會標準，以及把"胡"人團結到一起的關聯性，以及涉及到漢人群體的涵化現象，使我們得出這樣的結論，即這些"雜胡"作爲一種特殊的社會群體，至少在部分程度上形塑了中國北方和中亞的東部邊緣地區。

粟特移民

粟特商人

　　移居到漢地以及漢地邊緣的異族首先是商人[①]。所有的文獻證據均表明，自公元 1 世紀開始，這一群體就從中亞西部和印度—伊朗文化圈的邊緣地帶進入到中國的甘肅和塔里木盆地。《漢書》在公元前 25 年有關外國使臣的記載便稱他們"無親屬貴人，奉獻者皆行賈賤人，欲通貨市買，以獻爲名"[②]。

　　我們所掌握的有關這一群體唯一的具體記載時代非常晚，是由 313 年的《粟特文古信劄》所提供的。在這些文獻中，提到粟特商人群體的次數相對較多，而且其分佈從中原王朝的首都一直延伸到敦煌。在甘肅和塔里木盆地，有舉族定居的例子：古信劄 I 和 III 便是由一位婦女分別寄給她母親和丈夫的。

---

① 在此僅能予以簡單探討的商業領域的方方面面，參見魏義天《粟特商人史》，法蘭西公學和高等漢學研究所，"高等漢學研究所叢書第 XXXII"，2002 年，新修增訂版，2004 年。

② 班固《漢書》卷九六上，頁 3886，何四維（Anthony Francois Paulus Hulsewé）《中國在中亞：早期階段：公元前 125 年至公元 23 年》（《漢書》卷六一及卷九六譯注，由魯惟一〔Michael Loewe〕撰寫導言），博睿出版社，1979 年，頁 109。本文中有關正史的引文，與中華書局 1972 年版相對應。

社群内部相互婚配的情况亦得到證實。人數分别爲 100 人和 40 人的兩個群體定居在此地的諸城中，相關記載見於古信劄 II。在敦煌，古信劄 III 提到的一筆借貸表明這座城市的粟特社群的力量已經强大到擁有一處禮拜的場所和執事人員，這很可能是一種内部組織[1]。社群是由坐商和行商所構成的，這在所有的信劄中都能找到證據，但我們也發現還提到了農民的群體：在古信劄 V 中，有個群體具有 "黑" 這樣的名字，這是整個中亞地區顏色規則中用來指農民的顏色[2]。

粟特人的分佈（6—8 世紀）

我們對於粟特人和漢語人群之間維持著怎樣的關係知之甚少：古信劄 III 的文本反映了一名被遺棄在敦煌的粟特婦女的悲慘遭遇，她已經習得了漢人的風俗習慣，並且委身服侍漢人。社群中的一個成員似乎出於一椿可能是商業方面的債務糾紛，被迫躲避漢人的捉拿[3]。粟特人與漢人政權之間存在著明顯的距離：古信劄 II 之中提到的聾人聽聞的情報——漢人的都城遭到了匈人（Huns）的佔領，皇帝也逃了出去——通過粟特人内部的一個信息渠道進行傳遞。相反，他們與其他外國移民群體的關係則更爲密切：古信劄 I 的收件人具有一個印度式的名字，而這是控制著塔里木盆地東緣的樓蘭王國的典型特徵。信劄中還使用了大量的印度辭彙，特别是在商業辭彙的使用上尤其突出。

這些零星的痕跡在長達兩個多世紀中没有什麽其他文獻上的呼應。在此期間，我們唯一可以確定的就是粟特人的群體繼續存在著。這一方面可以從年代爲這段時期的中點也就是 439 年的一份漢文文獻[4]中得以證明，另一方

---

[1] 參見辛維廉（Nicholas Sims-Williams）《中國和印度的粟特商人》，收入加多納（A. Cadonna）和蘭奇奧蒂（L. Lanciotti）主編《自亞歷山大大帝至唐代的中國與伊朗》，奥爾斯施奇（Leo S. Olschki）出版社，1996 年，頁 45—67，此處引用的内容見頁 48—49。

[2] 葛樂耐（Frantz Grenet）、辛維廉、魏義天《粟特文古信劄 V》，《亞洲研究所學報》，《亞歷山大在東方的遺産：保羅·博爾納祝壽論文集》，12，2001 年，頁 91—104。

[3] 這些段落是由亨寧（Walter B. Henning）翻譯的，見《粟特文古信劄的年代》，《東方與非洲研究學院院報》，XII-3/4，1948 年，頁 612，n°5；頁 607，n°2；以及頁 615，n°2。"我必須要學習如何文雅地對待漢人"（第 20 行）；"法爾昏（Farnxund）失蹤了，漢人四處搜尋，但卻找不到他"（第 33 行）；"由於法爾昏的債務（或讀爲 "犯的罪"），我和我的母親，我們都成了漢人的奴婢"（第 35 行）。

[4] 魏收《魏書》卷一〇二，頁 2270，譯文引自榎一雄《索格狄亞那與匈奴》，《中亞雜志》，I，1，1955："粟特國，在葱嶺之西……其國商人先多詣涼土販貨，及克姑臧，悉見虜。"（頁 44）（譯者注：此處徑採原文）

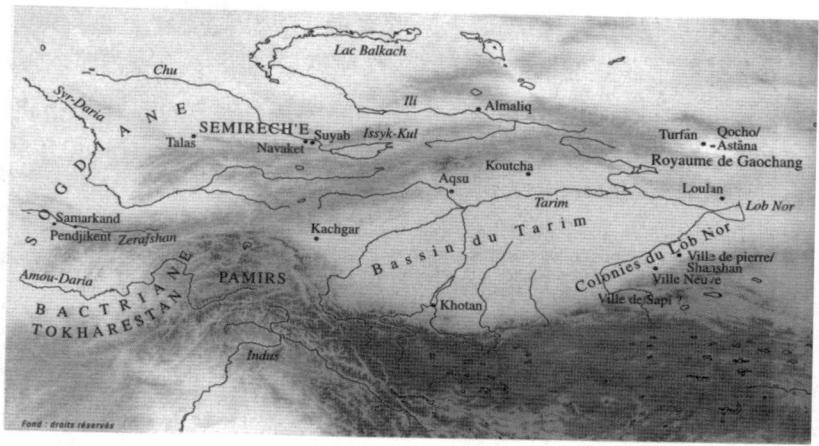

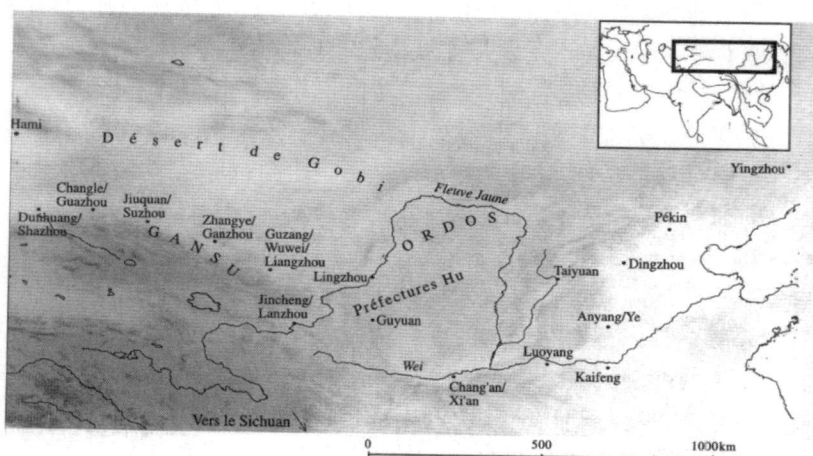

注：Syr-Daria 錫爾河、Chu 楚河、Sogdiane 索格狄亞那、Samarkand 撒馬爾罕、Penjikent 片治肯特、Zerafshan 澤拉夫尚河、Amou-Daria 阿姆河、Bactriane 巴克特里亞、Tokharestan 吐火羅斯坦、Lac Balkash 巴爾喀什湖、Ili 伊犁河、Semirech'e 七河地區、Talas 塔拉斯、Navaket 納縛肯特、Suyab 碎葉城、Issyk-kul 伊塞克湖、Almaliq 阿力麻里、Kashgar 喀什、Pamirs 帕米爾、Indus 印度河、Koutcha 庫車、Aqsu 阿克蘇、Tarim 塔里木河、Bassin du Tarim 塔里木盆地、Khotan 和田、Turfān 吐魯番、Qocho/Astāna 火州／阿斯塔納、Royaume de Gaochang 高昌國、Loulan 樓蘭、Lob Nor 羅布泊、Colonies du lob Nor 羅布淖爾拓殖點、Ville de pierre/Shanshan 石城／鄯善、Ville Neuve 新城、Ville de Sapi? 薩毗城

Hami 哈密、Désert de Gobi 戈壁沙漠、Changle/Guazhou 常樂／瓜州、Dunhuang/Shazhou 敦煌／沙州、Jiuquan/Suzhou 酒泉／肅州、Zhangye/Ganzhou 張掖／甘州、Guzang/Wuwei/Liangzhou 姑臧／武威／涼州、Lingzhou 靈州、Jincheng/Lanzhou 金城／蘭州、Vers le Sichuan 向四川去、Fleuve Jaune 黃河、Ordos 鄂爾多斯、Préfectures Hu 六胡州、Guyuan 固原、Wei 渭水、Chang'an/Xi'an 長安／西安、Pékin 北京、Taiyuan 太原、Dingzhou 定州、Anyang/Ye 安陽／鄴、Luoyang 洛陽、Kaifeng 開封、Yingzhou 營州

面,則是從那些唐代出自於伊朗語人群的大家族的祖先世系中可以看出來,他們的家系聲稱其早在 4 世紀前就已經在漢地定居,並且其中徵引的一些細節確實可與粟特文古信劄的內容相印證,這也表明在 4 到 8 世紀間,他們的族群記憶與族群本身同樣持續存在著。

　　文獻資料的情況在 550 年到 750 年之間發生了改變。有大量文獻表明,粟特商人存在於吐魯番、敦煌和更東邊的甘肅以及中原內地。在吐魯番,最重要的證據是由對商業交易徵稅的登記簿殘片所提供的[①]。其年代無疑是在 610 年到 620 年間:

　　　　……三月【　】日……(買)【　】七十一斤,與何炎蜜畔陀……即日,康烏提畔陀買郁金根八十七斤【與車】不呂多,二人邊得錢(原作者注:銀錢)一文。次廿四日,曹遮信買金九兩,與何刀,二人邊得錢二文。即日……射蜜畔陀買香三百六十二斤,凶(硇)沙二百四十一斤,與康炎願,二人邊【得】錢十五文。次廿五日,白妹買凶(硇)沙十一斤,與康阿攬牛延,二人邊得……

　　　　都合得錢貳拾柒文

　　　　起四月五【日】,康【　】買銀二斤一兩,與何刀胡迦,二人邊得錢【　】文。即日,康【　】布迦(原作者注:或讀"希迦")買絲十斤,與康顯願,二人邊得錢一文。……【二】人邊得錢十七文。即【日】,……一文。

　　　　都合得錢貳拾壹文

這份文獻表明粟特人在商業領域的優勢地位:在整份文書中提到了 35 次商業交易。其中 29 次交易都涉及到至少一名粟特人,而辨識出這些人是靠他們的姓氏或其名字的拼寫,而且在 13 個例子中,買賣雙方都是粟特人。

　　還有其他大量文書也值得徵引,其中這份女奴買賣契約是在吐魯番以粟特文寫成的,並且提到了一位粟特人書手長官——以及一個粟特人的社群組織——年代是公元 639 年:

　　　　高昌延壽年,偉大君主俟利發王【治世】之十六年,漢曆五月,即粟特曆之第 12 月(Xšumsafič),亥年,27 日。於高昌市肆中,張(Čān)家的務德(Ōtā)之子沙門延相(Yānsyān),公開從康國的突德迦(Tudākk)之子

---

① 11 份殘片得自於阿斯塔納 514 號墓(TAM 514, 2/1-11)中逝者的紙鞋,編校的文本見 TCW,第三冊,頁 318—325。

六獲(Ūχūšūβīrd)那裏購買了一名奴隸,此人出生於突厥地區的儲野迦(Čūyākk)家族,名叫優婆遮(Ōpāča),售價爲極純的打製波斯錢 120 德拉克馬。據此,僧人延相——【及】其子、其孫、其後人、其後裔——完全買得此奴優婆遮,毫無疑義,亦無人具有優先購買權,無人追索,亦無爭議,永遠生效。僧人延相本人——【及】其子、其孫、其後人、其後裔——可以按照他們的意願,責打她、虐待她、折磨她、出售她、抵押她、將其作爲禮物贈送並予歸還、可以對她做想做的任何事。這個用銀錢買來的奴隸將永遠保有,就如或從父親、或從祖先、或從親族、或從旁系親屬、或從家人那裏得來的財物一樣。六獲已經宣佈放棄他對於此奴優婆遮的全部舊有權利,不再具有任何影響。此奴隸契約對於獲見的任何人,無論其是過客還是住民,無論是國王還是其大臣均同樣有效,只要其持有或擁有這張女子的契約。依此契約允許帶走該奴隸優婆遮,根據契約中明確規定的條款,其爲奴隸之情狀如上記載。見證人:米國的儲納迦(Čūnākk)之子帝剌(Tīšrāt),康國的昏陶奇(Xūntāūč)之子南達(Nāmdār),笈赤建的迦茲(Karz)之子毗薩(Pīsāk),何國的那那庫奇(Nanakūč)之子尼贊(Nīzāt)。這份奴隸契約是應六獲的要求,經優婆遮同意,在書手長官帕陶樂(Patāūr)的要求下,由帕陶樂之子烏赫旺(Ōxwān)所書。

　　【背面】此爲延相

　　在吐魯番的漢語文書中也提到了直接從索格狄亞那來的粟特人,並且是在微不足道的交易中提到了他們:"咸亨四年十二月十二日,西州前庭府隊正(杜)……交用練拾肆疋。於康國興生胡康烏破延邊買取黃敦駝壹頭。年十歲。"[①] 此外,有些人在這些漢語文書中是用粟特文簽的名[②]。作爲行商的興生胡與定居在吐魯番和敦煌的粟特人密切合作,後者在契約中爲其同胞充當保人。如 731 年米禄山在把一名奴隸賣給漢人的時候,所有的見證人都是操伊朗語的:其中 4 人是粟特人,還有一個是巴克特里亞人,並且他們當中有 4 個人都是在漢人治下著籍的居民[③]。這也是大約爲什麼在粟特文契約的文本中提

① TAM35, 21,編校於 THTD-3, vol. A,頁 13。
② 參見謝和耐(Jacques Gernet)《敦煌契券所見中國的拍賣活動(9—10 世紀)》,《通報》45, 1957 年,頁 357—360,以及 THTD-3, vol. A,第 33 號,頁 207 以及圖版 27。
③ TAM509, 8-12-2,編校於 THTD-3, vol. A,頁 13。

到的——"此奴隸契約對於獲見的任何人,無論其是過客還是住民均同樣有效"——適用於這兩者的原因所在了。

有些定居的粟特人既經商,又作爲手工業者。像這樣多重身份者見於 8 世紀的敦煌,他就是安胡到芬(Khudayfarn,意思是"主之榮光",此人擁有一個粟特語的美名,姓氏也是粟特人的)。此人不僅向地方政府供應和生產麥酒和酒糟,而且也大量從市場上購入①。因此,他顯然是經驗老到的手工業者和大宗商人之合體。在漢人之中,有大量的粟特人從事著這樣的活動,但都不是作爲一種特殊的專業技能的持有者——他們在製作基於穀物的飲品技藝方面並不比漢人要高明,後者自古以來就精於此道——而只是因爲粟特人掌握著資本和商貿方面的扎實才幹。

由此可見,在移居漢地的"胡"人群體中,商人——無論他們是坐商,還是往返於附近地區——其所具有的重要性已經是不爭的事實。然而,我們還想要强調他們活動的出人意料的另外一個方面。

社會形態複雜多變的社群

從記載粟特人活動的最早一批文書中,我們在定年約爲公元 547 年的一份敦煌籍帳文書裏尚可辨識的 15 個名字之中發現有兩名粟特人,即曹匹智拔和曹烏地拔②。因此,儘管他們擁有音寫的粟特語名字,但其身份已經是非常普通的農民了:他們根據北魏(386—534)帝國採用的非常複雜的授田規定,每人分得一小塊適宜耕種的土地。而且,這兩個粟特人顯然是與漢人混居的:他們的土地與其他那些爲世居於此的漢人所耕種的土地相鄰③。

到了 7 世紀和 8 世紀上半葉文獻資料變得豐富之時,我們本來期望看到商人的地方卻出現了農民這一情況便得到了證實。敦煌文獻中對粟特人在敦煌之存在最有助益的一份文書是件篇幅甚長的税賦登記册,它逐鄉進行登記,

---

① P.4979vo1,編校於唐耕耦、陸宏基《敦煌社會經濟文獻真跡釋錄》,書目文獻出版社,1990 年,第 3 卷,頁 626。

② 寫本 S.613,敦煌附近的瓜州的人口登記簿文書,錄文及編校見 KDSC,頁 149—165。關於唐以前的時代的籍帳,我們毫無所知,除了 S.613 之外,唯一的一份便是定年爲 416 年的 S.113r,但是太過殘破(同上引,頁 146—148)。

③ 這與池田温利用不同的殘片所進行的對地籍册的局部復原相對應(見 KDSC,頁 45—46 中他的方案)。

時間則是 751 年[①]。這份登記册表明存在著一個鄉的人口幾乎完全都是由源自粟特之人所構成(超過 90% 皆具有粟特人的"九姓")。没有任何文獻提到這個鄉是如何設立的,也没有文獻提及它的消亡。在那個時代組成敦煌縣的 13個鄉中,從化鄉作爲這一分析的重點既在於其居民的數量(估計有 300 户,接近 1400 口人),也在於其地理位置(與敦煌城所在的鄉毗鄰)。

認爲一個粟特人的鄉是聚焦於商業活動這樣的觀點無疑是具有吸引力的,人們長期以來試圖證明這一點,但均歸徒勞。當然,這個鄉與縣治之所在相毗鄰,並且也作爲這一地區主要的郵驛,是通往東方大道的起點[②]。並且毫無疑問地,此鄉的農業活動比起周邊各鄉而言更不佔優勢[③],公開申報的可徵徭役的人數之缺乏(爲了生意的原因遷徙走了?)比起其他各鄉更爲明顯。但這些和其他若干跡象,最終只不過證明存在著一定程度的商業傾向。相反,從化鄉籍帳令人感興趣之處在於它强調出農村活動中一個明顯的基本點。這種以農爲本的現象更令人興味盎然之處在於,這些粟特人都還保持著胡名,因爲這就表明他們作爲農民扎根此處是從第一代就開始了。這樣的現象並非 8 世紀上半葉敦煌的特例。缺乏更爲古老的文獻佐證的吐魯番地區,提供了唐代初年同樣的例證。

一份年代爲 668 年(或稍晚一些)的文書是有關高昌縣的行政機構將那些之前已經分配給現已"移"户的土地進行重新分配之事的[④]。這些移户中的大部分都具有粟特人的姓氏或名字,而新的受益者則幾乎都是漢人。這與所謂種族的純化没有任何關係,因爲我們發現在這一地區一定規模的受益者中也有若干粟特人或胡人。但是我們這裏特别要提到高昌縣的崇化鄉,根據定年

---

① 這份登記册由屬於法國國家圖書館收藏的伯希和搜集品中的若干個殘片構成。我們這裏得益於池田温之前在《8 世紀中葉敦煌的粟特人聚落》(《歐亞文化研究》第 1 期,1965 年,頁 45—46)中的相關研究。

② 據 P.2005 中的地志,"州城驛,右在州東二百步",見唐耕耦、陸宏基《敦煌社會經濟文獻真跡釋録》,第 1 卷,同前引,頁 2—23,此句在頁 8。

③ 這至少是在檢視一份時間爲 750 年的敦煌郡的納糧統計報告中的數據所得出的印象,見P.2803 (編校於 KDSC,頁 472—477)。

④ 這份文書由 29 個殘片組成(TAM 42,頁 54 以下,編校於 TCW, vol. Ⅵ,頁 243—269),由池田温在《初唐西州高昌縣授田簿考》一文中進行了綴合與研究,收入黄約瑟、劉建明編《隋唐史論集》,香港大學出版社,1993 年,頁 178—197。

爲 707 年的一份人口登記簿的殘片所示，其所反映的情形與敦煌從化鄉非常相近。也就是説有大量初染華風的粟特人衆也根據唐代土地系統的有關規定獲得了授田[①]。其中許多人的身份與他們的漢人同袍一樣都是民兵，其中少量還具有低階的官銜。在這些農民之中值得一提的是具有粟特人姓名的康迦衛的例子，得益於前引 668 年的文書，我們得以瞭解他之前的經歷[②]（如果確實是同一個人的話）。當他還年輕的時候，康迦衛被授予了一家移户所拋棄的土地，另外有個姓康的和三個漢人則被授予了同一來源的土地，他們的地與康迦衛所受的相鄰。大約 30 年後，至少從行政角度而言其土地成爲了無人繼承的情況。於是 707 年，行政當局將這些土地分割以重新進行分配[③]。康迦衛在將近 30 年間作爲農夫，成爲了户主，組建了自己的家庭，並在出於某種未知的原因失蹤之前還獲得了民兵（譯者注："衛士"）的頭銜（在 707 年的籍帳上他被注明"逃滿十年"）。我們從而可以推斷出，這些由粟特人耕種若干小塊土地的行爲也是一種主要的營生。不排除上面提到的情況的同時，還需要聚焦在爲土地使用的目的製作的人口統計簿（譯者注：授田簿）中粟特人的身影，這些人獲得的土地數量是根據與應用在其他鄉村的原則相同的方式（包括人口數量、户主的狀況等[④]）來進行計算的。668 年的這份文書中，逐塊記載了從移户那裏拿回來的土地，並且也給出了以真正的農業開發爲主業的幾户粟特家庭的例子[⑤]。我們這裏僅舉出康烏頗門陁的例子，他掌握著登記簿中最爲集中的一大片上好良田：總數爲 8 塊的田地其面積有 11 畝（超過 60 公畝），其中 6 塊

---

① TAM 35，頁 47—58（編校於 TCW, vol. VII，頁 468—485）。華化程度不高的粟特人在此鄉各里所佔的比例各不相同；在確定爲與安樂里相關的一份頗長的殘件中其數量佔絶大多數，另一份中也是如此。但其他篇幅較小的殘件中則表明是以漢人爲主：我們不知道"里"應該連在哪裏，而這將導致對統計結果重新進行討論。

② TAM 42，頁 54 以下（參見同頁前注）。

③ 668 年其所受的上好小塊田地位於酒泉鄉，是在以高昌城爲中心、與崇化鄉相對的位置。但這與其後來在人口普查時住在崇化鄉並不矛盾，因爲授田的土地通常距其人所居非常遙遠。

④ 得益於現存的包括崇化鄉和其他地方在内的大量人口登記簿，這些信息確定可以掌握；特別參見 THTD-2 中編校的文書收集品。

⑤ 編校於 TCW, vol. VI，頁 243—269；殘片的綴合及研究見池田温《初唐西州高昌縣授田簿考》，前引，頁 178—197。

都是一年兩熟的地①。此外，根據我們非常熟悉的土地數量的實際使用情況，大部分的漢人農夫都僅限於擁有比較小規模的田地。至於統計簿中所反映的地籍情況，則並未表明地塊是集中在粟特人的手上。

在吐魯番與敦煌一樣，粟特人從事各種各樣的職業：粟特農耕者的例子絕非孤立存在的。我們同樣也發現其職業的分佈是如此廣泛，以致我們無從真正得出一張協調一致的表單。有胡人皮革製造者、胡人客棧老闆、胡人畫師、胡人葡萄栽培者、胡人鑄銅師傅、胡人肉鋪屠夫、胡人製圖師、胡人官員和胡人釘駝掌師傅②，等等。沒有任何領域是他們不涉足的③。因此，這絕非只關涉到精於大規模商業的商人家族。

更往東去，無論是在甘肅還是中原內地，看起來商業的比重是逐漸增加的，社群的職業身份也更爲統一。這點特別可以從圖像和文學作品中看出來。在唐代，陶土所製的小塑像被置於顯貴人物的棺床腳下，經常表現爲商胡的形象，但也有作伎樂和馬販子形象的。實際上自7世紀到8世紀上半葉，漢人貴族大爲傾倒於胡風：服飾儀表、音樂、舞蹈以及從西域傳來的各種遊戲。玄宗皇帝諳習打馬球，而楊貴妃則擅長胡旋舞。漢地可謂中亞物產和技術的一個極爲重要的市場，每每有如此衆多的胡人工匠和藝術家們輻輳而來。宮廷中的生活方式表明在暗中存在著許多來自西域的"精工細作"（petites mains），而娛樂生活同樣以大量年輕的胡人男女的存在而著稱，在詩篇中尤爲突出。然而在文學著作之外，極少能夠發現對這些能工巧匠真實生活軌跡的描述。我們碰巧知道一個從西域進入宮廷階層的工匠家族的例子。這一社會躍升發生在其家族的兩個人身上，即何妥和他的侄子何稠，他們在正史中皆有傳記④，據此我們得以給出其家系上的若干細節。

----

① 實際上這些地塊差不多是分佈於高昌縣的四角，但通行的授田方式就是如此。在其他一些經營者可以辨明的農業經營活動中，其中兩個粟特人史阿伯仁和［－］安六［－］，其田地也同樣是小塊分佈的。

② 在長途跋涉之後，駱駝的腳底皸裂，需要掛掌。

③ 姜伯勤《敦煌吐魯番文書與絲綢之路》，文物出版社，1994年，第5章，頁150—263。

④ 何妥的傳記見於《北史》（卷八二，頁2753—2759）以及《隋書》（卷七五，頁1709—1715），何稠的傳記則見於《隋書》（卷六八，頁1596—1598）。相關的補充資訊見於《資治通鑑》（卷一七八至一八一，特別是頁5406、5552、5558、5623）以及《通志》（卷一七四，頁2801—2802）。

　　何妥的父親最初是到蜀地（今以成都爲省會的四川省東部）來經商的，時間大概是在 525 年—550 年。史料中提到他有一個著實令人驚奇的外國名字：細腳胡或細胡，這是對人名、綽號（長著一雙纖弱腳的胡人）或是部落名的音寫。他被引入到梁朝（502—557）一位宗室的親信圈子。那時，梁朝與北魏相對峙，統治著長江流域並以建康（南京）爲都城。由於有了這樣的靠山，再加上他精於用金線和絲綢進行紡織的織造技術——來自東羅馬帝國，何妥的父親享有盛譽——從而積累了大量財富（譯者注：史料原文作“主知金帛”），並被稱爲“西州大賈”①。何細胡有兩個兒子，作爲深思熟慮之人，他爲兩個兒子設置了不同的發展道路。大的那個顯然要繼承其父的家業，成爲了一名“善斲玉”的專業人士。小的那個就是何妥，7 歲便被送到首都一所享有盛名的機構——國子學中就學，這樣的特權證實了其父在梁朝所取得的影響力。當完成學業後，他歸附了北朝並歷任顯要，並使得這位異域商人之子在兩部王朝正史的《儒林傳》中都獲得了一個專傳。

　　何妥的侄子何稠的生涯也同樣引人矚目，但他卻是走上了不同的道路。何稠是在家族內部成長起來的，並受到其祖父和父親的栽培——其傳記中所揭示的品質是他具有一種早熟的巧思，以至於與其叔父的博學形成了某種反差。還在少年時期，他就在其叔父歸附北周時被帶到了長安。他首先在負責皇室珠寶的機構獲得了一個屬官的職位——他的父親正是一位寶石加工匠——然後，由於未來的隋朝（581—618）的建立者文帝的庇護，他成了爲宮廷提供器物和藝術作品的細作署的負責人。文帝即位後，他受命負責御服事宜（這一職掌通常是由宦官負責的）。由於何稠在實踐領域的知識②，他得以在自己的工坊中製作出滿足皇帝所需的“波斯常（譯者注：原文作‘嘗’）獻金綿錦袍”。6 世紀 90 年代初，何稠又受命去研發製作玻璃的化學工藝，而根據其

①　這裏我們需要著重指出蜀地的戰略意義，它繞開中國北方，將長江流域和西域聯結起來。就此我們注意到這位胡人首先是定居在郫縣，這裏也是絲綢之路南支聯結成都的第一站。關於其保護人也就是於 552 年被殺的武陵王的事蹟，見《梁書》（卷五五，頁 825—828）。關於作爲大秦（東羅馬）方物的金線的使用，見《後漢書》（卷八八，頁 2919），以及《三國志》（卷三〇，頁 861）。

②　儘管他沒有接受過經典方面的訓練，但對於“舊物”以及“古圖”均有著廣博的知識。中國人用“圖”這個字來指稱包括城市圖、地圖以及圖畫等，此字與“文”相對，後者明顯是由文化中那些高尚的部分所組成的。

傳記所稱,當時在中國這種製作技藝已經失傳很久了,工匠們都不關心這一最初源於西方的技術①。在隋朝的第二位皇帝即煬帝(604—617)統治期間,這一時期也以完成偉大的工程(新首都的建成、大運河的疏鑿等)而著稱,何稠作爲建造師施展所長。同樣在服飾製造和珠寶領域,他也聲名卓著,在官員的服裝和宮廷的其他服飾方面都有創新之舉。隋末,他被任命爲工部尚書。唐朝建立後,他被降爲將作少監。不久之後便去世了,並且似乎沒有留下子嗣,有可能之前在接受負責御服事宜的職位時,他就成了宦官。

　　何稠的成功是以高超的耐心而設置的家族戰略的產物,這一家族戰略將華化與保留其原來具有的本領——雖然根據個人情況不同而多種多樣——這兩個方面結合起來,而族群的聯繫也被精心維持了下來。

突厥—粟特系武人

　　除了商人、工匠和農夫之外,在中原内地的胡人階層中,還需要提到另一個集團,後者的社會、政治或經濟的軌跡都是迥然不同的:那就是在作爲突厥軍隊的一部分之後來到中原的粟特或突厥—粟特系的武人們。實際上,雜胡階層並不只在中原發揮著重要作用,在與中原王朝北部邊境自吐魯番到東北相毗鄰的突厥帝國中也是如此。即便我們所掌握的有關其内部情況的信息,無論是漢文還是突厥或拜占庭方面的都非常少,但有關粟特階層的影響力方面則並不乏完美的例證。以其武勇在西方聲名卓著的粟特精英,事實上通過與突厥貴族的結親,創造出了一種先是對突厥帝國、接著是中亞的回鶻人具有重大貢獻的突厥—粟特系文明②。

　　然而,突厥第一帝國在經歷與中原王朝頻繁的爭鬥之後,於7世紀在諸互相匹敵的可汗之間的對抗中瓦解了。失敗者以及他們的部衆數次前往中原尋求庇護,朝廷則給其劃定了專門的定居點。於是大量的胡人定居下來。有一個特別著名的例子:在首都的西北方,黃河大拐彎地方的鄂爾多斯地區,於7至8世紀的漢文史料中,被稱爲"胡苑"。自7世紀30年代開始一連串的移居之後,在那裏生活著衆多的粟特—突厥人家族,並於679年由中央政府組建

---

① 玻璃器皿在古代中國是作爲來自東羅馬的特產而著名。是吐火羅人把這項技術再傳入中原的(《北史》卷九七,頁2275)。

② 參見魏義天《粟特商人史》,前引,頁196—221。

成了"六胡州"①。衆多歸降唐朝的突厥帝國的粟特顯要人物便是源自這場移居運動,如 630 年降唐的康蘇密便被任命爲都督。而與 5000 人一同被俘獲的安胐汗,則被任命爲刺史。有關這數州的政治和沿革的歷史是非常複雜的,它們先後在唐與突厥之間反覆。並且在這段時期内出現了許多具有粟特姓氏的人:當六胡州於 721 年反叛時,其所有的領導者都具有"粟特人的"姓氏(康待賓、安慕容、何黑奴、石神奴 ②、康鐵頭……),而另有一些粟特人則加入唐軍,負責敉平叛亂並使之歸順。對於突厥人而言,這些粟特—突厥系的人們都是粟特人:8 世紀的突厥語文獻中,用"粟特六區"(Alty čub sogdak)指稱這一地區 ③。

　　我們没有必然的理由來反對如下觀點,即這些鄂爾多斯的胡人或者更爲普遍的胡人群體在經過了突厥帝國定居唐朝後,乃是作爲漢地粟特人群落中的商人或工匠,然而非常迅速地,鄂爾多斯的粟特人集團便開始致力於馬匹貿易,獲利於該地區廣闊草場上牧養著的唯一豐富的自然出産,以供唐軍作爲坐騎。由政府所組織,每年在規模驚人的馬市上開展的交易達到了數十萬匹絹的規模 ④。有大量的唐代小塑像表現穿著粟特衣冠的人騎在駱駝或者馬上,他們應該大多都可以比定爲從鄂爾多斯來的粟特養馬人,這也是在與之距離不遠的唐朝首都經常能看到的爲人所熟知的形象。

　　有大量的例子表明粟特人社會中的相互滲透的情形,其中最著名的便是安禄山了,他是中國歷史上影響最大的反叛者,其 755 年掀起的反叛終結了唐朝的黄金時代。安禄山是粟特—突厥混血:他的父親是粟特人,作爲突厥帝國的一名軍人;母親則是突厥人,出自阿史德氏這一重要的氏族。"禄山"正是粟特語 Rokhšan 即"光明"的轉寫。在突厥精英的一次内部清洗中,有一群之前爲突厥效力的粟特武人——其中包括安禄山的叔伯和堂兄弟——逃往唐

① 蒲立本(Edwin George Pulleyblank)《内蒙的粟特人聚落》,《通報》XLI,1952 年,頁 317—356。

② "神奴"應該是非常通行的粟特語人名 Vaghvandé 的意譯(而非音寫),意思是"神之僕"。

③ 克里雅什托内(С.Г Кляшторный)《古代突厥魯尼文碑銘——中亞細亞史原始文獻》,科學出版社,1964 年,頁 78—101,以較長的篇幅分析了第二突厥汗國碑銘中這一表達的含義,並得出結論將 čub 與漢文中的"州"相比定。

④ 杜希德(Denis Crispin Twitchett)《唐代的市場制度》,《泰東》XII,2, 1967 年,頁 202—248,此處見頁 223。

境,時間可能是在716年左右,他們前去投靠家族中的一位擔任嵐州(位處山西)別駕的兄弟。當時已是孤兒的安禄山被此人所收養。他長大後,學會了6種語言,這使他得以在爲外夷設置的邊境市場上勝任貿易中間人的角色。他主要在營州活動,此地也是與朝鮮半島毗鄰的由唐軍所設防的重要地點,我們還獲知唐朝政府曾經在717年將一群商胡安置於此[①]。當他因爲盜竊被抓獲後,他成爲了士兵以逃脱死亡。在建立輝煌的軍功之後,他成爲了國家的一位大人物,而且繼續表現爲粟特商人群體的保護人。對於中國北方胡人群體的一部更爲全球視野的歷史而言,這些武人的事蹟是不可或缺的。

社群結構

這一胡人社群很早就具有其自身的組織。從這一意義而言,最初的痕跡表露於公元3世紀。227年,甘肅中部涼州的貴霜和粟特人社群的領袖,在發生戰亂時留下如此的記載:"涼州諸國王各遣月支、康居胡侯支富、康植等二十餘人詣受節度。大軍北出,便欲率將兵馬,奮戈先驅。"[②]

"康居胡"即粟特人,在涼州地區的漢人城市中具有首領,即"侯":這也意味著胡人們已經以階級化的社群的形式組織起來,而並非只是經商者的集合體。

貴霜——月氏——帝國的商人也同樣。與這些社群相關的最早文書也證明了此點:粟特文古信劄 I 和 III 提到了在敦煌的粟特人社群中有"當局"('yps'r)和一名"税務官"(β'zkr'm)[③]。另外一份時間較前者而言要晚許多

---

① 蒲立本《安禄山叛亂的背景》,牛津大學出版社,1955年,頁80及注釋26,頁159:見《舊唐書》卷一八五,頁4814。

② 引自榮新江《北朝隋唐粟特人的遷徙與聚落》,《中國考古與藝術摘要》,IV-1,2000年,頁134。這是裴松之於429年所作《三國志》注中的一段(漢文本見《三國志》卷三三,頁894)。

③ -'yps'r,信劄 III,1.8 和 12;β'zkr'm,信劄 I,1.4。'yps'r作爲專名,亦在印度河上游的粟特文題記中得到了證實(辛維廉《印度河上游的粟特文及其他伊朗語文碑銘》,II,SOAS,《伊朗金石録-II/III》,1992年,頁45)。至於β'zkr'm,亦見穆格山文書A13,1.1,自片治肯特的β'zkr'm處發來了要求支付的指令,似乎可以使我們確定其含義,見葛樂耐、魏義天《片治肯特的末日》,《絲綢之路藝術與考古》,8,2002年,頁155—196,此處見頁187,注釋33。此外,信劄 V 是寄給"尊貴的主人,商隊首領(s'rtp'ω)薩般達"的,我們將在下文中討論 s'rtp'ω *sartapao* 這個詞。

的粟特語文獻同樣指出其存在著一種内部組織,這就是我們在上文中已經引用過的女奴買賣契約,其中提到“此奴隸契約對於獲見的任何人,無論其是過客還是住民,無論是國王還是其大臣均同樣有效”,接著又寫道“此份契約是在書手長官帕陶樂的要求下,由帕陶樂之子烏赫旺所書”。如果這裏的國王和大臣是漢人的話,其所提到的“人(n' β)”則顯然是指吐魯番的粟特人社群 :n' β (nāf)在粟特語中的含義是“社群”,指包括從家庭群體到過路者在内的一座城市中的全體市民[1]。同樣,吐魯番的社群中也有一位書手長官,來核實契約的效力。

　　除此之外,就没有什麽粟特語文書具體提到粟特人社群是如何運作的了。我們至多可以强調的是,在華粟特人墓穴中的圖像極力突出集體性的儀式、葬禮上的宴飲和節慶,這些場景中都集合了社群裏的大量成員。墓穴的富麗表明死者們都是顯要人物,這點也可以與其墓志相印證[2]。其他所有與社群結構相關的文獻資料都是漢文的,並且本質上都是圍繞著在官階體系中的一個具體官職的介入而提出的問題,這個官職就是薩寶(古音讀作 *sāt-paw'),負責處理外國人社群的相關事務。

　　在法律類文書中,薩甫(古音讀作 *sāt-piu,是上面同一個詞的另外一種轉寫方式)這個職務是出現於一個機構内部的,而鴻臚寺這個機構在北齊時代(550—577)具有外交和有時對外貿易方面的職責,它負責接待使臣,對進貢的商品予以回贈,掌管外國王公的名册並向他們授予頭銜,以使之在帝國的階序中能有一席之地。薩甫更準確而言是屬於典客署這個機構,不過並不作爲這一機構的常設官員。首都設有兩名薩甫,帝國的每個州也各有一名[3]。在隋

---

① 前面所引用的支付指令便是以片治肯特 n' β 的名義發出的。同樣也是以 n' β 的名義,在赭支(Tchātch)城打製了一些錢幣。

② 另外我們還知道在中國發現了十餘座粟特人的墓葬和石棺床。其中的 5 座,見馬爾沙克(Boris I. Marshak)《6 世紀下半葉中國藝術中的粟特題材》,《金石及美文學學院紀要》,2001 年度,2002 年,頁 227—264 ;其他的 2 座,則見瑪莎·卡特(Martha Carter)《關於兩座具有瑣羅亞斯德教主題的石棺床座》,見于斯(P. Huyse)主編《伊朗 :問題與知識》,第 1 卷,古代卷,伊朗研究推進會,《伊朗研究手册 25》,2002 年,頁 263—287。最爲精彩也最新的發現見楊軍凱和孫福喜的論文,載於魏義天和童丕主編《粟特人在中國》,法國遠東學院,專題研究 -13,2005 年。

③ 魏徵《隋書》卷二七,頁 756。

代,除了居於長安的薩保(官階爲從七品)其他都處於官階系統三十級當中的最底層,"諸州胡二百户已上薩保"①。唐代部分沿用這樣的機構設置,杜佑在其《通典》(800 年成書)中,對薩寶府有如下描述:管理這一機構的是薩寶和祆正。這一機構的職權顯然相當廣泛,因爲若把那些不見於正式編制的爲其雇傭的屬員排除在外,只另外配有 3 名有官階的官員:一位是祓祝(可能就是由"祆主"擔任)②——可能是作爲典禮儀式時真正的主祭祆正的助手;一位是率,一位是史③。我們僅掌握少數幾個事例,其中可以明確見到薩甫是作爲地方粟特人群落的首領的:在中原東北的定州,有一通保存於寺廟中的 6 世紀末的碑刻,其中提到了有一位具有胡姓的商人何永康即擔任薩甫的秘書(譯者注:録文作"薩甫下司録")④。

與吐魯番的日常活動相關的文書中很少提到薩寶。只有兩處提到過這個詞。其一是在一卷時間爲 549—550 年的官方命令集之中,這份命令集由高昌國政府頒佈,目的是在農曆新年組織相關的宗教慶典⑤。在這卷文獻中,提到薩寶(寫作"薩薄")作爲一項祭祀活動的共同負責人,其他負責的官員還有縣令、軍事主管官員和宮廷中的貴人等。所有這些人都没有宗教頭銜,並且也皆爲漢姓。在命令中規定了如果缺席或遲到時所科的罰款數額,正如在某一位官員偶爾未能完成其所應負擔的職責時所慣常採用的那樣。在此,"薩寶"這個頭銜没有任何特定的宗教功能:它只是芸芸衆官中的一員。

第二個例子中的情況則更好地凸顯了"薩寶"的職能。見於時間爲 619 年秋天有關穀物分配的一系列裁斷中,我們發現在具有經濟特徵的行政活動中清晰明白地提到了一位"薩寶"⑥。他受到門下校朗(譯者注:應爲"郎")的

---

① 魏徵《隋書》卷二八,頁 791。

② 異文是根據《舊唐書》(卷四二,頁 1803)修正,而其中記載的其他的官銜則有錯誤。

③ 杜佑《通典》卷四〇,嶽麓書社,1995 年,頁 573 和 575;亦參見《舊唐書》(卷四二,頁 1803)的一個不完整的版本。《新唐書》(卷七五上,頁 3306)僅附帶提到了一個生活在 7 世紀中葉的人,有著"薩寶果毅"這樣的官銜,可能它相當於《通典》中提到的"率"。

④《北朝隋唐粟特人的遷徙與聚落》,前引,頁 149。

⑤ TAM 524, 32/1-1 和 2;32/2-1 和 2;編校於 TCW,第 2 册,頁 40—47,對其的研究見張廣達《吐魯番漢語文書中所見伊朗宗教的蹤跡》,《中國考古與藝術摘要》,IV-1,2000,頁 193—206,此處見頁 195。

⑥ TAN 331:12/1-8,編校於 TCW,第 3 册,頁 110—115。

委託,把由政府給一個名叫車不吕(譯者注:應爲"六")多的人撥付的一定數量的粟交付給此人。正如在這一卷宗中其他的裁斷書和其他類似的文書中所示,像這樣的工作通常是由主簿來負責的。在我們所研究的這個事例中,很可能是把與興生胡階層相關的職能都委託給了薩寶來處理。由薩寶所轉交的穀物的獲益者車不吕多正是一位大商人:他在我們上文所引的吐魯番的税務登記簿中多次被提到。"車"不是一個粟特姓氏,也不是漢姓;它表明此人是一位吐魯番的土著人。雖然其貿易的性質使我們認爲他應該是位本地商人,但他與薩寶的關係則不禁使我們猜測後者的職務背景中,還保持著與商人階層的密切關係。

在高昌王國的核心行政組織中,顯然具有薩寶這一官職,然而它並不是非常活躍,在文書中也很少出現。在高昌王國效法自北魏的制度當中提到薩寶的時間,使我們可以與某些墓志得出的推測相互印證[①]:也就是説在北齊時期的法律文獻首次提到薩寶之前,在北魏時已經存在這一官職了。

中原政府任命一名官員來牽頭負責本地胡人社群的事務絶非孤例。稍晚到了9世紀,根據一位波斯商人的證言,中國南方的阿拉伯—波斯社群也是以同樣的體制來管理的:

> 商人蘇萊曼稱,在廣州商人麇集之地,有一位受到中國皇帝任命的穆斯林來處理來到此地區的穆斯林之間的糾紛,這是按照中國統治者自己的意願所設置的。在法定節日時,這位穆斯林帶頭進行祈禱、講道並呼求哈里發之名。伊拉克的商人們不能對他的裁決提出任何異議,因爲它們都是符合法律、全知全能的真主的天經以及伊斯蘭的原則的。[②]

至於中國北方的胡人社群,所有一切都使我們認爲薩寶也是同樣在社群成員中進行挑選和任命的。事實上,雖然吐魯番文書中的薩寶的名字沒有流傳下來,但我們卻知道有相當多的墓志中具有這一官職的人的名字。如太原

---

① 安萬通墓志,其有一位祖先在太祖在位時期(386—408)曾經擔任摩訶薩寶,已爲富安敦(Antonino Forte)在《質子安世高及其後裔:一個入華的伊朗家族》(意大利東方學研究所,《不定期論文集-6》,1995年,頁11)中所指出;並且在他的《安難陀:6世紀初的武威薩寶》中對其記載於《元和姓纂》中的世系進行了討論,同上引。

②《中國印度見聞録》,收入阿拉伯行紀叢書,保拉·查理-多米尼克(Paule Charles-Dominique)譯,伽利瑪/NRF出版社,1995年,頁7。

地區的薩寶的例子就是如此，他們是作爲一個文獻足徵的社群中爲首的重要人物而出現的：僅從 6 世紀中葉到 7 世紀中葉，我們就知道其中三個人，翟娑、虞弘和龍潤。翟娑是突厥化的粟特人；虞弘雖然來自魚國，但其墓中的圖像都是粟特的；第三位龍潤則是來自焉耆的説吐火羅語之人。

　　薩寶這個官銜是對一個外語辭彙的轉寫，我們可以更爲確切地認爲這一語言就是粟特語。而這個術語是通過兩種不同的渠道進入中國的。在印度，sārthavāha 的意思是商主，他們負責將商隊安全平穩地帶到目的地。其引申的含義也用來指商人同業公會的領袖。這個詞以巴克特里亞語爲中介，傳到中亞的諸語言特別是粟特語中：在古信劄 V 中就提到了一位 sartapao。在漢文中最早提到的是以 "薩薄"（古音作 *sāt-b' āk）的形式出現的，這是直接轉寫自梵文或是其他一種印度俗語形式，見於我們前文已經徵引的吐魯番文書，特別是在佛典文學中，尤其是故事和譬喻（avadāna）中多見，其時間有些可以追溯到公元 2 世紀末 ①。以類比的方式，薩薄也用來指菩薩，這些導師們爲此世的朝聖者指明正確的道路，並引向良善的渡口 ②。但後來，隨著其功能確實被吸收到官僚系統之中，這個頭銜也被改成了薩寶，以與粟特語形式 sartapao 的轉寫而非梵文相一致。另外，在漢文的歷史地理專書中，"薩寶水" 有時用來指流經撒馬爾罕和布哈拉的澤拉夫尚河。

　　於是，中原政府便把胡人群體的首領們吸收到其官階體系之中，而這些人在其群落結構的内部則具有繼承其商業傳統而來的 sartapao，即商主的稱號。每個人（nāf）均歸屬於一位 sartapao 的司法審判權之下，後者也主持或至少是監督相關的禮俗，而在他之下則存在著社群内部的一連串階序。很可能在漢文的百官名録中所引證的各級官階是可以與粟特語文獻中極少數情況下出現的那些逐條對應的。漢文文獻中的 "祆主" 和 "祆正"，無疑就是我們上文已經提到的粟特文古信劄 I（第 10 行）中的粟特祭司 ③，並且我們還將注意到，瑣羅亞斯德教的儀式實際上需要有兩名祭司在場，一位是 zōt（主祭），一位是

---

① 在佛典文獻中，薩薄的含義既通過其上下文也通過某些譯者所使用的不同譯文如 "商主" "顧客主" 而解明。參見丁愛博（Albert E. Dien）《薩寶問題再考》，《美國東方學會雜志》，82, 3, 1962 年，頁 336 注釋 5 以及頁 343 注釋 66。
② 此外，又以同樣的含義從佛教傳到了摩尼教之中，用來指摩尼。
③ 參見辛維廉《中國和印度的粟特商人》，前引，頁 48—49。

raspīg（輔祭）[1]。吐魯番的粟特文契約中的書手可能便是漢文中提到的"史"。官階反映的正是胡人社群的組織體系。

移居現象

在官階和社會生活的方方面面都被漢人所深刻同化的胡人社群，同時得到了移民大軍的不斷補充，這便解釋了其延續數百年仍然長存的原因，也使之可以對融入到漢語世界内部的同化現象做出補償。敦煌和吐魯番的記載可以使我們分析這些移居運動，而對此中原内地的史料則幾乎無從利用。

像從化鄉或是崇化鄉這樣粟特人移民多的鄉的主要特徵，再加上如此衆多的新移民家庭已經從事農業勞作的事實，不禁使我們認爲這些移民的主要來源並非移居的商人，而是想要遷徙到新土地上的成群結隊的農業拓殖者，他們受到自中華帝國再度統一以來主宰這一地區的繁榮景象的吸引，同時也基於這塊土地的新統治者仁厚的態度[2]。敦煌和吐魯番的這些從事手工業或農業的粟特人，並非之前因爲轉入貧困而另謀生計的商人的後代。由行商變爲坐商的粟特人所發揮的作用自然不能否認。他們激起了移居的願望，引導人們選擇其遷往何處，並在到來後對其進行指導、提供建議。對於敦煌的粟特人的鄉而言，我們可以認爲是有少數採用漢名的年長粟特人發揮了這樣的作用，由此我們可以推論他們在中國居住的時間已經很久了（如可徵收徭役者中的最年長者康奴子，已經 65 歲了）。作爲交換，這些粟特人口形成了常住的農夫，甚至當了小官（此鄉具有相當數量被授予勳官的權勢人物），從而有助於粟特商業的發展。其中有些人還成了上文中所引契約裏的行商人的擔保人。

移民是何時到來這點很難在用漢文寫成的世俗文書中看出來。本質上而言，首先使人感興趣的顯然是直接從屬於漢地行政機關的人口。我們可以徵引的唯一的粟特人大量來到吐魯番的例子，可能是基於 620 年左右的地方政府所完成的一份外國人名册[3]。這份名册並非像地方政府出於專門的目的而完成的人口統計簿那樣的文書，而僅限於列舉人名。雖然文書是殘缺的，但我們

---

[1] 雅克·杜謝内 - 吉爾曼（Jacques Duchesne-Guillemin）《古代伊朗的宗教》，法國大學出版社，1962 年，頁 71—76。這一信息承葛樂耐見告。

[2] 特別是在帝國完成統一之後。隋煬帝（604—617 年在位）採取了一種明顯對於外國人有利的政策。

[3] TAM31, 14，編校於 TCW，第三册，頁 119—120。

還能數出不少於 50 人。從他們的姓氏 ① 以及其名皆爲直接的音寫可以判斷出,他們都是説伊朗語的人。這裏並不涉及到家户,因爲每個人都注明爲 "一人",有時或攜有 1、2 個奴隸。

　　相反,史書中提供了成群結隊移居的若干例證,而且時代是在唐朝初年。其中最有名的便是康豔典(其名爲粟特語 y'n dyn, "宗教的恩寵")的例子了。貞觀年間(627—649),這位 "康國大首領" 向東移居到在隋朝末年的動盪中被遺棄的鄯善城。這並非一次單純的軍事遠征:康豔典把隨他而來的胡人們安置於此,並且設立了一處居民點,因爲他的緣故,這處居民點被稱作 "典合(【康豔】典所聚集的?)城"。這是一處人口衆多且充滿活力的拓殖點:包含其他三座城池:在核心都市之北的蒲桃城("種蒲桃於此城中"),在西邊 100公里處的新城,以及在西南方 200 多公里處的山地邊緣的薩毗城。

　　有關這一外國人移居的簡略瞭解使我們覺得這很像是定居者所進行的拓殖活動:建立城市(或是重建居民點)於廢墟之上,開墾田地,都是在曾經繁榮的地方進行的,這些地方只不過是因爲遊牧部落的進犯而荒蕪了。毫無疑問,康豔典和他帶領的人是直接從帕米爾高原的另一邊來的,因爲他被介紹爲康國的大首領。但這一過程顯然是分步進行的,就像在人口移動的過程中經常發生的那樣。實際上,我們還注意到在繼續往東定居鄯善之前,他還(重)"修" 了新城。

　　我們還可以認爲他在某一時間段或者與其拓殖事業的同時,曾經派遣使節去往唐廷以獲得後者的同意。他的漢語官銜實際上是唐朝用來授予外國王公的。而且他的名字也見於皇家檔案之中:在正史中提到了他。説到底,在這部作品中簡要提到此人的功業,這種做法從漢人的觀點看來是意味深長的:康豔典被任命爲鎮使,以保障與西域聯繫的暢通。但實際上唐朝的領屬權只是理論上的,其目的只在於爲宮廷的戰略目的服務。

　　康豔典的核心都市以自行其是爲特徵,並一直保留其原名到 675 年。此城改稱石城鎮,在行政上統屬於幅員廣闊的沙州。但這仍然是一種理論上的統屬,因爲我們知道沙州的州治敦煌距此有 1000 公里左右的距離,並且還要穿越沙漠。這一拓殖點的穩定維持得很好,因爲到 691 年時,石城鎮都還是由

---

① 大多數都姓曹,我們還注意到有若干姓何、姓康、姓安和一個姓穆的,後者可能來自於木鹿。他們並非按姓氏順序來排列的。

同一個家族的人來擔任鎮將的（康拂耽延和他的弟弟地舍拔）。

　　重要之處在於，移住的人群中混雜了不同的粟特社會階層，有貴族也有農夫，後者當中還有葡萄種植者。有一些文獻和遺存表明存在著與粟特世界與草原的邊緣地帶——七河地區（現在的吉爾吉斯斯坦北部和哈薩克斯坦的東南部）——同樣的移居現象。七河地區粟特人的拓殖活動顯然是由貴族們的家族所組織的：在碎葉/阿克貝希姆和納縛肯特（新城）/科拉斯納亞·瑞希卡的考古發掘，證實了在一座以粟特的方式建造的城堡周圍設置城市的做法[①]。這樣的拓殖點按東西走向沿著肥沃的山麓地帶，並由於水量豐富而得以種植小麥、葡萄和果樹[②]。我們對於這些城市發展演進的歷程仍然知之甚少。在納縛肯特，這處遺址以長度非常可觀的長牆爲特徵，其圍繞的範圍足有 20 平方公里（像在撒馬爾罕一樣），在它的内部我們分辨出了灌溉系統的痕跡，以及嚴格意義上而言一座城市（有 100 公頃）的廢墟。七河地區粟特拓殖點的總體定位通常被認爲首先是商業的設立，這種設立是分階段進行的，就像我們在絲綢之路上同樣的步驟。但是這種假説是經不起推敲的：大型的粟特遺址之間的間隔常常至少有 12 公里遠[③]，集中在今日比什凱克和伊塞克湖之間的有限空間内。對城址的選擇表明，這首先是農業性的移居，其中領主是在未開墾的處女地上設置一處領地，就像康豔典在塔里木盆地所做的那樣。

　　對於中原内地的情況而言，缺乏相關的記載。313 年的古信劄可能提供了一個成群結隊前往甘肅的商業性移居的例證。信劄 II 的作者提到了三個人的遭遇，而這三個人的名稱是以類似的方式構成的——遏末娑支（Armat-sāch），遏娑支（Arsāch）和胡耽娑支（Ghōtam-sāch），這使我們認爲他們三人應該出自同一個家族：

　　　　諸位老爺，Cwcn【即酒泉】的遏末娑支平安無事，Kc'n【即武威】

---

① 關於阿克貝希姆，參見謝苗諾夫（Grigori L. Semënov）和塔什巴耶娃（Kadicha Tašbaeva）《1996 年阿克貝希姆的發掘》，《1996 年度考古發掘簡報》，冬宮博物館，1997 年，頁 48—51；關於科拉斯納亞·瑞希卡，參見《科拉斯納亞·瑞希卡和布拉納》，伏龍芝，1989 年，頁 71—72。

② 卡爾·巴吉帕科夫（Karl M. Bajpakov）《哈薩克斯坦南部及七河流域的中世紀城市文化：6 世紀初至 13 世紀》，阿拉木圖，1986 年，頁 7—12。

③ 卡爾·巴吉帕科夫《城市文化》，前引，頁 32—34。

的遏娑支也平安無事。而且諸位老爺,自一位粟特人從内地而來已經三年了。我派出了胡耽娑支,他也平安無事,他一直前行到 Kwr'ynk,而從那裏没有人前來,爲此我要就前去内地的那些粟特人的情況向您致信,有關他們每個人的情況,以及他們到達的地界的情況。

無論訴諸正史還是墓志,其中給出的都是單一“家族”的資訊,不足以使我們從群體角度對移居現象進行觀察。我們僅掌握唯一的例證,那就是在《梁書》中有傳的一位名叫康絢(464—520)的將軍:他的祖先來自隶居(其國境包括索格狄亞那),漢代之時作爲普通百姓(“黔首”)而移居到河西走廊。據其傳記稱,在那裏他們採用“康”作爲其姓氏。“得姓”被認爲是華化的第一步。採用了姓氏,便是接受了漢俗而停止效法其世代相傳的命名系統。當他們在晋代(3世紀末?)因爲這一地區的擾亂而離開甘肅遷往藍田(在西安的東南)時,康氏一族已不再是真正意義上的外國人了。接著,這一家族以其顯赫的社會躍升而知名,並一直處於最具正統性或最爲華化的王朝的蔭蔽之下。

像這樣的家系的例子我們還掌握有若干個,但我們僅知道這些人是源自西域,然後通常在甘肅待了幾代人的時間(這作爲一種叙述模式的假設並不能排除),並最終以在中原内地實現社會躍升而知名。但關於這類遷徙具體的模式我們一無所知[①]。我們不知道這些社會群體究竟是單獨的冒險者聚集在一起所產生的,還是有組織的移居的產物。

融合過程

對我們而言,這些傳記和墓志的功用顯然是在别的地方:它們極佳地證明了在這些社群内所發生的融合過程。胡人社群的社會分化使我們得以全新的視角來分析伊朗語人群在漢人中的融合過程:這完全不涉及到那些離棄或者被破壞了商人本業的粟特人[②]。這一融合具有比起經濟而言遠爲複雜的原因,並且需要從多個角度來進行探討:漢文的官方記載使我們得以觀察這樣的群

[①] 一種在粟特人移居的根源中重構其經濟動機的嘗試,見魏義天《粟特商人史》,前引,頁65及以下。
[②] 儘管有辛維廉的《中國和印度的粟特商人》,前引。

體自身變化演進的過程,並得以衡量其融入中原王朝行政系統的程度以及其
自治的程度。墓志和列傳,還有敦煌和吐魯番的籍帳,則進而使我們放低視角
到家族的層面,並觀察其婚姻、職業、姓名的具體細節,其繁多的跡象使估量其
與漢人社會之間的聯繫成爲可能。

從薩寶到歸化鄉

作爲粟特社群的首領,無論從政治意義還是行政上而言,薩寶都是官階系
統之一員。然而,我們還須注意到從中原王朝的疆域組織而言存在的反常之
處。每個胡人社群都至少有 200 户——相當於一個大型的村落——均配有一
個官員階級的代表。而在任何時代,漢地具有中央權力的代表的最小行政區
劃(相當於法國的專區)乃是縣。鄉的領袖——更不必説村或里了——是從
本地的顯要人物中來選擇,並且不列入官員之列。薩寶也並不享有這樣的地
位[1]。只因爲他事實上負責外國人社群的事務,方能解釋這一優遇的原因;而
且也因爲薩寶及其屬官被納入到官階系統中的方式是從屬的、被提供的,即漢
文的“視”[2],而使這一優遇的程度大爲減弱。他們的法律地位是例外的,並且
通過社群在經濟上的重要性而得以證實,而這種重要性與其人數和成員並不
相關。

然而,看起來在胡人社群的層面,這種融入中原王朝政治結構中的融合,
並沒有觸及其内部的組織,使異族的顯要人物承擔起相應的行政職能,並且從
7 世紀下半葉繼之以另一種形式的控制體系。首先我們必須注意到,在墓志
的文本中遇見薩寶的次數是逐漸減少的,而其數量與之前相比更是微不足道:
就我們所知的最後一位被提到的薩寶是龍潤,他活躍於 646 年之前。史書還
以其自身的方式見證了薩寶這一機構逐漸淡化的過程。取材於 8 世紀中葉的
史料而成書於 800 年的《通典》,其相關的記載非常完備。945 年成書的《舊唐

---

[1] 由於薩寶只不過是鄉的領袖,這便使我們理解爲何他們那些負責更爲重要的社群的後代
們認識到,需要通過加上具有“偉大的”含義的頭銜來將自身與前者區別開來,爲此他們
也不憚於累贅,再把梵文中表示同樣意義的詞 maha(漢文的摩訶)也加上來。見墓志中
翟娑和康元敬的頭銜“摩訶大薩寶”,此已爲富安敦《伊朗語人群在中國:佛教、馬兹達教
和商業機構》所指出,收入科恩(M.Cohen)、戴仁(J.-P. Drège)和吉斯(J.Giès)主編《絲
綢之路:交流的大地》,法國文獻出版社,2000 年,頁 188。

[2]《隋書》卷二八,頁 790—791;《通典》卷四〇,頁 573—575。其他有關薩寶的地位相對
邊緣化的信號見《隋書》中的兩張表,他們被降低到百官表最後的位置上。

書》也同樣有記載，但較爲簡略。最後是一個世紀之後完成的《新唐書》，完全就沒有提到這一機構，儘管這部作品的編纂比《舊唐書》而言更爲認真仔細[①]。相反，祆正或祆祝的附屬功能則在五代（907—960）時得以延續，甚至以零星的存在一直延續到 11 世紀末[②]。在這兩個伊朗語頭銜之演進上存在的矛盾不禁令人稱奇。

在 8 世紀的吐魯番和敦煌，我們沒有看到任何以薩寶這樣的形式融入中原王朝行政體系中的粟特社群組織的任何蹤跡。一種與前者相異的體系顯然佔了上風。從化鄉和崇化鄉聚集了大量的粟特人口。而我們可以認爲這兩鄉的創設乃是粟特居民和當地的漢人行政機構協商一致的結果：實際上，無論是"從化"還是"崇化"都意味著"歸附"（於中原王朝及其文明），並且用現代的語言解釋具有一種中立的意味。由於這兩鄉的居民都注册爲服徭役的人口，也便完全被定義爲是唐帝國的屬民，這一地區像其他農村一樣與以"里"和"村"的形式（如果是涉及到城市的區域的話，則使用其他的術語）組織起來的漢民負有同樣的義務，也被授予同樣的權利。在這樣的情況下，便從由社群管理過渡到直接由國家負責[③]。這樣的組織不僅限於在新疆，因爲在首都的區劃中也有一個叫"崇化"的小村莊，那裏在 742 年時居住著像米薩寶這樣的粟特人[④]。

根據所有的可能性進行分析，歸附的鄉在地方層面上取代了由薩寶（sartapao）官員指導下的自治社群的運作系統。此外，作爲 200 户胡人之領袖的"薩寶"一職也從唐代的法典中消失了。在 8 世紀上半葉，只有中央機構中還保有這一官職，但可能其功能也發生了演化：伊朗人的宗教實際上受到了

---

① 見第 29 頁注釋 3。

② 關於五代的情況，見《墨莊漫録》（《叢書集成》第 2865 册，卷四，頁 37），引自羅豐《薩寶：一個唐朝唯一外來官職的再考察》，《中國考古與藝術摘要》，IV, 1, 2000 年，頁 173—174。關於 11 世紀末的情況，見《廣川畫跋》卷四，頁 40，收入《叢書集成簡編》，臺灣商務印書館，1965 年。

③ 這種區別見荒川正晴《唐帝國與粟特人的貿易活動》，《東洋史研究》，56, 3, 1997 年，頁171—204。

④ 據其墓志，薩寶是他的"諱"，他的稱號則是"米國大首領"，見向達《唐代長安與西域文明》，生活·讀書·新知三聯書店，1957 年，頁 92。

緊密的限制①,而對薩寶其職能的主要的記憶即其宗教方面的功能則保留在後世的文學作品之中。由於對文本的誤讀,我們經常看到産生了一種錯誤的解釋,比如《通典》就在事實上把重點放到了宗教方面。可能在 8 世紀時的實情就是如此,那時薩寶已經與社群的行政管理完全無關了②。

華化:名字和婚姻

對於敦煌的從化鄉而言,我們非常幸運地掌握著相關的資料,得以對融合的過程進行衡量③。根據華化程度的不同,鄉里的居民可以分爲兩類:漢文名字僅是其胡名(伊朗式或有時是突厥式的)的音寫的;以及具有漢式名字的。從化鄉的粟特人中有超過半數都是前一類(其名字可以辨識的居民當中,有 100 例是前一類,90 例是後一類)。關於年齡階段的檢視表明華化的進程是逐步進行且非常迅速的——這裏的華化具有限定性的意指:在民政身份方面融入到當地人口之中的意願,致力於掌握漢文的語言和書寫——但這並不意味著在社會適應方面的程度很高。在超過 60 歲的那些人當中,胡名完全是佔據主流的(13 例中有 10 例)。這樣的情況以 10 年爲階段在比率上有規律地減少,一直到在最年輕的人中間出現完全相反的情況:没有一例可以正式辨識爲粟特出身的 17—20 歲百姓是採用胡名的。還有另外一方面的觀察也對這一現象做出了解釋:大多數具有胡名的父親,給其子嗣取的卻是漢名(前者 11 例,後者 3 例),而具有漢式名字者則必定以同樣的方式爲其子命名。因此可能從胡名過渡到漢名經常也就是一代人的事,但實現的過程則要經過兩代,這也不是什麼罕見之事,因爲我們觀察到有兄弟之間具有胡名、漢名並存的現象。因此,人名作爲華化程度的一個標準需要小心地加以運用。同樣生活在敦煌其他鄉的粟特人,其種族上的意味要淺一些:我們注意到其中平均 10%的人具有"粟特九姓"(壽昌是 3%,懸泉則是 30%,但是就大多數其他的鄉而言,計算的基數是隨機的)。而且在幾乎所有的例子中,這些粟特人都具有漢

---

① 745 年反對 "波斯教" 的詔書(《唐會要》,中華書局,1955 年,1998 年重印,第四十九章,頁 864,以及《通典》卷四○,頁 573)(譯者注:原文應爲 "波斯經教",而詔書内容也並非反對該教),以及 732 年反對摩尼教的詔書(同上引)。

② 荒川正晴《論北朝隋及唐代 "薩寶" 的性質》,《東洋史苑》,50/51, 1998 年,頁 164—186。

③ 有賴於前文所引 751 年的登記册,池田温在《8 世紀中葉敦煌的粟特人聚落》(前引,頁 49—92)中對此進行了細緻的研究。

名。採用漢名與種族關聯的逐漸鬆弛可謂是相伴相生的。

　　在數量極少的粟特語文獻中,我們很幸運地得以觀察到類似的進程,這就是對使他們像漢人那樣的"粟特九姓"的採用①。從古信劄和印度河谷粟特文題銘中的粟特人名字可見,其中很少有標志其人地緣背景的姓氏。但是,令人震驚的是在前引吐魯番的粟特文買賣契約中,所有的見證人都有明確的出身背景:"見證人:米國的儲納迦之子帝剌,康國的昏陶奇之子南達,箧赤建的迦茲之子毗薩,何國的那那庫奇之子尼贊。"一個世紀之後,在洛陽甚至更進一步:有個名叫 Čatfārātsarān 的粟特人以他的母語抄寫了一卷經書,在題記中用粟特文寫道,他是出自於 ''n 家族的,這是對漢文"安"的轉寫,用來指出身布哈拉的人。同樣,伯希和藏品粟特文第 8 號(Pelliot Sogdien 8)寫本的題記中,施主的名字寫作 x' n kwtr' y cwr' kk 的形式,也就是康(Kang)家族的Čurrak。這個家族的大多數人都是粟特名字,但有個女子名叫 xwncwyh (漢文"公主"的轉寫)。最後,在敦煌時代最晚的粟特語文書中,還出現了對漢語"家"的轉寫 x',用來指姓氏②。

　　除了姓名之外,配偶的姓氏也是社群聯繫穩固性的一個重要指標。在這方面我們所掌握的信息並不比有關粟特人名的情況要多,但有一項研究是關於 580 年到 650 年之間中原内地胡人的 21 個婚姻案例,在這些案例中其配偶的情況均是清楚的。這項研究表明,其中 19 例婚姻都發生在胡人階層的内部,2 個例外的例子則是與情況特殊的已華化粟特人相關的,其中 1 人的父親在北周時期(557—581)就已經爲官,而另外 1 人之前娶的粟特妻子逝世後,再娶了一位漢人女子③。從這麼有限的材料中想要進行歸納總結是很困難的。如果我們想找到胡名和婚姻信息可以互相印證的某些例子,但不幸的是這樣的方法對於從化鄉而言是行不通的。必須要聚焦到以家庭爲單元,才能找到更爲具體的記載。

---

① 相關的記載搜集於辛維廉《中國和印度的粟特商人》,前引。

② 如下文中所引用的 "Tyn 家(x')的 Ky-twnk" 之例。

③ 榮新江《中古中國與外來文明》,生活・讀書・新知三聯書店,2001 年,頁 132—135。此外需要指出的是,沒有一例婚姻是在同姓之間進行的,這似乎表明一種對漢地婚姻中同姓不婚規則的尊重。但我們也有一個反例:米繼芬(714—805),其祖先來自西域的米國,他就娶了一位米姓的女子,見吳鋼主編《全唐文補遺》,三秦出版社,第 3 册,1996 年,頁 143。

　　移居到甘肅和首都之間的固原的史氏家族，以其家族墓地的 6 個墓穴的考古發掘而著名 ①。根據其墓志，很清楚他們是從西域來的，而在考古發掘中發現的文物也充分地證明了這一點，因爲雖然遭到了盜擾，但其中仍包括有拜占庭和薩珊波斯的錢幣、一枚婆羅鉢文印章和一件馬茲達教的裝飾品……漢文中的"史"這個姓，被認爲是指出身於撒馬爾罕之南的竭石國（Kesh）的人。曾祖父妙尼和祖父波波匿，"並仕本國，俱爲薩寶"。其父認愁，我們只知道他荒廢時日。主人公史射勿是這個家族的顯要人物，也正是他融入了中華文化圈之中。他的墓室是完全華化的，其墓志也同樣。他爲隋朝效力擔任軍職，逝世於 610 年。其長子史訶耽（逝世於 669 年）是唐廷的官方翻譯。另一個兒子史道樂（逝世於 658 年）則任軍職。其孫史鐵棒（逝世於 666 年）負責固原附近重要的皇家馬場。出於同族另一支系的史道德（逝世於 678 年），也埋葬在此地，並且從事同樣的職業。我們還獲知史道德叔父史索岩的墓志，他先在唐廷擔任軍職，後來又被派到固原。

　　如此我們便掌握了這個家族中若干成員的姓名。有些是轉寫：如"射勿"是死者的"諱"，但據墓志記載，其名爲"槃陀"。而"射勿"的發音是 $\check{z}ia^h$-mut，"槃陀"的發音則是 banda，這便與粟特語人名 Žimatvandé（豐饒神之僕）完全對應 ②，將其一分爲二，是爲了在漢語環境中解釋得通。從其下一代開始，其名字大多變成了漢式的，除了長支的史訶耽及其子史護羅的名字看起來仍然像是轉寫的。在入華經歷數代之後，有些婚姻仍然是在粟特人之間締結的：對史妙尼的曾孫史訶耽而言，在其第二次婚姻娶一位漢人女子前，曾經娶過一位安氏的女子。何稠家族的情況也是同樣，我們可以看到其數代都存在著漢俗與粟特風俗並行的情況。

　　與史姓家族相關的資料可謂特例，因爲它使我們勾畫出了一個粟特家族的群像，但是與其對應可資比較的例子還沒有出現，有若干已經確定爲胡人家族墓地及相關的考古發掘尚無令人滿意的出版物問世（如寧夏的何氏家族墓地，陝西的龍氏家族墓地等）。

---

① 羅豐《固原南郊隋唐墓地》，文物出版社，1996 年。
② 辛維廉、弗朗索瓦厄·布魯瓦（Williams François）《大夏曆法（The Bactrian calendar）》，《亞洲研究所學報》（里夫什茨祝壽論文集專號），10，1996 年，頁 149—165。

行政系統與精英的融合

史氏家族的事例是直到 8 世紀反復出現的粟特人融合進程的一個範例：儘管有針對商人的種種官方嚴禁，商胡的後裔仍然被整合到軍事或民政的行政系統之中。這些史氏家族的成員們，擔任翻譯、軍人和牧場主。還有一個家族則爲我們提供了第二個例子，雖然我們並不掌握與之相關的考古資料。《新唐書》中提到了武威的一個說伊朗語家族的多位成員：他們三代相繼出任薩寶。到第四代的安興貴時，他以效忠唐室的義舉而著稱。他是"武德功臣"，並且自那時起，他的家族便世代爲官：其孫安忠敬是河西節度副使，特別是他的曾孫安重璋於 767 年至 777 年擔任兵部尚書。

此外，我們還掌握了若干相對簡單的生平事例（西域人／甘肅的薩寶／在中原內地爲官），但相關的文獻資料僅限於一些單獨的碑志。來自中亞的薩寶階層成爲了政府招募人才的儲備庫，對於唐軍而言尤其如此。我們需要考慮到在這一現象背後的經濟原因：自 7 世紀 40 年代以來，進向中亞的唐軍以及唐政府要求建立起生活必需品、裝備以及報酬分發順暢的機制。不過這些都是以織物特別是絲綢的形式大量運來的：由官方把數量驚人的匹緞向西運輸①，這便使在中亞和中原內地之間往來的粟特商隊的生計受到影響，到了 8 世紀時，即便以私人形式組成的商隊似乎都開始被軍隊用來確保運輸的順暢②。宦海生涯就這樣成了粟特商胡家族的蔭身之法，而唐政府當然更加歡迎這些與將要征服的西域有聯繫的專業人士加入其中③。

另外還有一批粟特人的人生軌跡更爲複雜，並且與中國的政治史密切相關。自北朝到唐代，有大量說伊朗語的人成爲國之顯要的記載，諸如成爲北魏的第一位皇帝（拓跋珪，370—409 年在位）的顧命大臣的安同便是如此。年輕時期的安同最初學習經商，而他的姐姐則嫁給了北魏宮廷的一位大人物爲妻，從而把他也引進到了這一階層之中。安同在 4 世紀末年的動盪形勢下做出了

---

① 寫本 Pelliot 3348V 2B。見童丕《絲綢之路上的紡織業和織物：其生產和交換的地理要素》，收入科恩、戴仁和吉斯主編《絲綢之路》，前引，頁 107—120。

② 荒川正晴《唐帝國的通行證制度與商人的往來》，《東洋文庫紀要》，59，2001 年，頁 1—21，此處見頁 13。

③ 我們還獲知有其他幾個例證，是與唐代派往西域或是與前代一樣派到遊牧人之中的胡人相關的。

正確的政治選擇,並爲北魏的建立立下了汗馬功勞。他成爲了作爲政權基石的"八公"之一。正史中記載了他之後四代人的情況。在唐朝平定甘肅之際崛起的安興貴,和他的後代安史之亂之際的安重璋,形成了另一個引人注目的範例。從更爲普遍的角度而言,中原北方王朝的迅速迭代是説伊朗語的人進行社會融合的一個無可争辯的要素。618 年,當唐軍從其大本營太原出發進行其征服大業時,在北方有不少説伊朗語的人都加入到其行政系統之中並獲得了重用。

　　從更低且無疑更具代表性的層面而言,則有康婆(573—647,字李大)(譯者注:此處有誤,應爲"季大")的例子,於 647 年製作的其墓志出土於洛陽 ①。據稱其爲康國國王的後裔,並且還記載其籍貫爲定州。其高祖康羅於 495 年來到北魏統治下的洛陽。其曾祖父康陀則在北齊時期擔任相府常侍,其父康和在隋朝爲定州薩寶,後來又被晋升爲奉御。康婆繼承了前人的"衣纓",積累了巨大的財富。這樣的描述似乎是指一方面他繼承了其父的薩寶之職,另一方面則説明他非常富有。唐朝建立,後來成爲皇帝的李世民的一位心腹裴寂(譯者注:原文如此),"將英傑之士都聚集到其身邊",並爲其提供了王府大農的職位。裴寂在李唐皇室的發跡過程中非常活躍,是"武德功臣"之首,前面在討論安興貴時已經提到了這一稱呼 ②。另外一個例子則見於康元敬墓志,同樣出土於洛陽,年代則爲 673 年 ③。他是源出自沛肯城(畢國)的粟特人後裔。其本人則是安陽人(也就是在粟特文古信劄中已經提到的鄴城,關於此地存在著一個粟特人的社群,已爲多個當地的考古方面的證據所證實 ④)。康元敬的祖父康樂,在北魏時期擔任將軍,其父康仵相在北齊時期任九州摩訶大薩寶,也就是整個國家的薩寶,然後擔任龍驤將軍。唐朝建立後,要求佔據河南的康元敬歸附效忠,後者欣然同意並前去駐紮在洛陽。他被任命爲公士。在這兩個例子當中,都提到了與其躍升相伴的對唐朝的忠誠。

---

① 榮新江《中古中國與外來文明》,前引,頁 104 ;墓志編校於周紹良主編《唐代墓志彙編》,
　　上海古籍出版社,1992 年,第 2 卷,頁 96。
② 見《新唐書·裴寂傳》卷八八,頁 3736—3740。
③ 周紹良主編《唐代墓志彙編》,前引,頁 571—572。
④ 特别是安陽粟特人的石棺床,如今散佈於巴黎、科隆、波士頓和華盛頓。

若干問題和一種假設

然而所有這些都是不可量化的。墓志的彙編太過零散,考古發現也是如此,並且關於在中國的說伊朗語的人這個主題而言,還沒有編纂出一部文獻彙編。我們並不具備像能夠進行從化鄉粟特人的華化這樣具體研究的史料的礦脈。目前所知的只有具體的個案,這方面比家族的情況要好一些。總體上而言,雖然可以確定在 7 世紀時有大量的說伊朗語的人看來是離開了他們的社群,並融入到參與行政職務中,但我們不知道的卻是這一現象究竟在唐代還是之前的朝代更爲突出。有一種標度的影響在發揮作用,那就是就材料而言,唐代所能提供的在各方面都要更爲豐富。更重要的是那些沒有融入的或是沒有行政職務的胡人在中原内地的情況,我們是完全不掌握的。

最後,這些碑志所提供的系譜方面的信息在可靠性上也是值得懷疑的。實際上,單獨一方墓志給出的信息常常可謂是孤證不立。因此,像史姓家族這樣的反例便是非常有啟示意義的了。我們發現,系譜是如何從一個基本事實出發,非常具體化地不斷進行修飾加工,以儘可能多地爲這一家族增光添彩:當史射勿墓志介紹其祖父和曾祖父時,提到這兩個人在本國都擔任薩寶,這便使人相信他們倆都是高官,因爲對於漢地的讀者而言,“薩寶”是一個職位。而實際更可能的是,他們只是商隊中地位低微的首領。墓志中也提到,他的父親“舛此宦途”。但對於史射勿的兒子而言,其祖父就變成了“魏摩訶大薩寶、酒泉(譯者注:應爲張掖)縣令”;而史射勿的父親也從蹉跎年華之人變成了“周京師薩寶”。在下一代也就是他孫子的墓志中,甚至把他吹噓成是“摩訶薩寶”!

祖先們的頭銜就是這樣被創制出來。但是,也存在非常如實準確記載的例子:其墓位於長安的甘肅武威人安伽(518—579)。從文化意義上而言,他是個粟特人:其石棺床浮雕的圖像清楚地反映了這一點。墓志中提到,他的父親是冠軍將軍、眉州刺史,此州遠在南方的四川境内。但北魏如同其他的政權一樣,通常也會授予這些未實際控制地區的相關官銜。因此這個頭銜可能只是擬構的,或者更恰當而言是純榮譽性的,因爲他的妻子和兒子也都是武威出身。安伽是同州的薩寶,此州在北周時期與其他諸州共同組成了首都長安;後來安伽被晉升爲大都督。這與康婆和康元進墓志中那些誇飾性的祖先系譜相比如何呢?我們是否可以接受其對祖輩或父輩的描述呢?還是認爲墓志中僅提到其作爲薩寶的父親是確切的呢?由於缺乏相應的對照,這些都難以解決。但是可以明確的是,存在著華化並且融入其中的粟特精英階層,這是基於中國法典的一種正統性的構築,而此律法在粟特人融合的進程中是具有深意的。

此外,似乎還可以提出相關的假設,雖然也有待於進一步檢測。事實上,粟特社群治理體系的修正乃是一項重要的舉措。如我們已經多次提到的,它把胡人與軍事和行政的官階關聯起來。因此這便意味著要對更多是作爲一種社會階層的唐代中原北方的胡人的情況進行研究,而不僅僅是分析其社群的結構。通過這一階層,我們可以理解一種相對變動不居的社會結構,這樣的結構可以使之與那些同化程度較輕的類似群組保持聯繫,後者是些繼續族內通婚,並且按粟特人的傳統行事之人。他們常常經商或是從事手工業,並且以個人或家庭的方式發生融合,且這樣的融合持續數代人之久。其穩定性或維持或不可維繫,而文化特徵保留的程度也不一定,我們意識到這些胡人離開這樣的傳統,而把漢式的官銜追溯性地加之於他們的祖先。這種社會存在領域的新方式並不意味著作爲粟特人影響力的衰弱,甚至是恰恰相反,因爲它是把一部分粟特人排除出了相對封閉的社群。從這個角度而言,胡人安禄山的叛亂便是非常值得檢視的。

安禄山胡患

安禄山叛亂從根本上改變了與這一問題相關的材料。當然,唐朝以其可怕的衰弱爲代價平定了叛亂:不僅僅是西部在吐蕃和回鶻的夾攻下喪失了,而且中原的東北部直到王朝於 907 年滅亡時都保持著事實上的獨立。這場大災難經過了對中國北方長達 7 年的蹂躪之後,以反亂被最終鎮壓而告終。安禄山及其黨羽招誘群胡。在事件發生 50 年之後編纂的《安禄山事蹟》中提到:

> 潛於諸道商胡興販,每歲輸異方珍貨,計百萬數,每商至,則禄山胡服坐重床,燒香列珍寶,令百胡侍左右,群胡羅拜於下,邀福於天,禄山盛陳牲牢,諸巫擊鼓歌舞,至暮而散。遂令羣胡於諸道潛市羅帛,及造緋紫袍、金銀魚袋、腰帶等百萬計,將爲叛逆之資,已八九年矣。[1]

安禄山正是一個胡人。他在漢人的眼中便是如此,而他的繼承者(其兒子,

---

[1] 戴何都(Robert des Rotours)校譯本《安禄山傳(安禄山事蹟)》,法國大學出版社,“高等漢學研究所叢書第 XVIII”,1962 年,頁 108—109,譯文略作修正(譯者注:此處徑引原文)。

然後是安禄山手下的一員大將史思明，再之後是史思明的兒子，他們一個接著一個作爲叛軍的首領）也是一樣。關於史思明，我們知之甚少。對其墓葬的發掘證實了他也同樣屬於安禄山所從出的胡人軍事階層，這點在史料中已經被強調指出了[1]：在其墓中出土的玉璽上刻有"昭武皇帝"這樣的雙重頭銜，結合了漢地傳統悠久的對統治者的稱呼"皇帝"，以及通常對於粟特諸王的頭銜 Jamūk（"珍寶"）的漢文轉寫[2]。這一比定非常重要，因爲此稱號是來自於叛亂者本身，而其他的證言則是來自於勝利者一方，並且可能有所歪曲。無可置疑的是，叛亂的煽動者們試圖挑起胡人團結一致的情緒。而這也是對採用"昭武皇帝"這一頭銜唯一可能的解釋。此外，還有一段文獻叙述了安禄山試圖去與一個出身爲于闐—突厥混血的胡人和解，此人便是强大的節度使哥舒翰：

　　至是【752 年 2 月】（安禄山）謂翰曰："我父是胡，母是突厥女。爾父是突厥，母是胡，與公族類頗同，何得不相親乎？"[3]

　　但是安禄山把胡人階層團結一致的企圖並未成功。當他發動叛亂時，有許多胡人選擇了唐朝一方。胡人階層就此分裂，而且我們還需要指出的是，唐軍的胡人元素非常明顯，正如叛軍一樣[4]。儘管如此，對於漢人而言安禄山叛亂無可爭議地具有强烈的認同領域的特殊内涵，在他們眼中就是胡人集結了起來。漢人的反應非常强烈，並且發生了屠殺事件，例如在幽州：

　　（高）鞠仁令城中，殺胡者皆重賞。於是羯胡俱殪，小兒皆擲於空中，以戈承之，高鼻類胡而濫死者甚衆。[5]

---

[1] 榮新江《北朝隋唐粟特人的遷徙與聚落》，前引，頁 150。

[2] 關於 "昭武" 這個中國人用來稱呼粟特王公的神秘名稱，人們長期以來都不明白其含義，多虧了奧爾加·斯米爾諾娃（Olga Smirnova）（《粟特史研究》，科學出版社，1970 年，頁 24—38）將其與一份 10 世紀的阿拉伯語文獻中明確給以粟特貴族的稱號 Jamūk 勘同，其含義是 "珍寶"，參見費耐生（Richard N. Frye）《Jamūk，粟特的珍珠？》，《美國東方學會雜志》，71，1951 年，頁 142—145。現在則可參考吉田豐《粟特 "昭武" 姓氏的起源及相關問題研究》，《亞洲雜志》，291，2003 年，頁 35—67。

[3] 戴何都《安禄山傳》，前引，頁 120。

[4] 斯卡夫《門口的蠻族？安禄山叛亂時期的大唐邊境軍隊》，《戰爭與社會》，18-2，2000 年，頁 23—35。

[5] 戴何都《安禄山傳》，前引，頁 346。"羯胡" 是唐代對於胡人的一種舊稱。如我們已確知爲粟特人的安禄山，在書中也被稱爲 "羯胡"（同前引，頁 254）。

　　這樣對胡人的新看法的直接結果，便引起了在安史之亂後唐帝國後半期粟特人華化進程的一大變更。

同化和隱匿

　　自那時起，胡人開始隱瞞他們的出身。這是一種佔據主流的傾向，在各個階層之中都能看到，且採取了多種多樣的形式，但卻是以若干步驟進行的。安史之亂前，胡人家族並不隱匿他們的西域出身，並且最終通過系譜上的喬裝打扮，把他們的祖先說成是一位神秘的中國移民，此人是黃帝的兒子，他前往西域，而其方式與同時代佛教派生出的老子化胡故事幾乎完全對應。但當安史之亂發生後，其中的利害關係就完全不同了。無論是有意還是無意，通過一個胡人的姓氏把自己和叛亂者聯繫起來，都會有巨大的風險。朝廷中的數位粟特人高官，儘管他們忠於唐室，都在這方面具有辛酸的體驗，他們以這樣或那樣的方式宣稱自己的華化身份。在大唐與安禄山的戰鬥中發揮了重要作用的安重璋，於 756 年採取了徹底也同時具有象徵性的決定，即向皇帝請求更改自己的姓名：從安重璋改成了李抱玉，並擔任了兵部尚書。他提出的理由非常清楚：與安禄山"同姓共祖"是令人羞愧之事，改姓這一舉措往上追溯了四代，比如他的祖先安興貴也改爲李姓[1]。

　　無法像權貴那樣改姓的胡人，便採取了把他們的姓氏與顯然遠離西北地區的郡望聯繫起來的辦法。我們所掌握的幾個粟特人的例子便是如此，在安史之亂後，他們便稱自己出身於會稽。在唐代，會稽是中國南方的一座城市，並以其豐富的文化古跡而著稱。但此名也是一個幾乎被遺忘了的古稱，用來指河西走廊最西邊靠近敦煌的一個地方，而當時的通稱是常樂郡，有說法認爲這裏便是安禄山的祖先所從出之處。粟特人通過利用這兩個同音異義的地點，將自己的出身描述爲會稽，試圖來隱藏他們源出於西域的事實。對於康希銑而言，如果我們可以相信他的墓志是在安史之亂後撰成的話，他便把其祖先與出自周（前 1121—前 771）武王的康姓聯繫了起來[2]。康希銑的祖上先後爲

---

[1] 或可以在"柳城胡人"李懷仙的事蹟中看到類似的例子，雖然他有一個漢人的姓氏。他作爲軍官追隨安禄山、史思明發動反叛，然後又投向朝廷，被任命爲幽州都督，由於獨斷專行，於 768 年被殺。他娶了一位漢人女子（姓許）。如果不是提到"柳城胡人"這點的話，他並非漢人的這一事實便會完全被我們所忽略了。

[2]《顏魯公集》，上海古籍出版社，1992 年，第七卷，頁 48—49，轉引自榮新江《中古中國與外來文明》，前引，頁 62。

漢、西晉(265—317)效力；再後來追隨元帝(317—322 年在位)"過江",他是東晉(317—420)的建立者,離開了北方並定都於建康；最後他的祖先在更南方的會稽之山陰定居下來。文本中完全没有提到任何與粟特有關的信息,但有兩點令人生疑之處,一是逝者的信息以及其在中國上古時期的祖源,二是其祖先向遥遠南方的移居。另外一個例子是繼承其父之位擔任河北節度使的何弘敬(805—865)。他的母親姓康,他自己則娶了一位武威安氏的女子,因此顯然他是一個保留了其族源記憶的粟特人。但在他的墓志中卻隱匿了相關的信息:儘管承認其父是出自 7 世紀時設有六胡州的鄂爾多斯地區,何弘敬卻偽裝成出自南京西南的廬江人士 ①。在整個 9 世紀時,這個家族都繼續與粟特階層的人結親,同時卻又隱藏其父系的出身。

　　我們還掌握有一個反例,儘管這個家族的忠誠也是無可置疑的。據在長安附近發現的何文哲(764—830)的墓志,其中提到他"本何國王丕之五代孫",他的祖先於 7 世紀中葉作爲質子派到中國,並相繼娶了康氏家族的兩姐妹,而且在安史之亂前表現出入華粟特人的各種經典特徵。但到他的父親何遊仙時,便幫助唐軍對付"禄山潛盜",並於 762 年獲得"寶應元從功臣"的稱號,接著又被任命爲靈州大都督府長史,這顯然是因爲他對叛亂期間前往靈州躲避的皇位繼承人蕭宗提供了支持所致 ②。

　　這一隱匿戰略的結果對於我們而言非常重要:很快,粟特人就從文獻中消失了。我們對於 8 世紀以後中國北方的粟特人階層的情況所知甚少。實際上,很有理由認爲粟特家族們出於對他們的懷疑之心的原因,而加快了融入的步伐。另外有一個現象無疑也發揮了作用,那就是再没有從西域來的新移民對粟特階層進行補充了。8 世紀下半葉,在甘肅和塔里木盆地,吐蕃人、回鶻人和漢人駐軍之間不斷進行戰争。此外,粟特精英在 8 世紀上半葉阿拉伯軍隊所發動的持久而艱難的征服中也變得衰弱了。他們無從對抗渡海而來的波斯和阿拉伯商人的競争,而海路的方式則使在更爲穩定的條件下獲取絲綢成爲可能。

---

① 墓志内容取自《考古》1984 年第 8 期,頁 721—725,以及頁 729。
② 盧兆蔭《何文哲墓志考釋》,《考古》1986 年第 9 期,頁 841—848。

敦煌的胡人

相反,由於有年代爲 9 到 10 世紀的大量可資利用的文獻資料,我們得以對這一時期敦煌胡人階層的情況予以追蹤。與敦煌胡人相關的史料情況與中原内地的迥乎不同:毫無疑問,敦煌絶大多數冠以胡姓者實際上都是粟特出身的。此外,粟特人的語言和宗教也繼續通行於此直到 10 世紀。再者,回鶻語文書表明連"粟特的"姓氏都繼續使用著①。其相關的問題與完全融入到佔主要地位的説漢語的人口中的情況有所區別,而對此我們可以推測這些在把胡人團結一致方面繼續發揮著作用。然而敦煌粟特人的名字卻是越來越華化,這也是我們上文中分析的隱匿現象以及與 8 世紀的動盪相關的遷居終結的直接後果。因此便需要用到另一套標準,那就是在某些社會—職業階層或某些限定區域的粟特人名的總和。幸而它們與藏經洞所出的若干粟特語文書也有交集,而後者見證了粟特人的文化特徵在敦煌這片緑洲上是如何維持的②。

從化鄉的粟特人

那麼,構成從化鄉的粟特人是何許人也? 部分答案可以從一件記載有 818—823 年間,爲了僧伽都司的利益由敦煌各寺院的寺户所應履行的徭役的登記簿中看出來③。寺户過著一種從屬於其所屬的監護機構的半奴役的生活。這份登記簿中的 191 人都是普通百姓,大部分是農民,這不僅是基於他們的社會和財政身份,也基於其所完成的工作:耕種、收穫、運輸物料和收成、維修穀倉以及建築工程等。

但是,他們其中的大多數都是粟特人出身,差不多平均地分配給 13 座寺院所用。其中有 10 人從其姓氏以及直接音寫的名字可以準確地辨識出來。另外還有 48 人是由粟特姓氏和漢式的名字構成。最終得出的異乎尋常的比

---

① 哈密頓(James Hamilton)《9—10 世紀敦煌的回鶻文寫本》,彼得斯出版社,1986 年,第 1 卷,頁 126—127。

② 關於粟特人繼續保持其傳統宗教,見葛樂耐和張廣達《粟特宗教最後的蔭蔽所:9 至 10 世紀的敦煌》,《亞洲研究所學報》,10, 1996 年,頁 175—186。

③ S.542v.8,對其的釋文和研究見姜伯勤《唐五代敦煌寺户制度》,中華書局,1987 年,頁 25—34。

重(差不多是總數的三分之一)需要降低,因爲還要考慮到其中有些姓曹、何和史的可能是源出於漢人。即使減去這些人,"粟特人"的部分仍然是不合常理得要高許多——而敦煌大部分的農村人口都是漢人。於是我們可以得出以下的推論:於 751 年呈現出衰落跡象的從化鄉,在這個時間不久之後便消失了;根據其姓名可以追溯其出身的居民們,便置身於寺院的庇護之下並取得了寺户的身份。這樣的發展狀況可能在 780 年吐蕃征服敦煌綠洲之後得到了加强。對此我們可以從羅法光"慕道"(一種佛教的表達)一事看出來,他是從化鄉的一位巴克特里亞裔的年輕居民,在 758 年或 759 年時成爲了僧人並購買了一道度牒[1]。這也是最後提到這一粟特人的鄉的一件寫本。

與漢人寺户相同,粟特人寺户主要也都是農夫,也有若干是牧羊人或看駝人。需要把他們與從姓氏看來是漢人出身的農民區分開嗎?除了兩個例外的,他們都只是作爲工匠:製鞍匠、製革匠、製氊匠、釀造麥酒的匠人、粗細木工匠,也有一個可能是造紙匠的名叫曹莫分的現任官員。儘管如此,還要考慮到分工是非常脆弱的,並且也不能設想這些工匠完全脱離了土地。即便在民事方面逐步華化,但這些粟特人看起來仍然互相婚配[2]。我們還掌握有時間更晚的在下層階級的民衆中存在著粟特人的例子。有份年代爲 973 年的聚會通知,是爲確定其成員於歲末前往曹氏家族開的小酒店宴飲之事的。其中提到的 15 個人有三分之一都是姓安或者姓曹,其中包括集會的組織者及其助理人[3]。

敦煌的粟特精英

同時,也存在著大量具有粟特姓氏的人融入到行政機構中的例子。在吐蕃統治時期(787—848),慣常在漢人和中亞各族之間起到鏈接作用的粟特人,只得爲新來者所用。在吐蕃區域行政機構的官員中,我們發現如康再榮這樣有粟特姓氏的人,他是代替了鄉的行政單位"部落"的首領。也有作爲佛教的高級教職人員首腦的(如擔任都統的康智詮)。從 9 世紀下半葉到 10 世紀,有更爲豐富的文獻表明在各個不同階級中都存在著粟特家族和出身於粟特人

---

① P.3952,譯文見謝和耐《中國 5—10 世紀的寺院經濟》,法國遠東學院,1956 年,頁 53—54。關於從化鄉衰落的跡象,見池田温《8 世紀中葉敦煌的粟特人聚落》,前引。

② 這樣的趨勢在一份有關寺户妻子的補充性的登記簿中得到了證實(S.542v.7,釋文和研究見姜伯勤《唐五代敦煌寺户制度》,前引,頁 59—64)。

③ S.2894v.2,釋文見榮新江《中古中國與外來文明》,前引,頁 270—271。

的家族。

　　在社會階層的頂端,有一位逝世於 883 年的姓曹的都僧正(譯者注:應爲都僧統)——以 P.4660 這份邈真贊專集而著稱——可能也不是漢人。實際上,曹雖然是典型的粟特姓氏,但也是一個漢姓。非常反常之處在於,對於地位如此之高的人,其與漢地的家系關聯卻並無記載。專集中還提到了另外兩個人,分別叫做康統信(譯者注:應爲康通信)和康使君,也是屬於同樣的例子。但康姓則不像曹姓那麼含糊,至少這兩個人可以認爲都是粟特出身;因此可能這位姓曹的人也是粟特人的後裔。同樣的推理也可運用於 10 世紀時統治敦煌的曹氏家族身上①。

　　相反,在使節階層中粟特出身的人佔比很高這點則是可以確認的。874—879 年,派往首都向皇帝賀正、呈送貢品並接受賞賜的一個使團中,兩名正使的姓氏都是漢姓,分別是陰和張,而在隨同官員中則發現有 4 名粟特人:康文勝,康叔達,曹光進和安再晟②。通過 907 至 960 年之間對與敦煌相鄰、同處甘肅的甘州政權派往中原各王朝使節之姓氏的全面統計——引自正史的記載——可以發現,在 53 個使節姓氏中,有 14 個是粟特的③。于闐與高昌的情況相同,我們同樣發現有出身粟特家族的使節的蹤跡,或者以粟特語作爲通用語的情形④。最後,還有一份保存於敦煌藏經洞的粟特語世俗文書,它是一封撰寫於 884 年左右的書信,由一位統治者寫給某位景教教士,告知其在甘州的外交

---

① 914 年,曹氏家族在敦煌建立起統治權。儘管他們宣示其祖先爲漢人,並且與很古之前的魏武帝曹操(155—220)的顯赫家系聯繫起來,但這顯然是僞託之辭。因爲曹家在914 年之前的大量文獻中都籍籍無名,而這些文獻則使我們對敦煌城裏的漢人顯要家族瞭解得很清楚。有人猜測(榮新江《中古中國與外來文明》,前引,頁 258—274)他們是一個粟特家族,但是没有任何其他證據可以證實這一點,因爲其也可能是一個没有輝煌先世的漢人家族。而這樣的論證也適用於曹姓的都僧統。

② P.3547r,引自榮新江《中古中國與外來文明》,前引,頁 264。

③ 馬廖夫金(Anatolij G. Maljavkin)《9 至 12 世紀的回鶻諸國》,科學出版社,1983 年,頁240 及以下。

④ 這個使用粟特語的漢人爲于闐效力,被派往敦煌,他於 967 年到 977 年間供養了一卷于闐語的佛經,其題記則是粟特文。見貝利(Harold W. Bailey)《佛本生贊的題記》,《大印度學會雜志》,1944 年,XI,1,頁 10—12。

活動的最新進展 ①。

在敦煌,就更低一些的社會階層而言,有一份行政賬目(899—901 年間)表明在中級官員中粟特人佔的比重相當大 ②。一方面,有將近四分之一的衙官——他們是負責分配這份賬目所登記的織物和紙張的中央行政官員——都具有粟特姓氏。另一方面,有一定數量分配物品的接受者,特別是軍官似乎也都是粟特人。此外,在後者之中,有數人都負有決定性的戰略要地的守土之職,如常樂縣的縣令安再寧,以及懸泉鎮的鎮遏使曹子盈。常樂在敦煌之東,前往瓜州的方向;而懸泉鎮則在瓜州之東,鎮守著通向瓜州的大道,也就是説從敦煌通往中原内地的道路。而常樂正是會稽,也就是安禄山的祖先所從出,並爲許多中原内地的粟特人所剽襲的籍貫之地。敦煌那些具有粟特姓氏的顯要人物在這一線上也非常活躍:前文所引的邈真贊專集中提到的康統信和康使君,其中前者是河西特使(他鎮守瓜州以及更往東去的甘州),後者則是瓜州刺史。而且還需要考慮到我們在文獻中搜集到的材料數量是相當有限的,那麼粟特人在這一地區如此集中的事實,便使我們認爲通過粟特人之間團結一致的聯繫,移居仍然在發揮著作用。而這一假設得到了藏經洞出土的一份粟特語文獻的有力支持。這份有關毛織物的賬曆表明,有一個粟特商人在此地區特別是 Čanglag 非常活躍,而此地就是漢文史料中的常樂 ③。因此,這批粟特人還部分保留著其内部的團結以及相關的認同意識,而同時又作爲對這一地區非常熟悉的語言、社會、文化混雜的參與者,完美地融入到敦煌社會之中。

隨著 11 世紀初敦煌藏經洞的封閉爲中亞漢語文書之盛畫上了句號,繼續追尋漢人與粟特人之間聯繫的可能性也就此告終。在吐魯番,時代最晚的粟特語文書是 11 世紀的,此後粟特語作爲通用語的地位便被回鶻語所取代了。從 8 世紀到 11 世紀,粟特人和漢人之間的社會適應現象逐漸併入到了一個更爲宏大的進程之中,那就是回鶻人群體的形成。他們在族群特徵混雜方面可謂粟特胡人的繼承者,而從相當部分的辭彙以及其文字體系而言也是如此。

---

① 辛維廉和哈密頓《9 至 10 世紀敦煌的突厥 - 粟特語文書》,SOAS,《伊朗金石録 -II/III》,
  1990 年,頁 63 及以下。
② P.4640v,編校於 KDSC,頁 605—611。
③ 辛維廉和哈密頓《9 至 10 世紀敦煌的突厥 - 粟特語文書》,前引,頁 23 及以下。

如果不是後來的突厥語人群爲之增色添彩,則之前時代所保留的特徵還將會更爲顯著。漢與遊牧人群——這其中也包括了吐魯番、敦煌和中國北方的胡人——之間的互動,在整個中世紀盛期起到了重要的社會、經濟和文化作用。5 至 6 世紀間,中亞東部和中原之北作爲人口移動、社會實驗和非常特殊的文化交融之無可爭議的舞臺,從根源上促發了唐與回鶻的黃金時代。只有形成一部特別是包含墓志在内的完整的文獻集成,才能使我們回答在本文中懸而未決的問題,諸如在胡人與其他人群的互動中影響的範圍究竟多廣,特別是其演進發展的過程,還有待於與我們本文中採用的相關標準結合起來進一步進行考察。

（作者單位：法國高等實踐研究院,法國國家科研中心；

譯者單位：南京中國科舉博物館）

中國歷史上統一的影響

——隋朝與宋朝的建立[*]

譚凱（Nicolas Tackett）撰　吳慧慧　操瑞軼譯　何劍葉校

人們通常將中國漫長的政治歷史概念化爲一種週期性結構，由幾個世紀的帝國統一和反復出現的分離時期交替組成。從這個宏觀的角度來看，每一次統一都遵循著幾乎相同的藍圖：一個雄心勃勃的地方君主成功征服了所有競爭對手並吞併了他們的領土。然而，如果更深入地探究相關史料，就會發現每一次統一的過程實際上是獨特的。此外，這些不同統一方式的特殊性對後續的歷史發展產生了深遠影響。

爲了證明這一點，我將比較隋朝（581—618）和宋朝（960—1279）兩個案例。從表面上看，這兩個朝代的建立之間有許多有趣的相似之處。它們都建立在最強大的軍事人物——出身於一個民族混合的精英階層——推翻了前朝的幼帝之後[①]。儘管王朝建立者在軍事上遭遇了來自對手的抵抗，他們仍迅速鞏固了自己的控制，從而確保了權力結構的基本連續性。在這兩個案例中，中國的統一都始於前朝，前者是在577年北周征服北齊時開始的，後者是在958年後

---

* 本文是教育部中華優秀傳統文化專項課題（A）重大項目（尼山世界儒學中心）："隋唐歷史文化認同與中華民族的發展研究"（23JDTCZ009）及國家社科基金重大項目"中古域外漢籍舊鈔本整理與'漢文化圈'研究"（24&ZD233）階段性成果之一。

本文英文版 "The Consequences of Reunifications in Chinese History: The Founding of the Sui vs. the Founding of the Song"，原載 *Early Medieval China*, 2024:30, pp.56-95.

① 隋唐北方精英融合了漢與鮮卑的背景已得到充分證實。關於宋朝開國精英的混合血統——這是北方沙陀突厥統治三十年的結果——參見鄧小南《論五代宋初"胡/漢"語境的消解》，《文史哲》2005年第5期，頁57—64。

周吞併淮南時開始的。隨後,隋朝和宋朝都在不到一代人的時間内成功征服了南方——前者用了不到十年,後者則用了不到二十年。爲了實現這一目標,兩個王朝都建立並部署了一支海軍艦隊。最後,這兩個案例的結果不僅是南方被戚安道(Andrew Chittick) 所稱的北方 "中原 - 草原" 融合的政權所吞併,而且還是多個强大政權中最年輕的一個戰勝了其他所有更成熟的競争對手[①]。

　　然而,儘管兩個朝代的早期情形有這些相似之處,歷史並不只是重演。正如數代歷史學家所闡明的那樣,宋朝與隋唐時期在根本上有所不同,這反映在一系列影響深遠的的經濟、人口、社會政治和文化變革上。爲了解釋這一 "唐宋變革",研究 "中古時期" 的歷史學家近幾十年來把注意力集中在了 "長時段" 因素上,其提出的解釋中政治事件發揮的作用微乎其微[②]。但長時段趨勢並不能解釋一切。人們還應該認真考慮獨特的偶然情況和在關鍵歷史時刻做出的具體決定的影響。王朝的建立和中國的統一正是這樣的關鍵時刻,因爲當時做出的決策可以確立持續影響未來數十年甚至數百年的模式。因此,源自各個朝代建立之際的路徑依賴因素可以解釋隋唐時期和宋代之間的一些根本差異。

　　下面,我將更詳細地比較隋朝和宋朝的早期情況,並特別關注其從建立到統一之間的階段。我使用了多種研究方法和原始材料。簡單的數據集有助於更詳細地闡明兩個歷史時期之間的具體差異。保存在正史和編年史以及個人文集中的政論和文章能够解釋朝廷決策的邏輯。最後,現存的數百份隋朝和宋初期的墓志銘揭示了那些不一定代表政治中心的個體是如何經歷和感知歷史事件的[③]。墓志銘還可以幫助我們超越由 11 世紀和 12 世紀有影響力的編年

[①] Andrew Chittick, *The Jiankang Empire in Chinese and World History*, New York, Oxford University Press, 2020, pp.7-8.

[②] 例如, Robert M. Hartwell, "Demograpgic, Political, and Social Transformations of China, 750-1550," *Harvard Journal of Asiatic Studies* 42.2, 1982, pp.365–442.

[③] 關於隋代墓志銘作爲一個歷史來源,參見 Nicolas Tackett, *The Destruction of the Medieval Chinese Aristocracy*, Cambridge, MA: Harvard University Asia Center, 2014, pp.13–25 (譯者注 : 該書中譯本參見譚凱著,胡耀飛譯《中古中國門閥大族的消亡》,社會科學文獻出版社,2017 年)。關於中古隋代墓志銘的詳細討論,參見 Timothy M. Davis, *Entombed Epigraphy and Commemorative Culture in Early Medieval China*, Leiden, Brill, 2015. 在對隋代墓志銘的調查中,我參考了王其褘和周曉薇編《隋代墓志銘彙考》(綫裝書局,2007 年)、劉文編《陝西新見隋朝墓志》(三秦出版社,2018 年),以及其他一些補充資料。對於宋代早期的墓志銘,我參考了自己的綜合墓志銘數據庫。

史家所構建的已經固化了的歷史叙事①。

　　爲了集中討論的重點,我探討了隋唐和宋之間的兩個根本區別,並依次展示了它們如何在一定程度上由不同的統一背景和過程來加以解釋。我首先考察了隋唐與宋朝在政治權力地理分佈上的顯著差異,我認爲,這是隋朝和宋朝建立時期特定的結構性差異的結果。接著,我轉向意識形態問題,探討了王朝合法化的不同方法如何在一種情況下引領了一個保守主義時代,在另一種情況下開創了變革性改革時代。

一、政治權力的地理分佈

　　要探究隋朝與宋朝政治權力在地理上的顯著差異,一個明顯的出發點就是考慮南方精英在政治上的崛起。毋庸置疑,南方在隋朝絕非無關緊要。即使是在 589 年統一後,南朝的文化成果仍然受到高度推崇。隋煬帝(604—618 年在位)可能是最著名的南方文人文化鑒賞家,但他並不是唯一一個②。在整個唐代,人們對南方文學風格有著強烈的偏好,這一事實反映在衆多梁代文集、目錄、類書和文學批評著作的保存和流傳中③。南朝的繪畫和書法也廣受欣

---

① 關於宋朝既定叙事的構建,參見 Charles Hartman, *The Making of Song Dynasty History: Sources and Narratives, 960-1279 CE*, Cambridge, Cambridge University Press, 2021, esp. 223-333 (譯者注 :該書中譯本參見蔡涵墨著,劉雲軍譯《塑造宋代歷史 :史料與叙事》,社會科學文獻出版社,2024 年); Robert André LaFleur, "A Rhetoric of Remonstrance: History, Commentary, and Historical Imagination in Sima Guang's *Zizhi tongjian*," Ph.D. thesis, University of Chicago, 1996。

② 有關隋煬帝對南方文化的偏愛,參見 Arthur F. Wright, "The Sui Dynasty (581-617)," in Denis C. Twitchett (ed.), *The Cambridge History of China, Vol. 3: Sui and T'ang China, 589-906*, Part 1, Cambridge, Cambridge University Press, 1979, p.118 (譯者注 :該書中譯本參見崔瑞德編著,中國社會科學院歷史研究所西方漢學研究課題組等譯《劍橋中國隋唐史(589—906 年)》,中國社會科學出版社,1990 年)。

③ Xiaofei Tian, *Beacon Fire and Shooting Star: The Literary Culture of the Liang (502-557)*, Cambridge, MA: Harvard University Asia Center, pp.96-110, 319-321 (譯者注 :該書中譯本參見田曉菲著《烽火與流星 :蕭梁王朝的文學與文化》,中華書局,2010 年); Xiaofei Tian, "From the Eastern Jin through the Early Tang," in Stephen Owen (ed.), *The Cambridge History of Chinese Literature, Vol. 1: To 1375*, Cambridge, Cambridge (轉下頁)

賞。太宗（626—649年在位）本人以推崇東晉王羲之（303—361）的書法而聞名，他甚至安排將王羲之的作品和自己一同葬於帝王陵墓中①。南方藝術在9世紀仍然非常受歡迎，這反映在張彦遠（約815—約877）的兩本目録《歷代名畫記》和《法書要録》中，它們都以南方藝術家爲主②。

但是，儘管南朝的文人文化在後來的歷史記憶中佔有重要地位，隋唐時期南方的精英並未從其歷史先輩的聲譽中獲得政治利益。評估地區精英政治地位的一種方法是考察地方長官的家族背景③。通過這種方法來看，北方人明顯主導了隋代政府的組成，他們佔據了86%的刺史職位（表1）。除去梁、陳的宗室成員（其中許多人只是因投降而獲得榮譽性的虚職），這一比例上升到96%。在唐朝統治的最初幾十年裏，同樣的模式一直延續，南方人擔任刺史的比例相對較低（表2）。此外，先前的研究表明，南方人的政治重要性在隨後的8世紀

（接上頁）University Press, 2010, pp.253-261（譯者注：該書中譯本參見宇文所安編，劉倩等譯《劍橋中國文學史（上卷）》，生活・讀書・新知三聯書店，2013年）；David R. Knechtges, "introduction," in 蕭統（501—531）, comp., David R. Knechtges trans., *Wen Xuan or Selections of Refined Literature, Volume One: Rhapsodies on Metropolises and Capitals*, Princeton, NJ: Princeton University Press, 1982, pp.52-54.

① Eugene Y. Wang, "The Taming of the Shrew: Wang Hsi-chih (303-361) and Calligraphic Gentrification in the Seventh Century," in Cary Y. Liu et al. (ed.), *Character and Context in Chinese Calligraphy*, Princeton, NJ: The Art Museum, Princeton University, 1999, pp.132-173；薛居正（912—981）等編《舊五代史》，中華書局，1976年，卷七三，頁961，卷九六，頁1281。

② 據我統計，《歷代名畫記》卷五至卷八列出了晉以後的南朝畫家77人，晉以後的北朝畫家13人；《法書要録》卷五列出了南方書法家82人，北方書法家僅有1人。關於張彦遠對南朝藝術鑒賞的迷戀，參見 Wu Hung, "Art and Visual Culture," in Albert E. Dien and Keith N. Knapp (ed.), *The Cambridge History of China, Vol. 2: The Six Dynasties, 220-589*, Cambridge, Cambridge University Press, 2019, pp.690-691（譯者注：該書中譯本參見丁愛博、南愷時編著，戴衛紅等譯《劍橋中國魏晉南北朝史》，中國社會科學出版社，2024年）。

③ 過去的研究考察了朝廷大臣的地區來源。例如，Howard J. Wechsler, "Factionalism in Early T'ang Government," in Arthur F. Wright and Denis Twitchett (ed.), *Perspectives on the T'ang*, New Haven, Yale University Press, 1973, pp.87-120. 通過考察地方長官，可以擴大樣本量並考察更廣泛的精英社會。

和 9 世紀實際上有所下降 [1]。

宋朝的情況則大不相同（表 3）。毫不奇怪，在宋朝統一大業完成之前的二十年裏，南方人很少擔任地方長官。但到了 980 年代，南方人的政治地位開始迅速上升，在該世紀的最後二十年裏，他們佔據了地方長官總數的三分之一左右。這種趨勢在隨後的幾年中一直延續，以至於到 11 世紀上半葉，南方人在地方長官中所佔的比例已經超過了北方人。

南方精英政治重要性日益增強的一個解釋在於長期的人口趨勢。隋朝時期，截至 572 年，90% 以上的登記人口生活在北方政權控制的地區（表 4）。相比之下，在北宋初期，只有 38% 的人口居住在北方 [2]。鑒於表 4 和表 5 中南方人口的變化（從 9% 到 62%）和表 1 至表 3 中所示的比例變化（從 4% 到 10% 到 71%）非常相似，可以合理推測，人口南移在提升南方精英的政治重要性方面發揮了一定作用。

但長期的人口趨勢並不能解釋一切。事實上，當細分其他地區來考慮時，地方長官和人口數據集的一致性就差得多。根據表 4，在隋朝，東北（即前北齊地區）的人口是西北（即前北周地區）的兩倍多。然而，表 1 和表 2 顯示，在 589 年之後的一個世紀裏，曾爲北周效力的家族在政府中的代表性遠高於曾爲北齊效力的家族。因此，這些數據佐證了陳寅恪的著名論點：直到 7 世紀末，關隴集團——代表著北周、隋、唐最初的權力基礎，一直主導著朝廷。需要明確的是，北周和隋從未明確提出歧視東北人和南方人的政策。例如，北齊滅亡後不久，北周皇帝張開雙臂歡迎戰敗敵方的一些重要朝臣，就像他以前歡迎軍事叛將一樣 [3]。但表 1 和表 2 顯示，這些朝臣和叛將的仕途並未反映出東北政治精英的典型命運。

---

[1] Nicolas Tackett, "The Evolution of the Tang Political Elite and Its Marriage Network," *Journal of Chinese History* 4, 2020, pp.277-304.

[2] 請注意，在表 4 中，四川被視爲北方地區（因爲它在 572 年處於北周控制之下），而在表 5 中則被視爲南方地區（因爲它在 955 年處於後蜀控制之下）。

[3] 例如，司馬光（1019—1086）《資治通鑑》，中華書局，1956 年，卷一七三，頁 5370、5371、5377—5378。另有記載稱，"鄴自齊亡，衣冠士人多遷入關"，他們可能去那裏爲北周或隋效力。參見《資治通鑑》卷一七五，頁 5447。

　　當然,傳統史籍很少告訴我們關於那些未曾仕官者的信息①。但是像前北齊官員韓祐(512—586)的墓志銘這樣的材料,讓我們有機會窺見一些可能普遍存在的現象:

> 天命去齊,周人遷鼎。公卿將相,咸建白旗;侯伯子男,皆降軹道。君懷節懷義,致事東皋;去禄去榮,鹺彼南畝。逍遥風月之下,散志山泉之上。②

　　在某種程度上,韓祐的經歷代表著東北精英的典型命運,許多人都意識到,他們的政治生涯在國家滅亡後就結束了③。這些人或許會找到其他能夠愉悦他們的追求,但他們的命運已經不再與仕途相關。

　　如表3所示,宋朝對待其所征服地區的政治精英的方式截然不同。在它統治的最初幾十年間,王朝在北方的根基迅速失去了其在官僚機構中的主導地位。然而,並非所有南方地區都從權力的再分配中平等受益——這再次證明,單純的人口因素並不能完全解釋權力地理分佈的差異。雖然四川人口幾乎佔江南人口的五分之四(78%)(表5),但宋朝統一後,江南精英的政治地位明顯優於四川精英(表3)。

　　爲什麽隋唐對東北和南方被征服的精英利用有限? 相較之下,爲什麽南方人——尤其是江南精英——在北宋的表現如此出色? 下面,我提出了三個因素,它們都植根於統一的過程和背景,有助於解答這些問題。

表 1　隋朝地方長官的地區來源

隋前地區來源	所有(包括宗室)	不包括宗室
北方(北齊 + 北周)	86%	96%
西北(北周)	76%	85%

① 例如,以"齊亡"爲關鍵詞對北齊歷史進行電子檢索,可以發現許多"齊亡入周"或"齊亡入關"的個體。關於傳統史書中"齊亡歸鄉"的罕見例子,參見李延壽(活躍於659年)《北史》,中華書局,1974年,卷二四,頁877。

② 王其禕、周曉薇《隋代墓志銘彙考》,第1冊,頁207。

③ 類似的例子,可以參考裴遺業(墓志日期注爲591年)、安備(589)、陳暉(601)、張芳(610)、皇甫深(613)和李元(616)的隋代墓志銘。參見趙力光主編《西安碑林博物館新藏墓志續編:上》,陝西師範大學出版社,2014年,頁25—26;胡戟、榮新江主編《大唐西市博物館藏墓志:上》,北京大學出版社,2012年,頁25、45;王其禕、周曉薇編《隋代墓志銘彙考》,第4冊,頁60、314—315,第5冊,頁290—291。

續表

隋前地區來源	所有（包括宗室）	不包括宗室
東北（北齊）	10%	12%
南方（梁＋陳）	14%	4%
	n=135	n=101

注：數據基於倪廣龍《隋代刺史研究》（陝西師範大學碩士學位論文，2012 年）第 19—20 頁中的隋代刺史名單，但不包括根據出土墓志銘確定的姓名（這將使樣本偏向北方）。地區來源則基於我自己的研究，判斷該個體（或其父親）是否在大約 570 年時爲北周、北齊、梁或陳服務。

表2　7 世紀唐朝地方長官的地區來源

隋前地區來源	所有（包括宗室）	不包括宗室
北方（北齊＋北周）	87%	90%
西北（北周）	56%	58%
東北（北齊）	27%	28%
南方（梁＋陳）	13%	10%
	n=507	n=490

注：數據基於中國歷代人物傳記資料庫（CBDB）收錄的郁賢皓《唐刺史考全編》（安徽大學出版社，2000 年）中的刺史名單。地區來源則基於我自己的研究，判斷該個體的祖先是否在大約 570 年時爲北周、北齊、梁或陳服務。家庭背景無法追溯至 570 年的刺史被排除在統計之外。"北方"的數字略大於"西北"和"東北"的總和，因爲它包括同時爲西北和東北政權服務的家族。

表3　北宋地方長官的地區來源（960—1050）

宋前政權	擔任宋朝地方長官的時間段		
	960—979	980—999	1000—1050
北方（總計）	81%	66%	29%
後周	81%	66%	29%
北漢	0%	0%	0%
南方（總計）	19%	34%	71%
南唐（江南）	7%	17%	30%

續表

宋前政權	擔任宋朝地方長官的時間段		
	960—979	980—999	1000—1050
吳越	1%	4%	19%
後蜀（四川）	6%	7%	14%
泉州	2%	4%	5%
荆南	3%	1%	1%
南漢（嶺南）	0%	1%	1%
湖南	0%	0%	1%
	n=205	n=305	n=1231

注：數據基於 2020 年 11 月中國歷代人物傳記資料庫（CBDB）中收録的地方長官名單。由於人們對大多數宋朝地方長官的背景知之甚少，我首先確定了截至 955 年每個地方長官原籍地所隸屬的政權（根據 CBDB）。通過檢查部分我能夠較詳細重建其家族背景的地方長官樣本，我確定這種方法準確地識別了具有南方背景的地方長官所隸屬的宋前政權，但對於北方背景的地方長官則不完全準確。簡而言之，截至 955 年，那些原籍位於北漢或契丹地區的地方長官家族幾乎總是爲後周服務；相較之下，那些起源地在後周地區的人，則服務於多種不同的政權（可能是宋初精英向北遷移的後果）。例如，在 1000 年至 1050 年期間，根據我的計算，14% 的人祖先曾效力於南唐，13% 的人祖先曾效力於吳越，18% 的人祖先曾效力於後蜀。我根據這些計算結果按比例修改了表中的百分比。

表 4　按隋前地區劃分的隋朝登記人口（609）

地區	户數	佔總數的百分比
北方（北周＋北齊）	8,262,343	91%
西北（北周）	2,458,632	27%
東北（北齊）	5,803,711	64%
南方（後梁＋陳）	807,766	9%
後梁	82,719	1%
陳	725,047	8%

注：人口數據來自梁方仲《中國歷代户口、田地、田賦統計》，上海人民出版社，1980 年，第 73—77 頁；地區則依據譚其驤《中國歷史地圖集》，中國地圖出版社，1982 年，第 4 册，第 65—68 頁，反映的是 572 年的情況。因此，例如，淮南被劃入北齊領土，而不是陳朝領土。跨越多個地區的隋朝州郡則根據具體情況逐個處理。

表 5　按宋前地區劃分的宋朝登記人口（約 958）

地區	戶數	佔總數的百分比
北方	2,485,429	38%
後周	2,406,107	37%
北漢	79,322	1%
南方	3,975,518	62%
南唐（江南）	1,640,943	25%
後蜀（四川）	1,280,152	20%
吳越	505,517	8%
南漢（嶺南）	161,725	3%
泉州	154,295	2%
荊南 + 湖南	232,886	4%

　　注：人口數據來自梁方仲《中國歷代戶口、田地、田賦統計》（第 132—137 頁）。地區則基於 955 年的情況。因此，例如，淮南被劃入南唐領土，不是後周領土。

（一）朝代建立前中國北方政治精英的規模

　　第一個因素是王朝建立時既得利益精英集團的規模。由於關中地區經歷了從北魏到西魏，再到北周，最後到隋的一系列相對平穩的朝代更替，一個單一的西北權力結構在整個 6 世紀成功地保持了其社會政治主導地位。爲了王朝的穩定，這些相繼的關中政權有動機地通過任用西北人來維繫他們的忠誠，從而讓他們在政權中佔有一席之地。此外，由於中古時期的精英男性通常有三個或更多的兒子能夠成年，這些起源可以追溯到 5 世紀或更早的西北家族的規模呈指數級增長[①]。因此，關中政權能夠利用一大批本地人才，他們出身於世代在官僚機構或軍隊中任職的家族。作爲西北政權的繼承者，隋朝實際上

---

① 關於每代有三個以上兒子的數據，參見 *The Destruction of the Medieval Chinese Aristocracy*, pp.41-43. 關於中古時期幾個著名家族指數增長的圖形描繪，參見 Patricia Buckley Ebrey, *The Aristocratic Families of Early Imperial China*, New York, Cambridge University Press, 1978, p.171（譯者注：該書中譯本參見伊沛霞著，范兆飛譯《早期中華帝國的貴族家庭：博陵崔氏個案研究》，上海古籍出版社，2010 年）；*The Destruction of the Medieval Chinese Aristocracy*, pp.114-115.

並不需要東北或南方的精英來管理其迅速擴張的帝國。結果就是西北人將東北人和南方人擠出了官僚機構。正如一位同時代的觀察者所言（用歷史人物來隱喻他那個時代的知識精英）：

關中滿季心（關中到處是季心這樣的人）

關西饒孔子（關西一帶儒家學者衆多）

詎用虞公立國臣（何必用虞公的開國大臣［即東北人］呢？）

誰愛韓王遊説士（誰願意依賴韓王［來自東北］遊説之士呢？）①

　　宋初的策略最初與隋代相似。和隋朝一樣，宋朝也有動機利用新吞併的領土爲來自北方的政權支持者提供職位。965 年吞併四川被視爲大量提拔宋朝軍事將領和文官的黃金時機，正如當時四川一位受益於兩次此類任命的人的墓志銘所提到的那樣：

　　　乾德初，上特舉王師，大平巴蜀。納降王於紫殿，頒兑澤於赤霄。内

　　外臣寮，咸沐昇舉。公復授綿州羅江縣主簿。②

宋朝吞併四川後，後蜀的宗室及文武朝臣被遣往開封，其中少數人實際上受獲官職③。但整體而言，四川民衆遭受了惡劣的對待。宋軍在被征服的領土上肆意掠奪，最初幾乎沒有受到任何懲罰④。當憤怒的民衆起義時，數以萬計的四川人在殘酷的鎮壓中被處決，後世的歷史學家對此予以譴責⑤。在這種背景下，無怪乎蜀地的大部分官員——就像韓祐以及無數其他北齊官員一樣——境遇並不佳。在吞併四川後，宋朝朝廷至少兩次向被安置的蜀地官員和軍將家庭提供錢幣和藥品，這些慈善行爲揭示了蜀國官員階層當時失去其生計和社會地位的程度⑥。

　　但新王朝對被征服精英的這種處理方式實際上難以持續。宋朝在 960 年

① 引自 Xiaofei Tian, trans., *Family Instructions for the Yan Clan and Other Works by Yan Zhitui (531-590s)*, Leiden, De Gruyter, 2021, pp.458-459.

② 曾棗莊、劉琳等編《全宋文》，上海辭書出版社，2006 年，第 7 册，頁 85。

③ 李燾（1115—1184）《續資治通鑑長編》，中華書局，2004 年，卷六，頁 154—155，第 1 條。

④《續資治通鑑長編》卷六，頁 147，第 11 條；卷八，頁 187，第 8 條。最終，宋朝廷介入，制止了搶劫和掠奪行爲。參見《續資治通鑑長編》卷六，頁 148，第 2 條；卷六，頁 156，第 5 條、第 7 條。

⑤《續資治通鑑長編》卷六，頁 151；卷六，頁 152，第 2 條。

⑥《續資治通鑑長編》卷七，頁 165，第 3 條；卷七，頁 173，第 2 條。

代面臨的情況與隋朝在 580 年代面臨的情況有著根本的不同。特別是，唐朝的官僚精英在前幾十年的極端動蕩中幾乎被徹底消滅①。到 910 年代和 920 年代，幸存下來的舊精英階層的後代相對較少，並且在隨後的幾十年裏，他們的數量進一步下降。據統計，只有 3% 的宋朝官員可以合理地聲稱自己擁有"世家大族"血統②。唐宋間期的一些政權——後唐和南唐就是很好的例子——努力尋找和任用其中一些幸存者③。但他們被視爲稀有的發現，這在周廷構（901—966）的墓志銘中得到了體現，他本人便是一個古老的京域官宦家族的後裔：

> 君諱廷構，字正材，洛陽人也……簪組相繼，譜牒存焉。曾祖侃，太常博士。祖潛，深州樂壽縣令……烈祖在藩，乃眷舊族，聞君修謹，復有吏能，因表爲黃州長史，寵以朱綬，置之府朝。④

在 930 年代，處於分裂時期的競爭政權面臨著訓練有素的官僚嚴重短缺的困境。在這種背景下，烈祖顯然迅速看中了像周廷構這樣通過家族長期服務政府的傳統而獲得行政技能的人⑤。

由於舊官僚貴族的幸存人數不斷減少，在 10 世紀初至中期，一個主要起源於河北和河東的全新精英階層脱穎而出⑥。這個新階層的許多人出身於士兵和軍事文吏的隊伍，他們足以在五代時期軍事化程度更高的政府下維持秩序。但是，作爲一個比隋初關中貴族年輕得多的精英階層，它還來不及擴大到足以獨自管理日益壯大的宋朝帝國的規模。當宋太祖試圖任用曾經活躍於唐朝政

---

① *The Destruction of the Medieval Chinese Aristocracy*, pp.187-234.

② Nicolas Tackett, *The Rise of the Chinese Meritocracy: The Transformation of Elite Culture in Tenth-Century China* (manuscript in preparation), chapter 2.

③ 關於後唐，參見 Wang Gungwu, *The Structure of Power in North China during the Five Dynasties*, Stanford, Stanford University Press, 1967, pp.105-106（譯者注：該書中譯本參見參見王賡武著，胡耀飛譯《五代時期北方中國的權力結構》，中西書局，2014 年）。關於南唐，見下文。這兩個朝代可能有特別的動機去尋找唐代皇室精英的後裔，因爲它們都宣稱繼承了"唐"的帝統。

④ 徐鉉（916—991）著，李振中校注《徐鉉集校注》，中華書局，2016 年，卷一五，頁 477。

⑤ 類似的例子，請參見《徐鉉集校注》卷三〇，頁 814—815。

⑥ Wang Gungwu, *The Structure of Power in North China during the Five Dynasties*, pp.208-215；譚凱《晚唐河北人對宋初文化的影響》，《唐研究》2013 年第 19 卷，頁 260—262。

府的"士人"來取代缺乏良好教育的小吏以提高其行政質量時,缺乏稱職官員的問題就變得更加突出①。

　　由於太祖設定的高標準正是在帝國迅速擴張其領土時實施的,宋朝政府面臨著日益嚴重的職位空缺問題。到 970 年代初,這一問題已經成爲朝廷的重要議題。甚至在 971 年征服嶺南之前,地方官僚體系中據稱就有 800 個以上的職位空缺,其中許多在四川②。解決這個問題的部分方法在於進行一系列制度調整——例如,精簡官員的招聘和任命程序,或者直接取消那些無法填補的職位③。然而,宋朝在處理蜀地官員上的失誤也日益明顯。到 970 年代,被吞併國家的前官員被認爲在不斷壯大的宋朝帝國中發揮著重要作用。因此,儘管蜀地官員在 960 年代大多被棄置不用,嶺南和江南地區的南漢和南唐官員在各自地區被宋朝吞併後,最初仍得以留任原職④。

(二)統一前的政權間關係

　　有助於解釋權力地理差異的第二個因素是統一前夕各政權間關係的性質。在 6 世紀中葉到 580 年代之間,幾個最突出的政權之間有著定期的外交交流——北周及其繼承者隋、北齊(直到 577 年滅亡)、西梁和陳⑤。其中一些使團的任務帶有明顯的敵對意圖,例如周於 576 年派遣使節前往齊,以評估其對手並"觀釁"⑥。但是,即使是出於和平精神而派遣的外交使節,也是在敵對政權代表相互競爭的環境中執行任務的。在某些情況下,這些代表會就關鍵的政策問題展開爭論——這種分歧是處於任何時代或地點的外交使節都可能遇到的。然而,其他一些言辭交鋒則反映了那個時代的特殊性。畢竟,這些 6 世

---

① 例如,《續資治通鑑長編》卷一四,頁 300,第 15 條、第 1 條;卷一四,頁 302,第 1 條;卷一四,頁 305,第 1 條。

② 《續資治通鑑長編》卷一二,頁 261,第 6 條。

③ 《續資治通鑑長編》卷一二,頁 261—262,第 6 條;卷一二,頁 263,第 4 條;卷一四,頁 307,第 8 條;卷一二,頁 273,第 3 條;卷一五,頁 327,第 4 條。

④ 《續資治通鑑長編》卷一二,頁 261,第 2 條;卷一二,頁 266,第 5 條;卷一六,頁 354,第 4 條。

⑤ 有關陳、北齊和北周/隋之間使節來往的有用列表,參見劉永濤《行人與魏晉南北朝文學研究》,暨南大學碩士學位論文,2010 年,頁 100—106。

⑥ 魏徵(580—643)等撰《隋書》,中華書局,1973 年,卷五四,頁 1363;《資治通鑑》卷一七二,頁 5365。

紀末期的政權都是由一位"皇帝"統治的,而皇帝作爲天子,其統治範圍原則上覆蓋整個文明世界。因此,敵對的朝廷及其使節代表從根本上被視爲非法的[①]。雖然没有關於這一時期個別出使任務的詳細記載,但現存的軼事突出了敵對使節之間激烈的言辭較量。

這些口頭論戰的一個共同主題圍繞著哪方的朝廷文化更先進,哪方的官員更懂禮儀——因爲高雅的文化和正確的禮儀實踐是正統天子朝廷的決定性特徵。這一主題顯而易見,例如,當一位隋朝外交官因陳朝的使節未能按照禮儀規範行禮而羞辱他[②]。同樣地,當一位陳朝外交官指責隋朝使節在朝廷上使用了不夠謙恭的開場白時,這一點也很明顯[③]。在這兩個案例中,面對被指出的問題,受批評的使節都"不能對"。外交任務似乎還融入了競爭性的社交詩歌創作中。因此,在來訪的陳朝使節即興創作了 50 行詩後,北齊官員薛道衡(540—609)巧妙地用自己的詩作與之作答,隨後,在場的一位朝臣魏收(506—572)嘲笑陳朝使節的作品只是用來引出真正的大魚的"蟲子"(以蚓投魚耳)[④]。

魏徵的妙語以及前兩個例子都指向了這些競爭性交鋒的目的:讓對手無言以對或感到羞辱。事實上,軼事特別熱衷於記述這種外交使節互相嘲諷的競爭性調侃。這種嘲諷有時會嵌入到社交詩歌創作中。在一次北齊使節出訪陳朝的交流中,一位朝臣在一首詩中嘲笑了北方的飲食偏好。來訪的使節——這次是盧思道(531—582)——用一副對聯作爲回應,譴責南方人吝嗇於和家人分享食物。這位朝臣"甚愧之"[⑤]。這些嘲諷也可能巧妙地隱藏在一

---

① 北周通常將北齊稱爲"僞齊",而這兩個北朝政權有時也將陳稱爲"僞陳"。見令狐德棻(583—666)等撰《周書》,中華書局,1971 年,卷六,頁 92、96、99、100—101、116 ;李百藥(565—648)撰《北齊書》,中華書局,1972 年,卷二五,頁 367 ;魏徵《隋書》卷三八,頁 1140。關於一方可追溯到 591 年的隋代墓志銘中稱陳朝爲"僞"的記載,參見王其禕和周曉薇編《隋代墓志銘彙考》,第 2 册,頁 27。
② 魏徵《隋書》卷七五,頁 1707。
③ 魏徵《隋書》卷七六,頁 1743 ;李百藥《北史》卷八三,頁 2814—2815。
④ 魏徵《隋書》卷五七,頁 1406 ;李百藥《北史》卷三六,頁 1337。
⑤ 李昉(925—996)等編《太平廣記》,中華書局,2003 年,卷二七,頁 1915。關於這則軼事的英文翻譯,參見 Wendy Swartz et al. (eds.), *Early Medieval China: A Sourcebook*, New York, Columbia University Press, 2014, p.72.

場表面上看似毫不相關的對話中。陪同陳朝使節的隋朝隨行人員便通過一場關於馬匹的談話間接譴責了使節的粗魯行爲。因此,當使節詢問北方馬匹的價格時,他解釋説,上等的馬匹可能要花費千金,但如果訓練不當,即使是最快的良駒也是毫無價值的。使節只能"慚謝"①。

在 6 世紀的外交往來中,甚至連皇帝也未能幸免於這種嘲諷。上文提到的盧思道曾經作爲使節出使陳朝,與陳朝皇帝本人進行了一場唇槍舌戰。皇帝引用《妙法蓮華經》中的話來諷刺當時正手持隋朝國書站在他面前的盧思道。皇帝問道:"是何商人賫持重寶?"盧思道因被比作僅僅是帶著貢品的商人而感到受辱,遂用同一部經中的另一句話來嘲諷陳朝:"忽遇惡風,遂漂墮羅刹鬼國!"於是,皇帝"大慚遂無以應"②。

敵對政權代表之間的言辭交鋒模仿了當時精英階層的社交慣例,構成了一種特殊的外交社交形式。在 6 世紀,貴族之間智慧和修辭能力的展示對於評估彼此的價值至關重要。但是,在一般情況下,戰勝對手主要是爲了提高個人在上層社會的地位;而在政權關係中,它的作用是提高一個朝廷相對於其競爭對手的威望。外交變成了一場關乎王朝榮譽的較量。因此,各朝廷開始謹慎地挑選外交使節,希望找到那些反應敏捷、擅長修辭的人才。隋朝時期,柳蕭(544—615)因其才華橫溢、博學多才,且從年輕時起就"閑於占對"而被選爲陳朝使節的接待者③。柳蕭的侄子柳謇之(556—615)曾多次接待外朝使節,因爲他"有雅望,善談謔,又飲酒至石不亂"④。北齊官員李諤(活躍於 570 年代至 580 年代)因其"有口辯"而被委以接待外交使節的任務,隋朝官員李駒騄(卒於 604 年)同樣因"有才辯"而承擔了類似的職責⑤。

在這種情況下,可以想象,如果皇帝的朝廷中缺少一位足夠有才華的演説家,他可能會感到多麼不悦。當著名的南方文人徐陵(507—583)作爲陳朝使節來訪時,隋朝皇帝尋找到了機智的朝臣與他交鋒。但徐陵巧妙地抵擋了他

① 侯白著,董志翹箋注《啟顏録箋注》,中華書局,2014 年,頁 27。
② 侯白《啟顏録箋注》,頁 25。關於薛道衡與一位僧侶之間涉及經文的口頭辯論,參見侯白《啟顏録箋注》,頁 23。
③ 魏徵《隋書》卷四七,頁 1273—1274。
④ 魏徵《隋書》卷四七,頁 1275。
⑤ 魏徵《隋書》卷六六,頁 1543;卷三三,頁 1240。早期的類似例子,參見姚思廉(557—637)《梁書》,中華書局,1973 年,卷四二,頁 602。

們所有的嘲諷和言語攻擊。在注意到天氣異常温暖後，一位朝臣指責徐陵帶來了熱浪。徐陵回答説，就像南方人王肅（464—501）在一個世紀前來到洛陽幫助北魏建立禮儀規範一樣，他正在向北方大臣講解四季的變化。這裏所傳達的信息很明確：向北方人傳授文明基本知識的任務是由南方人承擔的。這次交鋒的結果是，"既以徐陵辯捷，頻有機俊，無人酬對，深以爲羞"。幸運的是，在皇帝邀請了大名鼎鼎的盧思道來應對徐陵後，局勢發生了逆轉。徐陵嘲笑盧思道身材矮小，盧思道迅速回應説，作爲一個矮個子，他正好和徐陵這樣的小官相配。現在輪到徐陵"無以可答"了①。

　　我之前曾指出，外交社交可能會産生深遠的影響。在 11 世紀，它有助於解釋宋朝與其北方鄰國遼之間長達一個世紀的和平，以及受過教育的精英階層中出現的一種新的、以民族爲基礎的中國國家觀念②。在 6 世紀，我認爲，使節、朝臣甚至皇帝之間的言辭交鋒産生了非常不同的效果。在某些情況下，它似乎提升了一個人在敵對朝廷中的地位，例如，北齊官員劉逖（525—573）在出使北周時"贏得了巨大的聲譽"③。雖然劉逖本人未能親眼目睹其王朝覆滅，但他的一些同僚很可能因在執行出使任務時表現出類似的文雅、風度和得體後，被邀請加入征服者的政權。然而，同樣有可能的是，一些更爲激烈的嘲諷和羞辱會滋生怨恨，尤其是在一些被拖入泥潭的權貴和皇帝中。通過這種方式，6 世紀的外交社交——模仿了當時普遍流行的言辭交鋒，但體現了帝國之間對合法性和威望的競争——對佔據優勢地位的朝廷如何看待其戰敗敵方

---

① 侯白《啟顔録箋注》，頁 20。

② Nicolas Tackett, *The Origins of the Chinese Nation: Song China and the Forging of an East Asian World Order*, Cambridge, Cambridge University Press, 2017, esp. 71-72, 278（譯者注：該書中譯本參見譚凱著，殷守甫譯《肇造區夏：宋代中國與東亞國際秩序的建立》，社會科學文獻出版社，2020 年）；Nicolas Tackett, "Demic Diffusion, Diplomatic Sociability, and an Emergent Trans-National Political Culture in Tenth and Eleventh Century Northeast Asia," *Journal of Song-Yuan Studies* 51, 2022, esp. 141-144, 153-156. Cf. Lu Kou, "Courtly Exchange and the Rhetoric of Legitimacy in Early Medieval China," Ph.D. thesis, Harvard University, 2018, pp.24-107.

③ 李百藥《北齊書》卷四五，頁 615；李延壽《北史》卷四二，頁 1552。類似的例子，參見李百藥《北齊書》卷二二，頁 324，卷二三，頁 336；令狐德棻《周書》卷三二，頁 559。遺憾的是，這些人均未能活到隋朝，因此無法確定他們在原政權滅亡後是否重新被任用。

的人員産生了負面影響。南方人韋鼎（約 515—約 593）的故事或許能説明問題。他之所以在隋朝能獲封高官，僅僅是因爲他在幾年前作爲陳朝使節訪問周廷時，有先見之明地稱贊了未來的隋文帝（581—604 年在位）具有帝王風範①。可能正是因爲避開了當時流行的競争性戲謔言辭，韋鼎才得以在征服者的統治下獲得任用。

　　10 世紀中期的情況更加複雜，因爲當時存在著更多的敵對政權，每個政權與宋朝的關係都不同。有些政權，例如後蜀、北漢和南漢，保留著“皇帝”的名號，就像 6 世紀的北齊和陳朝一樣。然而，與之不同的是，它們與宋朝的外交接觸很少②。因此，外交社交的性質對這三個政權的政治精英的命運無關緊要。然而，由於否認宋朝皇帝作爲天子的正統性③，它們在宋朝的記載中都被强行斥爲“僞”④。在被吞併後，這三個政權的人員的前途不太可能從其與“僞”政權間的聯繫中受益。這或許部分解釋了爲什麽如表 3 所示，這三個地區的人員在北宋確實處境不佳。

　　但其他 10 世紀的政權，尤其是南唐、吳越和泉州，都願意承認宋朝的宗主地位。從現存的資料來看，我們對南唐了解最多。在 958 年後周征服淮南後，南唐放棄了其帝國野心，並於 960 年宋朝建立後立即向其派遣了慶賀使團⑤。然後，它以多種方式履行了其作爲藩屬國的角色。它逐漸放棄了“帝國”朝廷的稱號和禮儀；它在各類文書中用宋朝年號紀年；它通過“表”而不是“國書”與宋廷通信；並且它定期派遣使團朝貢，甚至在宋朝開始入侵江南後

① 李延壽《南史》，中華書局，1975 年，卷五八，頁 1436。
② 例如，宋朝與南漢幾乎没有直接接觸。宋朝曾兩次要求南唐轉達信息（而不是派遣它自己的外交使節）。參見《續資治通鑑長編》卷九，頁 209，第七條；卷一一，頁 249，第 4 條。北漢與遼而非宋保持著關係，宋通過遣返一名被其俘虜的將軍向遼的統治者送信（同樣的，不是派遣外交使節）。參見《續資治通鑑長編》卷一，頁 18，第 2 條。最後，就後蜀而言，雖然有證據表明其與北漢有外交關係（它們計劃聯合攻宋），但没有證據表明其與宋朝有外交關係。參見《續資治通鑑長編》卷五，頁 134，第 2 條。
③ 據稱，蜀國丞相建議皇帝向宋朝進貢，以之作爲長期生存戰略的一部分，但蜀國皇帝拒絶了。參見《續資治通鑑長編》卷四，頁 92，第 13 條。
④ 例如，《續資治通鑑長編》經常將滅亡後的蜀國稱爲“僞蜀”，也將南漢稱爲“僞漢”。相較之下，它一般不將南唐和吳越稱爲“僞”政權。
⑤《續資治通鑑長編》卷一，頁 10，第 2 條。吳越此時也派出使者慶賀。

仍然這樣做①。

南唐歸宋的問題在南唐最後一位皇帝李煜（937—978）的墓志銘中得到了修正主義的歷史詮釋，這篇墓志銘由江南人徐鉉所撰寫：

> 皇宋將啓，玄貺冥符。有周開先，太祖歷試。威德所及，寰宇將同。故我舊邦，祇畏天命，貶大號以稟朔，獻地圖而請吏。故得義動元后，風行域中，恩禮有加，綏懷不世。②

這種叙述構成了一種令人舒適的虛構，它巧妙地忽略了南唐對宋朝入侵的激烈武裝抵抗。但藉此，人們就可以理解在被征服後，南唐人員最初被納入宋朝朝廷背後的邏輯，這一邏輯本身無疑促進了江南精英融入不斷擴大的宋朝官僚體系。一個很好的例子是，戰敗的朝廷在一場屈辱的儀式中被展示在勝利者的祖先面前。與蜀國和南漢被俘的君臣不同，南唐皇帝及其大臣（包括徐鉉）從未以這種方式出現在宋朝的祖廟中。爲了解釋自己的決定，太祖將李煜與其南漢對手劉鋹進行了對比：“煜嘗奉正朔，非鋹比也。”③

南唐對宋朝的臣屬關係當然也影響了兩國使節之間的社交互動。南唐與宋朝的外交往來尤其頻繁，平均每年派出數次朝貢使團，同時偶爾也會接待宋朝使節④。從969年南唐副使查元方與宋朝官員、未來的丞相盧多遜（934—985）的交流中，人們可以感受到進貢者的謙恭態度。當盧多遜問起江南的情

---

① 例如，參見《續資治通鑑長編》卷一二，頁272，第1條；卷一二，頁275，第7條；卷一三，頁280，第11條。南唐的大多數朝貢使團都帶著“時貢”，雖然也有其他一些臨時使團爲宋朝的其他重大祭祀活動進獻貢品，例如祭天儀式或皇帝葬禮，或是用於宋朝宮殿的重建，或是用於慶祝宋朝軍事勝利的盛典。參見《續資治通鑑長編》卷四，頁109，第5條；卷五，頁123，第12條；卷七，頁178，第14條；卷一，頁28，第6條；卷四，頁91，第1條。關於南唐向宋朝派遣朝貢使團以延緩其入侵的情況，參見《續資治通鑑長編》卷一六，頁348，第5條。

② 徐鉉《徐鉉集校注》卷二九，頁793。

③《續資治通鑑長編》卷一七，頁361，第2條。

④ 在《續資治通鑑長編》卷一至卷一六中，（根據我的統計）從960至975年間，提到了34次南唐派往宋朝的使團，平均每年略高於2次；提到從宋出使南唐則有15次，平均每年接近1次。我們不應該認爲《續資治通鑑長編》的記載是全面的，因爲它在前幾章（當其叙述試圖建立宋的正統性時）以及宋朝入侵江南的準備階段（當南唐或爲叙述中心時）提到了更多的使節。

況時,查元方恭敬地整了整衣襟,回答道:"江南事大朝十餘年,極君臣之禮,不知其他。"對此,盧多遜贊許地説:"勿謂江南無人。"① 徐鉉的出使提供了另一個類似的例子。在宋太祖拒絶南唐停止入侵的請求後,徐鉉"慷慨鋪陳自古成敗之道,表明後主忠孝之節"。結果,"太祖亦爲之動容,厚禮之,遣歸"②。據一則記載,"所以待鉉等皆如未舉兵時"③。毋庸置疑,查元方、徐鉉的謙恭行爲與6世紀使節羞辱對話者的努力形成了鮮明對比。

　　這種截然不同的社交方式帶來了怎樣的後果? 雖然無法給出確切的回答,但人們可以再次進行推測。顯然,宋代朝臣和皇帝都開始尊重作爲南唐等國使節來到開封的"賢士"。如我們剛才所見,正是出於對南唐朝廷中徐鉉及其同僚的尊重,即使在宋軍入侵江南之際,外交禮儀仍然得以維持。因此,在江南被吞併後,徐鉉成爲最早受宋朝任用的南唐朝臣之一,這很可能並非巧合。但他不是孤例。儘管對這一時期使團的記載很簡略,仍可識别出許多後來在宋朝官僚體系中任職的南唐使節④。

(三)行政官員被認可的能力與可靠性

　　儘管宋朝與南唐使節之間的交往爲江南政治精英在領土被吞併後受到的待遇定下了基調,但不可忽視的是,徐鉉及其同僚被視爲既有才幹又忠誠可靠的,這無疑也起到了積極作用。因此,我認爲影響被征服精英命運的第三個因素涉及人們對他們作爲官員的能力和可靠性的看法。在"由勝利者書寫的"歷史中,人們不應該驚訝於那些對戰敗者的批評。確實,就宋朝而言,李燾在其編年體巨著《續資治通鑑長編》的前幾章中,許多内容似乎都涉及削弱宋朝競争對手的正統性。然而,他對不同國家的批評性質不同。這是否説明了這

① 吴任臣(1628—1689)《十國春秋》,中華書局,2010年,卷二六,頁372;《續資治通鑑長編》卷一○,頁227,第9條。

② 徐鉉《徐鉉集校注》附録一,頁865。

③《續資治通鑑長編》卷一六,頁348,第2條。

④ 我確定的人是查元方、徐鉉、周惟簡、潘慎修、張洎、李從鎰、李從善、劉崇諒、江直木。後三人在出使時被宋廷扣留。有關這些人前往宋朝執行出使任務的證據,參見《續資治通鑑長編》卷一○,頁227,第9條;卷一三,頁279,第1條;卷一六,頁347—348,第2條;與《十國春秋》卷一九,頁279、280;卷二六,頁372;卷二七,頁386;卷三○,頁434、436、438;以及徐鉉《徐鉉集校注》卷二九,頁805。此外,湯悦(又名殷崇義)在宋代政變前夕出使後周。參見《十國春秋》卷二八,頁407;《資治通鑑》卷二九四,頁9587。

些政權官僚體系實際質量的差異並不是關鍵；重要的是，這反映了一種認知，即一些南方政權比其他政權治理得更好。這種看法的重要性不應被忽視。在隋初和宋初，其所反映的觀點不可避免地影響了各自朝廷如何看待被吞併政權的官僚的效用。

在隋初——陳朝被吞併前——南方因沒有足夠重視善政而屢次受到嚴厲的批評。其中一條批評集中在南方人熱衷於華麗的辭藻，卻忽略了德治。文帝顯然反感"詞華"。正是在這種背景下，前北齊朝臣、現爲隋朝官員的李諤於584年上奏，猛烈抨擊南方人據稱對浮華文風的癡迷：

> 魏之三祖，崇尚文詞，忽君人之大道，好雕蟲之小藝。下之從上，遂成風俗。江左齊梁，其弊彌甚：競一韻之奇，爭一字之巧；連篇累牘，不出月露之形，積案盈箱，唯是風雲之狀。世俗以此相高，朝廷據茲擢士。祿利之路既開，愛尚之情愈篤。於是閭里童昏，貴遊總丱，未窺六甲，先製五言，至如羲皇舜禹之典，伊傅周孔之説，不復關心，何嘗入耳。以傲誕爲清虚，以緣情爲勳績，指儒素爲古拙，用詞賦爲君子。故文筆日繁，其政日亂。[1]

文帝對李諤的進言很滿意，下令將其傳遍全國，以防止南方"弊病"在北方蔓延。在顏之推對南方人的評論中展現了另一種關於南方的觀點。他描繪了這樣一種南方貴族的形象，"學識如此貧乏，以至於當時有句俗語説'如果你不從馬車上掉下來，你就可以成爲著作郎'"[2]。他進一步描述這些文人貴族，他們"因骨肉嬌嫩而不能承受步行的勞苦"，以及由於"養尊處優"而"在治國理政和經營家事上無能爲力"[3]。

當時東北地區的民衆從未受到如此嚴厲的譴責。但是，已經滅亡的東北政權仍然因治理不善而受到牽連，這對早期隋朝產生了持久的影響。特別是到了580年代，東北地區的稅册顯然充斥著虛假信息：

> 時民間多妄稱老、小以免賦役，山東承北齊之弊政，户口租調，姦僞尤多。[4]

---

[1]《資治通鑑》卷一七六，頁5475。

[2] *Family Instructions for the Yan Clan and Other Works by Yan Zhitui (531-590s)*, p.117.

[3] *Family Instructions for the Yan Clan and Other Works by Yan Zhitui (531-590s)*, pp.241, 243.

[4]《資治通鑑》卷一七六，頁5481。

根據 585 年進行的新的人口普查,隋朝發現人口被少報了 160 多萬,這顯然是北齊時期腐敗和治理不善的直接後果。

當然,實際情況比這些針對東北,以及更爲針對南方政權的批評所暗示的要複雜得多。此外,我們知道,隋文帝所譴責的華麗文風實際上在隋朝——特別是隋煬帝統治下——和初唐時期仍然很受歡迎。但就這些批評在隋朝朝廷中流傳的程度而言,它無疑會影響朝廷任用南方人(在某種程度上也是東北人)的意願。爲了削弱敵對政權的合法性而做出的一系列努力,導致人們有一種持續的感覺,即這些政權是由無能的人統治的。我們應該認真對待這種關於腐朽政府的概念對感知南方人是否有用的影響,尤其是當隋朝尋求任用具有行政能力而非文學才華的官員時。

四百年後的宋初,人們又遇到了大量對蜀和南漢的類似評論。宋朝對四川的入侵充分暴露了蜀國防禦領導層的無能。蜀軍由一位無能的太子指揮,他帶著姬妾和樂師出征,然後一見到戰事就倉皇逃跑了①。結果,在宋軍從開封出發僅僅 66 天後,蜀國就正式投降了②。宋朝對四川被吞併後的記載展現了一幅治理失敗的社會圖景——根據一篇 10 世紀末的墓志銘——"久隔大朝,居民多弊"③。例如,當蜀國的朝廷器物被帶到開封時,人們發現蜀國皇帝更加注重他奢華的生活方式,而不是至關重要的國家禮儀。禮儀器具的質量如此平庸,以至於它們很快就被熔化了;然而——據傳令宋太祖感到震驚的是——君主的夜壺製作精美,上面鑲嵌著珍貴的珠寶④。宋史中也大量描述了蜀國遺留下來的笨重、混亂和繁瑣的行政體系。四川的賦稅、雜稅和政令條規被認爲"煩苛",因此"害及民"⑤。當時使用了兩種不同的糧食度量單位——一種用於國家收入,一種用於國家支出⑥。甚至地方官員的薪俸結構也需要進行合理化⑦。這樣的複雜情況如此之多,以至於在征服四川近十年後,宋朝仍在發現可以追溯到蜀國時期的"僞制"——例如嫁妝稅和皮革稅——這些規

①《續資治通鑑長編》卷六,頁 143,第 2 條。
②《續資治通鑑長編》卷六,頁 146,第 10 條。
③《全宋文》第 7 冊,頁 85。
④《續資治通鑑長編》卷七,頁 171,第 6 條。
⑤《續資治通鑑長編》卷七,頁 168,第 7 條;卷七,頁 170,第 1 條。
⑥《續資治通鑑長編》卷六,頁 154,第 11 條。
⑦《續資治通鑑長編》卷七,頁 172,第 9 條。

定尚未被清除①。

　　根據這些記載,人們可以想象宋朝會對造成這一混亂的行政官員和軍事將領持懷疑態度。歐陽炯(896—971)是宋朝史料中爲數不多的受到贊揚的蜀國朝臣之一。但是,儘管太祖看重他的坦率,他並非没有明顯的性格缺陷——尤其是他對吹奏笛子的偏好,這是蜀國官員衆多不合適的消遣之一②。當歐陽炯被太祖派去執行一項朝廷使命——到遥遠的南方進行南海祭祀時——他拒絶了。這向宋朝官僚體系證明了他的無能,隨後他很快被降職了③。最後,需要指出的是,在被吞併後的幾十年裏,四川爆發了一系列叛亂——最著名的是 965 年全師雄的叛亂以及 993 年王小波、李順的叛亂④。民衆明顯的反叛傾向可能促使宋朝相信,四川精英既不是最有能力的,也不是最可靠的政權盟友。

　　唯一被描繪得不如蜀國的政權是南漢。與蜀的情況類似,宋朝發現南漢無法有效抵抗入侵的軍隊。該政權久經沙場的將領和宗室都在大清洗中被消滅殆盡,軍隊落入了宦官手中。此外,多年來朝廷財政被浪費在建設日益華麗的宫殿上,防禦準備不足,武器短缺,士兵生活在惡劣的環境中,士氣低落⑤。從宋軍自長沙出發到南漢皇帝投降,只用了五個月的時間。南漢的一個關鍵弱點——根據宋朝那些顯然秉持了傳統性別角色觀念的史料——是宦官和女性在宫廷中的強大影響力⑥。李燾可能津津樂道於他所認爲的南漢皇帝對這些宫廷人物錯誤信任的後果。在政權岌岌可危之際,南漢皇帝下令將國庫和後宫裝在十幾艘船上。然而,不幸的是,船隻剛剛裝載和準備完畢,太監們就起航了,把無助的皇帝留在岸上,任由宋軍擺佈⑦。與蜀國一樣,宋朝繼承了一個急

---

①《續資治通鑑長編》卷一三,頁 282,第 7 條;卷一四,頁 305,第 1 條。

②《續資治通鑑長編》卷六,頁 157,第 7 條。

③《續資治通鑑長編》卷一二,頁 265,第 1 條。

④ Paul J. Smith, *Taxing Heaven's Storehouse: Horses, Bureaucrats, and the Destruction of the Sichuan Tea Industry, 1074-1224*, Cambridge, MA: Council on East Asian Studies, Harvard University, 1991, pp.88-93;Christoph Schifferli, "La politique économique des Song du Nord au Sichuan (965-1000)," *T'oung Pao* 72.1/3, 1986, pp.130-136.

⑤《續資治通鑑長編》卷一一,頁 250,第 5 條。

⑥ 例如,《續資治通鑑長編》卷一,頁 10,第 3 條;卷二,頁 57,第 11 條;卷三,頁 78,第 15 條。

⑦《續資治通鑑長編》卷一二,頁 259,第 11 條。

需改革的行政體制。在這種情況下,問題的關鍵不僅在於簡化一個笨拙的官僚機構,更是要將民衆從沉重的賦税、不公正的徵兵和奴役中解放出來[1]。雖然宋朝起初考慮到行政職位空缺的問題而保留了南漢的地方官員;但後來對這些官員逐一進行了重新評估,以清除其中的惡劣分子[2]。毋庸置疑,宦官和宮女將首先被淘汰。

　　如果説後蜀和南漢宮廷和朝臣的形象與早期北齊和陳的情況並無二致,那麼,南唐政治精英的形象則大不相同。誠然,南唐皇帝自身也被視爲有缺陷的。有幾次,他們隨意地處決了忠誠的官員——儘管規模遠不及南漢統治者所爲[3]。南唐的朝廷也犯過錯誤,例如決定鑄造鐵幣,從而引發了嚴重的通貨膨脹[4]。但没有人懷疑其官員的能力或忠誠。太祖可能已經對南唐在其軍隊面前堅持了如此之久印象深刻,而他所遇見的南唐官員慷慨激昂的獻身精神更加令他震撼。一個恰當的例子是徐鉉,在975年出使宋廷後,他被派回江南以傳達太祖要求南唐投降的指示。但徐鉉並没有這麼做。相反,他鼓勵南唐皇帝繼續抵抗。儘管徐鉉的做法激怒了太祖,後者反而欣賞他的忠誠和正直:

　　　　及歸朝,太祖盛怒責之曰:"吾向與汝言,何謂弗達於汝主,且拒抗之罪,皆汝所爲!"公頓首謝曰:"臣爲江南大臣而其國滅亡,抵此死有餘罪,餘復何言?"太祖於是歎息曰:"忠於所事者乎? 汝當事我如事李氏。"命坐,存撫甚厚。[5]

太祖最初也對張洎(934—997)感到惱怒,因爲他也極力敦促南唐抵抗到底。但在另一番慷慨激昂的陳詞後——張洎承擔了全部責任,堅稱自己罪該萬死,而請求寬恕他的前君主李煜——太祖赦免了他,就像他對待徐鉉一樣[6]。徐

---

① 《續資治通鑑長編》卷一二,頁268,第3條;卷一二,頁272,第10條;卷一三,283,第6條。例如,皇帝强迫2000名徵召者潛水尋找珍珠——這是一項危險的工作,導致許多人溺水身亡。《續資治通鑑長編》卷一三,頁283,第4條。

② 《續資治通鑑長編》卷一二,頁262,第6條。

③ 《續資治通鑑長編》卷一,頁8—9,第23條;卷二,頁40,第1條;卷一三,頁281,第4條;卷一四,頁309—310,第1條。

④ 《續資治通鑑長編》卷五,頁124,第7條。

⑤ 徐鉉《徐鉉集校注》附錄一,頁865—866。另一種解釋參見《續資治通鑑長編》卷七,頁361—362,第2條。

⑥ 《續資治通鑑長編》卷一七,頁362,第2條。

鉉和張洎並非唯一甘願以死明志的人。李從鎰（南唐皇帝的兄弟）和潘慎修（937—1005）也是如此，他們在南唐皇帝投降後不久隨同南唐使團抵達宋朝[1]。另一個例子是劉茂忠，他在抵抗宋軍被俘後對太祖感歎道："臣事李煜惟力是視，雖陛下親征，臣當殞身不顧。"[2] 由於忠心耿耿、恪盡職守的聲譽，南唐的許多臣子——包括徐鉉、張洎、李從鎰、潘慎修、劉茂忠——都得到了太祖的赦免，並在宋朝政府中任職[3]。從宋朝的角度來看（正如李燾的敘述所反映的那樣），這些南唐人和那些將南漢皇帝留在岸上的宦官之間的對比再明顯不過了！

二、王朝合法性與保守世界觀

除了有助於解釋權力地理的根本差異，隋、宋統一的不同環境和過程也可以説明隨後歷史時期中世界觀的特殊性。王朝建立的背景環境必然將會影響一個新興政權如何尋求它的正統性。合法化的話語——可能包含特定的歷史大敘事，以解釋過去的事件如何證明新王朝建立的正當性——在宮廷和各種不同的政治背景下經常被重複。而且，它們得到了當時主導人物的全力支持，這賦予了它們強大的支配性力量。因此，在塑造隨後時代政治文化最基本的思想和觀念上，這些話語將發揮特別重要的作用。

在這裏，我將提出隋代和宋代政權合法化的不同邏輯之間的聯繫，以及關於變革如何影響帝國規劃的不同觀點。在包弼德（Peter K. Bol）關於新儒學興起的經典研究中，他指出隋唐時期的文化精英如何在最基本的層面上，尋

---

① 李從鎰原計劃祝賀太祖的勝利，但潘慎修堅持他應該認罪並赴死。參見《十國春秋》卷三〇，頁 434；《宋史》卷二九六，頁 9874。
② 《續資治通鑑長編》卷一七，頁 375，第 5 條。
③ 此時接受宋朝官職的其他南唐官僚包括湯悦、徐遊、王克貞（930—989）、侍其禎。參見《續資治通鑑長編》卷一七，頁 362，第 5 條；卷一七，頁 375，第 5 條。此前，劉崇諒因爲他是"忠臣之後"而被授予官職。參見《十國春秋》卷二七，頁 385；《續資治通鑑長編》卷一三，頁 279，第 1 條。盧絳提供了一個反例。他是唯一一位拒絶跟隨皇帝投降的南唐將領。太祖最初被這種對君主的忠誠所感動，派他到北方的一個州府任職，但其他人堅持認爲他不能被信任，他最終被處死。參見《續資治通鑑長編》卷一七，頁 363，第 7 條；卷一七，頁 371—372，第 2 條。

求維護他們所繼承"文化形式"（cultural forms）的"累積傳統"（cumulative tradition）[①]。這種從根本上保守的世界觀並沒有設想過去和現在之間有任何實質性的斷裂。它允許變革，但變革是逐漸發展的，並通過範圍適中的政治改革顯現出來。這與宋代日益流行的觀點形成了鮮明對比，他們認爲漢唐之人根本上即爲謬誤。到了 11 世紀，政策制定者提出雄心勃勃的政治綱領，試圖徹底改變政府的運作方式。同時，文人和知識分子促進了新運動的發生——尤其是古文和新儒學，秉持著復興失落已久的古代法則的目的，它們與不久前的時代產生了根本分歧。兩個假設對這些宋代運動至爲重要：其一，一種歷史宏大叙事，預想了理想化的過去與當下之間被顯著的時間斷裂分離；其二，隨之而來的緊迫感，需付出必要的努力以實施變革，而變革對重塑理想化過去中的政府與社會極其關鍵。

在這一點上應該清楚的是，我關注的並非變化本身，而是對"變化"的價值認知。爲什麼隋唐精英對於維持"累積傳統"的重要性有更保守的看法，還有爲什麼相比之下，變革性的變化更爲宋代精英接受？隋、宋之初的發展能否至少部分解釋這些分歧的觀點？爲了回答這些問題，我將於下文考察隋朝和宋朝爲他們的"偉業"正名的重要差別。由於朝代變遷的獨特性，隋朝首先關注的是證明它復興了前朝鼎盛時期，即"亡國之君"短暫統治之前的治理方式。同樣由於環境條件的原因，宋朝的締造者有著截然不同的看法。他們不否定一個皇帝的統治，甚至也不反對一個王朝的統治。相反，他們自覺地試圖表明，他們的新政權已超越了整個時代，即唐王朝崩潰後的數十年時期。我認爲，這些非常不同的正統性邏輯對這兩個時期的政策制定者和更廣泛的知識精英在隨後如何看待過去和現在之間的關係，以及所繼承的傳統和慣習的意義產生了影響。

（一）隋朝的建立與統一

公元 578 年夏，周武帝（561—578 年在位）去世後，北周王朝迅速瓦解。武帝是一位精力充沛、有能力的統治者，就在一年前，他率領軍隊攻克了北齊，使他的王朝達到了國力的頂峰。相比之下，他的兒子和繼任者宣帝（578—

---

① Peter K. Bol, "*This Culture of Ours*": *Intellectual Transitions in T'ang and Sung China*, Stanford, Stanford University Press, 1992, pp.76–77（譯者注：該書中譯本參見包弼德著，劉寧譯《斯文：唐宋思想的轉型》，江蘇人民出版社，2017 年）。

579 年在位 ）體現了一個典型 “亡國之君” 的一切特徵。他生活放蕩，反復無常，最終在自封 “天元” 這一特殊稱號、委任兒子爲皇帝後，開始了恐怖统治 ①。在這個過程中，他使得多位重要將領產生了反抗情緒，尤其是他的岳父隋國公楊堅（ 541—604 ）。當宣帝密謀暗殺楊堅而楊堅及時收到盟友警告之時，這就注定了王朝的命運。在這位君主意外去世後，楊堅自任攝政。於是，他清洗了北周朝廷的忠實擁護者，包括衆多皇子，同時鎮壓了由周朝皇帝之甥尉遲迥（ 卒於 580 年 ）在北方領導的一場國家範圍的大規模叛亂，消滅了尉遲迥的盟友，在南方的司馬消難（ 卒於 589 年 ）和在四川的王謙（ 卒於 580 年 ）。之後的581 年，楊堅登上皇位，從而建立了隋朝 ②。

正是這些特定的歷史條件解釋了作爲隋文帝的楊堅如何使他的新王朝合法化，這在兩份現存的北周退位詔書中得到了明確體現 ③。儘管這些詔書原則上由八歲的靜帝（ 579—581 年在位 ）制定，但它們明確表達了楊堅（ 作爲攝政王 ）及其顧問提出的論點。第一道詔書從關於治道本體論的簡短感想開始，然後繼續解釋 581 年迫使王朝更迭的特殊情況：

> 周德將盡，妖孽遞生，骨肉多虞，藩維構釁，影響同惡，過半區宇，或小或大，圖帝圖王，則我祖宗之業，不絕如線。相國隋王，叡聖自天，英華獨秀，刑法與禮儀同運，文德共武功俱遠，愛萬物其如己，任兆庶以爲憂。手運機衡，躬命將士，艾夷姦宄，刷蕩氛祲，化通冠帶，威震幽遐……況木行

---

① 存在各種不同的觀點解釋宣帝禪位於其子的決定。楊堅本人認爲宣帝以這種方式逃避他的責任，參見《資治通鑑》卷一七六，頁 5485。即使在宣帝退位給兒子之後，盧思道也顯然視他爲實際上的君主，説明宣帝通過接受一個與天同等的稱號，營造出莊嚴宏大的錯覺，參見祝尚書《盧思道集校注》，巴蜀書社，2001 年，頁 197—198。至於現代的解釋，請見 Andrew Eisenberg（ 艾安迪 ），*Kingship in Early Medieval China*, Leiden, Brill, 2008, pp.23-166，該書認爲宣帝以一個北魏和兩個北齊君主（ 譯者注：即北魏獻文帝、北齊武成帝及後主 ）的 “退位皇帝” 模式爲範例，利用一種理性策略來確保皇位繼承的順利。

② 魏徵《隋書》卷一，頁 1—13 ;《資治通鑑》卷一七三至卷一七五，頁 5387—5433。

③ Cf. Arthur F. Wright, *The Sui Dynasty: The Unification of China, A D. 581-617,* New York, Alfred A. Knopf, 1978, pp.108–138. 與許多歷史學家一樣，芮沃壽關注使隋朝合法化的努力如何遵循所有王朝建立之時共有的重複出現的模式。因此，他描述了對祥瑞的搜尋和合乎禮節的登極儀式的表現。我關注的不是反復出現的模式，而是隋朝合法化方式的特殊性，尤其是與宋代方法的對比。

　　　　已謝,火運既興,河洛出革命之符,星辰表代終之象。煙雲改色,笙簧變
　　　　音……朕雖寡昧,未達變通,幽顯之情,皎然易識。今便祗順天命,出遜別
　　　　宮,禪位於隋,一依唐虞漢魏故事。①

這樣看來,朝代更迭的部分正當理由在於對天變的解釋,這些跡象傳統上被視
爲上天與人間溝通的機制。但這道詔書也解釋道,其實在之前,楊堅已經確立
了成爲皇帝的資格。具體來説,即楊堅結束了宣帝短暫而動蕩的統治時期帶
來的政治混亂。根據這種描述,對北周忠臣的清洗只是楊堅恢復社會秩序的
途徑,證明凡宣帝所未及者,他都能補其闕、成其功。

　　收到詔書後,楊堅按照已經成爲標準程序的皇帝禪讓儀式,進行了連續三
次推讓繼位的表演。於是,静帝頒佈了第二道(也是最後一道)詔書。在討論
了禪讓的歷史先例後,重申第一道詔書的許多要點:

　　　　周德將盡,禍難頻興,宗戚姦回,咸將竊發。顧瞻宮闕,將圖宗社,藩
　　維連率,逆亂相尋。摇蕩三方,不合如礪,蛇行鳥攫,投足無所。王受天明
　　命,叡德在躬,救頹運之艱,匡墜地之業,拯大川之溺,撲燎原之火,除羣
　　凶於城社,廓妖氛於遠服……往歲長星夜掃,經天晝見,八風比夏后之作,
　　五緯同漢帝之聚,除舊之徵,昭然在上。近者赤雀降祉,玄龜效靈,鍾石變
　　音,蛟魚出穴,布新之貺,煥焉在下……仰祗皇靈,俯順人願,今敬以帝位
　　禪於爾躬。天祚告窮,天禄永終。於戲!②

文本隨後以建議楊堅按照先例進行登基儀式結束。這道詔令的邏輯與此前
相似。這再一次告訴我們,楊堅已經控制了宣帝造成的混亂;因此,他得到了
上天的幫助,這體現在一系列天上和地上的徵兆中。爲了反復强調這一點,
第二道詔書以更誇張的措辭描述了楊堅攝政統治的關鍵意義,同時毫不含糊
地指出楊堅没有可行的替代方案。不同於其他"藩維"——尉遲迥、司馬消
難和王謙——他們製造分裂而非促成統一,楊堅則令政府和社會回到了穩定
狀態。

　　即使在楊堅登基爲帝後,對隋朝的正統性來説,他的攝政迅速結束了宣
帝時期帶來的短暫混亂的觀點仍然至關重要。我們發現在整個 580 年代,朝
臣們都一再重申這一點。盧思道的《後周興亡論》可能寫於 581 年,闡明宣帝

①　魏徵《隋書》卷一,頁 11—12。
②　魏徵《隋書》卷一,頁 12。

之前的北周皇帝治理得很好,僅僅是宣帝的過失顛覆了王朝[1]。李德林(531—591)的《天命論》在隋平陳前夕呈於皇帝,也對北周的建立者給予了積極評價,之後轉向闡釋上天青睞楊堅的證據[2]。在這一部分,文章首先描述了楊堅出生時顯而易見的吉兆,以及他具有帝王氣質的相貌和舉止。但李德林認爲,真正促成朝代變遷的是578年後秩序的解體:"於斯時也,尉遲迥據有齊累世之都……驅馳蛇豕,連合縱橫。"與此同時,王謙"興兵舉衆,震蕩江山,鴆毒巴庸,蠶食秦楚"。正是楊堅成功鎮壓了這些叛亂之後,"煙雲改色,鍾石變音……木運告盡,褰裳克讓"[3]。

要瞭解朝廷設計的帝國正統性解釋方式接下來如何被更廣泛的精英社會接受,可以求助於同時代的墓志銘。當然,墓志銘有著贊美亡人的目的,並且它們的敘述傾向於言簡意賅。但更長的墓志有時確實會觸及王朝合法性的問題——尤其當死者的成就在某種程度上與王朝的偉業有關聯時。從墓志銘可以很容易地看出,一種普遍認同的看法是,楊堅擔任攝政的大象時代(579—580)尤其動蕩混亂。那是一個"群凶競興"的時代[4]。李椿(544—593)的墓志,一個可追溯到593年的文本,對楊堅掌權上臺的記載比一些碑文提供了更多細節:

> (大象二年十月)俄以木德既衰,邦家殄瘁。皇上龍潛納麓,豹變登庸。九州父老,咸懼三章之令;四海文才,皆就八紘之綱。於是彝倫有序,榮命宜昇。其年十二月,除使持節、開府儀同、大將軍,餘如故。大隋建極,海內清盪,以漳滏經離,風塵始滅,眷言撫壓,是屬勳賢。[5]

與朝廷制定的敕令和其他文書一樣,李椿的墓志銘也認爲楊堅控制了宣帝帶來的混亂。通過引用"三章之令"和"八紘之綱"的歷史典故,它明確地將楊堅登基前的統治與劉邦(前256—前195)和曹操(155—220)在漢、魏建立前

---

① 《盧思道集校注》,頁195—198。

② 魏徵《隋書》卷四二,頁1203—1206。

③ 魏徵《隋書》卷四二,頁1204。

④ 劉文《陝西新見隋朝墓志》,頁89。

⑤ 王其褘、周曉薇《隋代墓志銘彙考》,第2冊,頁120。

的政策分別進行比較①。由於楊堅作爲攝政者的功績，他注定要親自登上皇位，就像劉邦和曹操之子的天命一樣。此外，可以看出爲什麼這種將隋朝政變合法化的言論對許多精英具有吸引力。如果一個人曾效力於"潛龍"麾下，他就可以自稱在隋朝肇建之際，爲重整朝廷和社會秩序發揮了作用。許多其他墓志銘——包括一些可追溯到隋朝第二位皇帝在位時期的，都以類似的脈絡描述了宣帝登基之後極度不穩定的兩年，以及楊堅在恢復秩序方面扮演的關鍵角色②。

　　根據這一系列論點，可以將楊堅早期的許多政策——即攝政時和登基之後頒佈的政策——解釋爲鞏固隋朝正統性的努力。楊堅展示出對北周最惡劣暴行的擯棄，尤其是宣帝短暫統治中的所爲。作爲攝政者，他修改了刑法，廢除了體現在宣帝《刑經聖制》中的嚴厲法條——這場改革在上文墓志中被間接提及③。在隋朝統治的第一年，他還禁止在宮廷典禮上演奏宣帝最喜歡的音樂④。同時他明確表示，不同於宣帝，他認真對待自己作爲天子的責任。因此，在這幾乎可以肯定爲政治表演的舉動中，他表明拒絕讓位於儲君的提議，而這正是此前宣帝所爲。正如他向朝臣解釋的那樣：

　　　　朕承天命，撫育蒼生，日旰孜孜，猶恐不逮。豈效近代帝王，傳位於

---

① 關於劉邦向父老宣告"法三章耳"的故事，見司馬遷（約前145—約前86）《史記》，中華書局，1994年，卷八，頁362；班固（32—92）《漢書》，中華書局，1992年，卷一，頁23。至於曹操"設天網以該之，頓八紘以掩之"，見 Xiaofei Tian, *The Halberd at Red Cliff: Jian'an and the Three Kingdoms*, Cambridge, MA: Harvard University Asia Center, 2018, pp.18-19（譯者注：該書中譯本參見田曉菲著，張元昕譯《赤壁之戟：建安與三國》，生活·讀書·新知三聯書店，2022年）。

② 例如，苟舜才（墓志日期注爲592年）、吕武（592）、羅達（596）、梁瓘（610）、楊文思（613）、韋寬（580或581）、庫狄士文（594）、扈志（594）、劉仁恩（594）、郭均（595）、韋壽（598）、陸融（588）、華政（589）及周良（611）墓志。見王其禕、周曉薇《隋代墓志銘彙考》第2冊，頁76—77、101—102、219—220；第四冊，頁108—109、332—335；戴應新《韋孝寬墓志》，《文博》1991年第5期，頁54—55；胡戟、榮新江《大唐西市博物館藏墓志：上》，頁32—40；《新中國出土墓志：陝西（肆）：下》，文物出版社，2021年，頁38—39；劉文《陝西新見隋朝墓志》，頁18—19、62—62、89。這些墓志中許多都强調了尉遲迥破壞穩定的作用。

③ 魏徵《隋書》卷一，頁3，卷二五，頁709—710；《資治通鑑》卷一七四，頁5412。

④《資治通鑑》卷一七五，頁5440；魏徵《隋書》卷一，頁15。

子，自求逸樂者哉！ [①]

幾個月後，人們觀察到皇帝"每旦臨朝，日昃不倦"。當他的一位大臣建議他將部分職責移交給他的侍從以"安樂延年"時，皇帝予以拒絕 [②]。最後，考慮到"周室諸王微弱"導致了宣帝災難性的統治，楊堅不遺餘力地確保他的所有兒子都習得足夠的治理經驗，指派每個兒子監管一處重要州郡 [③]。從本質上來看，隋文帝力圖完成的目標相對溫和。通過提高領導素質，並撤回宣帝的一些更成問題的創舉，他將局面恢復到了武帝統治之下的情況，而武帝的去世距楊堅登基不過三年。

在成功征服和吞併南方之後，中國於 589 年重新統一，這當然爲自我稱頌開闢了新的契機。然而，最初對南方戰役的描述相對溫和，部分重申了上述的一些觀點。在 589 年頒佈的一道詔書中，隋朝皇帝沒有提到幾個世紀以來的分裂。他只是強調在他登上皇位後，度過了"十載"的"喪亂"，他從暴政中拯救了"吳越之野"。他繼續堅稱，作爲皇帝他"不敢寧息"，並注意到正常狀態的重現最終使"武力之子，俱可學文，人間甲仗，悉皆除毀"成爲可能 [④]。換言之，他心中第一位的是恢復秩序。

在隨後的幾年裏，特別是隋朝對南方的控制穩定之後，文帝顯然意識到自身成就的意義。因此，在他統治的最後一刻亦即臨終之時發佈的一道詔令中，他說道：

> 嗟乎！自昔晋室播遷，天下喪亂，四海不一，以至周齊，戰爭相尋，年將三百。故割疆土者非一所，稱帝王者非一人，書軌不同，生人塗炭。上天降鑒，爰命於朕，用登大位，豈關人力！故得撥亂反正，偃武修文，天下大同，聲教遠被，此又是天意欲寧區夏。所以昧旦臨朝，不敢逸豫，一日萬機，留心親覽，晦明寒暑，不憚劬勞，匪曰朕躬，蓋爲百姓故也。 [⑤]

在對其王朝歷史地位的闡述中，文帝沒有像以前那樣只關注短暫的大象時期，而是確定了一個更加漫長的"喪亂"時期——自晋朝南渡以來的近三個世紀。

---

①《資治通鑑》卷一七六，頁 5485。
②《資治通鑑》卷一七六，頁 5487。
③《資治通鑑》卷一八〇，頁 5614。又見《資治通鑑》卷一七五，頁 5454—5455。
④ 魏徵《隋書》卷二，頁 32—33。
⑤ 魏徵《隋書》卷二，頁 52—53。

但這道詔書應該放在當時背景下理解。首先,隋朝結束了三百年來的混亂,這一觀點似乎從未掩蓋大象時代在政治精英歷史記憶中的重要性。許多隋朝墓志講述了宣帝帶來的騷亂,然而我只能認出一篇明確頌揚統一的墓志①。對隋朝一統最熱烈的歌頌出現在一篇爲文帝寫的頌辭中,但這篇頌辭在朝廷上被煬帝斷然駁回,這一情形耐人尋味。它的作者薛道衡遭到處決,原因是他如此慷慨地贊美先帝,而含蓄地詆毁了當今天子②。其次,“喪亂”時期的長度從修辭角度來看主要是爲了强調隋朝天命的特殊性,這一點對於與宋初的對比而言,更具重要意義。它特意没有表達的是,在如此漫長的政治秩序斷裂之後復興聖治的極度困難。因此,文帝的遺詔反映了一種常見主題的變體,這種理解隋朝統治的方式源於早期確立其正統性的努力。簡而言之,隨著世間在仁慈上天的注視之下恢復正常,再加上帝王的辛勤奉獻,一切都必然各得所歸。

文帝復興古代“正聲雅樂”的努力爲這一點提供了有益的例證。根據 594 年頒佈的詔令:

> 在昔聖人,作樂崇德,移風易俗,於斯爲大。自晋氏播遷,兵戈不息,雅樂流散,年代已多,四方未一,無由辨正。賴上天鑒臨,明神降福,拯兹塗炭,安息蒼生。天下大同,歸於治理。遺文舊物,皆爲國有。③

這裏顯示的心態實際上很好地概括了中古時期爲保存所繼承“文化形式”的“累積傳統”而做的努力。其核心主張並不在於過去的文化形式——在這種情況下,指確保朝廷儀式有效性的宫廷音樂——已經被摧毁或遺忘。而是在说,它們已經零散,而隨著隋朝的重新統一,這些散落的文化要素自然地被一起重新整合,“皆爲國有”④。隋朝的建立和帝國的統一通過恢復社會秩序,本身就足以使聖賢之治再現於世。

---

① 這篇可以追溯到 615 年的墓志説道,陳被征服後,“天下太平,四表無事,解甲臥鼓,散馬休牛”。見王其禕、周曉薇《隋代墓志銘彙考》第 5 册,頁 130。

② 魏徵《隋書》卷五七,頁 1408—1413;Victor Cunrui Xiong, *Emperor Yang of the Sui Dynasty: His Life, Times, and Legacy*, Albany: SUNY Press, 2006, pp.44–45(譯者注:該書中譯本參見熊存瑞著,毛蕾、黄維瑋譯《隋煬帝:生平、時代與遺産》,廈門大學出版社,2018 年)。

③ 魏徵《隋書》卷二,頁 52—53。

④ 關於在後漢朝時代的 6、7 世紀重建正樂傳承之脈的努力,見 Lu Kou(寇陸),“Audible Empire: Musical Orthodoxy and Spectacle in the Sui Dynasty,” EMC 28, 2022, pp.73–96.

（二）宋朝的建立

宋朝正統性的基礎非常不同。960 年使趙匡胤（927—976）登上皇位的政變，據稱至少是地緣政治環境不可避免的結果。當十五年前契丹再次威脅邊境時，在位的後周皇帝還是個孩子。國家軍隊的將士們害怕最壞的情況發生，呼籲當時的軍事領袖趙匡胤奪取政權。他勉強同意，但前提是他聲明自己一直奉職盡忠，並堅稱自己對後周皇室及其公卿大臣沒有惡意。楊堅痛斥宣帝，趙匡胤則公開表示對世宗皇帝（954—959 年在位）給予他的恩惠的感激之情，世宗即幼帝的父親和前任君主①。因此，宣帝在死後受到廣泛譴責，而世宗在宋初的作品中通常受到讚揚②。

但是，如果後周不能充當使宋朝統治合法化的陪襯，那麼宋如何獲得新政權的廣泛支持，尤其是來自不是趙匡胤自己軍事部屬的大批政治精英的支持？誠然，在趙匡胤加冕之前，朝廷執事製造了必要的祥瑞，以昭示新朝受命於天。但是，關於正統性的政治而非宗教論證依賴於一種不同的邏輯，這在太祖登基一年後向其宰相提出的問題中得到體現：

> 天下自唐季以來，數十年間，帝王凡易八姓，戰鬥不息，生民塗地，其故何也？吾欲息天下之兵，為國家長久計，其道何如？③

與隋代不同，宋朝繼承了一系列非常短命的王朝，這顯然是太祖最為關心的問題。決心確保他們的政權會比短暫的前朝更為長久，宋朝的開國君臣試圖超越僅僅彌補某一帝王過失的層面。他們嘗試解決整個時代的問題。因此，宋朝合法性的基礎是兩個相互關聯的概念：第一，宋是在經歷了漫長而混亂的政治斷裂期後誕生的；第二，宋迫切需要實施全面變革，這對於開創一個善治的新時代是必要的。

當然，太祖向宰相提出的問題並非無中生有。它表達了 10 世紀精英社會普遍的關心所在。到了 960 年代，流傳著大量文獻資料，講述了唐朝充滿動盪

① 《續資治通鑑長編》卷一，頁 1—4。

② 我尚未在宋初墓誌中發現對世宗的批評。兩個在墓誌中讚美世宗的例子，見郭茂育、劉繼保編《宋代墓誌輯釋》，中州古籍出版社，2016 年，頁 11；《全宋文》第 8 冊，頁 174。

③ 《續資治通鑑長編》卷二，頁 49，第 3 條。與北周的退位詔書不同，後周的退位詔書顯得例行公事，對宋朝開國的合法化策略沒有提供太多解釋。見《全宋文》第 2 冊，頁 7。

的最後幾年①。毫無疑問,受到這些叙述的啟發,宋代早期墓志銘和其他同時代作品的作者反復提及“自唐末亂離”的時代②。他們把這個時代描述爲“四海亂離,九州分裂,禮樂崩壞,文章斷絶”,以至於中國“若水無梁,若舟無楫”③。這被視爲一個武人專權的時代,割據勢力篡奪了中央政府的權力,社會制度走向崩潰④。這也被看作精英階層劇烈瓦解的時代。世家大族丢失了他們的宗譜;仕宦家族不再任職於朝廷;還有大批民衆逃離家鄉到别處重新定居⑤。儘管這種論述最常集中於“唐季”,即混亂爆發的時期,但 10 世紀中葉的其他時刻也被提到是特别動蕩的年代,包括後唐初年、後晉到後漢的過渡時期以及介於這段時間中契丹入侵的 947 年⑥。

　　北宋初期的朝廷話語完全接受了後唐朝時期爲分裂之世的觀念,但其關注的重點並非士族精英所受的影響,而是制度的衰敗,這種衰敗顯然波及官僚體系的每個角落。方鎮掌權者是一個特别令人關注的方面。問題的一個層面是藩鎮節度使篡奪政治權力。正如一位宋初觀察者所言,“五代以來,諸侯强横,令宰不能專縣事”⑦。節度使及其他地方官員也被指控爲無視法治。太祖本人在 962 年抱怨道:“五代諸侯跋扈,多枉法殺人,朝廷置而不問,刑部之職幾廢。”⑧還有腐敗猖獗的問題——包括非法攫取財政收入和藩鎮長官賄賂朝廷官員的

① Nicolas Tackett, *The Destruction of the Medieval Chinese Aristocracy*, esp. 187-234 ;Glen Dudbridge(杜德橋), *A Portrait of Five Dynasties China*, Oxford: Oxford University Press, 2013, esp. 86–104.

② 如郭茂育、劉繼保《宋代墓志輯釋》,頁 11 ;《全宋文》第 8 册,頁 178 ;《續資治通鑑長編》卷四八,頁 1044,第 12 條。

③《全宋文》第 3 册,頁 172。

④ 如《全宋文》第 4 册,頁 416 ;《續資治通鑑長編》卷三九,頁 829,第 2 條 ;張詠(940–1015)《張乖崖集》卷八,中華書局,2000 年,頁 90—92。

⑤ 如《全宋文》第 3 册,頁 284 ;第 15 册,頁 58 ;郭茂育、劉繼保《宋代墓志輯釋》,頁 61、69 ;何新所編《新出宋代墓志碑刻輯録:北宋卷》,文物出版社,2019 年,第 5 册,頁 27b ;張詠《張乖崖集》卷八,頁 90 ;田錫(940—1004)《咸平集》,巴蜀書社,2008 年,卷三〇,頁 367。

⑥《全宋文》第 2 册,頁 307 ;《全宋文》第 8 册,頁 164 ;《續資治通鑑長編》卷二六,頁 597,第 2 條 ;王素《五代後周符彦能墓志略説》,《文史》2017 年第 4 期,頁 283。

⑦《續資治通鑑長編》卷一一,頁 243,第 4 條。

⑧《續資治通鑑長編》卷三,頁 63,第 6 條。

行爲。所有這些制度失序的現象都被描述爲始於"五代以來"的問題①。

　　可以肯定的是,鑒於黃巢(835—884)之後混亂的數十年對精英文化的明顯衝擊,就如隋朝一樣,法度和秩序是 10 世紀許多新政權政治正統性的必要組成部分。後梁可能是中國北方第一個聲稱自己已經"定亂"的政權——這一説法對解釋朱全忠(852—912)推翻延續三個世紀的唐王朝的重大決策非常重要②。與此同時,包括南唐、吳越和閩在內的南方政權宣稱已建立起相對穩定的中心,這與北方短命且不穩定的王朝形成了對比③。但宋朝似乎一致竭盡努力,將其合法性建立在最終結束了持續的政治動盪時期之上。用一位當時評論者的話來説,宋代以"清朝"取代了"亂世"④。這種特定話語與隋朝的類比有兩方面不同。首先,動亂時期從一開始就被認爲比宣帝統治的短短兩年要長得多。其次,宋初的關注點遠遠超出了法度和秩序的問題。有許多難題需要付出巨大的努力來解決,人們並不認爲局勢能在回歸常態後自然步入正軌。

　　作爲這一努力的一部分,宋廷強調其在疆域統一上的成就。963 年,西南"自唐末之亂,不供王賦,頗恣侵掠"的"溪峒"土人,至少根據流傳的説法,在宋朝將軍潘美(925—991)南進後被重新納入統治範圍⑤。過了十年,在契丹使團來訪後,太祖指出"自五代以來,北敵彊盛,蓋由中原衰弱……今景慕而至"⑥。處於東北的河北據説也在太祖統治之下發生了變化。自 8 世紀中葉安禄山反叛以來,這裏一直被視爲叛亂之地,相比之下,"至我太祖,清夷區極,厥俗漸易"⑦。新王朝開創了一個新時代的説法,顯然在吞併了最後幾個獨立的南

---

① 《續資治通鑑長編》卷四,頁 83,第 13 條;卷五,頁 133,第 5 條;卷一八,頁 392—393,第
　 2 條。

② 謝光林編《洛陽北邙古代家族墓》,中州古籍出版社,2015 年,頁 631,頁 632—633。儘
　 管後梁在之後幾十年中遭到貶低,但是這種對於合法性敍述的痕跡可見於個別宋初墓
　 志中。

③ 徐鉉《徐鉉集校注》卷二七,頁 773;卷三〇,頁 818;《全宋文》第 2 冊,頁 65—67;第 7
　 冊,頁 37—38;第 8 冊,頁 178—179。Emily Wang 正在進行的學位論文(加州大學伯克
　 利分校)將涉及對這些文本的深入分析。

④ 《全宋文》第 8 冊,頁 166。

⑤ 《續資治通鑑長編》卷四,頁 103,第 5 條。引文來自該書的描述,它可能包含也可能不包
　 含宋初官方編年史的原始語言。

⑥ 《續資治通鑑長編》卷一六,頁 337,第 10 條。

⑦ 柳開(948–1001)《柳開集》卷一四,中華書局,2015 年,頁 184。

方王國之後更具説服力,此時正是宋太宗統治時期。984 年一場精心策劃的宮廷事件爲此奠定了基調。一百多位百歲老人被帶到皇帝面前,以見證"自五代以來,未有如今日之盛也"①。

也許對政治文化來説,比這種疆域統一的叙述更重要的是,證明宋代朝廷已經復興了古老聖賢之治的共同努力。治理方式的改進以一系列官僚政治的革新爲中心,涵蓋了官員擢升、水利工程、宮廷雅樂、皇室祭祖、榮譽官銜、官印使用、職官制度和朝覲禮儀等重要問題②。還制定了關於財政收入的徵收與支出、地方長官的任命和司法施行的新規章。最後,朝廷努力將"士人"提升到更高的政治地位③。值得注意的是,在所有這些例子中,朝廷直接援引後黄巢時期的分裂局面來解釋其決策。廣泛的改革是合理的,因爲存在著糾正幾十年來治理失敗的迫切需要。

提升"士人"地位顯然是宋代"重視文治"整體轉向的一部分。在太祖統治的早期,他就表達了爲"武臣"提供古典教育的興趣——也即州府長官之下的庸碌僚屬④。部分棘手問題還涉及到腐敗。用太祖自己的話説:

> 五代方鎮殘虐,民受其禍,朕令選儒臣幹事者百餘,分治大藩,縱皆貪濁,亦未及武臣一人也。⑤

太祖還相信,科舉出身者在他統治初期人數仍然很少,但在擔任地方官員時更可能遵守法度⑥。相比之下,州縣長官手下的武職僚屬在裁斷刑訟時"多失其中"⑦。在後世史學家眼中,擢用"士人"是宋代的一個顯著特徵,由於與科舉

---

① 《續資治通鑑長編》卷二五,頁 590,第 1 條。
② 《續資治通鑑長編》卷三四,頁 760,第 2 條;卷三七,頁 806—807,第 3 條;卷七,頁 179—180,第 1 條;卷九,頁 211—212,第 3 條;卷三一,頁 699,第 6 條;卷六,頁 158,第 11 條;卷一九,頁 431,第 1 條;卷三二,頁 725,第 1 條。
③ 《續資治通鑑長編》卷三,頁 76,第 5 條;卷五,頁 130,第 5 條;卷五,頁 133,第 5 條;卷六,頁 150,第 6 條;卷六,頁 152,第 9 條;卷八,頁 189,第 4 條;卷一八,頁 392—393,第 2 條。
④ 《續資治通鑑長編》卷三,頁 62,第 7 條。關於這些武職屬官更明確的參考材料,可見《續資治通鑑長編》卷一四,頁 302,第 1 條。
⑤ 《續資治通鑑長編》卷一三,頁 293,第 10 條。
⑥ 《續資治通鑑長編》卷一四,頁 300,第 1 條。
⑦ 《續資治通鑑長編》卷一四,頁 305,第 1 條。

制度的日益重要緊密相關,在這個維度上它是唐宋變革的一個關鍵組成部分。然而事實上,更好的理解是,它是一種通過善治建立新政權合法性的策略,並非基於與唐朝的想像對比——因爲唐很大程度上是宋早期試圖效仿的——而是基於五代。五代作爲陪襯者的重要性在上述太祖的言論以及對他的繼任者太宗的描述中都很明確:

> 先是五代戰爭,方鎮刺史皆用武臣,率不曉政事,人受其禍,上欲兼用文士,漸復舊制。

在這裏,可以留意到一個根本的諷刺。儘管太宗試圖通過復興唐朝統治的"舊制"來自覺地實施徹底變革,其最終結果卻爲一場影響深遠的轉型奠定了基礎,而這正是唐宋變革的核心。

作爲宋早期改革的結果,在建朝二十五年後的 985 年,第二位皇帝太宗能夠向他的宰相宣佈:

> 近代以來,政理隳紊,無如晉漢兩朝。外則侯伯不法,恣其掊斂,内則權倖用事,貨賂公行。百姓未納王租,先遭率斂……近年以來,頗革此弊,臣僚守法,兆民舒泰,雖未能還淳返朴,亦可謂之小康矣。①

十年後,也即他去世前兩年,太宗以類似的方式回顧了他二十年的統治

> 朕承喪亂之後,君臨大寶。即位之始,覽前王令典,睹五代弊政,以其習俗既久,乃革故鼎新,別作朝廷法度……(朕)晝夜孜孜,勤行不息,於今二十載矣……雖未能上比三皇,至於寰海宴清,法令明著,四表遵朝化,百司絶奸幸,固亦無慚於前代矣。②

鑒於"近代誠爲亂世",他總結道"今日天下,即昔時天下也,今日人民,即昔時人民也"③。到了公元 1000 年,也就是太宗去世三年後,這段話就已衆所周知。當一位平民上疏時,他利用了同樣的語言來迎合新帝。他寫道:"聖宋受命,奄有萬邦,革五代之弊法,躋三王之至德。"④簡而言之,在漫長而動蕩的政治分裂之後,宋朝通過全面且"技術官僚化"的政務整頓,成功恢復了喪失已

---

① 《續資治通鑑長編》卷二六,頁 597,第 2 條。
② 《續資治通鑑長編》卷三八,頁 824,第 3 條。
③ 同上,頁 824。
④ 《續資治通鑑長編》卷四六,頁 995,第 21 條。

久的良政實踐 ①。

　　宋初正統話語的一個關鍵因素———一而再地被引用——是“五代”的新歷史分期概念。後周似乎從未闡明過類似的“四代”概念,也許是因爲它僅僅視自己爲唐朝之後幾個政權中的最新政權。(“六朝”的概念也是一個相對較晚的觀念創新 ②。)相比之下,宋代很早就與前代有所不同。962 年,太祖本人在和宰臣的談話中首次使用了“五代”一詞 ③。到了第二年,即 963 年,官方支持下的史臣完成了《梁後唐晉漢周五代會要》,從而正式確立了新的歷史分期 ④。此時,這一歷史時間概念仍然足夠新穎,需要在彙編的標題中指明具體王朝的名稱。然而,在接下來的幾年裏,在朝廷上談論“五代”變得越來越普遍 ⑤。因此,在宋朝建立的十年內,它已經確立了自己——至少在話語上——是一個超越而不僅僅是繼承了先前唐後諸朝的政權。宋首先通過開啟一套系統化的改革措施來實現這一目標——在宋朝開國君臣的心中,這重塑了國家及其制度的運作模式。

　　應該清楚的是,儘管宋代早期的合法化邏輯本身可能是根本性變革的驅動力,但它首先具有將一種獨特的歷史大叙事嵌入宋代政治文化的作用。這種大叙事的核心是長時期斷裂的觀念,在此期間社會政治秩序陷入混亂。後來,聖賢之治的原則被重新確立,與此同時雄心勃勃的全面改革計劃得到執行。宋初,朝廷積極尋求恢復唐代的慣例,以重建黃巢之亂後無序的社會。但隨後,構想中分裂時期的長度和改革者的雄心壯志都進一步拓展。在一個世

---

① 關於“技術官僚”與“儒家”政府模式的對比,見 Charles Hartman, *Structures of Governance in Song Dynasty China, 960–1279 CE*, Cambridge, Cambridge University Press, 2023, pp.115–140.

② Albert E. Dien and Keith N. Knapp (eds.), *The Cambridge History of China, Vol. 2: The Six Dynasties, 220–589*, Cambridge, Cambridge University Press, 2019, 2n2.

③《續資治通鑑長編》卷三,頁 63,第 6 條。

④《續資治通鑑長編》卷四,頁 97,第 4 條。

⑤ 對於出現在當時引文中的“五代”一詞的早期用法(非後來史學家叙述中的),見徐松《宋會要輯稿》,中華書局,1957 年,禮一七,頁 30a;《續資治通鑑長編》卷九,頁 211,第 3 條;卷一一,頁 243,第 4 條;脱脱《宋史》卷一〇五,頁 2558;王稱《東都事略》,文海出版社,1967 年,卷二,頁 4a。該詞最初可能只在宮廷流傳。11 世紀初,它才出現在墓誌銘中。

紀內,有人聲稱宋不僅勝過五代,還超越了漢唐[①]。到了12世紀,一些人甚至開始將宋太祖重構爲"聖君",他領會並貫徹了孟子甚至堯舜以來就湮没的治理原則[②]。

我認爲這種需要極大努力才能克服斷裂的想法所蘊含的邏輯,有助於解釋11世紀王安石(1021—1086)的激進改革和12世紀新儒家提出的社會政治秩序的根本轉變。正是基於這一邏輯,王安石可以宣稱在《周禮》文本中發現了一套早已被遺忘的古代治理原則,宋代朝廷可以通過"新政"的方式將其再度付諸實踐[③]。在理學道德哲學家的思想中,也存在著同樣的大叙事。當孟子去世後道統斷裂的時候,道的原則被遺忘了,在這種情況下,他們也試圖通過復興失傳已久的治道來徹底重建社會政治秩序。王安石的政治主張和朱熹(1130—1200)的思想觀點當然是複雜的,不應被簡化爲單一的解釋。但是有助於説明這兩項事業的大叙事,其源頭在於宋代早期形成的正統性話語——作爲王朝本身合法性的基礎,這種話語將深深植根於所有受過教育且具有政治意識的中國人心中。

結 論

近幾代歷史學家對政治史基本事件在全社會範圍的真正意義表達了合理的懷疑態度,這些事件包括新君主或新宰輔的掌權、朝廷黨爭,甚至朝代更迭。儘管這些事件構成了傳統編年史中的歷史叙事結構,長時段的社會、經濟、文化和思想發展通常遵循與政治週期不太一致的節律。但政治演變有時的確會

---

① 因此,當談到與契丹的長期和平時,一位朝臣在奏章中説道"雖漢唐和戎,未有我宋之策也"。見徐夢莘(1126—1207)《三朝北盟會編》,海天書店,1939年,政宣,卷一,頁5。關於這類話語的更多案例,見 Tackett, *The Origins of the Chinese Nation*, pp.56–58.

② Hartman, *Making of Song Dynasty History*, esp.280–287.

③ 關於王安石和《周禮》,見 Peter K. Bol, "Wang Anshi and the *Zhouli*," in Benjamin A. Elman and Martin Kern (ed.), *State Craft and Classical Learning: The Rituals of Zhou in East Asian History*, Leiden, Brill, 2010, pp.229–251(譯者注:該文中譯版參見包弼德撰,方笑一譯《王安石與〈周禮〉》,《歷史文獻與研究》總第33輯,華東師範大學出版社,2014年,頁65—78); Jaeyoon Song, *Traces of Grand Peace: Classics and State Activism in Imperial China*, Cambridge, MA: Harvard University Asia Center, 2015.

產生超出行政和朝廷範疇的影響。通過對隋朝和宋朝的比較,我在這裏試圖展示政治事件,特別是一個王朝的建立和統一的過程,可能會導致無法預料的深遠後果。

我首先認爲王朝建立之時的環境情勢——包括前朝精英的規模和政權間互動的特性——可以解釋其後政治權力的地理分佈。人們早就注意到,隋朝和唐初的政治精英由關隴集團主導,北宋時期的政治集團則由南方人主導,尤其是東南士族。儘管經濟和人口的長期趨勢無疑對説明這種權力地理的顯著差異有一定作用,有證據表明,隋朝和此後宋朝在前二十年中的朝廷決策也各自發揮了重要作用。

然後,我從社會政治問題轉向了文化和意識形態問題。由於 6 世紀王朝更迭期間北方中國權力結構的連續性,以及北周武帝去世與隋朝成立之間動蕩但相對短暫的中斷,將楊堅宮廷政變合法化的政治話語從未引發變革。相形之下,宋朝建立者將他們的王朝描述爲在數十年的政治衰敗和暴政之後重新帶來了善治。爲了證實這一主張,他們自覺地表現出推行全面制度變革的姿態,通過清楚而鮮明地對比宋朝與五代來證明其決策的合理性。例如,正是本著這種精神,宋代朝廷大大發展了科舉考試制度——這是與唐宋變革相關的重要標志。

最後,我提出王朝早期形成的合法化話語與政治、知識階層的抱負及觀念之間存在聯繫。在我看來,王朝合法化的邏輯尤其具有影響力,因爲它塑造了王朝的精英特別是現任官員與有志入仕者如何設想他們的義務和責任。爲什麼隋唐的政治和文化精英不懈維護他們從祖先那裏繼承的 “文化形式”? 相比之下,爲什麼 11 世紀中後期的政策制定者相信頒行雄心勃勃而有創造性的改革計劃是他們的職責,而 12 世紀的政治思想家努力按照他們對新社會政治秩序的激進願景來重建社會? 一個原因是,隋、宋之初由於時代的特定情況而發明的合法性邏輯,使得官員在一種情況下傾向於追求連續性,而在另一種情況下致力於根本性變革。

（作者單位:加州大學伯克利分校歷史系;

譯者單位:南京大學文學院;

校者單位:美國伯克利加州大學東亞圖書館）

不得其門而入

——歐美關於中國書法研究的論著概況

畢羅（Pietro De Laurentis）

　　書法理所當然是中國傳統文化精粹之一，與前現代書寫文化有著非常緊密的聯繫。在 20 世紀中國普遍使用鋼筆、圓珠筆及鉛筆之前，理論上任何將漢字書寫到一定美觀效果的字跡，都可以叫做"書法"。尤其是中古時期（3 到 10 世紀），名家字跡並不一定是那種後來流行的完整格式的書法作品，如某書家以某種書體鈔寫詩詞獻給某人。據虞龢（約 420—約 480）《論書表》（470）、陶弘景（456—536）與梁武帝（蕭衍，464—549，502—549 年在位）《陶隱居與梁武帝論書啟》（6 世紀初）、竇臮（生於 8 世紀上半葉）《述書賦》（775 年成書）等書法鑒藏的基本材料可知[①]，幾行字的殘紙也足以被當作墨寶。也就是說，書面交際與書法的關係非常的緊密，任何識字的人都有可能成"書法家"。

　　因此，早在 8 世紀下半葉的唐代文人竇臮討論書法史和鑒藏史的時候，把"書寫"當作士人之所以立言和仕官的首要工具和媒介[②]。理所當然，書法與識字之間的關係在印刷術尚未普遍使用的中古時期尤其緊密，歷代圖書著錄把書法與文字學文獻分作一類就是這種情況最明顯的反映。朱長文（1039—1098）編纂書法文獻纂輯《墨池編》（成書於 1074 年）的第一個分類是"字學"，其中

----

① 張彥遠纂輯，劉石校理《法書要錄校理》卷二、卷五，中華書局，2021 年，頁 44—54、57—72、246—294。

②《述書賦》云："雖六藝之末曰書，而四人之首曰士。書資士以爲用，士假書而有始。"見張彥遠纂輯、劉石校理《法書要錄校理》卷五，中華書局，2021 年，頁 243。

包括文字學扛鼎之作《説文解字》(成書於 100 年)的序言①。1726 年《古今圖書集成》這一規模空前的大百科全書問世,其中"字學典"包括文字學和書法相關的内容,亦有力證明了漢字的文字符號功能和藝術價值的二重性②。

　　早期西方人接觸"中國書法",無論是直接還是間接地接觸,都是在一種特殊的獨具特色的中國文化氛圍中,因爲彼時中國文人將漢語言文字的解釋和漢字審美欣賞等而視之③。但 20 世紀以來,受廢科舉、新文化運動以及現代化帶來新的日常書寫工具的影響,中國人用毛筆做筆記的習慣徹底改變,也導致了書法與書寫的距離越來越遠。當今世界電子産品的廣泛使用對整個世界的書寫文化造成了不可忽視的影響④,這些因素同樣直接影響到西方人對書法史、書法收藏和書法實踐的認知和態度。

　　19 世紀西方與中國開始有比較全面的交流,西方學術界也越來越重視中國文明的研究,並且創立了所謂"漢學"這門學問⑤。因此,19 世紀下半葉之

---

① 《墨池編》分類爲字學、筆法、雜議、品藻、贊述、寶藏、碑刻、器用。朱長文纂次、陳志平彙校《墨池編彙校》卷一,上海古籍出版社,2023 年,頁 1—7。

② 詳見筆者《略述書法文獻在中國目録學中的演變》,《書法研究》2020 年第 1 期,頁 5—24。

③ *An Alphabetical Index to the Chinese Encyclopaedia*(成書於 1726 年)compiled by Lionel Giles (London: The Trustees of the British Museum, 1911) 是關於《古今圖書集成》的索引,序言介紹此大百科全書的分類和主旨, p. xiii,索引還標出原文關於書法(calligraphy)和書家(calligraphists)的具體出處,p.6.

④ 見 Gaur Albertine, *A History of Calligraphy*, London: The British Library, 1994, p.195 ;劉才昌、陸瑛《漢字書法藝術能否國際化的思考》,載文物出版社編《第六屆中國書法史論國際研討會論文集》,文物出版社,2007 年,頁 459—552。亦見英國廣播公司(BBC)2008 年關於"科技與手寫的死亡"的報導 :http://news.bbc.co.uk/2/hi/uk_news/education/7262873.stm.

⑤ 據英國學者魏根深(Endymion Wilkinson),"漢學家"實際上出現在法裔美國學者杜鵬壽(亦稱杜龐修, Peter Stephen Du Ponceau, 1760–1844)寫於 1816 年 7 月 31 日的書信中,發表在 *Transactions of the Historical & Literary Committee of the American Philosophical Society* vol. 1 (1819), p.440. 後來杜鵬壽《論中國文字系統的本質和特徵》也提過這詞,見 *A Dissertation on the Nature and Character of the Chinese System of Writing*, Philadelphia: American Philosophical Society, 1838, p. xi. 見魏根深著,孫迪等譯,侯旭東統校《中國歷史研究手册》,北京大學出版社,2016 年,頁 1571。*The Oxford English Dictionary* vol. 15, Oxford: The Clarendon Press, 1989, p.538.

後,討論和介紹中國的"西方人"大致可以分爲兩類:其一,因爲接觸到中國習俗而討論中國的人,但是未必有深厚的學問功底;其二,因爲熱愛學問而專門研究中國的人,但是未必直接了解到中國習俗。尤其在早期,西方關於中國書法的介紹和討論爲數不多,本應屬於漢學界的研究空間幾乎都讓給了文史功底不深厚的愛好者,如西方問世的第一部介紹中國書法的專著——美國杜瑞斯克爾(Lucy Driscoll,1886—1964)和日本户田賢治(Toda Kenji,1880—1976)《中國書法》①,其作者皆非鑽研中國書法的學者,而且參考的材料僅僅局限於芝加哥菲爾德自然史博物館的中國碑帖,並不能稱得上認真研究書法文化和書法審美的學術著作。

這種情況導致了西方研究中國書法一開始就是愛好者憑膚淺印象而做出的評論和漢學家缺乏藝術敏感度的冗長文獻疏理,對認知書法的真面目造成了一定的障礙。查閱西方關於中國文明的書目指南和研究論著可知,中國書法的文化與藝術地位在西方始終比較模糊,與中國和日本對待中國書法的態度具有一定的距離。

筆者以西方漢學基本工具書以及有關書法研究的文獻爲基礎材料,擬對西方學術界如何對待中國書法的基本情況做出綜合介紹和評論,並且指出其要害的偏頗之處和提出相對應的建議。當然,東歐漢學無疑也有大量的研究成果,並具有一定的參考價值,但爲了研究的方便,本篇局限於英文、法文、德文和意大利文的文獻材料。

一、關於中國書法的西文文獻

整理關於中國書法的西文文獻,首先要明確劃出其範圍:1.什麼叫書法?2.西文有什麼樣相對應的單詞來指中國書法?

因爲中國文字系統與西方音符文字完全不同,早期關注中國漢字的西方人首先需要弄清漢字系統是哪種文字系統,並且找出其內在的規律。早期介紹漢字的西文書,如西方所謂通才(polymath)的著作,因爲力求破解古埃及文字,勉强探索人類原始語言和文字的魅力,才把古埃及文字和漢字相比

---

① Driscoll, Lucy - Toda, Kenji, *Chinese Calligraphy*, Chicago: Chicago University Press, 1935.

較,其實作者没去過中國,對中國文字的了解非常膚淺,更不用説對字型有何準確把握。如德國耶穌會士基爾歇(Athanasius Kircher,1602—1680)的拉丁文《中華圖説》(*China Illustrata*)(1667)(圖1)[①],和意大利學者哈蓋爾(Joseph Hager,1757—1819)的英文著作《中國文字基本構件的解析》(1801)(圖2)[②]。

就是因爲書法與文字的關係非常密切,所以第一步要把書寫的藝術從文

圖1 《中華圖説》(1667)

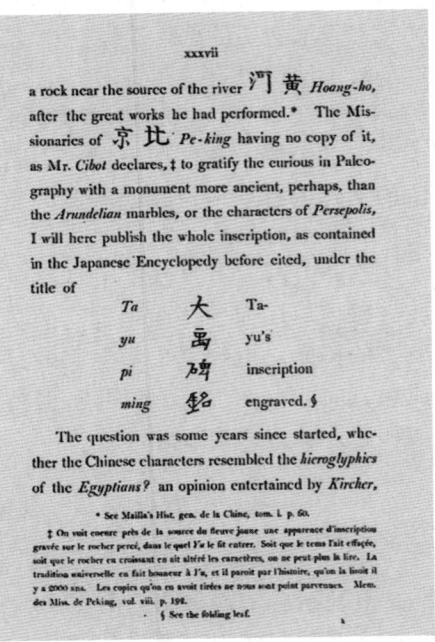

圖2 《中國文字基本構件的解析》(1801)

---

① Kircher, Athanasius, *China monumentis: quà sacris quà profanis, nec non variis naturæ & artis spectaculis, aliarumque rerum memorabilium argumentis illustrata*, Amsterdam: Apud Joannem Janssonium à Waesberge & Elizeum Weyerstraet, 1667, pp.227-236.

② Hager, Joseph, *An Explanation of the Elementary Characters of the Chinese*, London: Richard Phillips, 1801.

字系統的大框架分離出來,否則恐怕什麼與漢字相關的論述都可以叫做"書法"論著了。理論上,對漢字系統的了解只是書法藝術的基本知識而已,與書法有著本質上的不同。比如法國學者戴遂良(Léon Wieger, 1856—1933)的一部研究漢字的書《中國文字》(Caractères Chinois),雖然提到書體、基本筆畫等與書法相關的內容,但與書法藝術本身沒有關係[1]。

顯然,許多與中國打交道的西方人,因爲政治、經濟、宗教等原因,不得不面臨漢字及其書寫的實際問題,但是這並不等於他們能夠從基本讀寫層面的書寫技巧提升到具有藝術價值的書法層面。同樣,因爲漢語教育包括訓練漢字書寫的能力,許多西文漢字教材不得不加上源自書法基本技巧的內容。問題是,就純粹藝術感受而言,恐怕只有具備一定審美修養的西方人才能真正感受到中國字跡所呈現的書法美(詳見第三節)。

爲了弄清什麼是書法和什麼不是書法,可以把"書法"與"文字學"和"書寫"區分開來,將書法譯成今天西方世界普遍使用的來自希臘文 καλλιγραφία(kalligrafia,即"漂亮的書寫"之義)的單詞[2],如英文的 calligraphy,法文的 calligraphie,和意大利文的 calligrafia,德文的 Kalligraphie(德語還使用 Schriftkunst—"書寫的藝術"),並且把"文字學"理解爲 grammatology 或 palaeography,把"書寫規範"理解爲 penmanship。需要說明的是,雖然今天的西方已經不重視手寫技巧,但在 19 世紀一直到 20 世紀末電腦尚未普遍使用之前,兒童的基本教育是包括好好練一手像樣的拉丁字母的,就意大利而言,19 世紀下半葉有專門指導小學生學習拉丁字母書法的教材,如《商貿工業初中書法教材書法範本》(圖 3)[3]。理所當然,19 世紀和 20 世紀接觸中國漢字的西方人對書寫活動的態度也與今天的人們截然不同,其接觸的識字環節包括大量的手寫練習[4]。早期介紹漢字書寫的西文教材經常把書法、文字學和書

---

[1] Wieger, Léon, *Caractères Chinois*, Hsien-hsien: Imprimerie de Hsien-hsien, 1899.

[2] 見筆者《譯者序》,載張天弓著、畢羅譯《中國書法主要術語的釋讀和研究》,湖北美術出版社,2023 年,頁 24—32,英文題名:Zhang Tiangong, *Understanding Chinese Calligraphy: 35 Key Concepts*, bilingual edition, English translation by Pietro De Laurentis, Wuhan: Hubei meishu chubanshe; Iowa City: University of Iowa Press, 2023.

[3] Tonso, Giovanni, *Modelli di calligrafia per le Scuole medie inferiori Commerciali Industriali*, Torino: Doyen, 1929(第一版 1889 年)。

[4] 見 Gaur Albertine, *A History of Calligraphy*, London: The British Library, 1994, p.195.

寫規範混在一起。據最早研究中國的西文論著目録,即法國學者高第(Henri
Cordier,1849—1925)編的《中國書目》(*Bibliotheca Sinica*)第一版(分爲三
卷,1878 年、1885 年和 1895 年)可知,與"書法"相關的著作列入《中國書目》
第一卷"語文與文學"(Langue et Littérature)分類之中,但是只有兩部,第一
部實際上是一篇題名爲《中國書法全史》的分四部分撰寫的論文,著者是意大
利文人蒙圖奇(Antonio Montucci,1762–1829):

> Montucci, Antonio, A Complete History of Chinese Caligraphy, from
> the Earliest Records Down to the Present Times, in *Universal Magazine*
> No. III. IV. V. & VI, 1804.

第二部實際上是一部練習書寫漢字的範本,作者是法國日本學專家萊
昂·戴羅斯尼(Léon de Rosny,1837–1914):

> Rosny, Léon de, *Calligraphie Chinoise. Modèles de Caractères Chinois*
> *pour servir du sujet d'exercices à ceux qui veulent apprendre à tracer*
> *élégamment les Caractères de cette langue*, Paris: Benjamin Duprat, 1854.[①]

值得注意的是,蒙圖奇論文的原文題名並不是《中國書法全史》,而是
籠統的《論中國文學》(On Chinese Literature)。雖然其中提到"Chinese
Calligraphy"一詞[②],實際上也跟書法藝術無關,講的是中國文字系統的一些
基本情況,還包括各種書體的基本特徵。但蒙圖奇在兩部問世於 1809 年和
1817 年的著作中將它們解釋爲"中國書法史"(Histoire de la Calligraphie
Chinoise)和"中國書法全史"(A Complete History of Chinese Caligraphy),
這導致高第把它當作與書法相關的論著[③]。蒙圖奇之所以將這篇論文解題爲
"中國書法史",是因爲他自稱爲"英國皇帝的中文書直"(Occasional Chinese

[①] Cordier, Henri (ed.), *Bibliotheca Sinica: dictionnaire bibliographique des ouvrages*
relatifs à l'empire chinois vol. 1, Paris: Ernest Leroux, 1878, p.783, 797. 第二版分爲五卷
(1904 年、1905 年、1906 年、1907 年和 1924 年),第 5 卷 p.3933 在"語文與文學"分類中
加了一部法國人米約編譯的《漢法草書字典》,Millot, Stanislas, *Dictionnaire des formes*
cursives, Paris: Ernest Leroux, 1909.

[②] 見 Montucci, Antonio, "On Chinese Literature: Letter I," in *Universal Magazine* No. III.
IV. V. & VI, 1804, p.8.

[③] Montucci, Antonio, *Remarques philologiques sur les voyages en Chine de M. De Guignes*,
Berlin: Hitzig, 1809, p.84.

圖 3 《商貿工業初中書法教材書法範本》
（1929 年）

圖 4 　蒙圖奇 1801 年出版物封面

Transcriber to His Majesty ）[①]。實際上，蒙圖奇並沒有當過任何口文書手，他也
沒有去過中國，中文水平尤其書寫技巧也並沒有達到什麼高度，如他的出版物
一些封面所說明的那樣（圖 4 ）。可是，他自以爲與其他當時研究中國文字的
歐洲人相比，他更懂得漢字系統和漢字書體的本質和特徵 [②]。

　　因此，嚴格地講，雖然蒙圖奇自以爲他研究的對象可以叫做“書法”，實際
上與書法無關。還需要強調的是，早在 16 世紀下半葉初期，在日本活動著的
葡萄牙傳教士路易斯·弗洛伊斯（ Luís Fróis, 1532—1597 ）在一封寫於 1577

① Montucci, Antonio, *The Title-Page Reviewed. The Characteristic Merits of the Chinese Language*, London: Spilsbury, 1801, 封面。

② 關於蒙圖奇的生平和研究，見 Cherubini, Donatella – Di Toro, Anna（eds.）, *Dalla Cina all'Europa guardando alla Cina: Antonio Montucci (1762–1829)*, Siena: Pacini, 2021.

年 6 月 6 日的書信中,也提到日本田原親虎(Tawara Chikatora,原文把他叫做
"Cicatora",生卒年不詳)的書寫技巧在日本最爲高明,表明漢字的書寫能力
是西方人客觀能感受到的①。另外,據英文讀物中最早介紹漢語系統的出版物,
即 1669 年問世的約翰·韋伯(John Webb,1611—1672)《試論中華帝國的語
言是巴别塔之亂前通行於全世界的原始語言之可能性的歷史論文》可知,只依
賴傳教士筆記等二手材料,歐洲人也能了解到中國人比繪畫更重視書法的事
實,並且因爲欣賞漢字之美,將"得體"(well formed)的"精美字跡"(good
writing)當作值得收藏和交易的最終物品②。

　　有趣的是,最早可以算作與書法直接相關的一篇西文文獻以著名的《間
架結構九十二法》楷書指南爲研究對象,即英國外交官戴維斯(John Francis
Davis,1795—1890)《漢字正確寫法》(Eugraphia Sinensis; or, the Art of Writing
the Chinese Character with Correctness),其目的也並不在書法藝術本身,而
是在使大英帝國公民在與中國人打交道時,通過親手寫得一手得體漢字取得
中國人的尊重③(當時中國人不允許直接教授外國人漢語,鴉片戰争後清政
府才被迫把禁令解除④)。此篇論文雖然是最早把書法文獻譯成西文的例子
(圖 5),但是文中並没有提到 calligraphy 一詞,而是新造的 eugraphia 一詞

---

① Lach, Donald. F., *Asia in the Making of Europe* Volume III, *A Century of Wonder* Book 3,
　　Chicago: Chicago University Press, 1977, p.522; Luca, Dinu, *The Chinese Language in*
　　European Texts: The Early Period, New York: Palgrave Macmillan, 2016, pp.95-96.

② John Webb, *An Historical Essay Endeavouring a Probability that the Language of the Empire*
　　of China is the Primitive Language Spoken through the Whole World before the Confusion of
　　Babel, London: Gresham College, 1669, pp.176-177 ;Harbsmeier, Christopher, "John Webb
　　and the Early History of the Study of the Classical Chinese Language in the West," in Wilson,
　　Ming – Cayley, John (eds.), *Europe Studies China: Papers from an International Conference*
　　on the History of European Sinology, London: Han-Shan Tang Books, 1995, pp.320-321.

③ Davis, John F., "*Eugraphia Sinensis*; or, the Art of Writing the Chinese Character with
　　Correctness: Contained in Ninety-two Rules and Examples. To which are Prefixed, Some
　　Observations on the Chinese Writing," in *Transactions of the Royal Asiatic Society of*
　　Great Britain and Ireland vol. 1.2 (1826), pp.304-312. 見畢羅《西方人怎樣看中國書法》,
　　《書法》2017 年 7 月,頁 126—130。

④ 見譚樹林《清代對來華外國人學習中國中文態度的演變》,《歷史教學(高校版)》2007 年
　　第 1 期,頁 39—43。

（正確寫法），而且通篇注重的是如何達到
規範得體的書寫效果，難怪戴氏只提到
penmanship 一詞。

　　高第《中國書目》並没有著録這篇論
文，這説明雖然在編者的心目中工具書應
遵守嚴格的編選規範標準，但涉及編者未
必最拿手的研究領域時就無法真正代表
其全面狀況。再舉幾個跟西文漢學研究
書目有關的例子，1958 年華人學者袁同
禮（1895—1965）出版了一部對應高第
《中國書目》的續編，題名爲《西文文獻中
的 中 國》（ *China in Western Literature* ），
著録 1921—1957 年間有關中國的西文
出版物（不包括論文）。其中雖然有"書
法"類别，但是只著録了四部書 ①。1975 年

圖 5 《間架結構九十二法》英譯
（1826）

間世的另一部在袁同禮所整理的材料基礎上編纂的《中國藝術與考古西文論
著索引》（ *The T.L. Yuan Bibliography of Western Writings on Chinese Art and
Archaeology* ）（ 著録 1921–1965 年間的論著），其中西文書法文獻（包括篆刻）

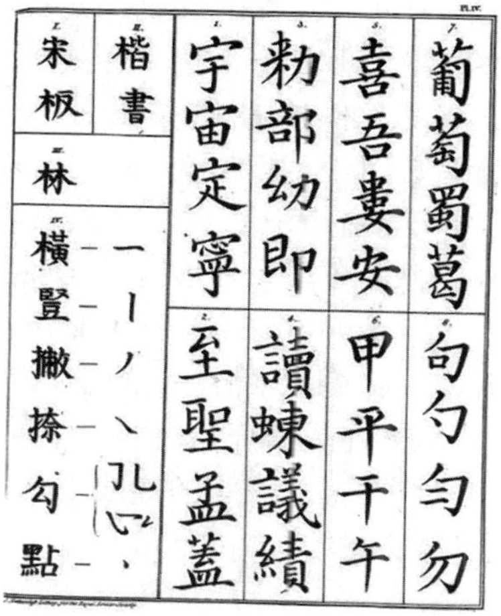

---

① Driscoll, Lucy - Toda, Kenji, *Chinese Calligraphy*, Chicago: Chicago University Press,
1935; Yang, Yu-hsun, *La calligraphie chinoise depuis les Han*, Paris: Geuthner, 1937;
Chiang, Yee, *Chinese Calligraphy: An Introduction to Its Aesthetic and Technique*,
London: Methuen, 1938; Allen, William Dangaix, *Good Luck: An Easy Introduction
to the Bass of Oriental Arts, the Art of Calligraphy or 'Beautiful Writing,'* New York:
Universal Publishing Company, 1944;Yuan, Tung-li (ed.), *China in Western Literature:
A Continuation of Cordier's Bibliotheca Sinica*, New Haven: Far Eastern Publications,
Yale University, 1958, p.507. 另外袁同禮還將一篇論文誤認成著作，即瑞典學者喜仁龍
（ Osvald Sirén , 1879–1966 ）討論黄庭堅書法理論的一篇英文論文："Huang T'ing-chien
黄 庭 堅（ 1045–1105 ）on the Art of Calligraphy," in *Heydt Festschrift: Eduard von der
Heydt zum 70 Geburtstag*, Zurich: Museum Rietberg, 1952, pp.58-64.

總共有 95 種（著作 20 種，論文 75 種），實際上還漏掉了一些論著①。其實，這些文獻絕大部分跟文字學有關②，實際以書法爲主的論著不多。書法有關的西文文獻總數僅佔 1818 種繪畫（著作 407 種，論文 1411 種）相關論著的 5%。與整個《中國藝術與考古西文論著索引》的所有 11232 種論著（著作 2278 種，論文 8954 種）相比，書法文獻只佔 0.8%，而繪畫文獻是 16%③。

　　一個更顯著的例子是英國學者魏根深的暢銷工具書《中國歷史研究手冊》（ *Chinese History: A Manual* ），從 1998 年到 2022 年一共 6 個版本，第一版有一個關於“書法”的小章節，與繪畫和音樂放在一起，其中只提到兩種著作，另外在先秦原始材料“石刻拓片”的章節又提到兩種④，並沒有提及中日當時已經問世若干年的權威工具書⑤，明顯折射出作者缺乏對書法文化的基本了

---

① 最突出的例子之一是 1955 年日本書道歐洲巡展的法文和意大利文圖録，其中收録幾篇日本學者關於中國書法的文章，法文圖録封底還帶有當時剛剛問世的《書道全集》的相關卷次説明，是最早向西方讀者介紹權威的中國書法工具書的例子。Kanda, Kiichiro *et al.* (trans. Hanaé Kato), *L'encre de Chine dans la calligraphie et l'art japonais: exposition circulaire pour l'Europe*, Kyoto: Bokubi-Shuppansha, 1955; Giuganino, Alberto (ed.), *L'inchiostro di Cina nella calligrafia e nell'arte giapponese*, Roma: IsMEO, 1956.

② 比如（1）練習鋼筆字的入門指南：Yen, Sung-pu - Weller, H.A., *The Missionary's Manual of Chinese Penmanship*, Shanghai: China Inland Mission, 1937；（2）介紹古代文字文化背景：Erkes, Edward, "The Use of Writing in Ancient China," in *Journal of the American Oriental Society* (1941.3), pp.127-130；（3）探討漢字造字原理：Tai, T'ung (trans. L.C. Hopkins), *The Six Scripts, or the Principles of Chinese Writing*, Cambridge: Cambridge University Press, 1954.

③ Vanderstappen, Harrie A. (ed.), *The T. L. Yuan Bibliography of Western Writings on Chinese Art and Archaeology*, London: Mansell, 1975.

④ Tseng, Yuho, *A History of Chinese Calligraphy*, Hong Kong: The Chinese University Press, 1993；石川九楊編《書の宇宙》，24 冊，二玄社，1996–1998 年；Chang Ch'ung-Ho - Frankel, Hans H. (trans.), *Two Chinese Treatises on Calligraphy*, New Haven: Yale University Press, 1995；蔣文光、張菊英《中國碑帖藝術論》，中國工人出版社，1995 年。

⑤ 神田喜一郎、田中親美編《書道全集》，28 冊，平凡社，1954—1968 年；中國美術全集編輯委員會編《中國美術全集：書法篆刻篇》，7 冊，上海人民美術出版社，1986—1993 年；劉正成主編《中國書法全集》，榮寶齋，1991 年以來陸續出版。

解^①。2000 年問世的第二版在書法方面没怎麽增加内容^②，可是從 2012 年第三版改名爲《中國歷史研究新手册》（*Chinese History: A New Manual*）以後^③，書法的歸屬情況發生變化，魏氏將書法列入漢語言文字大分類之下的 "字體與書法"（Script & Calligraphy），單獨設一個小章節，但是僅僅著録 7 部書而已，而且雖然整個章節叫 "Script & Calligraphy"，其實 calligraphy 只是其下 10 個小章節之一，其重點仍然是整個漢字系統^④。到了 2022 年問世的第六版《中國歷史研究新手册》把書法相關的文獻增加到 40 種，還包括若干工具書及專業著作^⑤。理所當然，隨著學者與讀者向魏氏反饋以及新的書目檢索資源如《牛津在線參考書目數據庫》（Oxford Bibliographies Online）^⑥ 面世，編者越來越意識到中國書法在中國歷史文明當中的重要性。由此推斷，魏氏自己没有獨立去搜集和判斷與書法相關的權威材料而是主要依靠其他來源的信息。除了中文和日文文獻其他全是英文論著，根本没有提到德文和法文的權威著作，如德國學者郭樂知（Roger Goepper，1925—2011）的德文著作《〈書譜〉——孫

---

① Wilkinson, Endymion, *Chinese History: A Manual*, Cambridge, Mass.: Harvard University Asia Center, 1998, p.668, 432.

② Wilkinson, Endymion, *Chinese History: A Manual*, second edition, Cambridge, Mass.: Harvard University Asia Center, 2000, pp.686-687.

③ 1998 年版一共 1070 頁，開本不算大（23 cm×15.6 cm），尚可叫 "手册"，可是從 2012 年開始，雖然頁數没有發生太大的變化，可是篇幅已經是 27.9 cm×21.6 cm 的大開本，2022 年第六版還印成兩大本，與原來拿在手裏翻閱的 "手册"（manual）本義已經相去甚遠。

④ Wilkinson, Endymion, *Chinese History: A New Manual*, third edition, Cambridge, Mass.: Harvard University Asia Center, 2012, p.47, 32-47.

⑤ Wilkinson, Endymion, *Chinese History: A New Manual*, sixth edition, Cambridge, Mass.: Harvard University Asia Center, 2022, pp.78-80. 除了《中國書法全集》以外，魏根深還提到中田勇次郎主編《中國書論大系》，18 册，二玄社，1977–1992 年；盧輔勝主編《中國書畫全書》，14 册，上海書畫出版社，1993–1999 年；中國法帖全集編輯委員會編《中國法帖全集》，17 册，湖北美術出版社，2002 年；盧輔勝主編《中國書畫文獻索引》，2 册，上海書畫出版社，2005 年。

⑥ 中國書法研究書目的編者是美國學者倪雅梅（Amy McNair）:https://www.oxfordbibliographies.com/display/document/obo-9780199920082/obo-9780199920082-0026.xml.

過庭的書法理論》(*Shu-p'u: Der Traktat zur Schriftkuns des Sun Kuo-t'ing*)①
和瑞士漢學家畢來德(Jean François Billeter, 1939-)的法文著作《中國書寫
的藝術》(*L'art chinois de l'éctriture*)②。這顯然意味著,即便《中國歷史研究
新手册》被認同是世界漢學暢銷書,它也只能反映英美漢學界的研究成果,並
不能代表整個世界漢學的動態面目。

　　與日本書道研究不同③,中國書法目前還沒有出現有關西文文獻的書目
索引。筆者若干年來搜集西方、中國和日本用英文、法文、德文和意大利文撰
寫的文獻,初步統計了從 1826 年到 2023 年將近 200 年間近 300 多種與中國
書法相關的論著(詳細書目解題待刊)。可是應該注意的是,與西方的中國繪
畫研究相比,書法相關的西文論著規模並不起眼。據統計,20 世紀西方學術
界對宋代繪畫的研究(不包括中國和日本用西文出版的論著)一共有 271 種論
著④,將近等同於近兩百年間西文世界中國書法的論著。

　　總而言之,雖然中國書法 2009 年被列入世界非物質文化遺產,從目前的
情況來看,世界對中國書法的認知還不夠理想⑤。

---

① Goepper, Roger, *Shu-p'u, Der Traktat zur Schriftkunst des Sun Kuo-t'ing*, Wiesbaden:
Steiner, 1974.

② Billeter, Jean François, *L'art chinoise de l'écriture*, Geneva: Skira, 1989. 此書有英譯本
和修訂版:Billeter, Jean François (Jean-Marie Clarke - Michael Taylor), *The Chinese Art
of Writing*, New York: Rizzoli International, 1990 ;Billeter, Jean François, *Essai sur l'art
chinois de l'écriture et ses fondements*, Paris: Editions Allia, 2010.

③ Uyehara, Cecil H. (ed.), *Japanese Calligraphy*: *A Bibliographic Study*, Lanham:
University of America Press, 1991. 據筆者所知,西方唯一有關書法文獻的書目是 1953
年意大利出版的《書寫的藝術及書法的書目》,其中總共收 2080 種論著(包括 1 種在
1900 年前後在上海出版的一部《漢字書寫指南》的德文書:*Chinesiche Schreibubungen*,
作者和出版單位不詳)。見 Bonacini, Claudio (ed.), *Bibliografia delle arti scrittorie e
della calligrafia*, Firenze: Sansoni, 1953.

④ Nelson, Susan E., "Western Scholarship on Song Painting," in *Journal of Sung-Yuan
Studies* vol. 30 (2000), pp.175-197.

⑤ 世界非物質文化遺產當中目前有三種書法傳統列入其中,中國書法(2009 年列入)、蒙古書
法(2019 年列入)和阿拉伯書法(包括伊朗和土耳其書法)(2023 年列入)。https://ich.unesco.
org/en/lists?text=calligraphy&term[]=vocabulary_thesaurus-3264&multinational=3&secondary_
filter=1#tabs; https://ich.unesco.org/en/RL/chinese-calligraphy-00216; https://ich.unesco.org/en/
decisions/4.COM/13.08; 類屬是 Social practices, rituals and festive events (508) 和(轉下頁)

二、書法文獻的中譯和外譯著作的出版情況

　　以上小節介紹的數據證明,雖然書法是中國傳統文藝體系當中地位最高的藝術,但西方論著普遍尚未意識到書法的真正文化含義和藝術價值。從中國出版行業的中譯和外譯具體情況可以看到更爲明顯的趨勢。

　　即便西方學術界和藝術界有這些不足,我們尚能發現,從 1987 到 2024 年的三十七年裏中國出版業對歐美出版的有關書法的專著越來越有興趣,目前至少有 7 種論及書法的歐美學者(不包括華人)的英文著作已經被翻譯成中文①。但據筆者所知,沒有任何中國學者的書法專著被翻譯成英文並且在歐美國家出版。2008 年耶魯大學出版社和文物出版社聯合在美國出版的大開本

（接上頁）Traditional craftsmanship (400)。意大利 The practice of opera singing in Italy 也屬於世界非物質文化遺産,屬於 Knowledge and practices concerning nature and the universe, Oral traditions and expressions, Performing arts, Social practices, rituals and festive events: https://ich.unesco.org/en/RL/the-practice-of-opera-singing-in-italy-01980. 2024 年 8 月 3 日瀏覽。

① Lauer, Uta, *A Master of His Own: The Calligraphy of the Chan Abbot Zhongfeng Mingben (1262–1323)*, Stuttgart: Franz Steiner, 2002,勞悟達著,畢斐、殷凌雲、樓森華譯《禪師中峰明本的書法》,中國美術學院出版社,2006 年;Ledderose, Lothar, *Mi Fu and the Classical Tradition of Chinese Calligraphy*, Princeton: Princeton University Press, 1979,雷德侯著,許亞民譯,畢斐校《米芾與中國書法的古典傳統》,中國美術學院出版社,2008 年;Mote, Frederick W. – Chu, Hung-lam, *Calligraphy and the East Asian Book*, Boston & Shaftsebury: Shambala, 1989（實際上是顧浩華〔Howard L. Goodman〕編的一部展覽圖錄的論文集),牟復禮、朱鴻林合著,畢斐譯《書法與古籍》,中國美術學院出版社,2010 年;McNair, Amy, *The Upright Brush: Yan Zhenqing's Calligraphy and Song Literati Politics*, University of Hawai' i Press, 1998,倪雅梅著,楊簡茹譯《中正之筆——顏真卿與宋代文人政治》,江蘇人民出版社,2019 年;Gulik, Robert van, *Chinese Pictorial Art as Viewed by the Connoisseur*, Roma: Istituto per il Medio ed Estremo Oriente, 1958,高羅佩著,萬笑石譯《中國書畫鑒賞:以卷軸裝裱爲基礎的傳統繪畫研究》,湖南美術出版社,2021 年;Harrist, Robert Jr., *The Landscape of Words: Stone Inscriptions from Early and Medieval China*, Seattle and Washington: University of Washington Press, 2008,韓文彬著,霍司佳、王磊譯《銘石爲景》,北京大學出版社,2024 年;Sturman, Peter, *Mi Fu: Style and the Art of Calligraphy in Northern Song China*, New Haven and London: Yale University Press, 1997,石曼著,張榮芳譯《米芾:風格與中國北宋的書法藝術》,江蘇人民出版社,2024 年。

《中國書法》（ *Chinese Calligraphy* ），雖然收了中國主要知名學者的論文，但並不算一部專著譯本①。唯一跟書法有一些關係的被譯成英文的中國圖書是著名學者裘錫圭的《文字學概要》，2000 年美國出版了英譯本②。可以概括性地説，書法的英文專著中譯本與中文專著的英譯本是 7：1 的比例。

　　這種逆差與中國出版業二十幾年前的引進和輸出圖書的趨勢基本吻合：據國家出版署的數據可知，2000 年中國引進的外國圖書 7343 種（美國和英國圖書佔有一半以上，4161 種）③，向國外輸出的圖書才 694 種④，比例約 10：1。到了 2019 年，引進的國外圖書雖然上升到 15684 種⑤，向國外輸出的圖書也增加到 13680 種，但是一半以上（7017）是輸出到美國和歐洲以外的國家，因此比例應該是在 2：1 左右⑥。與此趨勢相悖，屬於中國本土藝術的書法，理所當然並不缺資深學者和權威出版物，不過，即使是在中國圖書輸出的總量快速增長的歷史階段，書法領域仍然處在一個 “學西方” 的狀態，筆者認爲這是一個需要深入思考的問題。

　　嚴格地講，只有一部跟中國書法有關的現代出版物最終在歐美出了英譯版，但是此書並不是中國出版物，原來是 1970 年代由日本著名學者、書法史名家中田勇次郎（ 1905–1998 ）主編的中國書法史日文論文集，即 1983 年由日本平凡社與美國韋瑟希爾（ Weatherhill ）出版社聯合出版的《中國書法》（ *Chinese Calligraphy* ）英文版⑦。值得注意的是，對於同樣是這兩家出版社 1973 年聯合

---

① Ouyang, Zhongshi – Fong, Wen C. (eds.), *Chinese Calligraphy*, New Haven and London: Yale University Press; Beijing: Foreign Languages Press, 2008.

② 裘錫圭《中國文字學概要》，商務印書館，1988 年，Qiu Xigui, *Chinese Writing*, English translation by Jerry Norman and Gilbert Mattos, Berkeley: University of California Press, 2000（底本是 1994 年臺灣出版的第二版）。

③ https://www.ncac.gov.cn/chinacopyright/contents/12566/353328.shtml.

④ https://www.ncac.gov.cn/chinacopyright/contents/12566/353330.shtml.

⑤ https://www.ncac.gov.cn/chinacopyright/contents/12566/353596.shtml.

⑥ https://www.ncac.gov.cn/chinacopyright/contents/12566/353595.shtml.

⑦ Nakata Yūjirō (ed.) (trans. Jeffrey Hunter), *Chinese Calligraphy*, New York: Weatherhill, 1983. 同一年美國還出版了一部研究日本書道史的英文著作，也是中田勇次郎原來主編的日文論文集，Nakata Yūjirō (trans. Alan Woodhull), *The Art of Japanese Calligraphy*, New York: Weatherhill, 1973, repr. 1983.

出版的《日本書道藝術》（*The Art of Japanese Calligraphy*）英譯本,已經有西
方學者發表書評嚴厲批評編者和譯者①。《中國書法》的譯著也一樣,其面向西
方學術界讀者的出版意識不足,無法給讀者提供一個比較全面的書法史和書
法文化的介紹。顯然,早在 1976 年,西方學術界已經意識到書法研究的複雜
性,也非常明白假如想在西方出版書法有關的著作,需要注意到若干學術規範
和研究視角的細節②。目前專門爲歐美讀者策劃的中文書法著作英譯本應該算
是張天弓先生《中國書法主要術語的釋讀和研究》,筆者除了負責英譯以外,還
撰寫了序言並整理詞彙表③,希望能夠給西方關注書法和中國介紹書法文化帶
來一些活力。

　　需要强調的是,除了認真有效地編寫相關的學術著作以外,使得西方有效
接觸書法的書法傳播並不是簡單、直接地把書法當作學習對象。反過來,只有
西方人意識到書法的文化地位和審美價值,意識到書法能夠使得自身的文化
和審美世界更加豐富,才會主動直接接觸和學習書法並且產生真正意義上的
"交流"。

三、結論:以哪種學術態度對待中國書法?

俄羅斯漢學家瓦西里·米哈伊洛維奇·阿列克謝耶夫（Vasily Mikhailovich

---

① Hickman, Money, "Review of Nakata Yūjirō, *The Art of Japanese Calligraphy*," in
Harvard Journal of Asiatic Studies vol. 36 (1976), pp.283-290; Swinton de Sabato,
Elizabeth, "Review of Nakata Yūjirō, *The Art of Japanese Calligraphy*," in *Artibus Asiae*
vol. 38.4 (1976), pp.321-323.

② 澳大利亞墨爾本大學出版社出版的東亞學者陳之邁(1908–1978)的《中國書法家及其藝
術》也沒有獲得西方學術界認可, Ch'en Chih-mai, *Chinese Calligraphers and Their Art*,
Melbourne: Melbourne University Press, 1966. 其書評見:Medley, Margaret, "Review of
Ch'en Chih-mai, *Chinese Calligraphers and Their Art*," in *Bulletin of the School of Oriental
and African Studies* vol. 30.3 (1967), pp.728-729.

③ Zhang Tiangong, *Understanding Chinese Calligraphy: 35 Key Concepts*, bilingual
edition, English translation by Pietro De Laurentis, Wuhan: Hubei meishu chubanshe;
Iowa City: University of Iowa Press, 2023; 中國書名:張天弓著,畢羅譯《中國書法主要
術語的釋讀和研究》,湖北美術出版社;Iowa City: University of Iowa Press,2023 年。

Alekseyev, 1881–1951）在其《1907 年中國紀行》中介紹他參與法國著名漢學家沙畹（Édouard Chavannes, 1865—1918）中國文物遺址考察的經歷，遊記裏有一段非常精闢的話：

　　　　歐洲人研究東方時不向東方學習。我以爲這是我們幾百年來不理解、不認識中國的根源：我們不願意從他們那裏學習任何東西，像對待發育不全的嬰兒那樣對待中國人。我們覺得没有什麼好學習的，但實際上是我們不會學習。我們顯然對中國文化估計不足，只是將其作爲一個研究對象來對待。①

　　筆者認爲，中國書法的西方研究或向西方"介紹"中國書法存在類似的問題。青年的俄國學者在 1907 年如此提出西方漢學與中國文明的矛盾關係：世界任何實物和文化現象都可以當作研究對象，難道從來自東方的研究對象身上什麼也學不到嗎？

　　只要對中國書法史和今天中國從事書法研究和書法創作的人有基本了解，不難發現在研究書法現象的若干問題之前，首先得弄清楚其根本前提：中國書法是書寫漢字的藝術，是歷代中國文人通過鑑賞和創作書法作品發展出來的文化藝術。這意味著，西方人如果做書法研究，除了研究和評論書家生平、人文風氣、作品創作背景以外，理應始終離不開對作品具體筆墨質量的體會和見解。換句話來説，需要對不同作品的質量等級有一定的把握，不能以籠統的"藝術創作"對待任何書法作品。而爲了達到這一點，只能按照中國傳統練字讀帖的方式提高眼界和手頭功夫，通過對筆法的認知達到與作品和書家對話的研究境界。這是西方美術史理論所無法替代的過程，也是最有價值、最具豐富審美和精神營養的過程。可是以西方學術界（包括華人學者的西文著作）的具體研究來看，很少有人强調這個境界的必要性。另外，從純粹的美術史研究的角度來看，西方很少有人系統去研究和翻譯中國書法的基本文獻，導致在引用書法文獻時仍然處在一個以普及性讀物爲主要參考材料的局面②。

---

① 米·瓦·阿列克謝耶夫著，閻國棟譯《1907 年中國紀行》，雲南人民出版社，2016 年，頁267。

② 譬如法國學者幽蘭（Yolaine Escande）曾把從早期到 10 世紀的中國書畫文獻譯成法文，但恐怕在文獻的梳理和術語的整理方面並不是最理想的研究成果（參考文獻也根本没有提到任何日本學者的論著）：Escande, Yolaine (trans.), *Traités chinois de*（轉下頁）

筆者舉兩個上世紀早期刊物的例子來展開這個問題。《亞洲專刊》（*Asia Major*）是 1923 年在德國創辦的著名漢學刊物。《亞洲專刊》第 1 期是一部獻給德國學者夏德（Friedrich Hirth, 1845—1927）的論文集，總共收錄 33 篇關於亞洲文明的論文，作者包括美國福開森（John Ferguson, 1866—1945）、瑞典高本漢（Bernard Kalgren, 1889—1978）、英國斯坦因（Aurel Stein, 1862—1942）等著名學者 ①。這部論文集還收一篇美國記者安尼斯·E. 邁耶爾（Agnes Meyer, 1880—1970）題爲《一位中國原始藝術家》（A Chinese Primitive）的論文，論述的是作者自己收藏的山水畫，她以爲是王羲之所畫（圖 6）②。由於收藏並喜好中國畫，她還出版了一部關於李公麟（1049—1106）的書 ③，並與美國佛利爾美術館（Freer Gallery of Art）建立合作，最終把自己的藏品捐給佛利爾美術館，去世以後美術館以她與她丈夫的姓名命名了一個展廳 ④。可是她這篇論文認爲這幅畫是東晋的畫風，而且僅根據畫上的署名 "王羲之畫" 很果斷地鑑定是王羲之親筆所作。不知道此畫今天的具體收藏地點，但是無疑非常明顯是清代或者民國時期的僞作。顯然，曾經參與佛利爾美術館藏品搜集決策的邁耶爾之所以會犯如此低級的錯誤，原因在於她在書畫鑑定方面缺乏根本的筆法認知。

（接上頁）*peinture et de calligraphie. Tome I, Les textes fondateurs (des Han aux Sui)*, Paris: Klincksieck, 2003 ; Escande, Yolaine (trans.), *Traités chinois de peinture et de calligraphie. Tome II, Les textes fondateurs (les Tang et les Cinq Dynasties)*, Paris: Klincksieck, 2010. 更遺憾的是，意大利問世的一部《中國書畫理論意大利文選譯》，作者是獲得暨南大學博士學位的意大利人賈客暮（Giacomo Bruni），但是此書並沒有基本學術規範可言，因而無法作爲扎實的研究工具 : Bruni, Giacomo (ed.), *La risonanza dello spirito: Sulla pittura e calligrafia cinesi*, Brescia: Morcelliana, 2023.

① Schindler, Bruno (ed.), *Asia Major (Hirth Anniversary Volume)*, London: Probsthain, 1923.

② Schindler, Bruno (ed.), *Asia Major (Hirth Anniversary Volume)*, London: Probsthain, 1923, pp.222-234.

③ Meyer, Agnes E., *Chinese Painting as Reflected in the Thought and Art of Li Lung-mien*, New York: Duffield, 1923.

④ Freer Gallery of Art (ed.), *Eugene and Agnes E. Meyer Memorial Exhibition*, Washington D.C.: Smithsonian Institution, 1971. https://publications.asia.si.edu/jades/person.php?cid=560.

圖 6　邁耶爾藏王羲之畫

再舉個幾十年之後與王羲之書法有關的例子。普林斯頓大學美術館藏有一件美國學術界認爲是唐代摹本的王羲之《行穰帖》①。只要跟美國學術界有關的學者介紹中國書法時，極有可能會提到這幅作品，並且認爲它是中日以外最重要的中國書法作品②。筆者已經指出，這幅作品根本不符合以王羲之爲核心的中古書法的筆法特徵，應該是唐代以後的“意臨”本③。有趣的是，雖然紐約哥倫比亞大學中國美術史退休教授韓文彬（Robert Harrist Jr.）的一篇論文明確提到，六朝書法作品因爲複製和傳承存在大量真僞問題④，但他一直沒有考慮過如何以審美和筆法特徵來判別書法作品的可靠性⑤——許多歐美學者也不例外，如德國的柯馬丁（Martin Kern）和勞悟達（Uta

①　https://artmuseum.princeton.edu/collections/objects/35203.

②　傅申著，鴻楨槙譯《海外書迹研究》，紫禁城出版社，1987 年，頁 7 ；原版 :Fu, Shen, *Traces of the Brush: Studies in Chinese Calligraphy*, New Haven and London: Yale University Press, 1977, p.5.

③　畢羅（Pietro De Laurentis）《從唐代集字碑看王羲之書法作品的存亡》，《中國書法》2019 年第 7 期，頁 176—177。筆者另有一篇專門討論《行穰帖》的論文 :《從美國普林斯頓大學美術館藏的〈行穰帖〉看西方研究中國書法的一些問題》，《中國書法》2025 年第 2 期，頁 170—175。

④　Harrist, Robert Jr., "Replication and Deception in Calligraphy of the Six Dynasties Period," in Cai, Zong-qi (ed.), *Chinese Aesthetics: The Ordering of Literature, the Arts, and the Universe in the Six Dynasties*, Honolulu: University of Hawai'i Press, 2004, pp.31-59.

⑤　Harrist, Robert Jr., "A Letter from Wang Hsi-chih and the Culture of Chinese Calligraphy," in Harrist, Robert E. Jr. – Wen C. Fong (eds.), *The Embodied Image: Chinese Calligraphy from the John B. Elliott Collection*, Princeton: The Art Museum, Princeton University, 1999), pp.240-259.

Lauer），同樣也没有懷疑過《行穰帖》未必是一件能夠代表王羲之經典書風的作品。但是忽略具體藝術質量和鑑賞細節不只是中國美術史研究的問題。《行穰帖》的例子讓我們聯想到英國藝術史專家馬丁·肯普（Martin Kemp）與英國畫家大衛·霍克尼（David Hockney）在往來書信中探討文藝復興寫實繪畫是否使用陸續發明的光學工具的場景，在一封寫於 1999 年年底的信批評了大學裏的美術史專家不相信自己的眼睛，因爲他們也没有訓練過自己的眼睛[2]。

　　早在 1862 年，法國外交官和收藏家菲利·菲伊萊·德·孔什（Félix Feuillet de Conches，1798–1887）在其《好事者之暢談：取自手稿與圖繪收藏室的歷史及藝術雜記》（ Causeries d'un curieux: variétés d'histoire et d'art tirées d'un cabinet d'autographes et de dessins）第 2 卷講到中國文明時，對中國書法的文化地位有如下的解釋：

　　　　一句蔽之，在中國，書法不僅是一門藝術，也是一門學問。[3]

　　德·孔什没有去過中國也不懂漢語，但是因爲喜愛收藏，與外交界關係

---

[1] Kern, Martin, "Made by the Empire: Wang Xizhi's *Xingrangtie* and Its Paradoxes," in *Archives of Asian Art* vol. 65.1-2, pp.117-137；見 Lauer, Uta, "A Two-line Letter Fragment and Its Many Originators," in *Manuscript Studies* vol. 21 (2023), pp.23-38.

[2] 原文如下："今天的藝術史家們——至少那些大學和藝術學院中的——由於各種思想和社會原因而看不上鑒賞。他們大都不相信自己的'眼睛'，這完全是因爲他們從未對其進行訓練。"（ Art historians today, at least these in universities and art colleges, don't like connoisseurship for a variety of intellectual and social reasons. They don't, for the most part, trust their 'eyes', with good reason—because they've never trained them）見 Hockney, David, *Secret Knowledge: Rediscovering the Lost Techniques of the Old Masters*, London: Thames & Hudson, 2006, p.281. 中譯本見萬木春、張俊、蘭友利譯《隱秘的知識：重新發現西方繪畫大師的失傳技藝》，浙江人民美術出版社，2014 年，頁 281。

[3] "En un mot, la calligraphie en Chine n'est pas seulement un art, mais une science." 見 Feuillet de Conches, Félix, *Causeries d'un curieux: variétés d'histoire et d'art tirées d'un cabinet d'autographes et de dessins* vol. 2, Paris: Henri Alon, 1862, p.14. 有趣的是，關於書法和手稿的部分在德國《手稿》1860 年第 7、8、9 期已經發表德文版，提到王羲之的文章是：Feuillet de Conches, Félix (trans. Bertha Heller), "Ueber den Geschmack an Autographen und historischen Manuscripten bei den Chinesen," *Organ für Autographensammler und Autographenhändler* (1860.9), pp.135-140.

密切,大量搜集了來自全世界的藝術品以及中國字畫,並且在 1856 年出版了一部名爲《歐洲畫家在中國及中國畫家》(*Les peintres européens en Chine et les peintres chinois*)的著作 ①。因爲眼光敏鋭,他意識到書法和書寫在中國文明體系當中所起的特殊文化與審美作用。據筆者所知,德‧孔什的著作也是西方世界最早提到王羲之的文獻。更值得欽佩的是,他還明確把王羲之稱爲"書法的拉斐爾"(le Raphaël〔1484—1520〕de la calligraphie)②,比朱傑勤(1913—1990)在 1940 年將王羲之與米開朗基羅(Michelangelo Buonarroti, 1475—1564)和拉斐爾比較的説法要早 80 年 ③。另外,德‧孔什提及清代大臣耆英(1787—1858)1844 年在澳門把親手書寫的一幅扇面楷書作品贈給法國外交團團長(Marie Melchior Joseph Théodose de Lagrené, 1800—1862)及其他高官,使得耆英下屬十分羨慕 "愜意的西方蠻夷"(heureux barbares)獲得了如此珍貴的墨寶(收藏地不詳)。這幅作品的内容取自《蘭亭序》的一段話,從 "此地有崇山峻嶺" 到 "惠風和暢",德‧孔什不僅把它的書法面貌複製在書本裏(圖 7),而且收録了其法語譯文,即便不是全文,尚算《蘭亭序》最早的西文翻譯,比意大利傳教士晁德蒞(Angelo Zottoli, 1826—1902)的《蘭亭序》拉丁文翻譯要早將近 20 年 ④。

　　德‧孔什的例子表明,只要有足夠的文化修養和審美功夫,一個西方人不難發現中國書法的價值和魅力。換句話説,世界上任何重視文明藝術高峰的人都會有對優秀藝術審美感受的同頻共振,西方人對中國書法也不例外,過去如此,今天也如此。關鍵在於,如何在這個基礎上打造與中國專家一樣的鑑賞能力和書寫技巧。

　　除非我們願意把書法從筆墨的藝術徹底轉換成社交的藝術,完全放棄其審美造型的價值和審美探索的價值。事實上,認識和研究書法不但需要對原

① Feuillet de Conches, Félix, *Les peintres européens en Chine et les peintres chinois,* Paris: Imprimerie de Dubuisson, 1856.

② Feuillet de Conches, Félix, *Causeries d'un curieux: variétés d'histoire et d'art tirées d'un cabinet d'autographes et de dessins* vol. 2, Paris: Henri Alon, 1862, p.44.

③ 關於王羲之與文藝復興名家的比較,見筆者《王羲之與達‧芬奇 : 兩個中西美術傳統的象徵》,《中國文藝評論》2020 年第 12 期,頁 105—114。

④ Zottoli, Angelo, *Cursus Litteraturae Sinicae* vol. 4, Shanghai: Ex typographia missionis catholicae in orphanotrophio tou-se-we, 1880, pp.295-297.

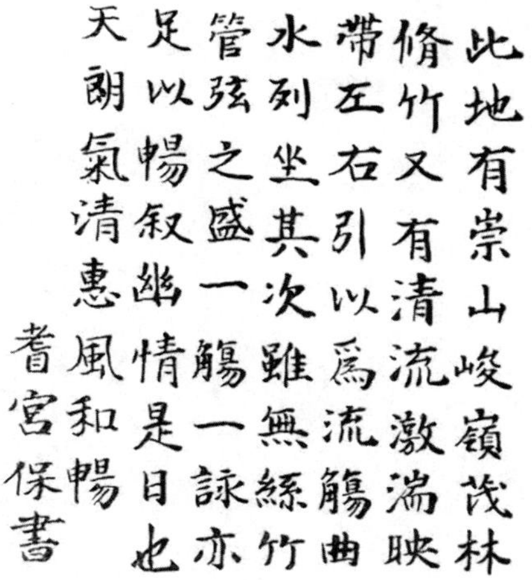

圖 7　耆英節鈔《蘭亭序》（1862）

始材料及其人文環境有著全面的把握，在面對作品審美問題上，同樣需要培養扎實的判別能力和分析視覺造型特徵的能力，否則很難看出書法創作與中國其他普通書寫活動之間的區別。忽略這點相當於沒有尊重中國書法傳統的根本所在，此種態度對世界藝術之林的豐富與交流也非常不利。

（作者單位：廣州美術學院）

日本漢籍研究

遣倭使視角下的邪馬臺國問題新探

——以《倭人傳》爲中心

馮立君　余曉東

一、中日學界對邪馬臺國問題的研究焦點

（一）日本學界的研究

日本學界對邪馬臺國問題[①]研究起步早,且學者討論熱度高,因此研究成果極其豐富。絕大部分日本學者對邪馬臺國問題的考察都是在主流學説的基礎上闡釋,因此對學術進程的梳理應以關鍵性論點展開。大致以本居宣長—新井白石説、内藤湖南—白鳥庫吉説、大和説、九州説、岡田英弘觀點的順序叙述。前兩批學者的學説具備對立性,"大和説"和"九州説"正是由這兩代學者所奠定的。其後是"大和説"及"九州説"兩派學者的重要論點,兩派學説的演變邏輯,仍植根於前兩代學者奠定的基礎。最後是岡田英弘提出的獨到見解[②],他針對邪馬臺國問題進行了獨特的推論。

本居宣長和新井白石同爲江户時代的大學者,從兩者的研究可看出早期日本學者對邪馬臺國問題的關注點。兩位學者研究的出發點都是將《倭人

---

① 遣倭使即《三國志·魏書·倭人傳》記載中兩位曾出使倭國的使節——梯儁和張政。邪馬臺國,《三國志》記作"邪馬壹國",《後漢書》則記作"邪馬臺國",本文採用學界更常用的"邪馬臺國"。

② 岡田英弘著,蔡暢、鄒仲蘇譯《倭國時代》,海南出版社,2021年,頁26—50。

傳》①所載地名與日本地名一一對應,並注重漢音、吳音、唐音三種音譯的不同②。其次是考察邪馬臺國與大和政權之間的關係。《日本書紀》中與邪馬臺國對應的是神功皇后攝政時期③,這使兩位學者十分重視中日史料所載兩個政權之間的關係。上述兩點爲後來日本學界所繼承發展,下面將陳述兩者論點的不同之處。

　　新井白石對邪馬臺國問題的考證分爲三個階段④,其中變化最大的是對邪馬臺國所在地的推定,即由畿内地區轉爲筑後國山門郡(今福岡縣南部),幾乎是由"大和説"轉爲"九州説"。而轉變的原因是新井氏過度重視邪馬臺國與大和政權的聯繫,因爲在確定卑彌呼與神功皇后同一時代的前提下,就必須解決大和政權是否在九州的問題⑤。而新井氏對神功皇后"征伐三韓"⑥一事有所妥協,甚至以狗奴國男王實爲日御子⑦的説法佐證,可見此時日本學者對邪馬臺國問題研究已表現出明顯的傾向性。即使新井氏在後期轉向"九州説",但其奠定"大和説"一點仍爲日後學者所繼承。

　　本居宣長的論説則始終没有轉變,其採用的研究方法與新井白石相近,但主張《倭人傳》記載的國家基本在九州地區中。對於"九州説"最難解決的投馬國至邪馬臺國"水行十日,陸行一月"⑧的路程,本居氏解釋爲"月訛

---

① 陳壽著,裴松之注《三國志》卷三〇《魏書·烏丸鮮卑東夷傳》,中華書局,2006年,頁509—511。本卷爲《烏丸鮮卑東夷傳》,學界一般將本傳中有關"倭"的部分簡稱爲《倭人傳》,下文概以《倭人傳》述之。

② 宮崎道生《二つの邪馬臺國観—白石説と宣長説》,《日本學士院紀要》1965年23卷2號,頁67—89。

③ 佐伯有義編《六國史》卷一《日本書紀》卷九,攝政三十九年條、攝政四十年條、攝政四十三年條、攝政六十六年條,朝日新聞社,1928年,頁188、193。

④ 宮崎道生《二つの邪馬臺國観—白石説と宣長説》,頁68。

⑤ 新井白石《古史通或問》,國立公文書館藏,史料番號141—0208。

⑥《日本書紀》卷九,九年夏四月、冬十月條,頁174—178。新井氏的邏輯是《日本書紀·神功紀》載有神功皇后征伐三韓,而征伐三韓的過程中就不可避免與邪馬臺國接觸。然而這點又不見於史料所載,因此便將邪馬臺國"大和化",將之視爲大和政權在九州地區的附屬政權或大和政權本身。此外,今學者已證實《神功紀》内容多有僞造之處,但本居宣長和新井白石所處年代尚不能辯明這點。

⑦ 宮崎道生《二つの邪馬臺國観—白石説と宣長説》,頁70。

⑧《三國志》卷三〇《魏書·烏丸鮮卑東夷傳》,頁509。

爲日"①。儘管過於牽强,卻十分符合其思想。本居氏之所以主張"九州説",是因爲他認爲卑彌呼只是"九州地區的女王"②,自然不能與大和政權相提並論。即便新井氏在後期轉爲"九州説",但兩者亦有不同之處。概括而言,新井氏認爲《倭人傳》記載的地理位置偏向九州西北地區,而本居氏則認爲遍佈範圍較大,甚至分佈至四國及本州西部地區中③。

綜上所述,可見兩位學者在邪馬臺國問題研究中先入爲主的傾向比較明顯,這與日本當時的國史觀氛圍關係密切。但本居氏和新井氏爲邪馬臺國問題研究開創了先河,其提出的地名比對、音譯問題以及邪馬臺國與大和政權的關係等考證方向,奠定了日後研究的基礎,並爲日本學者所繼承。

自本居宣長—新井白石的研究後,内藤湖南和白鳥庫吉分别在兩者的研究基礎上完善兩大學説。内藤湖南認爲《倭人傳》的疑處是"方位",並從中國文獻中找出證據指出原文中的東應改爲南④。將《倭人傳》中那段本應貫穿九州地區的路線移至本州地區,該論奠定了"大和説"的基本邏輯:方位上的改動。同時内藤氏從音譯上指出"邪馬臺"的發音與"大和"一致(yamato),並以卑彌呼爲倭姬命的推斷完善邪馬臺國與大和政權的關係。

白鳥庫吉則認爲"方位"没有問題,問題出在那段貫穿九州地區的"里程"上。白鳥氏以同樣的方法,在中國文獻中找出對應的證據,説明原文的"里程"有誤⑤。最後通過各種修正方法,將邪馬臺國的位置確定在北九州。然而白鳥氏的修正方法存在過度情況,基本是在合理的前提下按實際情況直接改動原文中的"里程",可見該研究範式深受極强的本位學説思想影響而產生。

經過百餘年的時間,日本學界接觸到西方科學的史學研究方法,特別是對文獻的懷疑和批判,因此改動文獻的做法並非空穴來風。同時該做法又反映出日本學者對《倭人傳》真偽性的重視,這點是具有進步性的。通過内藤氏和

---

① 本居宣長《馭戎慨言》,國立公文書館藏,史料番號 184—0192,頁 16。

② 本居宣長《馭戎慨言》,頁 15。

③ 宫崎道生《二つの邪馬臺國観—白石説と宣長説》,頁 71。

④ 内藤湖南著,劉克申譯《日本文化史研究》附録《卑彌呼考》,商務印書館,2018 年,頁 391—432。

⑤ 白鳥庫吉《倭女王卑彌呼考》,鈴木武樹編《邪馬臺國論集Ⅰ》,大和書房,1975 年,頁 99—135。

白鳥氏對史料更進一步的解剖,使"大和説"和"九州説"具備更鮮明的研究方向。

自內藤湖南和白鳥庫吉的研究後,榎一雄是"九州説"繼承者之一。榎氏的主要觀點是"放射性理論"[①],即把《倭人傳》記載的路程分爲狗邪韓國至伊都國以及伊都國至邪馬臺國兩段路程,前者屬於直線路程,後者屬於放射性路程,即所有路程都是以伊都國爲中心出發的。榎氏的"放射性理論"從理論層面解決了"里程"問題,成爲"九州説"的有力論據之一。然而"放射性理論"仍存在一定的問題,即榎氏過於强調伊都國的政治功能,以至於會放大伊都國的實際作用。據筆者推斷,《倭人傳》諸事的記載比例並不完全出於該地區的重要性,而是依據遣倭使所處的歷史環境以及他們所能目睹的一切,這點將在下文詳述。

在傳統的《倭人傳》文獻分析法外,牧健二通過宏觀視野,從中國周邊地區的國家型態去考察邪馬臺國的形成情況,深入剖析邪馬臺國的國家性質,並提出邪馬臺國是部族聯盟國家的結論[②]。牧氏對伊都國的研究是認可內藤湖南提出的"伊都—倭面土國説"[③],反映出持相異學説者會取雙方合理論據以爲己用。牧氏對邪馬臺國國家性質的研究具有開拓性,這種多面實證的研究方法有助於學界從更廣的範圍去審視邪馬臺國問題。

相比"九州説"學者以"放射性理論"作爲支撐,"大和説"學者更傾向以考古成果作爲論據[④],源於《倭人傳》"卑彌呼已死,大作冢"一事[⑤],大和地區豐富的前方後圓墓就成爲"大和説"的充分證據。然而隨著九州地區的考古發現日漸豐富,古墳並不能單純作爲"大和説"的有力支持[⑥]。同時《倭人傳》有關卑彌呼墓葬的記載沒有明確指出其墓式,而至今仍沒有完全確定是卑彌

---

① 榎一雄《魏志倭人伝の里程記事しニついて》,佐伯有清編《邪馬臺國基本論文集Ⅱ》,創元社,1981 年,頁 3—6。

② 牧健二《倭の女王國と部族國家との関系》,《法制史研究》1962 年 1962 卷 12 號,頁 100—148。

③ 內藤湖南著,劉克申譯《日本文化史研究》附錄《倭面土國》,頁 372—379。

④ 和歌森太郎《私觀邪馬臺國》,《社會經濟史學》1952 年 18 卷 3 號,頁 217—238。

⑤《三國志》卷三〇《魏書·烏丸鮮卑東夷傳》,頁 511。

⑥ 西谷正《考古學からみた邪馬臺國論》,《地學雜志》1998 年第 107 卷 5 號,頁 773—775。

呼的墓葬出土 [①]，因此以推測的卑彌呼墓所在地判斷邪馬臺國位置的方法，其可行性尚須慎重考慮。

　　"大和説"學者除了對考古材料的重視外，亦對"放射性理論"進行批判。山尾幸久在認同榎氏"放射性理論"的基礎上，又指出《倭人傳》可信性低，其誇大性極其嚴重 [②]。即使在"放射性理論"的前提下，也不能簡單認爲邪馬臺國在九州地區。其從遣倭使所處的歷史環境切入，認爲遣倭使在聽聞"水行十日，陸行一月"的路程後，就産生放棄進入邪馬臺國的想法。因此兩位遣倭使實際上只停留在伊都國，原因在於《倭人傳》有關伊都國的描述較多。同時山尾氏注意到《倭人傳》中有關"天數""里程"等情況的混亂性記載，認爲是遣倭使在途中遭遇到相當多不可知的因素，從而導致記載的可疑性。山尾氏對文本的解剖相當精細，爲邪馬臺國問題研究提供了獨特的切入視角。

　　綜上所述，即使"大和説"在發展過程中並未産生如"放射性理論"般强力的論點，但"大和説"學者仍從不同角度考察邪馬臺國位於大和地區的可能性。其中注重考古材料及對文本的批判充實了研究内容，對邪馬臺國性質的認識有極大推進。

　　岡田英弘是對日本古代史進行重新梳理的學者之一，其研究具有相當濃厚的批判色彩。岡田氏主張在本國史料記載極不可信的前提下，以中國文獻爲中心考察日本古代史上的歷史問題 [③]。而《倭人傳》作爲中國文獻，自然成爲岡田氏在考察日本古代史中的關鍵史料，此處將其對《倭人傳》的批判内容簡扼説明。

　　首先是"里程"問題，岡田氏認爲不論怎樣修正，都不可能對原文中誇張的"里程"有合理解釋。對此岡田氏從"水行二十日"及"水行十日"兩點出發，指出只有瀨户内海航線可以符合這個要求，據此岡田氏提出邪馬臺國爲

──────────

① 寺澤薰著，米彦軍、馬宏斌譯《王權的誕生：彌生時代—古墳時代》，文滙出版社，2021 年，頁 272—297。寺澤薰在全面梳理考古材料後，提出伊都國聯盟—奴國聯盟—邪馬臺國聯盟的發展歷程，表明彌生時代從北九州地區到畿内地區的王權演變概況。對於寺澤氏將邪馬臺國比定爲纏向遺址的説法，筆者認爲其出土文物未見"親魏倭王"金印，故並不能斷言爲邪馬臺國所在地。

② 山尾幸久《魏志倭人伝の史料批判》，《立命館大學人文學會》1967 年 260 卷，頁 59—89。

③ 岡田英弘著，王嵐、郭穎譯《日本史的誕生》，海南出版社，2018 年，頁 3—8、96—99。

“瀨户内海西部沿岸的關門海峽附近”的推測[①]。同時岡田氏認爲《倭人傳》内容極具政治性,邪馬臺國是陳壽爲了誇大司馬懿功績而改寫兩位遣倭使報告而成的國家[②]。這點將在下文進行探討。

　　岡田氏的論説對文獻的深刻批判值得重視,其中包括指出多處疑點以及站在歷史環境的立場下考察文本問題。但其論説亦存在過度臆測《三國志》文本政治屬性的問題,反而没有如實地反映出邪馬臺國的性質,因此其“瀨户内海説”未能成爲主流學説。

（二）中國學界的研究

　　中國學界對邪馬臺國問題研究起步較晚,對於已經取得大量成果的日本學界,充分了解其學術史是研究的前提條件,同時中國學者提倡必須從中國視野切入研究。概括而言,一是在兩大主流學説的基礎上闡釋,二是運用馬克思主義史觀考察問題。對於後者,則著重從邪馬臺國國家性質、階級分化、生產力水平等方面考察,並以此爲據推斷邪馬臺國所在地。有關對主流學説的補充研究暫不展開説明,此處著重介紹此外的突破性研究。

　　王金林先生是主張運用馬克思主義史觀研究日本古代史的學者,並認爲這是建立中國學界話語權的重要方法之一。王先生通過大量的考古材料分析,在批判日本學界對兩大主流學説傾向主義的基礎上,提出與邪馬臺國並行的“前大和國家説”[③]。在日本學界對邪馬臺國問題研究陷入僵局時,“前大和國家説”無疑對日本學界產生一定的衝擊,王先生的研究亦受到日本學者的高度評價。然而“前大和國家説”在理論層面上仍存在一定的問題,如未能清晰地梳理邪馬臺國與大和政權之間的關係,以及是否存在外交上衝突的可能。但綜合而言,王先生的研究仍爲中國學界話語權的樹立起到堅實作用。

　　《倭人傳》載曹魏下賜的贈物中有銅鏡百枚[④],隨著日本考古遺址中大量出土銅鏡,通過出土銅鏡推斷邪馬臺國所在地就成爲學界熱點,而王仲殊先生在銅鏡研究方面發表了重要論述。由於日本出土銅鏡幾乎没有符合魏鏡的型式,據此王先生認爲出土銅鏡應非曹魏下賜之鏡,進而指出渡日工匠鑄鏡的可

①　岡田英弘著,王嵐、郭穎譯《日本史的誕生》,頁 39。
②　岡田英弘著,王嵐、郭穎譯《日本史的誕生》,頁 30—32。
③　王金林《日本彌生時代史》,浙江工商大學出版社,2022 年,頁 102—106。
④　《三國志》卷三〇《魏書·烏丸鮮卑東夷傳》,頁 511。

能 ①。在出土銅鏡可能左右兩大主流學説的前提下,王先生仍以客觀審慎的態度考察銅鏡源流,爲中日學界廓清駁雜的銅鏡問題。

日本學者在闡釋"大和説"或"九州説"時都不可避免地修改原文,並在此基礎上從政治角度批判《倭人傳》記載的失實,顯然與學説傾向主義有關。林秀峯先生 ②、高洪先生 ③、張聲振先生 ④ 就對日本學界的傾向主義有所批判,認爲《倭人傳》的内容並非失實。同時通過考察三國時期中國人對方位、地理的認識,從歷史環境切入考察《倭人傳》中誇張記録的原因。

綜上所述,即使我國學界對邪馬臺國問題研究起步較晚,但在研究中充分吸收日本學界的先行研究,在批判精神的基礎上儘可能闡釋具有本國特色的研究方法。本文將結合前人成果,努力將邪馬臺國問題研究向前推進。

二、何以新探? 邪馬臺國問題的本質與《倭人傳》文本屬性

"大和説"和"九州説"之所以並存至今,無疑是雙方所持論據都無法徹底説服對方,同時表明邪馬臺國問題至今仍是一個懸而未決的歷史問題。因此,對邪馬臺國國家性質及其所在地的推斷,仍是一個具有研究意義的歷史問題。

無論是"大和説"還是"九州説"都需要通過改動文獻去迎合自身的論證,難道只有這種方法才可以考察邪馬臺國的真相嗎? 誠然《倭人傳》的記載存在疑處,然而將疑處改爲合理就是史實嗎? 筆者認爲應該重新審視原文,通過文獻記録者(陳壽、梯儁、張政)的視野,推斷他們可能目睹之事,方能廓清歷史史實。因此研究前提應在充分尊重文本的基礎上,辯證地考察史料的可疑性,追問其背後所隱藏的史實是什麽,遣倭使所處的歷史環境如何影響文本的叙述,以及邪馬臺國應以何種形式呈現在日本古代史上。上述幾點是本文

① 王仲殊《論日本"仿製三角緣神獸鏡"的性質及其與所謂"舶載三角緣神獸鏡"的關係》,《考古》2000 年第 1 期,頁 78—88、104。

② 林秀峯《關於古代日本邪馬臺國的所在問題》,《湖南師院學報》(社會科學版)1962 年第 1 期,頁 54—58。

③ 高洪《邪馬臺國方位卮言——以古代中國人海外時空觀爲中心》,《日本研究》1994 年第 1 期,頁 37—42。

④ 張聲振《〈魏志〉倭人傳中邪馬臺國的地理方位辨》,中國日本研究會編《日本史論文集》,生活·讀書·新知三聯書店,1982 年,頁 1—19。

要揭示的核心問題。

　　對《倭人傳》文本屬性解讀是研究邪馬臺國問題的前提工作,筆者認爲部分對邪馬臺國研究的誤解就出自對文本屬性的忽視。因此本文並非單單列舉前人的研究,而是重新梳理文本,回到問題原初。

　　《倭人傳》出自《三國志·魏書·烏丸鮮卑東夷傳》,從排序上來看,《倭人傳》在《三國志》中的重要性並不高。基於中國本位思想,是難以對一個偏遠小國予以過多關注的。此處有必要對岡田英弘賦予《倭人傳》過度的政治性質進行反思,即陳壽在編纂《倭人傳》時並不會摻雜過多的政治考量在其中 ①。

　　陳壽未曾到訪過倭國,且以往史書對倭國的記録相當有限,考察《倭人傳》的記載可以發現,陳壽編纂《倭人傳》的主要史料來源是遣倭使梯儁和張政的兩份報告 ②。先代史書主要是《漢書》及《魏略》,然《魏略》今已失佚,《漢書》對倭國的記載又十分簡略 ③,因此《倭人傳》大部分内容應來自兩位遣倭使的報告。有兩份報告則必有整合,即存在陳壽在整合過程中添筆的可能性。一般而言,“九州説”學者認爲陳壽添筆在“里程”上,而“大和説”學者則認爲添筆在“方位”上,岡田氏甚至認爲陳壽爲保性命而編造出一個巨大的邪馬臺國。諸家方法顯然令陳壽形象枝葉化,對此有必要將其背景交代清楚,以免發生誤解文本的情況。

　　就岡田氏推斷而言,《三國志》最爲敏感處當屬《魏書》中有關曹氏及司馬氏的記載。歷代中國史官對當朝事件記録皆有所避嫌,且多遵從一個基本原則,就是“寧可少寫,莫要多寫”。陳壽最大的難題是如何塑造一個令晋王室滿意的曹魏家族,而非在《倭人傳》中誇大司馬懿的功績。遼東地區歷來是中國政權難以完全制服之地,司馬懿大破公孫氏本就是宏偉的功績,誇大邪馬臺國範圍去附和,無疑是畫蛇添足之舉。當然不能否認其中會多添陳壽自身的想法,這是在編史過程中不能免去的,但並不會動搖《倭人傳》的基礎文本屬性。

　　既然陳壽不是《倭人傳》疑因所在,那麼應重點關注兩位遣倭使的報告。

① 張聲振《〈魏志〉倭人傳中邪馬臺國的地理方位辨》。作者同樣對岡田氏的研究進行批判,本文則側重從歷史環境視角進行反思。
② 岡田英弘著,王嵐、郭穎譯《日本史的誕生》,頁 15—16。
③ 班固《漢書》卷二八《地理志》,中華書局,1962 年,頁 1658。原文如下:“樂浪海中有倭人,分爲百餘國,以歲時來獻見云。”

兩份報告存在可疑內容是必然的,但同時是合理的,因爲梯儁和張政並不是帶著考察目的前往倭國。他們只是曹魏的使臣,而非專業的地理學家,因此報告中有不合理的地方才是正常的,如果《倭人傳》的內容高度吻合日本的地理環境[1],反而要思考史料是否經後人加工。即便如此,此處仍有必要考察導致兩份報告產生可疑的成因,即兩位遣倭使的所見所聞。

據《倭人傳》載,梯儁是曹魏時期首位到達倭國的使者,事因倭女王卑彌呼在景初二年(238)[2]遣大夫難升米等到訪曹魏,獻物示好。魏明帝曹叡念其忠孝,賜之親魏倭王,假金印紫綬。亦賜難升米爲率善中郎將,牛利爲率善校尉,假銀印青綬。可見魏明帝相當待見邪馬臺國使者。要注意的是,此時直授封賜者是使者難升米及牛利,而對卑彌呼的賜綬是裝封付帶方太守[3]。因此梯儁出使倭國的原因是受魏明帝之命將印綬賜予倭女王。梯儁於正始元年(240)奉帶方太守弓遵之命入倭,而難升米則於景初二年底到達曹魏京城,據此可推,難升米使團與梯儁可能不是一同進入倭地,而缺少一位專業嚮導是《倭人傳》記載可疑的原因之一[4]。另一位遣倭使張政所面臨的歷史環境則與梯儁截然不同。正始八年(247)倭女王卑彌呼與狗奴國男王卑彌素不和,甚至相攻。因此遣使載斯、烏越等詣郡説相攻擊狀,於是帶方太守王頎遣曹掾史張政等"因齎詔書、黃幢,拜假難升米爲檄告喻之"[5]。此處需要注意一點是詔書下達的時間,從帶方郡將消息傳至朝廷後再備好文書需要一段時間,因此張

---

[1] "日本"國號使用時間尚有爭議,本文對此暫不探討,除史料説明外皆以'日本'述之。

[2] 學界有關邪馬臺國首次遣使時間尚有爭議,主要有"景初二年説"和"景初三年説"。筆者認爲邪馬臺國使節是正式面見過魏明帝,且從貢物下賜、遼東戰事以及遣倭使派遣等諸方原因,梯儁於正始元年入倭應無問題,據此"景初二年説"更有説服力。見郭善兵《曹魏與邪馬臺國始通使年再考辯》,《西華師範大學學報》(哲學社會科學版)2018年第1期,頁35—41。

[3]《三國志》卷三〇《魏書·烏丸鮮卑東夷傳》,頁511。

[4] 據《倭人傳》載,景初二年十二月魏明帝將假卑彌呼的金印紫綬裝封付帶方太守,而賜物皆裝封付難升米、牛利。正始元年,梯儁僅奉詔書印綬詣倭國。結合景初二年至正始元年相隔一年,筆者認爲有兩種可能。一是邪馬臺國使節先攜賜物歸國,梯儁則攜金印紫綬後至,原因應與曹魏初平遼東地區有關;二是賜物甚多,故先讓邪馬臺國使節乘船而歸,梯儁再另尋船入倭。

[5]《三國志》卷三〇《魏書·烏丸鮮卑東夷傳》,頁511。

政入倭時間應作一個延遲性推測。

綜上所述,陳壽編纂《倭人傳》的兩份關鍵材料,從兩位遣倭使的歷史環境來看已有差別。首先是張政,在《倭人傳》的記載中,僅描述他在邪馬臺國內戰結束後,檄告卑彌呼宗女壹與,應是將原賜於難升米的朝廷信物轉交給這位新興君主①。其中並沒有提及張政有進入邪馬臺國的舉動,這是對《倭人傳》性質解釋中至關重要的一點。簡而言之,兩位遣倭使中應只有梯儁一位到達過邪馬臺國,因此進入邪馬臺國的路線只可能出自於梯儁的報告。所以進入邪馬臺國的路線,尤其是後半段路程,應不存在整合兩份報告而產生誤會的可能,那麼《倭人傳》疑處又從何而來?筆者認爲其中隱含諸多不能浮於文字的情況。

即使兩位遣倭使的入倭背景不同,但二人的報告形式基本是相同的,即行紀的記錄方式。以往研究中容易忽略這點,這種記錄方式又將如何導致陳壽整合報告的過程中產生可疑的記載?此處暫以《倭人傳》中有關末盧國的描述,解剖行紀記錄的特點。

前文已提及,梯儁應没有與邪馬臺國使者一同入倭,因此梯儁前往邪馬臺國的過程幾乎不可能順利。那麼梯儁是如同探索新大陸般尋找進入邪馬臺國的路線嗎?邪馬臺國使者已到訪過曹魏朝廷,且與帶方郡早有接觸,自當會告知曹魏方大致的入倭路線。《倭人傳》對末盧國的描述是"有四千餘户,濱山海居,草木茂盛,行不見前人"②,其中"行不見前人"表達相當隱晦。從梯儁視角而言,"行不見前人"既可以指自然環境的影響,同時也可以指代爲"人生路不熟"之意。綜觀《倭人傳》可見,爲何只有末盧國有這種獨特的説明?它所反映的不正是自伊都國及其後的轄地皆有官吏相助,自然獲悉前往下一個地區的路況(末盧國是没有記載官職的,這並不是漏記或偶然)。同時也反映出一個隱含的史實,即末盧國並不是邪馬臺國聯合國家③的轄地,而是北九州的獨立勢力。回到前文,難升米在回國時應向帶方郡官員交待渡倭的細節,但由於古時海路航運的不確定性,渡海遠航有所偏差,因此梯儁一行人航行至不是

①《三國志》卷三○《魏書·烏丸鮮卑東夷傳》,頁511。
②《三國志》卷三○《魏書·烏丸鮮卑東夷傳》,頁509。
③筆者同意牧健二的主張,即邪馬臺國處於部落聯盟和封建統一國家之間的聯合國家型態。

本來目的地的末盧國。而對末盧國記載的"草木茂盛,行不見前人",實際上是對迷路情況的一種反映。這正是行紀特性以及文獻中隱含的因素,筆者將在下文的探討中逐漸揭示兩者與《倭人傳》之間的關係。在開始深入考察《倭人傳》文本前,有必要説明解讀《倭人傳》的方法。

《倭人傳》是一篇既可疑又分類明確的文獻,因此對《倭人傳》的解構化分析是研究的切入點。首要的是路線,即由帶方郡至女王國境界以及原文中對其他地理位置的記載。有關這點的討論集中在以行紀形式記録的遣倭使是如何記録這些地理位置,至於難以理解的"天數""里程"及"方位",則另作探討。以上的考察是爲了鎖定邪馬臺國的大致位置,但《倭人傳》並不只有邪馬臺國位置值得關注,張政入倭時的歷史環境亦有必要深入探討,藉此考察邪馬臺國作爲聯合國家的性質。最後就是除《倭人傳》以外,邪馬臺國與大和政權關係的探討也是必要的,這涉及到邪馬臺國置於日本古代史中地位的判明。下文將按上述順序論述,逐步揭開《倭人傳》中隱含的史實。

三、通過《倭人傳》文本對邪馬臺國幾個問題的剖析

(一)邪馬臺國容易被忽略的地理概況以及不可到達之處

有關《倭人傳》中路線的考察,將按"天數""里程"及"方位"三個方面進行分析,此處先集中考察除路線以外邪馬臺國的地理概況。

從伊都國至邪馬臺國的路線是以東南方向爲主,按《倭人傳》載,自女王國以北有二十一個國家存在,至奴國則爲女王之境所盡。原文提及這些國家户數道里可得略載[1],但没有將具體内容記録。此處須注意的一點是,自女王國以北是方向的概況,理應包含西北、正北及東北,按照從伊都國以東南方向出發的路線,可推斷邪馬臺國的地區分佈型態是"V"字型的。

除前往邪馬臺國路線以外,尚有一處記載值得重視。《倭人傳》載:

> 女王國東渡海千餘里,復有國,皆倭種。又有侏儒國在其南,人長三、四尺,去女王(國)四千餘里。又有裸國、黑齒國復在其東南,船行一年可至。參問倭地,絶在海中洲島之上,或絶或連,周旋可五千餘里。[2]

---

①《三國志》卷三〇《魏書·烏丸鮮卑東夷傳》,頁509。
②《三國志》卷三〇《魏書·烏丸鮮卑東夷傳》,頁510。

其中皆倭種、人長三四尺及船行一年等信息,應是梯儁從邪馬臺國官員處所聽聞的,因爲梯儁不存在任何動機進行船行一年的考察,但其中也隱含若干史實。比如東渡海,似乎暗示邪馬臺國東邊有一條航道。而"參問倭地,絕在海中洲島之上,或絕或連,周旋可五千餘里"的説法,筆者認爲並非指一塊獨立於邪馬臺國以外的區域,而是邪馬臺國的大致範圍。當然這個範圍並不一定準確。

　　《倭人傳》中還有一處地理概況的記錄,即"計其道里,當在會稽、東冶之東"①。在研究邪馬臺國的學者中,當屬岡田英弘對這句話最爲看重,這是他對陳壽的政治性因素施加過重的緣故。這句話既有可能是遣倭使報告中提及,也有可能是陳壽補充説明的。因爲這段話開頭以"夏后少康之子封於會稽"一事作引②,旨在説明倭國起源的同源性,這是中國本位視角下對周圍國家起源認識的特點。而岡田氏提及陳壽是爲了製造一個在吳國身後的巨大帝國的目的③,純屬過度臆測。至於藤家禮之助在《中日交流兩千年》中列出明朝時期的日本地圖④,旨在説明中國人對日本列島存在錯誤認識。然而該地圖年代與邪馬臺國時期相去甚遠,不能就此説明三國時期中國人對日本的地理認識情況。與其從後來的地圖及認識方法反推,不如從遣倭使及陳壽兩方的視角下同時考察。就遣倭使角度而言,梯儁進入邪馬臺國的方式是以國爲單位前進,大致只能按照一個既定方向前行。應是人生路不熟的緣故,致使所花費的時間比預想中的多,由此便産生倭國在會稽、東冶之東的説法。而立足於陳壽的角度,由於他未曾涉足過倭國,報告上的"里程"無法親自前往驗證,對此只能夠按照他作爲中原臣子的思維,用曹魏里程推測換算,最後得出在會稽、東冶之東的地區。

　　上述對《倭人傳》有關邪馬臺國的地理概況及文本中容易忽視的内容已論述清楚,過程中或多或少已有對邪馬臺國所在地的推斷。但尚不足以説明一個史實,由此需要將文本通篇述清,最後將各個推敲出來的細節組合,才能形成一幅歷史圖像。在討論路線細節前,有必要對《倭人傳》中另一處筆墨較

①《三國志》卷三〇《魏書·烏丸鮮卑東夷傳》,頁510。
②《三國志》卷三〇《魏書·烏丸鮮卑東夷傳》,頁510。
③ 岡田英弘著,王嵐、郭穎譯《日本史的誕生》,頁32。
④ 藤家禮之助著,章林譯《中日交流兩千年》,北京聯合出版公司,2019年,頁29。

多的地區——伊都國進行考究。

（二）邪馬臺國出航前哨站——"特區"伊都國

在邪馬臺國研究中，有關伊都國的討論相當激烈，緣於"世有王，皆統屬女王國"這句話①。《倭人傳》又載："次有斯馬國，次有已百支國……次有奴國，此女王境界所盡。"②上述兩段記載説明從伊都國開始，各地皆是女王國統治範圍，然而又爲何要單獨强調伊都國皆統屬女王國？筆者認爲伊都國是邪馬臺國爲方便出海而打造的"特區"③。

這個"特區"到底意味著甚麼？可以先從伊都國的獨特體制來看，即除了主、副官職以外，尚有一位男王的存在。爲何女王國轄下地區尚有男王出現？此處可從兩方面進行考察。首先是邪馬臺國的男王傳統，《倭人傳》載：

> 其國本亦以男子爲王，住七八十年，倭國亂，相攻伐歷年，乃共立一女子爲王，名曰卑彌呼，事鬼道，能惑衆，年已長大，無夫婿，有男弟佐治國。④

邪馬臺國因卑彌呼遣使曹魏而令人覺得此乃女王之國，實則不然。據上文所述，邪馬臺國實行的並不是徹底的女子爲王政策。在日本神話系統中就有跡可尋，如天照大神與其弟須佐之男的耦合政治⑤。同時文中提及共立卑彌呼的原因是相攻伐歷年，即女王統治是一種應急之舉。由此伊都國存在男王的現象並不奇怪，但是有關這位男王的身份仍需進一步探討。《倭人傳》載：

> 自女王國以北，特置一大率，檢察諸國，諸國畏憚之。常治伊都國，於國中有如刺史。⑥

該描述中最具爭議之處就是誰常治伊都國？按文本叙述，理應是一大率常治伊都國。那麼既然有一大率治伊都國，男王又何必存在？從路線來看，從伊都

---

① 《三國志》卷三〇《魏書·烏丸鮮卑東夷傳》，頁 509。

② 《三國志》卷三〇《魏書·烏丸鮮卑東夷傳》，頁 509。

③ 學界對《倭人傳》諸國位置研究中，將伊都國中心比定爲博多灣地區（禑島縣系島市）説法是得到公認的，本文正是基於該認識而將之定義爲"方便出海的特區"。見小合彬生《邪馬臺國地理に対する一考察》，載《土木史研究論文集》2007 年 26 卷，頁 97—106。

④ 《三國志》卷三〇《魏書·烏丸鮮卑東夷傳》，頁 510。

⑤ 久米邦武著，米彦軍譯《早稻田大學日本史》第一卷《彌生古墳時代》，華文出版社，2019年，頁 63—64。"耦合政治"即男女二王共治的型態，反映在神話中是天照大神及其弟須佐之男的傳説，即女神的"和德"和男神的"武德"。

⑥ 《三國志》卷三〇《魏書·烏丸鮮卑東夷傳》，頁 510。

國開始是向東南方進發至邪馬臺國,那麼一大率檢率諸國的範圍甚大,同時又做到令諸國畏憚之。毫無疑問,該職位是由極具才能的人勝任,又或者説,這個職位只能由邪馬臺國王族勝任 ①。前文已提及,伊都國是邪馬臺國設置在臨近出海口的"特區",該地區遠離作爲政治中心的邪馬臺國,因此派往該地的官員必須是極受重視且具備較强的政治能力。因此一大率職位的設置是爲了訓練常治伊都國的官員,並且從伊都國男王可推,任此職位者應是邪馬臺國王族。

　　前文提及對難升米向曹魏方指出遣倭路線的推斷,其實尚有一處佐證,即《倭人傳》中對伊都國的另一關鍵記載"郡使往來常所駐" ②。此處"郡使"是來自帶方郡的曹魏使節,而使用郡的説法是出於遣倭使的本位思想,因爲他們是從帶方郡派遣的使臣。伊都國的另一功能是爲方便接待外來使臣的"特區",而難升米作爲卑彌呼的使臣,自當清楚伊都國的重要性,因此便與曹魏使節交待清楚伊都國的所在地。

　　伊都國的實質已論述清楚,而梯儁的記録應是直接來源於當地官員,因此他並沒有過多思考對話中是否存在不合邏輯之處。如果對遣倭使的入倭背景置之不理,一味按照《倭人傳》文本擴大它的含義,以貼合自身的論説,反而會更遠離史實本身。下文將按"天數""里程"以及"方位"的順序,來考察《倭人傳》中最可疑的路線部分,並逐漸揭示以往研究所忽略及誤解的地方。

(三)關於天數問題

　　《倭人傳》有關天數的記載是較少的,現略記如下。南至投馬國,水行二十日;南至邪馬臺國,女王之所都,水行十日,陸行一月;又有裸國、黑齒國復在其東南,船行一年可至。前文已述船行一年可至的性質,此處著重探討另外兩句。伊都國往後的路線報告應是梯儁一人的,因此里程和天數並用的方法正出自梯儁。這點十分可疑,因爲里程和天數的描述擇一即可,又爲何要並加使用? 對此首要解決的問題是水行及陸行所表達的實際情況。

　　前文提及岡田氏的"瀨户内海説",筆者認爲其對瀨户内海的説明與《倭人傳》載船行一年理應契合,即日本列島上唯一可能成爲船行一年的航道就

---

① 即使卑彌呼年長無夫婿,但只表明其没有直系親屬後代,同輩親屬是存在的,前文提及有男弟佐治國即爲一例。

②《三國志》卷三〇《魏書·烏丸鮮卑東夷傳》,頁 509。

是瀨户内海。同時可推出水行十日及水行二十日的表述不能單就字面理解成純粹的水行航程,因爲除瀨户内海以外,彼時日本列島上應不存在如此長的航道。加之《倭人傳》所載路線方向基本不能脱離陸路而言,因此筆者認爲應將水行 X 日理解成水陸兼行的形式。

假若將水行 X 日理解成水陸兼行的形式,那麼又應如何理解"水行十日,陸行一月"這句話? 筆者認爲這與返程有關,即將之理解成水陸兼行與單純陸行的時間。邪馬臺國是"V"字型的分佈型態,從時間上來説,水陸兼行比單純陸行快上三倍時間,是因爲梯儁出發至邪馬臺國時有任務在身,他必須儘快將印綬賜予邪馬臺國王。當梯儁完成任務後,回程便可以採用另一種歸程方法,即陸行的方式。

這段路程記録雖然没有呈現在自女王國以北的諸國中,但《倭人傳》有大量風土人情的記載,並且大部分是極爲新鮮[①]的記録,無疑是出自梯儁之手。筆者推測梯儁歸程時並没有經原路返回,而是採取自女王國以北的路線回到伊都國。由於自女王國以北諸國存在極大的擴散性,梯儁無法逐一仔細考察,對此便儘量記些風土人情。同時並未提及這部分國家有設官之舉,可見伊都國到邪馬臺國的設官形式是受到中國及朝鮮半島的影響,其出發點就是爲了更進一步接近先進文化,同時保證有效的使臣來往路線。從難升米首次到訪曹魏,魏明帝就表態積極而言,邪馬臺國必然爲此準備了相應的手段,而並非是單純的冒險朝貢。

最後再補充一點,上文已提及一些隱含的因素,即水陸兼行的可能性。因爲"天數"的描述本就容易隱含大量信息,一切基於梯儁的行程是不可試驗的單一行程,他没有必要重新再走一遍到邪馬臺國的路程來驗證自己的記録是否正確。需要强調的是,遣倭使不是地理學者,這不是梯儁應盡的職責。文中提及的水陸兼行情況及自然環境的影響也包含在其中,尤其是海島國家最常見的暴風雨,這樣的情況延誤數天是可以預見的,而這些隱含的因素並不會體現在記録上。

(四)關於里程問題

有關"里程"的論述首先是梳理其中誇大緣故及所隱含的因素,屆時將可

---

① 這點參考《漢書》及《後漢書》對倭國的記載可知,《倭人傳》的記載是極爲豐富的,甚至《後漢書》的記載是參照《倭人傳》而成的。

獲悉一份比較接近史實的資料。此處將分爲兩部分,即由狗邪韓國至末盧國的海程及末盧國至邪馬臺國的陸程。邪馬臺國問題矛盾之處在海程上表現得十分清楚,一方面地理位置大致符合實際,另一方面海程又長得令人咋舌,這無不誘使學者對其里數進行修正,並且從表面來看是較爲合理的做法。在確定"里程"出現問題後,按比例縮小至合理情況,再套進其他"里程"中,似乎史實就浮現而來。但同時也忽視了海程和陸程在本質上的區別,本文在承認"里程"問題的基礎上,通過分析二者的本質特點,以隱含的因素予以補苴,試圖從多因素的角度分析出文本反映的史實。

在論述海程的本質前有必要提及梯儁及張政報告書整合的問題。前文已述,自伊都國後的路程應出自梯儁的報告,但伊都國前的文本極可能存在合併的情況。若是如此,那麼對海程的描述應是陳壽在兩份報告中截取最合適的説法鈔下。

回到原題,對海程考察的出發點仍從"天數"和"里程"兩者的選擇考察,即爲何計算海程的描述不以更爲容易的"天數"而採用"里程"? 其實這點相當奇怪,在陸路上可以對"里程"進行考察是具備參照物,然而在海上的航行是缺乏參照物的,加上跨海行程又提升計量的難度。既是如此,又爲何不使用"天數"這個更爲合理的方法? 同在《倭人傳》中,梯儁是採用過這種方法的[1]。其實不論是梯儁還是張政,他們還可以採用一種難以被察覺的方法,即直接詢問當地人。

兩次遣倭使團都經過對馬國和一大國,《倭人傳》中兩個國家共有的描述是南北市糴,對馬島和壹岐島從古至今一直是日本對外貿易的關鍵海上中轉站。在獨特的地理環境下,商業應是十分繁榮。加之兩地遠離日本的統治中心,容易形成中立地區。由此兩次遣倭使團在此地直接詢問海程是十分方便且符合常理的做法,但海程的問題正出在此處。從《倭人傳》中描述卑彌呼墓是使用徑百餘步的説法[2],可知當時倭國並沒有形成一套統一的里程計算標準,更何況還要與中國的里程進行換算,加上語言交流的障礙,被誇大的説法由此產生。這樣才是符合原文記録的正確邏輯,同時也是對岡田氏誇大説有所異議之處。因爲從最根本的原因出發,兩位遣倭使要做到大致正確的里程

---

① 即上文提及水行十日和水行二十日之例。

② 《三國志》卷三〇《魏書·烏丸鮮卑東夷傳》,頁511。

説明才是不正常的。

　　海程大致已論述清楚,下面將論述陸程的問題。在海程的論述中,已提及海上航行對"里程"計算的難處在於缺少參照物,假若如此,陸上的參照物顯然不會使"里程"產生太大的誤差。但事實卻並非如此,實際上陸程仍有相當大的誤差性。此處先從路線的比例出發,來考察其中的疑處。

　　按《倭人傳》載自郡至女王國萬二千餘里[1],其中海程佔一萬餘里(包括由帶方郡至狗邪韓國七千餘里、狗邪韓國至對馬國一千餘里、對馬國至一大國一千餘里、一大國至末盧國一千里,共計約一萬餘里)[2],佔去了大部分的里程。即便佔去一萬多餘里的路程,剩下的兩千餘里也不是九州地區能夠消化得了。此處不妨繼續將這個比例開展下去,試看能否出現更多線索。自進入日本列島內的路線後,將以天數計量的投馬國爲中間點切開,考察兩段路線的比例。由末盧國至不彌國的路程佔去了七百餘里[3],如果用簡單的去整法的話,那麼由不彌國至邪馬臺國的水行三十日就足有一千三百餘里的距離。按照這個水陸兼行的方法行走一月而言,其實陸程中的比例分配並沒有那麼令人匪夷所思。既然這個比例的分配大致是合理的話,那麼產生陸程上記載誇大的緣故又是甚麼?下列將把原文所隱含的因素一一列舉,以作修正之用。

　　其中一個因素即上文提及的與當地人計量單位換算出錯,如前所述,陸地上有足夠的參照物計算里程,又爲何會出現詢問當地人的情況?此應與日本較爲原始的自然環境有關。回到末盧國的描述中,行不見前人的其中一層含義是自然環境的惡劣,末盧國至伊都國的行程相對較長,應是遣倭使首次踏入倭地的不適應性所導致的。因此這段路程極有可能是到達伊都國後,由當地駐守的官員向遣倭使大概估量的距離,因爲末盧國並不是邪馬臺國所管轄的範圍,伊都國對其了解不多,因此只能估算大致的距離。而路程的艱辛又使得遣倭使不得不將其誇大,加上此時遣倭使已有一個錯誤的文本參照物,即海程。而伊都國至不彌國的行走路程,也是按照前述的邏輯,加上各地官員的大致性陳述而成。不過自投馬時開始利用水陸兼行的方式,因此比起官方説法,梯儁則採用"天數"的記録法。

―――――――――

① 《三國志》卷三〇《魏書・烏丸鮮卑東夷傳》,頁 509。
② 《三國志》卷三〇《魏書・烏丸鮮卑東夷傳》,頁 509。
③ 《三國志》卷三〇《魏書・烏丸鮮卑東夷傳》,頁 509。

　　除去對陸程記述邏輯的推敲外,户數的記載同樣值得注意。户數與里程一樣存在被誇大的成份,甚至形成一種邪馬臺國是有著相當規模的大型帝國的形象。下文仍然採用比例的方式,去考察邪馬臺諸國户數情況所呈現出的歷史圖像。由於末盧國不在邪馬臺國的統轄範圍内,因此只把伊都國至邪馬臺國中的"里程"及户數摘録如下。

　　　　末盧國五百里至伊都國,伊都國百里至奴國,伊都國有户千餘。

　　　　伊都國百里至奴國,奴國百里至不彌國,奴國有兩萬餘户。

　　　　奴國百里至不彌國,不彌國水行二十日至投馬國(按比例來換算,約八百五十里),不彌國有千餘家。

　　　　不彌國水行二十日至投馬國,投馬國水行十日至邪馬臺國(按比例來換算,約四百三十三里),投馬國可五萬餘户。

　　　　投馬國水行十日至邪馬臺國,邪馬臺國可七萬餘户。

上文中不但提及從 A 到 B 的距離,也指出 B 到 C 的距離,首先從户數最少的伊都國及不彌國開始論述。伊都國作爲邪馬臺國的出海"特區",其本就不是邪馬臺國政治中的拓殖區,對外性質顯而易見。同時邪馬臺國對該地重視之高,對人員流入應是有所管制的,因此導致户數較少。而不彌國的記述則載有千餘家,這有别於有 X 餘户的説法。户與家最大的區别是前者爲官方的記録形式,而日本最早的年籍編定是天智朝時期(668—672)[1],相對而言邪馬臺國時期的户數編定的準確性值得懷疑。此處暫不展開探討,僅指出有 X 餘家的説法除誤寫的可能外[2],還含有梯儁實地考察的可能。較之數萬之户,千餘家的情況應有餘力可探。而伊都國由於其"特區"性質,理應相信駐地官員提供户數即可。

　　伊都國至邪馬臺國應中諸國,皆設有主、副官職。梯儁對户數的確認應多由官員所述,而這批官員應是居於其國中的政治中心。但户數的分佈應不規整,而是呈現出面的放射性延伸。因此官員在統計户數時,難免會有重覆性區域納入計量的可能性。同時在彌生時期的日本,不能忽略山民的可能性。"倭人在帶方東南大海之中,依山島爲國邑"[3],説明邪馬臺國時期倭人部落的分散

---

① 神宫司廳古事類苑出版事務所編《古事類苑·姓名部 1》,神宫司廳,1900 年,頁 29。

②《倭人傳》載一大國有"三千許家",又異於"餘家"與"餘户",暫不作探討。

③《三國志》卷三〇《魏書·烏丸鮮卑東夷傳》,頁 509。

性及多樣性,因此在統計時難免將大量區域及人員納入該國計量之中。因此對於達至數萬的户數,梯儁實在沒有精力去考證,只能如實記録。

經過對户數的解釋後,再來考察僅直徑二百餘里的奴國卻擁有二萬户的問題。梯儁獲悉户數之地是諸國的政治中心地區,則"里程"的描述極有可能指兩個國家政治中心地區的距離。特別是古代的國界線並不分明,因此諸國的政治中心就成爲計算里程的參照物。從宏觀的角度來看,奴國這種小型政體中心更像是被其他大國所包圍,故可能將大國户數納入計算中。其中唯二的例外是需要水陸兼行的方式到達的投馬國及邪馬臺國,同時暗示該兩處地區地理位置的獨特性。岡田氏察覺到這點,並通過限制性條件的方式推導出只有瀨户内海地區符合這種描述,筆者認爲這點是推斷邪馬臺國準確位置的關鍵信息。

綜上所述,有關"里程"問題已通過海程及陸程兩種形式充分探討。不過有一點必須要承認的是,上述所謂許多隱含的因素在現階段基本上是難以考證的,這也坐實以文獻爲中心探討的劣勢。因此本文的目的並非將"里程"修正得極其合理,而是指出這種"里程"誤差的現實可能性因素。

(五)關於方位問題

最後將對"方位"相關的問題進行論述,筆者基本認爲《倭人傳》中有關"方位"的描述並無大誤,就這點而言,本文幾乎是無緣於邪馬臺國向本州地區延伸的説法。此處先明確兩點,即對於國家性質推斷邪馬臺國大和説及改動方位"大和説"的辨釋。就前者而言,筆者認爲邪馬臺國國家性質與其所在地並不存在決定性的聯繫。就《倭人傳》所載諸部落多樣性而言,邪馬臺國時期日本列島的生產力發展顯然存在不一的發展趨勢。安田喜憲提出的"稻作漁獵文明説"很好地反映了彌生時代日本列島的生態環境[①],即使耕作文明是中國地區先進的文化,但傳至日本並不意味新文化對既有文化的完全抹殺,理應存在一個文化交融的過程。彌生時代是新舊文化融合的時代,因此既有依山島而居,又有南北市糴的多樣性記載。假若只是通過耕田猶不足食[②]去判斷邪馬臺國區域的先進性與否,筆者認爲這是無視日本列島獨特的歷史發展性而

---

① 安田喜憲著,李國棟、楊敬娜、曹紅宇譯《稻作漁獵文明——從長江文明到彌生文化》,中西書局,2021 年。

②《三國志》卷三〇《魏書·烏丸鮮卑東夷傳》,頁 509。

言的論點。卑彌呼的即位是由諸國共立之,共立意味着聯盟集體的公權力發揮較大的作用,即使卑彌呼在即位後能行使一大率監察諸國的權力,但本質上並非出自其對諸部落擁有絕對性軍事優勢而言。據此筆者認爲以國家先進性爲重要依據,就此將邪馬臺國與日後大和政權相聯繫,實際上並不存在決斷性的説服力。

至於内藤湖南主張南改東的説法,實際上是經不起推敲的。《倭人傳》已有東南方位表述,按照内藤氏的表述,那麽整體的方向表達就變得極其混亂。但是不能完全否認遣倭使對日本的地理認知有限,因此出現方位的辨識錯誤的可能。但經上文考察,只要通過面的擴展形式理解遣倭使所處的歷史環境,大致方向並没有那麽簡單誤判,更何況陸程上有相當量的參照物可供使用。

“大和説”對“方位”理解顯然存在致命的問題,雖然在研究中指出遣倭使對方向認知存在可能性誤差,但同時也有必要把握這種説法的程度,不能使之徹底主宰文本的含義。

如果“方位”大抵無誤的話,那麽榎氏的“放射性理論”也自當成立。然而就前文的論述而言,“放射性理論”也存在著致命的問題。“放射性理論”的關鍵點就在於以伊都國爲中心,並以之作爲放射點,表明自伊都國往後的“里程”是以伊都國開始計算的。前文已提及,梯儁應無可能在伊都國及各國之間來回走動,即使梯儁的資料來源全是伊都國官員的口述,那爲何不先往最近的奴國及不彌國前進? 榎氏的學説産生這類問題的根本原因就是他對伊都國性質的誤解。

此處對“大和説”及“九州説”中對“方位”的誤解各作出了批判,同時説明兩大主流學説的對立並不單單是改動部分的差異,而是從根本上對文本存在不同程度的誤解。如果改動的方法不可行,“放射性理論”又存在致命的問題,那麽又應該如何理解《倭人傳》的“方位”? 其實上文對“天數”及“里程”的考察後,有一個區域就是《倭人傳》中最有可能性的指向。此處先按下不表,待考察完張政入倭的問題後,再細細道來。

四、張政入倭以及邪馬臺國的位置

(一)張政入倭及邪馬臺國內亂終結的原因

張政與梯儁兩位遣倭使所見之倭國並不相同,至少從入倭背景而言是這樣。假如說梯儁入倭之時尚有一定精力進行風土人情的考察，那麼張政可就沒有這等閒情，因爲等待他的將是一場倭國内亂，《倭人傳》載：

> （正始）八年，太守王頎到官。倭女王卑彌呼與狗奴國男王卑彌弓呼素不和，遣倭載斯、烏越等詣郡説相攻擊狀。遣塞曹掾史張政等因齎詔書、黄幢，拜假難升米爲檄告喻之。①

自正始四年倭女王遣使②二訪曹魏後，在正始八年又再詣郡③。然而這次詣郡目的性相當強烈，顯然是想向曹魏王朝取得對敵作戰的支援。這次所遣之使僅爲“倭”，與前兩次遣使之“大夫”不同。應是邪馬臺國與狗奴國的關係日漸惡劣，因此重要官員要坐鎮政治中心，從而不能出使。在國家系統尚不完善的時期，外交官同時是國中最頂尖的官吏。加上曹魏方面只拜假此次不曾到訪的難升米，足見到訪人員的官階應低於難升米等大夫。緊接上文，《倭人傳》又提及一個極其關鍵的信息“卑彌呼以死，大作冢，徑百餘步，徇葬者奴婢百餘人”④。但並没有提及卑彌呼何時身亡，反而在《北史》中有所提及，“卑彌呼死於正始年間”⑤。筆者認爲這是《北史》編者根據文本所作的推測，但結合文本所述，這個急促的時間段並非不能解釋，此處暫依《北史》所述。

正始八年卑彌呼仍有遣使之舉，正始年間只有九年，因此卑彌呼去世的時間只能在正始八年至九年之間。假若正始八年帶方太守王頎接到倭使的報告，並將此事上報朝廷，後再將詔書、黄幢等下傳至帶方郡，繼而任命張政攜物渡海至倭，可見時間之長。因此張政剛抵達倭地，進入到邪馬臺國海岸特區伊都國時，已經獲悉卑彌呼去世的消息。此處將視角回到倭國内亂中，只有這樣解閲文本才可以得悉張政的去向。自卑彌呼死後，邪馬臺國内“更立男王，國中不服，更相誅殺，當時殺千餘人。復立卑彌呼宗女壹與，年十三爲王，國中遂定”⑥。前文已提及邪馬臺國存在男王的傳統，反而女王卑彌呼才是應急之策，此處有必要深入分析卑彌呼成爲應急之策的關鍵，《倭人傳》載：

---

① 《三國志》卷三〇《魏書·烏丸鮮卑東夷傳》，頁 511。
② 《三國志》卷三〇《魏書·烏丸鮮卑東夷傳》，頁 511。
③ 《倭人傳》載正始六年詔賜倭難升米黄幢，付郡假授。此載未見始末，恐爲誤記，故不作論。
④ 《三國志》卷三〇《魏書·烏丸鮮卑東夷傳》，頁 511。
⑤ 李大師、李延壽《北史》卷九四《列傳第八十二·倭》，中華書局，1974 年，頁 3135。
⑥ 《三國志》卷三〇《魏書·烏丸鮮卑東夷傳》，頁 511。

　　名曰卑彌呼，事鬼道，能惑衆，年已長大，無夫婿，有男弟佐治國。自
爲王以來，少有見者。以婢千人自侍，唯有男子一人給飲食，傳辭出入。
居處宫室樓觀，城柵嚴設，常有人持兵守衛。[①]

　　事鬼道表明卑彌呼治國是具有宗教精神領袖的傾向，這點並不少見，利用
一位强力的宗教精神首領統轄聯合國家是可行之舉，同時也表明這是相攻伐
歷年諸國妥協的結果，而非邪馬臺國具有統一地區的强力中樞。而能惑衆的
描述相當詭譎，恐怕是梯儁被宗教性强大的邪馬臺國氛圍所影響，該描述的本
意是指卑彌呼擁有凝聚人心的力量，進一步來説就是凝聚軍隊的本領。特別
是在部落分立時期，一位能振奮人心的巫師往往能使部落在戰爭中無往不利。

　　正如耦合政治的傳統，卑彌呼掌管的是宗教職能，那麼男弟所佐治的就是
日常的行政事務。卑彌呼爲保持其高高在上的神秘宗教領袖形象，自當不便
出面示衆，與文中所述是契合的。由於邪馬臺國屬於部落聯合型態的國家，巡
訪各地是必需的行政手段，該任務自然落到作爲人類領袖男弟身上，也預示男
弟擁有培養自身勢力的可能性。因此這場内亂的起源並非空穴來風，只是梯
儁所能理解到的範圍有限。那麼卑彌呼之死就足以使男王自立嗎？只有上述
一個原因並不足夠，而另一個要因就是卑彌呼之宗女壹與。

　　自邪馬臺國内亂結束後，年僅十三歲的壹與即位爲王。按原文所述，似乎
壹與成爲内亂終結的關鍵，然而果真如此嗎？卑彌呼軍事首長的特性已論及，
那麼卑彌呼去世自然也將軍事統領的關鍵任務帶到黃泉去。而年僅十三歲的
繼承人壹與，其是否有能力繼承軍事統領職能就成爲更立男王的出發點。當
時邪馬臺國因與狗奴國劍拔弩張而遣使至曹魏，因此更立男王是爲了渡過這
場危機。況且邪馬臺國本就有男王的傳統，當時此舉當是受到一部分人的支
持。既然男王的復舉得到支持，又爲何會國中不服？這理應是卑彌呼極爲敏
鋭的政治目光所致，她雖然作爲長住宫中的宗教領袖，卻具有出訪曹魏的意
識，其實也包含她爲了突破邪馬臺國中樞地區政治封鎖的決心，因此伊都國的
建立可謂是卑彌呼野心的一大體現。同時卑彌呼也提拔了難升米等一批遣魏
使，目的是令其刺探各部落的情況，這點在《倭人傳》中早已説明得清清楚楚。

　　　王（指卑彌呼）遣使詣京都、帶方郡、諸韓國，及郡使倭國，皆臨津搜
露，傳送文書賜遺之物詣女王，不得差錯。下户與大人相逢道路，逡巡入

---

① 《三國志》卷三〇《魏書·烏丸鮮卑東夷傳》，頁 510。

草；傳辭説事，或蹲或跪，兩手據地，爲之恭敬。對應聲曰噫，比如然諾。①

　　前文提及“唯有男子一人給飲食，傳辭出入”者極有可能是難升米，邪馬臺國内亂的雙方其實是各有實力基底的，儘管記載十分簡陋，但不代表這一聯合國家不存在明争暗鬥的政治風暴。至此已將邪馬臺國的政櫃特質説明清楚，最後將各處論述拼合成一件完整的歷史事件。

　　自張政到達伊都國後（前文已述，梯儁到達末盧國是偶然的意外，就第二次遣倭使的背景而言，張政自當没有閑情逸志從行不見前人的國家登陸，據此可推張政入倭應從伊都國直接登陸），由於此處是邪馬臺國的直轄特區，因此女王去世的消息自然很快傳到張政耳中。而此時女王派的官員決定將張政安置在伊都國，因爲更立男王而引起的戰争已在邪馬臺國境内打響，此時若曹魏使者有所閃失，這決不是以外交爲發展中心的女王派所希望的。而前文提及爲何張政大概只停留在伊都國的原因正是如此，同時可推張政報告中有相當豐富的伊都國行政信息，這正是伊都國在《倭人傳》中份量較重的真正原因。爾後女王派官員將曹魏使者到達倭國的消息傳到邪馬臺國境内，來自曹魏使者的威壓，自然使得女王派佔得上風，由此這場殺千餘人的内亂得以消停。最後由女王派官員護送十三歲的壹與拜見曹魏使者張政，政亦以檄告喻壹與，確保她合法繼承人身份（此時張政的檄告大概是有所變更的，因爲倭使詣郡所求得的是勵戰型詔書，並且是假難升米的，此時張政極有可能因其情況而改變檄告内容）。壹與也以新國統治者的身份送還張政，並遣使詣曹魏。因此張政的到來以及作爲曹魏使者身份才是終止這場戰亂的關鍵所在，上述所言應是《倭人傳》文本所隱含的史實。

（二）限定性條件的推測

　　至此已將《倭人傳》要點問題論述清楚，亦揭示該文獻可疑之處的根本原因。一方面證明不依靠改動文獻的方法同樣可以得見《倭人傳》的史實，另一方面這些根本原因也可以提取爲隱含的因素，將呈現出一個可能的邪馬臺國地理位置。此處將採用限定性條件的方法，將上述所考察出來的地理特徵盡數説明，以完備該説法。

　　1. 伊都國特區的建立一方面表明卑彌呼的政治野心，另一方面也表明邪馬臺國所處的位置並不適合出航。

――――――――――

① 《三國志》卷三〇《魏書·烏丸鮮卑東夷傳》，頁 510。

2. 從伊都國至邪馬臺國的路線,大體上是以東、南及東南方向爲主,因此邪馬臺國的位置既不可能在北九州地區,亦不可能在本州地區,最符合原文方向描述的只能是南九州地區。

3. 自女王國北的諸國數量多達二十一個,且具體範圍没有説明,據此只能將諸國的分佈位置類定在女王國的西北、北以及東北方向。並且根據對梯儶返程的推測,諸國理應與伊都國至邪馬臺國的聯合國家存在較爲明顯的分界線,否則諸國也會列入到進入邪馬臺國路線上。

4. 從不彌國至投馬國,投馬國至邪馬臺國的水陸兼行狀況來看,至少在邪馬臺國偏西的位置中要有相當量的航道供其行駛。而返程中的陸行一月又表明邪馬臺國偏東的地區是以陸路爲主的,這樣西水東陸的"V"字型國家群又更爲明顯。

5. 邪馬臺國南面有男王爲首的狗奴國,並且能與邪馬臺國相抗衡,因此邪馬臺國的南面應有一處符合國家群產生的地區。此處不能忽略,這個南的方向應是呈擴散性展開的。畢竟狗奴國具有與邪馬臺國抗衡的實力,將之視爲一個單獨的國家並不合適。

6. 自邪馬臺國東渡海千餘里復有國,因此邪馬臺國的東面理應存在一個類似於海的港灣。前文提及這段文字中涉及船行一年的梯儶無法到達之地,但並不代表整段話没有任何依據可言。這段文字是邪馬臺官員口述的,同時岡田氏又指出瀨户内海航道是唯一符合要求的可能。因此邪馬臺國東渡海千餘里後能夠進入瀨户内海入海口決非不可能的,但絶對不是一條常用的航道。按照文本中極具傳説化色彩的描述,大概只有少數人嘗試開拓此路成功,事後再賦予誇張化描述。

現已將本文所提及的地理特徵盡所呈現,在列舉的過程中也提出本文的推測——邪馬臺國南九州説。此處必須説明的是,將邪馬臺國比定爲南九州地區決非筆者所創,此前已有日本學者提及。其中以菅政友最具代表性,其曾將《倭人傳》所載諸國比定在北九州至南九州地區中,並指出投馬國及邪馬臺國應位於薩摩、大隅等地[①]。然菅氏所處年代仍受"(北)九州説"和"大和説"兩大主流學説的左右,同時由於對《日本書紀》的批判性認識並不足夠,以致其學説難以從純粹的文本考究出發,因此"南九州説"没能發展成具備充分説

---

① 菅政友《菅政友全集》卷六《漢籍倭人考》,國書刊行會,1907 年,頁 270—354。

服力的主流學説。下文就將上述諸點總結説明,藉此將沉寂已久的學説再度提出。

有關第1—4點,業已將從伊都國至邪馬臺國及女王國以北的兩個並行式"V"字型國家型態描述清楚。其次按照對梯儁水行十日,陸行一月的解構式説明,指出以伊都國爲出發點的入倭路線係水陸兼行之路,而女王國以北諸國係陸行爲主之路,據此佐證西水東陸的邪馬臺國國家型態。第5點則指出邪馬臺國的南面應有一個與之相當的區域,即能與邪馬臺國相抗衡的國家範圍[①]。第6點則通過梳理不可到達之處,指出邪馬臺國具有向東出航至瀨户内海的可能性,這正是論及女王國以北諸國時提到的東北面。同時侏儒國已去女王國四千餘里,表明出海口與女王國間有一段距離。

從九州西北部的佐賀、長崎等地不難看出,日本列島環繞的地區中包含相當量的内海,這種内海其實最符合水陸兼行的方式。該地一直向南出發,直至薩摩郡再進入日本列島内陸地區,據此推測投馬國的位置應在該區域中。由於投馬國的路程至少是邪馬臺國的兩倍,對此筆者認爲邪馬臺國的位置没有必要過度執著於内海之地,因爲日本列島内河流縱横,亦符合水陸兼行的方式。據此筆者對邪馬臺國所在地推測有兩個,一是自薩摩郡東南方向前行,大概在南九州中部區域,其南部亦有相當一部分區域可供狗奴國存在。另一種可能就是自薩摩郡南下,至另一個内海區域,即鹿兒島地區。上述對地理位置的推斷是基於解讀文本而成,而具體位置尚待進一步研究。

（三）《日本書紀·神功紀》與卑彌呼的關係以及邪馬臺國在日本古代史中的地位

上文對《倭人傳》内容進行了重新梳理,在兩大主流學説以外將曾經沉寂的"南九州説"重新提出,作爲史實考證的任務已經完成,下文將探討邪馬臺國在日本古代史上的地位問題。

《日本書紀·神功紀》中載有關於卑彌呼的記録,這點引發史學家大量關注。而有關卑彌呼的記録是引發早期"大和説"和"九州説"學者論爭的關鍵點,即卑彌呼與神功皇后的關係。立足於近代日本學者的國家立場,卑彌呼向曹魏臣服顯然是難以接受的,而相應地神功皇后在《日本書紀》中是以征伐三

---

① 據"V"字型國家型態而言,邪馬臺國位於其極南方處,因此狗奴國的國家範圍推斷並不是與邪馬臺聯合國家範圍相宜,應僅以女王之所都的範圍考斷爲宜。

韓的身份出現。兩者身份的獨特性也是引致兩大學説針鋒相對的要點所在，因此日本學界從一開始就存在一定的先入爲主傾向，這點是無可厚非的。但同樣不能忽視日本學者對邪馬臺國問題精細研究的成果，我國對邪馬臺國問題研究的起步亦受此影響巨大。立足於今天，中國學界開始反思對早期研究傾向産生的問題，由此出現強調中國本位特色研究的想法，筆者認爲這是構建中國史學話語權的關鍵所在。本文最後就結合上文所論内容，試通過對邪馬臺國的研究辨明其在日本古代史中的地位問題，爲中國學界突破日本古代史研究視野提供些許線索。

　　前文已述，伊都國的設立是卑彌呼政治野心體現的一面，而渡海朝貢則是其政治目光犀利的明證。但邪馬臺國終在與中國失去外交關係後徹底消失在歷史上，至此進入日本古代史上的空白的百餘年[①]。該時段一直是日本古代史學者努力想要追尋的真相，但奈何史料稀缺，難有成果。

　　筆者認爲從外交這一政治抉擇中或許可以洞透一些歷史真相。有關日本地區最早的外交，當往上追溯至委奴國王時期[②]，其金印出土基本佐證外交伊始的可信性，但委奴國王終究是一小國酋長，顯然與邪馬臺國時期出使的目的性及政治性所不能相比的。換言之，其中必然藴含國家意識在其中。先後打破空白的百餘年的史料有兩份，一是好太王碑[③]，二是劉宋時期的倭五王來使[④]。好太王碑所反映的史實具有相當大的落差性，從邪馬臺國臣服外交到好太王時期攻掠朝鮮半島，似乎有一場倭國大戰使臣服性質的邪馬臺國徹底沉没於歷史當中，而另一個好戰的族群成爲倭國的新領袖。而倭五王時期又展現出另一種姿態，尤其是百濟王所贈的七支刀[⑤]，使得好太王碑上呈現的攻掠

---

① 空白的百餘年指《日本書紀·神功紀》引《晋起居注》載“倭女王重譯遣使”後，直至劉宋時期倭五王再度遣使的時代。《日本書紀》對該時期的記録疑處甚多，又缺乏《倭人傳》等外證文獻，因此學界將該時段稱爲空白的百餘年。

② 范曄《後漢書》卷八五《東夷列傳》，中華書局，1965 年，頁 2821。

③ 李樂營、耿鐵華編《高句麗碑刻資料滙編》，東北師範大學出版社，2018 年。

④ 沈約《宋書》卷九七《夷蠻·倭國傳》，中華書局，1974 年，頁 2394—2396。相關研究見河内春人著，梁適雨譯《倭五王——日本的王位繼承與五世紀的東亞》，社會科學文獻出版社，2021 年。

⑤《日本書紀》卷九“攝政五十二年秋九月”條，頁 192。相關研究見宫崎市定著，馬雲超譯《謎一般的七支刀——五世紀的東亞與日本》，中信出版社，2018 年。

姿態又變成百濟、倭國的聯合軍事型態,暗示以外交爲中心的邪馬臺國衣缽被傳承下來。在肯定倭五王是大和政權之中早時代天皇的前提下,那麼富有傳說性的人皇,即神武天皇的事迹理應重視。因爲他就是自南九州地區所發跡的,假若如此,這一勇武之民族似乎在邪馬臺國滅跡之時就繼承了它的衣缽,在征服本州地區後,首次出海便是與高句麗的衝突。

那麼卑彌呼時代之所以會出現神功皇后的三伐韓地,或許是大和政權對邪馬臺國出使曹魏理解爲對外拓殖。或是在朝鮮半島上建立的政權並不順利,又或是大和民族發現邪馬臺國遣使的歷史,自此便開啟了與中國王朝外交的政治方針,並延續至平安時期。筆者期望的是,通過外交及傳承的宏觀角度,將邪馬臺國置於一個承前啟後的位置上,理應成爲補充及完善日本古代史觀的關鍵所在。

結　語

"(北)九州説"與"大和説"作爲邪馬臺國問題中兩大傳統觀點,在研究方法上皆存在對文獻進行改動以貼合論點的情況。因此本文在反思前人研究的基礎上,以不改動文獻的前提重新探討《倭人傳》原文。對於《倭人傳》中"天數""里程""方位"等誇大性記載,則從文本屬性和遣倭使視角兩個角度切入探討。

通過分析《倭人傳》的文本屬性,可知其主要構成的史料來源是遣倭使梯儁和張政的行紀報告。陳壽未曾到訪倭國,梯儁是受魏明帝之命往邪馬臺國賜印綬於卑彌呼,張政則是應卑彌呼軍事求助而入倭。兩位遣倭使不同的入倭背景自然會產生兩份性質相異的報告,因此陳壽在整合兩份報告時也容易產生誤差。

立足於遣倭使的視角,首先辨別出其能否實地考察的內容,即行紀報告是由遣倭使實地考察與倭國官員口述結合而成。而曹魏使臣並沒有理由全面考察倭國官員的口述,這就導致記錄的誇大性。其次,兩位遣倭使的任務是傳達曹魏朝廷的詔諭,行紀記錄是次要、順勢而爲的工作,因此記錄的準確性並非兩人的職責所在。最後,行紀記錄的形式容易隱含大量的內容,如自然環境的影響、海程與陸程的區別、對陌生地區的不熟悉、與當地人換算行程的誤差等等。

　　綜上所述，《倭人傳》内容的誇大性是由行紀報告特點、遣倭使不同的入倭背景以及陳壽整合史料等多方面原因所形成的，因此傳統主流觀點的改動文獻做法反而不利於對《倭人傳》誇大性原因的發現。本文最後在梳理"天數""里程""方位"等誇大性記載形成的原因後，通過限定性條件的方法，推斷出邪馬臺國位於南九州地區是最符合文本記録的説法。對邪馬臺國南九州説的再度提出，一方面是爲僵持已久的邪馬臺國問題提出新的研究切入點，另一方面是强調對文本記録反思的重要性。日本古代史史料相當缺少，《倭人傳》的重要性不言而喻，是構建日本古代史關鍵所在。筆者認爲今後《倭人傳》係中國式日本古代史觀構建的關鍵所在，同時也要清楚認識其研究史的發展特徵，從中汲取正確的史實，並提出獨立的史觀認識。

（作者單位：陝西師範大學歷史文化學院）

論九條家本《群書治要》所引《曾子》之校勘功能及其"治要"之意義[*]

潘銘基

一、《曾子》之存佚情況

《曾子》,即孔門弟子曾參著述之合集。在儒家文獻裏,有關曾子言行的記載頗多,其人雖不在孔門四科十哲之列,但作爲孔子長孫子思的老師,在儒家發展史上的地位毋庸置疑。《漢書·藝文志》載録爲《曾子》十八篇,《隋書·經籍志》則爲《曾子》二卷,目一卷。此後,新、舊《唐書》記載皆爲二卷。宋代晁公武《郡齋讀書志》比較漢唐史志,云:"《漢·藝文志》《曾子》十八篇,《隋志》《曾子》二卷《目》一卷,《唐志》《曾子》二卷。今此書亦二卷,凡十篇,蓋唐本也。視《漢》亡八篇,視《隋》亡《目》一篇。考其書已見於《大戴禮》,世人久不讀之,文字謬誤爲甚。及以《大戴禮》參校之,其所是正者,至於千有餘字云。"[①]指出《曾子》在漢唐之間卷帙之別,以及在宋代所見本之狀況。

大抵《曾子》一書,今之所見,已與《漢書·藝文志》有所不同。後世爲《曾子》輯佚者衆,而《曾子》一書佚文之來源主要有二,一爲《大戴禮記》與《禮記》所載,二爲其他典籍所見《曾子》遺文。前者今多可見,後者則有廣輯他書《曾

* 本文是教育部中華優秀傳統文化專項課題(A)重大項目(尼山世界儒學中心):"隋唐歷史文化認同與中華民族的發展研究"(23JDTCZ009)及國家社科基金重大項目"中古域外漢籍舊鈔本整理與'漢文化圈'研究"(24&ZD233)階段性成果之一。
① 晁公武《郡齋讀書志》卷一〇,上海古籍出版社,1990年,頁411。

子》佚文者,如南宋汪晫《曾子全書》、明代曾承業《曾子全書》、清代馮雲鵷《曾子書》、王定安《曾子家語》、近人嚴式誨《曾子十二篇》《重輯曾子遺書》,以及賈慶超《曾子校釋》,皆是其中著述。近年來,王永輝、高尚舉編撰《曾子輯校》,於2017年由北京中華書局出版,屬新編諸子集成續編之一部,復輯《曾子》遺文,包括《曾子》十篇、《曾子》全書以及《曾子》補遺等三大部分。此中"《曾子》十篇"即《大戴禮記》所見者,"《曾子》全書"則爲汪晫所輯,而"《曾子》補遺"收錄了先秦兩漢魏晉南北朝經部、子部、史部文獻裏與《曾子》相關的曾子言行。

　　過去,有關《曾子》之輯佚,其來源主要在《大戴禮記》所載《曾子》十篇,在此以外,偶有關注其他先秦兩漢魏晉南北朝典籍,復有及於唐宋類書者,如清代王安定《曾子家語》有云:"所搜載籍以周秦訖六朝爲斷,唐以後不錄。惟古書所無之事,或見於《北堂書鈔》《藝文類聚》《白帖》《初學記》《太平御覽》《玉海》《困學紀聞》,暨宋元諸家所引者,間登一二,以補前人載籍所未備。"[1] 是《曾子家語》有據數部唐宋類書,包括《北堂書鈔》《藝文類聚》《白帖》《初學記》《太平御覽》等,以輯錄《曾子》佚文。然而,各種《曾子》輯佚之書,均無據唐代魏徵等所撰之《群書治要》。《群書治要》卷三五嘗援引《曾子》。《群書治要》有重要之文獻價值,保留不少古文獻之唐前鈔本。其時房玄齡等修撰之《晉書》尚未成,所見者當爲十八家晉書;《漢書》注亦皆顏師古以前之舊注;子書皆六朝以前作品。《群書治要》摘錄諸書最爲珍貴之部,採用六朝後期寫本(即公元7世紀以前)入文,吉光片羽,彌足珍貴。

　　《群書治要》自書成以後,在中國久佚,但在唐代後期已見載於日本典籍。至清嘉慶初,《群書治要》重新傳入中國。準此,有關《曾子》之輯佚本,如汪晫《曾子全書》、曾承業《曾子全書》等,無緣參考《群書治要》,實在無可厚非。然而,此後之《曾子》輯佚本,乃至今人王永輝、高尚舉《曾子輯校》,皆無參考《群書治要》以作輯佚和校勘,則是猶有未備之處。

二、九條家本《群書治要》所引《曾子》之概況

　　九條家本《群書治要》各卷以紫、淺藍、茶等深淺不同之各色染色紙,以及

---

[1] 王安定《曾子家語》曾子家語凡例,上海古籍出版社據湖北省圖書館藏清光緒十六年
　（1890）金陵刻本影印,1995年,頁3a。

一種在紙張剛漉成之際,加入有顏色之纖維以呈現如雲朵般紋樣之花紋紙連接而成。鈔者在紙上施以金泥界欄,筆致優雅而端正,爲和樣化書風,日本學界以之爲書跡珍寶,並斷定爲平安時代中期(11 世紀)鈔本 ①。九條家本《群書治要》爲殘本,只能得見七卷,而各卷長度不一,卷二二有 31 紙,卷二六有 31 紙,卷三一有 24 紙,卷三三有 26 紙,卷三五有 29 紙,卷三六有 28 紙,卷三七有 28 紙。

《群書治要》卷三五引用《曾子》合共四篇,分別題爲《修身》《立孝》《制言》《疾病》。究其內文,實即今本《大戴禮記・曾子立事》《曾子立孝》《曾子制言上》《曾子疾病》之文。其中《大戴禮記・曾子立事》一篇,《群書治要》引其篇名作《修身》,觀乎校理《曾子》之《曾子輯校》,以及校理《大戴禮記》之《大戴禮記滙校集解》,於《曾子立事》篇題之下,皆無援引《群書治要》題作《修身》之説,此可見前人學者多未有藉助《群書治要》以校理所引典籍。

在前人學者中,只有清人阮元嘗以《群書治要》校勘《曾子》。清嘉慶年間,《群書治要》流傳回國 ②,阮元據茲收入《宛委別藏》③。今《四部叢刊》《續修四庫全書》本《群書治要》悉據此本影印。《宛委別藏》本《群書治要》係據日本天明(1781—1788)刻本收入 ④。阮元《曾子注釋》並錄北周盧辯注解,而阮氏持見則以 "釋曰" 出之。在 "釋曰" 部分,以校勘爲主,多有採用《群書治要》之文。

《群書治要》所引《曾子》之文只有四篇,爲數不多,據《群書治要譯注》,

---

① 嚴紹璗云:"著者多年訪查,在日本特藏唐寫本中,得三十二種可以確認爲平安時代傳入日本的唐人寫本。"(嚴紹璗《漢籍在日本的流佈研究》,江蘇古籍出版社,1992 年,頁 27)然而當中並無九條家本《群書治要》,嚴氏蓋失檢矣。

② 尾崎康《群書治要解題》云:"群書治要は天明七年に尾張藩て刊刻され、その寬政三年修本か同八年(1796)に清國へ運はた。"(尾崎康《群書治要解題》,載《群書治要》,東京汲古書院,1989 年,第七冊,頁 473)寬政三年,即清仁宗嘉慶元年,《群書治要》天明本於其時返遺中國。

③ 阮元所輯《宛委別藏》,共收宋元鈔本三十六種,及其他稀見難得之書。阮元仿《四庫全書》模式,每部撰寫提要,並收入《揅經室外集》。

④ 案:天明乃日本光格天皇在位時之年號,《群書治要》天明本即指刊刻於天明七年之本。又,此本乃尾張藩所刊刻,故又稱 "尾張本"。此本回流中國以後,阮元即據之收入《宛委別藏》,及後《四部叢刊》亦採此本,故諸本所據其實皆爲天明本。

各篇之重點可總之如下：

　　《修身》重在指出人要重視自己的道德修養，要注重"內省"，去除私欲，戒懼謹慎。《立孝》則説明君子要孝敬父母、友愛兄弟，能夠落實孝悌，才能夠盡忠。《制言》教導我們要遵循道義，從孝悌擴展到泛愛衆人，不斷學習，做一個真正的士人。《疾病》指出要及時行孝，行爲舉止要符合倫理道德，要與賢善之人交往，不斷增長自己的德行。①

《群書治要》援引《曾子・修身》，重點在於講述君子立身行道務求能趨博學、審問、慎思、明辨、篤行等，君子立身行道，旨在通達性德，行入聖之道。引《立孝》之文，説明忠爲孝之内在根本，所謂在家能孝，在國能忠，由内在之孝行而表現爲外在之忠，君子行之，既可修養自身德行，也能獲得别人的尊敬。引用《制言》，二字之義乃是關於行爲準則的主張，此篇所論乃是曾子關於法度的善言，可以作爲立身處世的法則。最後一篇是《疾病》，主要記録曾子病逝前跟弟子的對話，討論的重點在於先義後利、孝悌及時，以及交友須謹慎等。

　　九條家本《群書治要》屬殘卷，在引録《曾子》之時，亦與金澤文庫本、駿河版、天明本等有所不同。卷三五的第二八、二九紙缺，原當爲《曾子・制言》《疾病》之文。因此，九條家本《群書治要》，僅及於《曾子・修身》《立孝》，以及《制言》的部分，而《疾病》之文則不載。拙作《九條家本〈群書治要〉校理》在整理《曾子》之時，自《制言》"小者友"下至"幾何而不陷乎哉"皆殘缺，乃據他本《群書治要》以作補録②。

三、以九條家本《群書治要》所引《曾子》校勘今本《曾子》

　　《群書治要》在唐代後期已傳入日本，最少有四位平安時代的日本天皇曾經誦讀，包括仁明天皇（810—850，833—850 在位）、清和天皇（850—880，858—876 在位）、宇多天皇（867—931，889—897 在位），以及醍醐天皇（885—930，897—930 在位），其重要性與流傳之廣可見一斑。因此，今見《群書治要》之重要本子，悉數由日本所藏。

①《群書治要》學習小組譯注《群書治要譯注》第二十一册卷三五，中國書店，2012 年，頁 87。
② 詳參拙作《九條家本〈群書治要〉校理》卷三五，上海古籍出版社，2023 年，頁 160—162。

　　日藏諸本《群書治要》,以平安時代九條家本時代最早,現藏東京國立博物館,在昭和二十七年(1952)列爲日本國寶重要文化財。此本屬殘本,因在二戰時空襲所毀,今僅存十三卷。其次,乃是鈔寫於鎌倉時代(1192—1333)之金澤文庫本。金澤文庫本《群書治要》乃鎌倉僧人所鈔,各卷卷末多附有識語(卷末奥書),此等奥書乃由清原教隆、北條實時等人加上。金澤文庫本《群書治要》共四十七卷,所缺者唯卷四(《春秋左氏傳》上)、卷十三(《漢書》一)、卷二十(《漢書》八)等三卷而已。因《治要》各本俱缺此三卷,則金澤文庫本已屬今傳本之完帙矣。再者,乃元和二年(1616)駿河刊銅活字本。此本之底本,島田翰、嚴紹璗等嘗加申論。島田翰云:"予以元和活字刊本對校秘府卷子本,稍有異同。"又云:"乃知卷子本不但有異同,又可以知舊本之卷第矣。"[①] 此所言 "秘府卷子本""卷子本",實即前文所言鎌倉時代金澤文庫本,可見島田翰亦嘗對勘二本,以爲有別。最後,乃是天明七年(1787),尾張藩重新校勘並刊刻之《群書治要》,此本於清嘉慶初年回傳中國,稱 "尾張本";又因其刊行於光格天皇天明年間,故又稱 "天明本"。此本《治要》除了對比諸本《治要》以作校勘外,更會就《治要》所引原書細加勘正,往往以當時所見典籍校改《治要》,失卻《治要》存舊之真。細井德民言 "幸魏氏所引原書,今存者十七八,乃博募異本於四方,日與侍臣照對是正"[②],以原書改《治要》,使《治要》原有之校勘價值蕩然無存。可是,清代校勘學家得見之《群書治要》,亦僅是此本,實乃憾事也。阮元、王念孫等所見《群書治要》,皆是嘗經回改之尾張本。

　　古代典籍在鈔寫年代,手寫異體字頗多,亦易有錯別字。相較而言,平安時代九條家本、鎌倉時代金澤文庫本《群書治要》即有此問題。在整理《群書治要》之時,以元和二年銅活字印本駿河版爲底本,大約能釋去手寫異文之問題,亦可在校勘之時儘量減少因手寫異文而出校之情況。誠然,駿河版亦有其自身之誤文,然較諸時代最古之足本——金澤文庫本,駿河版實爲底本之首選。下文即以九條家本《群書治要》爲本,輔以諸本,從異文與闕文之角度校理《曾子》之文。

---

① 島田翰《古文舊書考》卷一 "《群書治要》四十七卷",上海古籍出版社,2014 年,頁 77—79。

② 細井德民《刊〈群書治要〉考例》,《四部叢刊初編縮本》影印日本尾張藩刻本《群書治要》,上海商務印書館,1936 年,頁 1b—2a。

（一）據《群書治要》補《曾子》脫文例

例 1 :《曾子·修身》"不說人之過，而成人之美"句，"而"字九條家本、金澤文庫本、駿河版、天明本《群書治要》皆有之，今《曾子》無。《曾子輯校》作"不說人之過，成人之美"，無"而"字，並無援引《群書治要》以出校 [1]。阮元《曾子注釋》云 :"《群書治要》有 '而' 字，今本皆無。" [2] 阮說可參。俞樾《群經平議》在"大戴禮記成人之美"條下云 :

> 上文曰"君子不先人以過，不疑人以不信，不說人之過"，此云"成人之美"，與上三句不一律，據《群書治要》"成人"上有"而"字，疑《大戴》原文作"不說人之過而成人之惡"，古人之辭凡兩事連及者每用"而"字。昭二十年《左傳》"齊豹之盜而孟縶之賊"，《韓子·說林篇》"以管子之聖而隰朋之智"，皆是也。今試連上文讀之曰 :"君子不先人以過，不疑人以不信，不說人之過而成人之惡"，則文法一律矣。又試連下文讀之曰 :"存往者，在來者，朝有過夕改則與之，夕有過朝改則與之"，皆以改過爲言，與成人之美無涉，益知此文之當作"惡"字，不當作"美"字矣。後人不知此句本蒙"不"字爲義，改爲"成人之美"，傳寫者遂並"而"字節去。阮氏元《曾子注釋》據《群書治要》增"而"字，然未知"美"字爲"惡"字之誤，於義猶未得也。 [3]

俞說在阮說的基礎上，復以《群書治要》所載"而"字爲據，指出《曾子》當據補此字。俞氏以文法爲說，所言有理，大抵可從。方向東《大戴禮記匯校集解》錄入阮元《曾子注釋》之見 [4]，補充了《群書治要》的異文，並以《治要》所載爲是，其云 :"當有 '而' 字，表轉折 ;不說人之過，而成人之美，與下文 '存往者在來者' 相對爲義。" [5] 方氏並據阮元、俞樾解說，其言是也。

例 2 :《曾子·修身》"其次生而能鳳絶之"句，"生"字九條家本、金澤文庫本、駿河版、天明本《群書治要》皆有之，今《曾子》無。《曾子輯校》作"其

[1] 王永輝、高尚舉《曾子輯校》，中華書局，2017 年，頁 11。

[2] 阮元《曾子注釋》卷一，清道光二十五年阮元學經堂刻本，頁 9a。

[3] 俞越《群經平議》卷一七，《皇清經解續編》本，頁 15a-16a。

[4] 方向東《大戴禮記匯校集解》卷四，上海古籍出版社，2008 年，頁 435。

[5]《大戴禮記匯校集解》卷四，頁 436。

次而能夙絶之"，無 "生" 字，亦無援引《群書治要》以出校①。阮元《曾子注釋》指出《曾子》"'次'下脱'生'字"②，乃與《群書治要》相異之處。阮氏復云："《曾子》文法有以'而'字直接上文者，如上'而無常位'是也，故'生'字亦未敢遽增。"③是以阮本未有據補 "生" 字，阮説可參。

　　例 3 :《曾子·制言》"故蓬生麻中，不扶乃直" 句，"故" 字金澤文庫本、駿河版、天明本《群書治要》皆有之，今《曾子》無。《曾子輯校》作 "蓬生麻中"，無 "故" 字，亦無援引《群書治要》以出校④。今所見《曾子·制言上》脱之矣，可據諸本《治要》所載而補。阮元《曾子注釋》指出 "《群書治要》'蓬'上有'故'字，從之"⑤，注意到今本《曾子》與《群書治要》所載之差異，並且指出有 "故" 者乃是，阮説是也。

　　例 4 :《曾子·疾病》"故君子思其不可復者而先施焉" 句，"可" 字金澤文庫本、駿河版、天明本《群書治要》皆有之，今《曾子》無。《曾子輯校》作 "不復者"，無 "可" 字，其校注云："'不復'，盧辯注本、《漢魏叢書》本、《雅雨堂藏書》本同，《四庫全書》本、《叢書集成》本據《永樂大典》本作'不可復'。"⑥可知他本《曾子》即有 "可" 字。又，阮元《曾子注釋》指出："《群書治要》'復'上有'可'字，戴庶常校本據大典'復'上加'可'字，今從之，各本皆無'可'字"⑦，注意到今本《曾子》與《群書治要》所載之差異，並且指出有 "可" 者乃是，可以據補，阮説是也。

　　例 5 :《曾子·疾病》"親戚既没，雖欲孝，誰爲孝乎？年既耆艾，雖欲悌，誰爲悌乎" 句，兩 "乎" 字金澤文庫本、駿河版、天明本《群書治要》皆有之，今《曾子》無。《曾子輯校》作 "誰爲孝" "誰爲悌"，皆無 "乎" 字，亦無援引《群書治要》以出校⑧。又，阮元《曾子注釋》云："《治要》有兩'乎'字，今從之，各本

①《曾子輯校》，頁 22。
②《曾子注釋》卷一，頁 19a。
③《曾子注釋》卷一，頁 19a。
④《曾子輯校》，頁 45。
⑤《曾子注釋》卷二，頁 7b。
⑥《曾子輯校》，頁 62。
⑦《曾子注釋》卷四，頁 3a。
⑧《曾子輯校》，頁 61。

皆無。”① 注意到今本《曾子》與《群書治要》所載之差異，並且指出有“乎”者乃是，可以據補，阮説是也。

（二）據《群書治要》所見《曾子》異文例

　　例 6 :《曾子·修身》之篇題“修身”，今《曾子》作“立事”。考諸《曾子》十篇，乃據《大戴禮記》所載而作收録，而彼書正作《曾子立事第四十九》，可見今本《曾子》引此篇作《立事》者，正本乎此。高似孫《子略》指出《曾子》“凡十篇，自《修身》至於《天圓》，已見於《大戴禮》”②；王應麟《漢藝文志考證》云：“今十篇，自《修身》至《天圓》，皆見於《大戴禮》，蓋後人摭出爲二卷。”③ 結合高氏、王氏取意，明確指出十篇之中，首篇名爲《修身》。阮元《曾子注釋》援引高似孫、王應麟之説：“高似孫《子略》、王應麟《漢書藝文志考證》並引《曾子》首篇作‘修身’，與今異者，《大戴禮》篇目與古單行《曾子》本不同也。”④ 阮元所言，以爲篇目或因一在《大戴禮記》，另一則獨自單行，故有不同也。倘如阮氏論説，則《群書治要》引此篇作“修身”者，乃據《曾子》單行之本，與《大戴禮記》所載屬不同系統。誠如上文所言，《群書治要》引用者皆屬唐前古書本子，彌足珍貴，此一例也。

　　例 7 :《曾子·修身》“既習之，患其不知也”句，“不”字今《曾子》作“無”。九條家本、金澤文庫本、駿河版、天明本《群書治要》皆作“無”。《曾子輯校》作“既習之，患其無知也”，“不”作“無”，並無援引《群書治要》以出校⑤。阮元《曾子注釋》云：“日本國唐魏徵《群書治要》引《曾子》作‘既習之，患其不知也’，今從之。今各本皆作‘無知’也。”⑥ 阮説是也，今本《曾子》可據改。

　　例 8 :《曾子·修身》“君子博學而淺守之”句，“淺”字今《曾子》作“孱”。九條家本、金澤文庫本、駿河版、天明本《群書治要》皆作“淺”。《曾子輯校》作“君子博學而孱守之”，“淺”作“孱”，並無援引《群書治要》以出校⑦。阮元

①《曾子注釋》卷四，頁 3a。
② 高似孫《子略》卷一，《百川學海》本，頁 14b。
③ 王應麟《漢藝文志考證》卷五，頁 198。
④《曾子注釋》卷一，頁 1a—b。
⑤《曾子輯校》，頁 4。
⑥《曾子注釋》卷一，頁 4b。
⑦《曾子輯校》，頁 4。

《曾子注釋》云 :"《群書治要》'孱' 作 '淺',注云《大戴》'淺' 作 '孱'。"① 阮説可參。又,阮元所參考《群書治要》,乃是清嘉慶年間回流中國之天明刻本,此本於眉批位置偶有注解,此中即有 "《大戴禮》'淺' 作 '孱'" 云云,便乃阮元所據。方向東《大戴禮記匯校集解》録入阮元《曾子注釋》之見,補充了《群書治要》的異文。

例 9 :《曾子·修身》"行欲先人,言欲後人" 句,兩 "欲" 字今《曾子》皆作 "必"。九條家本、金澤文庫本、駿河版、天明本《群書治要》皆作 "欲"。《曾子輯校》作 "行必先人,言必後人","欲" 作 "必",並無援引《群書治要》以出校 ②。阮元《曾子注釋》云 :"《群書治要》作兩 '欲' 字,今本皆作兩 '必' 字。"③ 阮説可參。又,方向東《大戴禮記匯校集解》録入阮元《曾子注釋》之見 ④,補充了《群書治要》的異文。

例 10 :《曾子·修身》"見利思辱,見難思訽" 句,"難" 字今《曾子》作 "惡"。九條家本、金澤文庫本、駿河版、天明本《群書治要》皆作 "難"。《曾子輯校》作 "見利思辱,見惡思訽","難" 作 "惡",並無援引《群書治要》以出校 ⑤。阮元《曾子注釋》云 :"《群書治要》'惡' 作 '難',今不從。"⑥ 阮説可參。孫詒讓《大戴禮記斠補》援引阮元之説,以其指出《群書治要》謂有異文 "惡" 作 "難",而丁杰校此 "惡" 爲 "不善",乃是 "不知何據" ⑦。又,方向東《大戴禮記匯校集解》録入阮元《曾子注釋》之見 ⑧,補充了《群書治要》的異文。

例 11 :《曾子·修身》"戰戰唯恐不能夕也" 句,"夕" 字今《曾子》作 "乂"。九條家本、金澤文庫本、駿河版《群書治要》皆作 "夕";天明本《群書治要》與今本《曾子》同作 "乂"。《曾子輯校》作 "戰戰唯恐不能乂","夕" 作 "乂",並無援引《群書治要》以出校 ⑨。阮元只能見天明本《群書治要》,此本

---

① 《曾子注釋》卷一,頁 4a。
② 《曾子輯校》,頁 4。
③ 《曾子注釋》卷一,頁 4a。
④ 《大戴禮記匯校集解》卷四,頁 423。
⑤ 《曾子輯校》,頁 7。
⑥ 阮元《曾子注釋》卷一,清道光二十五年阮元琴經堂刻本,頁 5b。
⑦ 孫詒讓《大戴禮記斠補》,文史哲出版社,1988 年,頁 200。
⑧ 《大戴禮記匯校集解》卷四,頁 427。
⑨ 《曾子輯校》,頁 25。

多有據原典回改,失卻《治要》存舊之真,故《曾子注釋》只言“又”下有“也”字①,而不及“又”與“夕”的分別。又,方向東《大戴禮記匯校集解》雖有録入阮元《曾子注釋》之見②,但因阮説並無探及“又”與“夕”的問題,故亦未有爲此而立説。考諸此句《曾子》之文,謂“天子日旦思其四海之内”,與下文“戰戰唯恐不能夕也”,日旦既指早上,或指每天;此言天子每天想著天下之事,唯恐朝而不保夕,義亦可通。準此,《治要》所引確乎重要異文,提供了不同的解釋。

　　例12:《曾子・立孝》“盡力而無禮,則小人也;致敬而不忠,則不仁也”句,“仁”字今《曾子》作“人”。九條家本、金澤文庫本、駿河版《群書治要》皆作“仁”;天明本《群書治要》與今本《曾子》同作“人”。《曾子輯校》作“盡力無禮,則小人也;致敬而不忠,則不入也”,“仁”作“入”,並無援引《群書治要》以出校③。阮元《曾子注釋》只能據天明本《治要》,因其文與《曾子》同,故無説。《大戴禮記・曾子立孝》此句亦作“致敬而不忠,則不入也”,其中“不入”二字難解,孔廣森云:“不入,不得乎親也。敬而未安,是色莊也。嚴威儼恪,非所以事親也。”④如此解説“不入”二字,似有未達。王引之《經義述聞》云:

　　　　“致敬而不忠”當作“致忠而不敬”。此承上“微諫不倦”而言。不敬則雖忠而言不見聽,故曰“不入”,《内則》云“諫若不入”是也。“致忠”與“盡力事”相類,“不敬”與“無禮事”亦相類,下文“禮以將其力”,承“盡力而無禮”言之;“敬以入其忠”,承“致忠而不敬”言之。然則今本作“致敬而不忠”者,誤也。⑤

王引之以爲如果没有敬意,則雖然忠心卻是言不見聽,所以在《大戴禮記》才寫作“不入”二字,並用《禮記・内則》亦有“諫若不入”句爲證。諸家就此句多作解説,關鍵乃在“不入”二字。汪喜孫在《大戴禮記正誤》裏,謂“先君引胡氏説而未改正經字,蓋存疑也”⑥。胡玠以爲“不入”乃“小人”之訛,但汪喜

---

①《曾子注釋》卷一,頁21b。

②《大戴禮記匯校集解》卷四,頁473。

③《曾子輯校》,頁31。

④ 孔廣森《大戴禮記補注》卷四,上海商務印書館,1939年,頁51。

⑤ 王引之《經義述聞》弟十一,上海古籍出版社,2016年,頁675。

⑥ 汪喜孫《大戴禮記正誤》卷八〇二,《皇清經解》本,頁25b。

孫指出父親汪中雖有相同懷疑，可是本於經文不宜改，且又無文獻證據，故没有改動，只作存疑。觀乎九條家本、金澤文庫本、駿河版《群書治要》所引作“不仁”，如果只有敬意卻無忠心，那便是不仁了。以此釋之，文從字順，不煩改作。天明本《治要》大抵據當時所見《曾子》《大戴禮記》之文而回改本書，失卻《治要》存舊之真，誠爲憾事。

　　例13：《曾子·制言》“故士執仁興義而不聞”句，“興”字今《曾子》作“與”。金澤文庫本、駿河版《群書治要》皆作“興”；天明本《群書治要》與今本《曾子》同作“與”。《曾子輯校》作“故士執仁興義而明”，“興”作“與”，並無援引《群書治要》以出校①。《治要》作“執仁”與“興義”，兩兩相對，作“興”較之作“與”字適順可通。王引之《經義述聞》、俞樾《群經平議》皆嘗討論此句之當作“而明”而非“不聞”，卻無注意此“興”與“與”之分別。王氏、俞氏雖嘗援引《群書治要》，然其可以參考者，唯有經過回改之天明本而已。天明本《治要》作“故士執仁興義而不聞”，既作“與”又後爲“不聞”。據金澤文庫本、駿河版《群書治要》，此句意爲所以士人履仁蹈義而不爲人所知，乃因其施行尚且不夠篤誠。

　　例14：《曾子·制言》“不扶乃直”句，“乃”字今《曾子》作“自”。金澤文庫本、駿河版、天明本《群書治要》皆作“乃”。《曾子輯校》作“不扶自直”，“乃”作“自”，並無援引《群書治要》以出校②。阮元《曾子注釋》援引《群書治要》，以爲“‘自直’作‘乃直’，今不從之”③。阮説有理，但異文可存。《曾子·制言》此文，乃是“蓬生麻中，不扶乃直；白沙在泥，與之皆黑”，汪照《大戴禮注補》云：“四句係古語，《史記》《風俗通》俱曾引之。”④汪説可參。此外，“蓬生麻中，不扶乃直”二句，先秦兩漢典籍屢有見之，但當中文字略有不同。如《荀子·勸學》作“蓬生麻中，不扶而直”；《説苑·談叢》《大戴禮記·曾子制言》《勸學》《論衡·率性》《程材》等，皆作“蓬生麻中，不扶自直”。又，《藝文類聚·蓬》引《曾子》作“不扶自直”，《藝文類聚·蓬》引《風俗通》亦然；《意林》引《曾子》，《太平御覽·人事部四十七·叙交友》引《譙子·齊交》，《太平御

---

① 《曾子輯校》，頁45。
② 《曾子輯校》，頁45。
③ 《曾子注釋》卷三，頁3a。
④ 汪照《大戴禮注補》卷五，清嘉慶九年金元鈺等刻本，頁1b。

覽·學部一·叙學》引《大戴禮》,《太平御覽·百卉部二·麻》引《風俗通》,《太平御覽·百卉部四·蓬》引《曾子》,皆作"不扶自直"。考之諸多文獻,可見唯有《荀子·勸學》引此句作"不扶而直",以及《群書治要》所引《曾子》作"不扶乃直",其餘各本皆作"不扶自直"。

例 15:《曾子·疾病》"魚、鼈、黿、鼉以川爲淺"句,"川"字今《曾子》作"淵"。金澤文庫本、駿河版、天明本《群書治要》皆作"川"。《曾子輯校》作"魚鼈黿鼉以淵爲淺而厲穴其中","川"作"淵",並無援引《群書治要》以出校 ①。阮元《曾子注釋》云:"《群書治要》'淵'作'川'。"② 指出兩書異文,阮説可參。質言之,《群書治要》引《曾子》作"川"者,乃回避唐高祖李淵名諱所致。陳垣《史諱舉例》只言"淵改爲泉,或爲深"③,明末蔣之翹《删補晋書·釋例》云:"淵爲泉、爲川、爲深。"④ 周廣業云:"唐人撰《晋書》,名字改'深'爲多。"⑤《群書治要》成書於唐代貞觀年間,所用典籍雖多爲六朝舊本,然而《治要》既在唐代鈔寫,自必需要回避唐代帝王名諱。唐高祖李淵爲太宗李世民父親,《治要》鈔寫於此時,改"淵"爲"川",固其宜也。

四、《群書治要》所引《曾子》之"治要"意義

《群書治要》成書於唐代初年,當時所見《曾子》,可與《隋書·經籍志》所載相較。《隋志》載《曾子》二卷,而《治要》載録四篇之文,今皆存焉,則見唐代所見《曾子》文字,當與今所見者相去不遠。《群書治要》節録了《曾子》四篇之文,分别題爲《修身》《立孝》《制言》《疾病》。各篇皆僅節録而已,且《大戴禮記》載有《曾子》十篇,則《治要》所録者僅屬一小部分。

《群書治要》乃是唐太宗李世民下令魏徵等大臣編撰之書,旨在於經史子舊籍裹摘録與治國大道相關的文字。《曾子》出於曾參,此書屬儒家典籍,所反映乃是儒家之道。《修身》之篇,重在言君子的修身之道,並多作君子與小人

①《曾子輯校》,頁 60。

②《曾子注釋》卷四,頁 2a。

③ 陳垣《史諱舉例》卷八,上海書店,1997 年,頁 108。

④ 蔣之翹《删補晋書·釋例》,明崇禎十二年蔣氏家塾刻本,頁 6b。

⑤ 周廣業《經史避名彙考》卷一四,上海古籍出版社,2015 年,頁 367。

的對比。就所節錄片段來看，指出君子要做到博學、審問、慎思、明辨、篤行等。
其中有云：

> 君子博學而淺守之，微言而篤行之，行欲先人，言欲後人。見利思辱，
> 見難思詬，嗜欲思恥，忿（恕）〔怒〕思患，君子終身守此，戰戰也。①

此言君子雖然學識廣博，但在細微之處仍不能有絲毫放鬆，説話不要太多但要
篤誠地施行，行動當在別人之前，但説話要在別人之後。看見利益之時便要想
到沾污，受到責備之時便要想到恥辱，有了嗜欲之時便要想到羞愧，怨恨憤怒
之時則當想及後患。以上數項，乃君子終身所當保持，戒慎而戒懼。

　　《群書治要》的讀者固然是唐太宗李世民。成書以後，唐太宗親自披閱，
《大唐新語》卷九嘗詳載其事，知《群書治要》書成以後，備受太宗稱頌，以此
書爲廣博切要，"見所未見，聞所未聞"，故命人繕寫諸本，分賜予太子及諸王，
以爲治國立身之法則②。《群書治要》書成於貞觀五年（631）九月二十七日③。
唐太宗有子十四人，女二十二人，相信皆爲《群書治要》之讀者④。當時，唐太宗
長子李承乾（即太子）亦僅十三歲，此下弟妹成群，俱未成年，可見皆處求學階
段。因此，"太子諸王，各賜一本"，代表他們均是《群書治要》的讀者，目的便
是希望諸子可以掌握治國之道。唐太宗能開創貞觀盛世，《群書治要》的編撰
自是功不可沒。修身之道對於太宗本人，以及太子與諸王，皆有著同等的重要
性。摘錄《曾子》所言修身之道，自是十分合適。

　　次則爲《曾子·立孝》之文。自古以來，傳統文化特重孝道，漢代帝王諡
號皆有 "孝" 字，發掘人材則倚賴旨在孝廉的察舉制，皆因在家能孝便即在國

① 潘銘基校理《九條家本〈群書治要〉》卷三五，上海古籍出版社，2023 年，頁 158。
② 詳參劉肅《大唐新語》卷九，中華書局，1984 年，頁 133。案：唐太宗此詔亦載《全唐文》
　卷九，題爲《答魏徵上〈群書理要〉手詔》。
③ 案：兩《唐書》俱未載《群書治要》之成書年份，惟《唐會要》云："貞觀五年九月二十七
　日，秘書監魏徵撰《群書政要》，上之。"（王溥《唐會要》卷三六，中華書局，1955 年，頁
　651。《唐會要》作 "政" 者，蓋避唐高宗李治諱）可知貞觀五年（631）爲《治要》書成
　之時。
④ 案：唐太宗有子十四人，女二十二人。即以諸子而論，其中二子李寬早逝；當時太子李承
　乾 13 歲，三子李恪 12 歲，四子李泰 11 歲，五子李祐 10 歲，六子李愔約 10 歲，七子李惲
　約 10 歲，八子李貞 4 歲，九子唐高宗李治 3 歲，十子李慎（631 年封申王）、十一子李囂
　（631 年封江王）、十二子李簡（631 年封代王，同年去世）、十三子李福（634—670）、十四
　子李明（約 640—約 680）尚未出生。

能忠的"家國同構"思想。其云：

> 不恥其親，君子之孝也。是故未有君而忠臣可知者，孝子之謂也；未
> 有長而順下可知者，悌弟之謂也；未有治而能仕可知者，先修之謂也。①

此言孝子一刻也不能放鬆，不能讓父母蒙受羞恥，此乃君子之孝。在未被君主
任用前，便知其爲忠臣，孝子便是這個意思。在還没有侍奉長者時，便知其日
後必能順承謙下，能夠敬愛兄長的弟弟便即此意。在尚未擔當治國治人的職
責，便知其他日乃是稱職的官吏，説的是在家裏能先修身的人。在此可見孝順
與治國多有關聯，太子與諸王讀之，自可感受《群書治要》編撰之旨，乃在"昭
德塞違，勸善懲惡"②，可見爲君之難，爲臣也不容易。

再者，則爲《曾子·制言》之文。制言也者，乃是曾子關於行爲準則之主
張。生於帝王世家，生活所需一概不缺，太子與諸王的學習動機未必强烈。可
是，如果不加學習，他日掌權，便無力管治。《制言》有云：

> 不能則學，疑則問，欲行則比賢，雖有險道，修行達矣。今之弟子，病
> 下人，不知事賢，恥不知而又不問，是以惑闇終其世而已矣，是謂窮民。③

此言不會做的事情便當多加學習，有疑問應向別人請教。行事時當比擬賢德
的人，路途上雖然有險阻，但行走賢人的路便可以暢通無阻了。當時的學生每
有憂慮居人之下，卻不知道當拜賢人爲師勤加學習，感到羞愧卻又不去請教，
最後只能落得庸庸碌碌過活了。如此，則是難以得志的人。教育太子與諸王，
關乎唐代國祚，他們如能多向太傅少傅請教，言行舉止俱有規矩，則唐代長治
久安可期。

最後，《群書治要》援引了《曾子·疾病》之文。用人之道，在《群書治要》
裏多有强調，在朝廷之上，大臣衆多，能夠做到親賢遠小，管治才有成功的可
能。《曾子·疾病》即有提及交友需要謹慎。其云：

> 與君子遊，苾乎如入蘭芷之室，久而不聞，則與之化矣；與小人遊，膩乎
> 如入魚次之室，久而不聞，則與之化矣。是故君子慎其所去就。與君子遊，如
> 長日加益，而不自知也；與小人遊，如履薄冰，每履而下，幾何而不陷乎哉！④

---

① 《九條家本〈群書治要〉》卷三五，頁160。
② 魏徵等《群書治要·序》，團結出版社，2016年，頁6。
③ 《群書治要》卷三五，頁877。
④ 《群書治要》卷三五，頁878。

這裏提及君子之交與小人之交的差異。與君子交往，如同進入蘭芷花房，濃香撲鼻，時間長了，便聞不到香味，那是與蘭芷的香味融合了。與小人交往，如同進入販賣鹹魚之地，腥臭難聞，時間長了，便聞不到腥臭味，那是與鹹魚的腥臭味融合了。因此，君子擇友要小心謹慎。與君子交往，如同白晝變長的季節，德行不斷增長而自己卻未能感知；與小人交往，如同踏在薄冰之上，每踏一下，便更加危險，很容易便會陷落水中。《治要》錄此，明乎賢人的重要性，使王子可加鑒戒。

五、結語

本文探討了《群書治要》徵引《曾子》之文，從文字校勘與內容大要兩個角度稍作分析，可總之如下：

（一）九條家本、金澤文庫本、駿河版《群書治要》的重要性。《群書治要》自宋代以後，在中國久佚，但在日本代有流傳。至清嘉慶初年，天明七年尾張刻本《群書治要》傳回中國，而國人至此方可利用。可惜的是，天明本《治要》多據所引原典回改，失卻《治要》存舊之真。九條家本、金澤文庫本乃是鈔本，前者更是日本國寶重要文化財，罕有流傳，故後世學者在校勘典籍時難有機會運用。王念孫、王引之父子、阮元、俞樾等之所見，僅爲天明本而已。因此，清代諸家所作結論，並未能參考九條家本、金澤文庫本等，前文所撰，望能爲前代學者之研究補苴。

（二）利用《群書治要》所引以校勘今本《曾子》。王念孫《讀書雜志》云：“凡《治要》所引之書，於原文皆無所增加，故知是今本遺脱也。”[1]據王氏所言，以《群書治要》所引典籍，校之以今本，可循脱文與異文二途詳加比較。上文即就此各舉若干例子，有可補今本《曾子》脱文者，亦有不少異文之例，未敢遽改，蓋典籍流傳既久，各本皆有可通者，不煩改作。

（三）《群書治要》採錄前代舊典，不論原書主旨如何，皆旨在採用該書與治國大道相關之篇幅。以《曾子》一書爲例，本爲儒家典籍，涵蓋不少與儒家

---

① 王念孫撰、徐煒君等校點《讀書雜志·淮南內篇第九》，上海古籍出版社，2015 年，頁2158。案：王念孫所見亦僅爲嘉慶年間回傳中國的天明本，並非平安時代九條家本、金澤文庫本、駿河版等善本，卻仍能據此校勘典籍，改正誤衍，其功甚大。

思想相關之内容。但《群書治要》只選取了十篇裏之四篇,包括《修身》《立孝》《制言》《疾病》等,且又多作節録,省減文字。誠然,《群書治要》之編撰本出於"六籍紛論,百家踳駁,窮理盡性,則勞而少功,周覽泛觀,則博而寡要"[1]。皇帝日理萬機,自不可能遍觀群籍,故《群書治要》之作,貴乎精練,提供與治國相關的内容即可。例言之,不明白的便要發問、交友要謹慎等,皆是有國者重要的特質,《治要》援引《曾子》之文便在此加以發揮。

（作者單位:香港中文大學中國語言及文學系）

---

①《群書治要·序》,頁6。

日藏《新修本草》殘卷回傳考略[*]

陳　秋

一般認爲構成中國傳統醫學的各支派發展並不同步，章學誠即指出：

> 方技之書，大要有四，經、脈、方、藥而已。經闡其道，脈運其術，方致其功，藥辨其性；四者備，而方技之事備矣。今李柱國所校四種，則有醫經、經方二種而已。脈書、藥書，竟缺其目。^①

而事實上古人服用草石之藥以救治死傷的歷史經驗由來已久，馬王堆帛書《五十二病方》記載有藥物 247 味^②，《漢書·藝文志》所著錄的"房中""經方"等類，其構成中亦不乏各色藥物，李建民將這種現象概括爲"方先於藥"，即"人類服用草石之藥、救死治傷，經驗、效驗先於理論的總結，因此藥書隨著醫家對藥性、藥理的逐漸增加而晚出"^③，遞至漢平帝元始五年（5）^④，以"本草"爲名的藥物學著作已基本形成並開始涌現，唐初鑒於陶弘景《本草經集注》舛謬而纂之《新修本草》則集其大成，該書中土久佚，清末始得回傳，爲考察中古本草學提供了珍貴資料。

---

* 本文是教育部中華優秀傳統文化專項課題（A）重大項目（尼山世界儒學中心）："隋唐歷史文化認同與中華民族的發展研究"（23JDTCZ009）及國家社科基金重大項目"中古域外漢籍舊鈔本整理與'漢文化圈'研究"（24&ZD233）階段性成果之一。

① 章學誠《校讎通義》，中華書局，1985 年，頁 1083。
② 尚志鈞《〈五十二病方〉藥物考辨》，學苑出版社，2021 年。
③ 李建民《發現古脈：中國古典醫學與數術身體觀》，社會科學文獻出版社，2007 年，頁 57 頁。
④ 山田慶兒《本草的起源》，文載氏撰，廖育群、李建民編譯《中國古代醫學的形成》，東大圖書股份有限公司，2003 年，頁 197。

一

關於《新修本草》的纂修,《唐會要》略記經緯云:

> 顯慶二年,右監門府長史蘇敬上言,陶宏景所撰《本草》,事多舛謬,請加删補。詔令檢校中書令許敬宗、太常寺丞呂才、太史令李淳風、禮部郎中孔志約、尚藥奉御許孝崇,並諸名醫等二十人,增損舊本,征天下郡縣所出藥物,並書圖之,仍令司空李勣總監定之,並圖合成五十五卷,至四年正月十七日撰成。及奏,上問曰:“本草行來自久,今之改修,何所異也?”于志寧對曰:“舊《本草》是陶宏景合《神農本經》及《名醫別録》而注解之,宏景僻在江南,不能遍識藥物,多有紕謬,其所誤及《別録》不書,四百有餘種,今皆考而正之。《本草》之外,新藥行用有效者,復百餘種,今附載之,此所以爲勝也。”上稱善,詔藏於秘府。①

其間的各種細節前人論述備詳②,此不贅言。撰成表上後,藉由官府之力③,史載“其書遂大行”④。

按其西流,敦煌地區曾出土《新修本草》殘卷六件⑤,其中 P.3714 號長卷雙面書寫,一面鈔《新修本草》,一面爲《乾封二年(667)授氾文開上護軍告身(詔授告身)》及《唐高宗總章二年(669)八月、九月傳馬坊傳馬傳驢使用文書殘卷》,王重民先生判定正面屬《新修本草》卷十,並根據背面内容判定書寫年代“或尚在乾封以前,距成書才十數年”⑥,但盧向前先生認爲,傳馬坊文書背

---

① 王溥《唐會要》卷八二《醫術》,中華書局,1960 年,頁 1522—1523。

② 關於《新修本草》纂修之原因,參見王家葵、張瑞賢《〈神農本草經〉研究》,北京科學技術出版社,2001 年,頁 165—169;關於《新修本草》之卷數及體例,參見虞舜《〈新修本草〉卷數研究》,《南京中醫藥大學學報》(社會科學版)2008 年第 4 期,虞舜《〈新修本草〉體例的研究》,《南京中醫藥大學學報》(社會科學版)2006 年第 4 期。

③ 由於繕寫的困難與知識階層的輕視及平民的無能爲力,中國古代醫籍的傳播往往比較緩慢,因此長久以來政府總是以各種方式努力擴大醫籍的傳播,說見于廣哲《中古醫籍受衆淺論》,文載氏撰《唐代疾病、醫療史初探》,中國社會科學出版社,2011 年,頁 55—74。

④ 歐陽修、宋祁《新唐書》卷一四〇《于志寧傳》,中華書局,1975 年,頁 4006。

⑤ 詳參于業禮《敦煌〈新修本草〉殘卷概説》,《南京中醫藥大學學報》(社會科學版)2020 年第 1 期。

⑥ 王重民《敦煌古籍叙録》,中華書局,2010 年,頁 153。

面有“遷”“□”的押字,而《新修本草》在鈔撰中避開了押字,因此“傳馬坊文書的成文當在《新修本草》抄寫前,稱傳馬坊文書爲‘背’面文書不盡妥當”①。據此推論,此《新修本草》殘卷的鈔寫時間應在總章二年(669)之後,但下限未定。

考其東傳,早期漢籍傳播的路線存在兩條,“一是海路,一是經由朝鮮半島的陸路”,而在隋唐時代之前,由於造船技術的限制及日本同朝鮮半島三韓的國際關係,漢籍東傳主要依靠陸路,但隨著高句麗等國的崛起,這條陸路遭到了破壞。唐日白江口之戰後,日本戰敗並逐漸意識到中國文化的三大力量,開始大批派出留學生、留學僧,但因爲新羅控制下的朝鮮半島通行難度增大,通過海路的漢籍東傳逐漸凸顯出其意義②。具體到《新修本草》,因史料闕如,前人多是推測,如尚志鈞云:

> 唐玄宗開元初年(713),粟田再度來中國……與粟田同來的副使仲滿,學會中國文,改名朝衡,與唐玄宗第十二子儀王璲友好,並在唐朝政府任職,先做“左補闕”,後升爲“左散騎常侍”,50年而歸,並選購大批書籍帶往日本。《新修本草》亦在此時傳入日本。

認爲《新修本草》由晁衡(即朝衡,阿倍仲麻吕)③歸國時攜入。從事實而言,晁衡其人於唐玄宗開元四年(716)被選爲遣唐留學生西來,後“慕華不肯去,易姓名曰朝衡”,留京五十載後於天寶十二載(753)歸國,但此行途遇風暴,唐人皆以爲衡遇難死,李白即有詩哭之曰:“日本晁卿辭帝都,征帆一片繞蓬壺。明月不歸沉碧海,白雲愁色滿蒼梧。”④但可喜的是晁衡本人幸免於難,飄落安南,輾轉跋涉後最終又於天寶十四載六月復至長安朝見,此後便長留中土,直至逝世,因此未曾攜書歸國⑤。從時間來說,晁衡歸國在天寶十二載(753),而現存日藏《新修本草》殘卷則題“天平三年(731)歲次辛未七月十七日書生田邊

---

① 盧向前《伯希和三七一四號背面傳馬坊文書研究》,文載氏撰《唐代政治經濟史綜論:甘露之變研究及其他》,商務印書館,2012年,頁207—208。

② 童嶺《六朝隋唐漢籍舊鈔本研究》,中華書局,2017年,頁29—31。

③ 關於阿倍仲麻吕的名號問題,參見靳成誠《天寶末年的阿倍仲麻吕及相關詩文研究——以名號和官職爲中心》,《唐都學刊》2017年第3期。

④ 王琦注《李太白全集》卷二五《哭晁卿衡》,中華書局,1977年,頁1199。

⑤ 關於晁衡的生平,見於兩《唐書》之《日本傳》,又可參見梁盛志《唐秘書監晁衡事輯》,文載氏撰《漢學東漸叢考》,山西人民出版社,2014年,頁1—12。

史”,可見早在唐玄宗開元十九年之前,《新修本草》就已經傳入日本,無需至二十二年後由晁衡攜回。

其實自顯慶四年（659）《新修本草》纂成至天平三年（731）田邊史鈔録,史書所見遣唐使共有六次:

【表 1】　公元 659—731 年間日本遣唐使派遣表①

中國	遣唐使次數	出發時間	大使名稱
唐高宗 （則天武后）	第四次	公元 659 年	阪臺部石市
	第五次	公元 665 年	守大石
	第六次	公元 667 年	伊吉博得
	第七次	公元 669 年	河内鯨
	第八次	公元 702 年	高橋笠間
唐玄宗前期	第九次	公元 717 年	阿部安麻吕

其中加粗的兩次爲送唐客使,公元 667 年伊吉博得一行爲送唐使司馬法聰派遣,但只到達百濟,並未至唐②。正式派遣的四批遣唐使如饑似渴地吸收了中國文化,《舊唐書》也有“所得錫賚,盡市文籍,泛海而還”③的記載,《新修本草》應也在此間渡海東傳並廣泛傳播,今天仍可從不同側面考見。

據書目而言,日本正倉院文書《天平二十年六月一日寫章疏目録》即有“新修本草二帙廿卷”④的記載,與原本五十餘卷相比已不足半數,推測當時日本流傳之《新修本草》或已不附《藥圖》;藤原佐世《日本國見在書目録》也有“《新修本草》廿卷孔（玄均）〔志約〕撰”的著録⑤。

---

① 節引自童嶺“隋唐時代與日本遣唐（隋）使派遣對照表”,係依據《舊唐書·東夷傳》《新唐書·東夷傳》《日本書紀》《續日本紀》,並參考增村宏《遣唐使の研究》及東野治之《遣唐使》所繪,參見童嶺《六朝隋唐漢籍舊鈔本研究》,中華書局,2017 年,頁 42—43。

② 藤家禮之助撰,章林譯《中日交流兩千年》,北京聯合出版公司,2019 年,頁 99

③ 劉昫等撰《舊唐書》卷一九九上《日本》,中華書局,1975 年,頁 5341。

④ 東京大學史料編纂所編:《大日本古文書（編年文書）》卷之三,頁 89。可通過以下網址查對:
https://clioimg.hi.u-tokyo.ac.jp/viewer/view/idata/850/8500/05/0003/0089?m=all&s=0084&n=20

⑤ 孫猛《日本國見在書目録詳考》,上海古籍出版社,2015 年,頁 1723。按“孔玄均”或即“孔志約”之誤,孫猛據《弘決外典鈔》所載“《新修本草》二十卷 孔志約撰”改。

　　據律令而言,《新修本草》在日本已被定爲醫學教材,如日本桓武天皇延曆六年(787),"典藥寮言,蘇敬注《新修本草》,與陶隱居《集注本草》相檢,增一百餘條,亦今採用草藥,既合敬説,請行用之,許焉"。又《延喜式》載:

　　　　凡醫生,皆讀蘇敬《新修本草》。

　　　　凡應讀醫經者,《大素經》限四百六十日,《新修本草》三百十日,《小品》三百十日,《明堂》二百日,《八十一難經》六十日。

　　　　凡《大素經》準大經,《新修本草》準中經,《小品》《明堂》《八十一難》準小經。①

　　據醫書而言,日人丹波康賴所撰、成書於日本平安時代後期的《醫心方》三十卷中保存了大量古代醫藥學資料,是書參考南北朝至隋唐間醫藥書籍近二百種,其中本草書目十六種,引用《新修本草》75條②,略舉如:

　　　　蘇敬云:半夏一升以八兩爲正。(卷一)

　　　　《本草》蘇敬云:方寸匕散爲丸如梧子,得十六丸,如彈丸一枚。(卷一一)

　　　　蘇敬注云:粟有多種,而並細於諸粱。(卷三〇)③

　　據實物而言,日本又藏有《新修本草》殘卷。

二

　　關於日藏《新修本草》殘卷,《經籍訪古志補遺》曾著録並略述其發現經緯:

　　　　《新修本草》二十卷 卷子本,影寫舊鈔本,存第四、第五、第十二、十三、十四、十五、十七、十八、十九、廿,凡十卷,聿修堂藏。

　　　　唐司空上柱國英國公臣勣等奉敕修次。

---

① 具見丸山裕美子《唐日醫療制度與本草書》,文載戴建國主編《唐宋法律史論集》,上海辭書出版社,2007年,頁350—363。

② 數據統計參見陳仁壽、宋立人《〈醫心方〉中本草佚文考察》,《南京中醫學院學報》1991年第2期。

③ 丹波康賴編撰,高文鑄校注《醫心方》,華夏出版社,1996年,此三條分見頁17、頁235、頁622。

第十五卷末載顯慶四年各官銜名，次記“天平三年歲次辛未七月十七日書生田邊史”。

每行十六七字，注文二十五六字。

按：此本舊鈔於天平中。天平距顯慶僅六七十年，此則蓋當時遣唐之使所賫而歸，實爲李勣等編修之舊，無復可疑矣。今以唐氏《證類》校之，異同錯出，可互是正，而彼土宋以後亡佚不傳，則李時珍輩無知妄作亦職是由，洵可慨也。乃在皇國亦久湮晦不顯，往歲狩谷卿雲西上觀一縉紳家舊鈔，即五六百年前人據天平鈔本謄録者，實爲天壤間絶無僅有之秘笈，仍亟影摹以傳同人。於是神光焕發，世始得窺古《本草》之真，則卿雲之功爲至巨也。[1]

聿修堂，即日本醫學世家丹波氏的藏書樓，所藏醫書多爲楊守敬所得[2]，清光緒十年（1884），楊守敬以其所得刊爲《聿修堂醫學叢書》十三種，其《序》云：“余初遊日本，訪求古書，於醫方尤夥。久之，始知有多紀父子兄弟提倡醫學，爲東瀛泰斗。所撰聿修堂諸書，浩博無津涯。……竊意自元以來，診察之士，罕有其匹。”[3]

狩谷卿雲，即狩谷棭齋，名望之，字卿雲，別號棭齋，墓志云其“少習律令，自忖非博覽唐代故籍不足以窮其奥窔，乃取《六典》《唐律》《太平御覽》《通典》日事探索。由是上追漢代，更進而修習六經，始覺有所憬悟”，於是終身崇奉漢學，曾注《見在目》，又撰《箋注倭名類聚鈔》十卷及《聖德法王帝説注》《日本靈異記考證》等[4]，爲江戸藏書之翹楚，開扶桑舊鈔本研究之先河[5]。天保三年（1832），狩谷棭齋“西上觀一縉紳家舊鈔”，所謂“縉紳家舊鈔”，即福井氏

---

① 澀江全善、森立之等撰《經籍訪古志》卷六，上海古籍出版社，2014 年，頁 268。

② 明治維新後，日本政府强推西方醫學，日本各地醫生紛紛反抗，發起漢方醫學保存運動，而清朝駐日公使館也在此時設置，漢方醫學保存運動的骨幹人物也與清朝駐日公使館成員有著緊密聯繫，因此多有醫書之訪求，參見陳捷《黄遵憲與日本漢方醫學保存運動》，文載氏撰《人物往來與書籍流轉》，中華書局，2012 年，頁 229—249。

③ 參見真柳誠《楊守敬と小島家：古醫籍の蒐集と校刊》，京都大學人文科學研究所編《東方學報》2008 年第 83 册，頁 83—157。

④ 董康《書舶庸譚》卷三，中華書局，2013 年，頁 84—85。

⑤ 童嶺《六朝隋唐漢籍舊鈔本研究》，中華書局，2017 年，頁 214。

崇蘭館所藏的《新修本草》卷十五鈔本，"狩谷棭齋借閲，暗中影鈔"①，由是世始得窺古《本草》之真。所謂"以傳同人"，則指狩谷棭齋鈔閲後即將此事告知好友淺井紫山與小島寶素，又贈以所傳録的第十五卷副本，委請二人訪書②。

　　淺井與小島二人均出身醫學世家，淺井家爲歷代主宰尾張醫學之名門③，淺井紫山（1797—1860）者，淺井貞庵之子，名正翼，號紫山④，曾講學醫館，致力於《素問》《靈樞》的研究，其孫淺井國幹《告墓文》贊爲"紫山府君，意氣雄顯，參與醫政，家聲燎燎"⑤。天保五年（1834），淺井氏門人塚原修節前往京都仁和寺訪書，據塚原修節日記《甲午筆乘》載：

　　　　四月十一日：《新修本草》五卷自仁和寺來，夜來援筆葦影膳。

　　　　十二日：寫本草。

　　　　十八日：《新修》第四終。

　　　　廿七日：《新修》第十二、第十七初。

　　　　廿九日：《新修》十七軸了。

　　　　五月五日：《新修本草》第十九了。⑥

是塚原修節前後影鈔有第四、第五、第十二、第十七、第十九，共五卷，入藏淺井紫山三經樓，小島寶素又據以傳鈔。

　　小島寶素（1797—1848）者，先祖世代擔任德川幕府侍醫，其人名尚質，字學古，因曾影鈔藏於仁和寺的《黄帝内經太素》，故自號寶素，復名書齋爲寶素堂，其收藏《新修本草》始於狩穀棭齋傳録後所贈的第十五卷副本，繼而傳録淺井紫山三經樓所藏的第四、第五、第十二、第十七、第十九五卷。天保十三年（1842），小島寶素陪同一品準後舜仁法親王至京都，又從仁和寺影鈔第十三、

---

①　孫猛《日本國見在書目録詳考》，上海古籍出版社，2015 年，頁 1729。關於福井崇蘭館所藏醫書的一般情況，又可參見小曽户洋《福井崇蘭館とその藏書》，《日本醫史學雜志》2016 年第 62 卷第 2 號。

②　孫猛《日本國見在書目録詳考》，上海古籍出版社，2015 年，頁 1729。

③　遠藤正治《淺井貞庵と尾張の本草學》，《日本醫史學雜志》1997 年第 43 卷第 3 號。

④　手島益雄《愛知県醫人伝》，東京芸備社，1924 年，頁 10。

⑤　參見馬繼興《讀淺井國幹〈告墓文〉書後及〈告墓文〉評注》，文載氏撰《馬繼興醫學文集》，中醫古籍出版社，2009 年，頁 418—437。

⑥　木場由衣登《〈甲午筆乘〉記載の醫書と醫學について》，《日本醫史學雜志》2015 年第 61 卷第 1 號。

第十四、第十八、第二十，共四卷，即《河清寓記》所言"《新修本草》十三、十四、十八、廿"①，再加上此前六卷，是小島寶素共得十卷。

　　淺井紫山與小島寶素之後，《新修本草》殘卷在日本廣爲流佈，迭經傳鈔，董康《書舶庸譚》卷三"一九二七年三月十七日"條云是日十一時至圖書寮，即曾獲見《新修本草》十册並跋之，又録其卷次及識語：

　　　　《新修本草》石玉等部中品卷第四　天保十五年七月廿七日，燈下照《本草和名》一校了。〇每卷均冠《新修本草》四字。

　　　　木部上品第十二

　　　　木部中品第十三　天禄十四年十一月十四日一校畢，質。按：天保、天禄相距太遠，恐繕録有誤。

　　　　木部下品第十四　天禄十四年十一月廿六日一校了，質。

　　　　果部卷第十七

　　　　菜部卷第十八　□保十三年十一月十九日校讀畢，署押。

　　　　米部卷第十九　庚戌仲秋廿一日據《大觀本草》校讎，澁江全善、森立之對讀，時在曲直瀨氏之懷仙樓，尚真。

　　　　有名無用卷第廿　嘉永庚戌照《證類本草》校讀。

　　　　禽獸部第十五　天平三年歲次辛未七月十七日書生田邊史。②

從"庚戌仲秋廿一日據《大觀本草》校讎，澁江全善、森立之對讀，時在曲直瀨氏之懷仙樓，尚真"等語可知，小島寶素得《新修本草》殘卷後，曾於天保十四年（1843）前後攜子小島尚真對其進行校閱，澁江全善與森立之也參與了這項工作。

　　小島寶素身後，其所藏傳至小島尚絅，光緒六年（1880）十二月，小島尚絅撒手人寰，年僅四十二歲，其妻生活拮據，適逢楊守敬受清廷駐日公使何如璋

①《河清寓記》一卷，現藏日本國立國會圖書館，原稿有識語曰："《河清寓記》一卷，本館書目，爲森立之著，立之初放浪於相州，弘化五年五月遭赦再來於江户，是書小引，壬寅則天保十三年也，立之不可奉教西上，愚按是書，係小島質所筆録，而立之手抄之者，卷中有嘉永癸丑立之識語，可以証之。天保壬寅，一品準後舜仁法親王朝親，質陪徙焉，手鈔仁和寺所藏《新修本草》殘缺四卷而還，即是時也。明治四十二年冬金風長井行識"，參見町泉壽郎《小島寶素著·森立之寫〈河清寓記〉釈読（上）》，《日本醫史學雜志》，1996年，第42卷第3號；同氏《小島寶素著·森立之寫〈河清寓記〉釈読（下）》，《日本醫史學雜志》，1996年，第42卷第4號。
② 董康《書舶庸譚》，第85—86頁。按，"尚賢私印"，賢應作質。

之邀攜眷赴日,在森立之的介紹下,楊守敬陸續購入小島家藏,楊氏也自言至光緒十年(1884)歸國,其間曾購入大量善本古籍,而"醫籍尤收羅靡遺","所得醫籍大抵皆其(小島家)舊藏"①,這部分醫書幾經輾轉,現歸臺北"國立故宮博物院",《新修本草》亦在其中②。

<h1 style="text-align:center">三</h1>

　　雖然楊守敬購藏有小島氏《新修本草》殘卷,但編刊《古逸叢書》並不及此,傅雲龍《籑喜廬叢書》第一次將《新修本草》加以影刻,使國人一睹真容。

　　傅雲龍其人初名雲鄄,字懋元,一字醒夫,室名籑喜廬、不易介齋、味腴山館,浙江德清鐘管人。清道光二十年(1840)生於四川鄄都,其人"幼就塾讀書,有疑義輒索解,十二歲通經史及諸子百家言",又喜金石地理之學,歷任兵部主事、郎中,機器局總辦,直隸候補道等③。光緒十三年(1887)中旨傳考學問博碩者,將以使海國,傅雲龍試爲第一,因此奉命出使日本、美利堅、秘魯、巴西,及英屬地迦納大、日斯巴尼亞屬地古巴,假道新迦納大、厄瓜多、智利、巴他峨尼、先塔盧斯,凡歷十一國,行程一十二萬餘里,據其見聞撰有《遊歷圖經》《遊歷圖經餘記》等④。其中光緒十三年(1887)九月二十九日傅雲龍抵達日本、光緒十五年(1889)四月二十八日自美國橫渡太平洋再次抵達日本,前後兩次遊歷,逗留時間約一年有餘,撰有《遊歷日本圖經》三十卷及《遊歷日本圖經餘記》三卷,在其遊歷中最爲人矚目⑤。據鍾叔河對《遊歷日本圖經餘記》的

① 參見真柳誠《楊守敬之醫書校刊與江戸考證醫學家之文獻研究》五《楊守敬於日本購藏的古醫籍》,《故宮學術季刊》2008年第26卷第1期,頁75—132。

② 參見真柳誠撰、郭秀梅譯《觀海堂醫藥古籍中所見小島家寶素堂本》,《故宮文物月刊》2014年第376期,頁36—44。

③ 關於傅雲龍的生平,參見傅祖熙、傅訓成、傅訓淳《傅雲龍傳》,浙江古籍出版社,2003年;傅雲龍《傅雲龍集·附錄·史傳資料》,浙江古籍出版社,2018年。

④ 王曉秋《晚清中國人走向世界的一次盛舉——1887年海外遊歷使初探》,《北京大學學報》2001年第3期;張群《傅雲龍其人及其著述》,《河南圖書館學刊》2005年第5期。

⑤ 關於傅雲龍的日本遊歷,參見王曉秋《近代中日文化交流史人物研究》五《傅雲龍與〈遊歷日本圖經〉》,北京:昆侖出版社,2015年,頁80—112。又可參時培磊《明清日本研究史籍探研》第五章第三節《〈遊歷日本圖經〉與〈日本新政考〉》,南開大學博士學位論文,2010年,頁166—176。

評價：“《餘記》中記遊歷學校二十餘處、工礦設施亦二十餘處，大多一筆帶過，語焉不詳。……相反地，他對在日本發現的漢文古籍、唐人寫經、金石文物，卻不厭其詳，記了又記”[①]，可見傅雲龍在考察之餘，進行了大量的文化活動[②]，其中最重要的應即《籑喜廬叢書》的編刻，而《新修本草》正列在其中之二[③]。

關於傅雲龍對《新修本草》的認識與獲得鈔本及刊刻之始末，氏撰《覆刊唐卷子本〈新修本草〉跋》《又跋》及陳榘識語有詳細記載，文繁難以備引，略舉其中可探討者。

第一，關於《新修本草》的修撰，李時珍《本草綱目》有“重加訂注”之説，其云：“唐高宗命司空英國公李勣等修陶隱居所注《神農本草經》，增爲七卷，世謂之《英公唐本草》，頗有增益。顯慶中，右監門長史蘇恭重加訂注，表請修定。帝復命太尉趙國公長孫無忌等二十二人，與恭詳定，增藥一百一十四種……世謂之《唐新本草》。”[④]傅雲龍根據一般説法，云：“《新修本草》二十卷，唐李勣等修於顯慶四年”，陳榘識語則予以反駁：

> 明李時珍妄易名曰《英公唐本草》，又謂：“顯慶中右監門長史蘇恭重加訂注，表請修定，命太尉趙國公長孫無忌等二十二人，與恭詳定。”案《唐書》，長孫無忌削官封於顯慶四年四月，逼令自盡，安得七月與恭等重修《本草》耶！[⑤]

① 鍾叔河《甲午以前的日本觀》，文載鍾叔河主編《走向世界叢書·甲午以前日本遊記五種》，嶽麓書社，1985 年，頁 76。

② 關於傅雲龍在日期間搜求書籍等文化活動的研究，參見王寶平《傅雲龍〈遊歷日本圖經〉徵引文獻考》，《浙江工商大學學報》2008 年第 2 期；王會豪《傅雲龍〈遊歷日本圖經餘記〉所見漢籍考》，《貴州文史叢刊》2014 年第 4 期；拜根興《清代學者對日本古代金石文的探索》，《地域文化研究》2018 年第 1 期；陳捷《明治前期日中學術交流的研究：清國公使館の文化活動》第三部第二章第六節《傅雲龍の古籍蒐集と出版》，東京：汲古書院，2003 年，頁 316—330。

③ 王勇《中日佚存書研究》三《東瀛訪書》，文載嚴紹璗等撰《比較文化：中國與日本——中西進教授退官紀念文集》，吉林大學出版社，1996 年，頁 285—303。

④ 李時珍撰，張志斌、鄭金生校點《本草綱目影校對照》一《藥圖與序例》，龍門書局，2017 年，頁 285。

⑤ 蘇敬等撰《新修本草》（十卷，補輯一卷），影印傅雲龍《籑喜廬叢書》本，群聯出版社，1955 年，頁 371—372。

　　且陳榘所得卷子本所載孔志約官"太子洗馬弘文館學士",與李時珍所云"禮部郎中"亦不同,因此陳氏斷定李時珍並未見過《新修本草》的這一版本。但事實上,不僅李時珍未曾得見,嘉祐三年敕撰《本草圖經》詔書已云:"竊見唐顯慶中詔修《本草》,當時修訂注釋《本經》外,又取諸般藥品繪畫成圖,別撰《圖經》,辨別諸藥最爲詳備。後來失傳,罕有完本。"後來《本草》修撰,只能依據前人所引。而考其致誤之由,實在誤讀《證類本草》之文:

　　　唐司空英國公李勣等奉敕修。初,陶隱居因《神農本經》三卷,增修爲七卷。顯慶中,監門府長史蘇恭表請修定,因命太尉趙國公長孫無忌、尚藥奉御許孝宗與恭等二十二人重廣定爲二十卷,今謂之《唐本草》。①

與之相較,《本草綱目》略去了"初"、"因"二字,又增"世謂之《英公唐本草》,頗有增益"十二字,改變了陶弘景修訂《神農本草經》三卷爲七卷的文義,而將之歸爲李勣修成《英公唐本草》七卷,故而有"重加訂注"之誤解,這一點也已爲尚志鈞先生所指出②,殘卷所保存的撰者名單也可説明這一點,該名單分見《新唐書·藝文志》及日藏《新修本草》殘卷,二者内容大致相同,次序有所不合,池田温《中國古代寫本識語集録》曾據日藏鈔本録文,陳昊又參照圖版及墓志等對録文進行校對,節引如下:

　　　新修本草獸禽部卷第十五著官位廿三陰(後)
　　　顯慶四年正月十七⬚日⬚朝議郎行右監門長史〔驍〕騎尉⬚臣⬚蘇敬上
　　　……
　　　司空上柱國英國公臣⬚勣⬚
　　　天平三年歲次辛未七月十七日書生田邊史 ③

　　總計二十二位,與所鈔"官位廿三"不合,對照《新唐書·藝文志》,所缺者即"太尉長孫無忌",也從側面印證了高宗年間"舊臣"的出局。

　　第二,傅雲龍影刻《新修本草》底本的獲得,先是陳榘贈以第四、第五、第

---

① 唐慎微《重修政和經史證類本草》,影印蒙古定宗四年張存惠晦明軒本,人民衛生出版社,1955年,頁392。
② 蘇敬等撰,尚志鈞輯校《新修本草》(輯復本第二版)卷一,安徽科學技術出版社,2004年,頁792—793。
③ 陳昊《身分叙事與知識表述之間的醫者之意——6—8世紀中國的書籍秩序、爲醫之體與醫學身分的浮現》,上海古籍出版社,2019年,頁219—220。

十五三卷，"即所謂卷子本也。行十七八字，注二十一字或二十六七字有差。第十五卷末結銜後有'天平三年歲次辛未七月十七日書生田邊史'十八字"[①]。傅氏自稱獲贈後"即付手民"。次有書商登門，購得小島知足家藏舊鈔，至此共得十卷。但傅氏影刻《新修本草》與衆不同的地方更在於十卷而外，有第三卷補寫本，考其卷三末有識語云：

　　　　嘉永二年（1849）歲次己酉四月廿一日據家大人新輯本，書寫如其行
　　款字樣，一仿天平原卷舊式云　　尚真
　　　　是歲八月十四日照《政和本草》校讀畢
　　　　八月十五日據《大觀本草》校讀[②]

尚真者，即小島尚真，家大人即小島寶素。上文曾言天保十四年（1843）前後，小島寶素曾攜子小島尚真對所得鈔本十卷進行校閱，澀江全善與森立之也參與其中。據此識語，則小島寶素於校閱之外也曾嘗試輯佚，可惜未竟全功，是後森立之轉有《本草經考注》之作，《新修本草》則直待岡西爲人方有全輯[③]。

　　至此，傅雲龍共得殘卷十一，分別爲米部上品卷第三，玉部中品卷第四，下品卷第五，木部上品卷第十二，中品卷第十三，下品卷第十四，獸禽部卷第十五，果部卷第十七，菜部卷第十八，米部卷第十九，有名無用卷第二十。

　　關於來源，吳德鐸尤爲關注傅雲龍所謂"小島知足家藏舊鈔本"的問題，吳氏認爲：

　　　　傅雲龍在第二跋中説，他所得到的是小島知足家藏本，此語缺乏明證。因傅本各卷，除卷3文末有（小島）尚真題記，説明這卷是小島父子補輯、仿寫的以外，其他各卷均無任何字樣或標志可資説明它是小島知足家藏本。
　　　　……
　　　　卷3卷前所鈐"小島山房圖書記"長方朱文印是用來説明這卷書是小島父子合作的産品，其他各卷前均無此印，以致這一小島家印記正好成

---

① 蘇敬等撰《新修本草》（十卷，補輯一卷），影印傅雲龍《籑喜廬叢書》本，群聯出版社，1955年，頁369。
② 蘇敬等撰《新修本草》（十卷，補輯一卷），影印傅雲龍《籑喜廬叢書》本，群聯出版社，1955年，頁36。
③ 森立之《本草經考注》（修訂版），學苑出版社，2020年；岡西爲人《重輯新修本草》，國立中國醫藥研究所，1964年。按，岡西爲人是書前有《概論》，回顧了輯佚《新修本草》的歷史。

了傅雲龍當年所得並非小島知足家藏本的反證。[①]

吴氏認爲小島父子很喜歡在曾經手的書籍上留下痕跡,但傅氏全書除卷三外,小島氏的藏書印竟無一方,因此吴氏推測傅氏或爲書商所惑,抑或其明知事實並非如此,但故意以小島家藏本的名義來標榜自己的所得[②]。

但事實上吴氏此説是對傅《跋》的誤讀,詳繹其文,吴氏之所以得出這樣的結論在於其將傅氏所得的小島知足家藏本等同於小島寶素家藏本,而事實上小島知足與小島寶素並無關係,因此傅氏所得鈔本自然不會有小島寶素父子的藏書印,吴氏以藏書印推測所屬的前提因此並不成立。事實上,傅雲龍始終稱其所得爲"小島知足家藏本",考小島寶素與小島知足:

小島寶素其人已見上文,名尚質,字學古,因曾影鈔藏於仁和寺的《黄帝内經太素》,故自號寶素,復名書齋爲寶素堂,有二子:小島抱沖(名尚真)、小島瞻淇(名尚絅)[③]。

小島知足者,字子節,學者推之爲成齋先生,生於寬政八年(1796),殁於文久二年(1862)。先祖世爲福山藩士,父名親臧,母荻原氏,《墓表》云其自少嗜學,善筆劄,既長擢爲掌書記,藩凡有所記皆出其手,嘉永中大君贊其善書,由是聲名益大振,從問書法者,屨滿户外。少壯從市河寬齋學爲近體詩,復從其子米庵受把筆之法,後皆棄去不顧,一心向往於狩谷棭齋,請益質疑,欲張而恢其書學,於是專肆力於許氏之書,撰有《急就章文字考》《干禄字書辯證》《成齋題跋》《醂中清話》等。娶妻前川氏,有子二人,長生及夭,次曰信之[④]。

可見二人全無干涉,因此對傅雲龍所獲之《新修本草》鈔本,可一分爲三,得自陳榘之卷四、卷五及卷十五,購自書商之小島知足家藏本以及訪求所得小島寶素父子輯佚之卷三。

---

① 吴德鐸《從〈新修本草〉看中日兩國的學術交流》,文載氏撰《科技史文集》,生活·讀書·新知三聯書店,1991 年,頁 217—218。

② 吴德鐸《從〈新修本草〉看中日兩國的學術交流》,文載氏撰《科技史文集》,生活·讀書·新知三聯書店,1991 年,頁 218—219。

③ 參見森林太郎《小嶋寶素伝》,《鴎外全集》第 18 卷,岩波書店,1988 年,頁 105—134;高橋智《森鴎外〈小嶋寶素伝〉補》,慶應義塾大學藝文學會編《藝文研究》,1994 年第 65 號,頁 355—378。

④ 海保元備《成齋小島先生墓表》,日本國立國會図書館藏《伝経廬文鈔》,頁五十六至五十九。

　　第三,關於此鈔本之價值,除了前人曾一再申説的"中國佚書一旦歸璧"之外,傅雲龍又特別指出其對秦漢後俗字的沿習,其曰:

　　　　在槧本未起以前,其字體偏旁,木、手、艸、竹、心、火、示、衣,輒互通用。他如"熱"作"焎","弱"作"蒻","臭"作"髟","蟲"作"虫","微"作"徼","煞"作"敩","鹹"作"醶","蛇"作"虵","鐵"作"鐡","珊"作"珊","酒"作"湻","國"作"囯"、"囷","硼"作"砏","棗"作"棶","蠱"作"蠱","福"作"旞","修"作"佟",類此大率爲秦漢後沿習俗字,金石時有同者。唐鈔蝕餘,比於獲野。"玄"、"㝣"等字謹闕末筆,餘嚴竄易,存真面也。①

考顔元孫《干禄字書》云:"所謂俗者,例皆淺近,唯籍帳、文案、券契、藥方非涉雅言,用亦無爽,倘能改革,善不可加。"②敦煌文書現世前,俗字的研究多集中於金石③,傅雲龍亦素喜金石地理之學,撰有《漢石例補正》二卷、《水經注碑目》一卷等,移之於醫籍,故云此殘卷之俗字"金石時有同者"。上世紀九十年代以來,古醫籍俗字的研究漸次興起,錢超塵曾云:"俗字研究是中國文字學研究的薄弱環節,醫書俗字研究尤爲薄弱,甚至稱爲研究空白亦不爲過。……研究醫書中的俗字不僅具有文字學上的意義,而且對於正確理解醫理訓釋詞義也是十分必要的"④,亦可見傅氏之卓識。

　　傅雲龍《籑喜廬叢書》刊刻後很快引起國人注意,魯迅《壬子日記》即載有:"下午與季茀、詩荃、協和至琉璃廠,歷觀古書肆,購傅氏《籑喜廬叢書》一部七本,五元八角。"⑤一九三二年,范行準專文紹介其中所收日藏《新修本草》

---

① 蘇敬等撰《新修本草》(十卷,補輯一卷),影印傅雲龍《籑喜廬叢書》本,群聯出版社,1955年,頁370。
② 顔元孫撰,羅振玉箋證《干禄字書箋證》,《貞松老人遺稿》甲集,上海書店出版社,1996年。
③ 清代關於石刻俗字研究的著作頗多,如趙之謙《六朝別字記》等,詳參歐昌俊、李海霞《石刻俗字研究的歷史》,文載《六朝唐五代石刻俗字研究》,巴蜀書社,2004年,頁46—49。
④ 錢超塵《黄帝内經太素研究》,人民衛生出版社,1998年,頁31—32。醫書俗字研究又可參沈澍農《古醫籍俗體字的産生與辨識》,《北京中醫雜志》1993年第5期;同氏《中醫古籍用字研究》,學苑出版社,2007年。
⑤ 魯迅《壬子日記》,《魯迅全集》第十五卷,人民文學出版社,2005年,頁1。又可參韋力《魯迅古籍藏書漫談》,福建教育出版社,2006年,頁554。

之殘卷①，一九五五年上海群聯出版社據以縮印，分裝兩册，成爲研究《新修本草》之必備典籍，可謂神光再發。

四

其實除《饕喜廬叢書》影刻的《新修本草》殘卷外，羅振玉也曾於日本購得森立之舊藏《新修本草》，1985 年爲上海古籍出版社影印前少爲人知，書前有題識一則：

　　唐《新修本草》殘本十卷 日本森氏藏影寫卷子本

　　此書中土久佚。此本僅存十卷，第四、第五、第十二、第十七、第十九五卷，據淺井紫山三經樓藏本傳寫；第十五，據狩谷椒齋本傳寫；第十三、第十四、第十六②、第二十，則據仁和寺本傳寫。不知此外佚卷，彼國尚有存者否？據《舊唐書·吕才傳》，蘇氏原本計五十四卷，此雖不及五分之一，然今日得見《唐本草》之舊觀，實賴此殘卷之存。德清傅氏刻入《饕喜廬叢書》者，即此卷，均從小島質傳寫者。森氏《經籍訪古志》謂書作於顯慶，此本鈔於天平，去著書時僅六七十年，洵爲可珍之秘笈矣。此本乃森氏舊藏，有森氏題識數則。光緒辛丑，得之日本東京。

　　陳氏《書録解題》《大觀本草》下言：唐顯慶中，據《名醫別録》增一百十四種，廣爲二十卷，謂之《唐本草》。所載卷數與《吕才傳》不合，附識於此以俟考。③

所謂從"小島質傳寫者"，前文已辯。羅本與傳本不同者，一是卷十五"天平三年歲次辛未七月十七日書生田邊史"後注有"《萬葉集》卷十八載天平二十年田邊史福麿歌數首並列"22 字④，爲考察鈔者提供了旁證；二是卷内多有校記，所引有《醫心方》《證類本草》等書，或可爲深研《新修本草》殘卷提供方向。

（作者單位：南京大學文學院）

---

① 范行準《新修本草跋》，參見《饕喜廬叢書》本《新修本草》書尾。
② "卷十六"應作"卷十八"，參見吳德鐸《從〈新修本草〉看中日兩國的學術交流》，文載氏撰《科技史文集》，生活·讀書·新知三聯書店，1991 年，頁 220。
③ 羅繼祖主編《羅振玉學術論著集》第七集，上海古籍出版社，2020 年，頁 306。
④ 蘇敬等撰《新修本草》，影印羅振玉藏本，上海古籍出版社，1985 年，頁 220。

中古正史與域外校讎

古寫本《玉篇》殘卷徵引《漢書》輯考

——兼論南朝梁代的《漢書》傳本與舊注*

蘇　芃

南朝顧野王編撰的《玉篇》是我國現存第一部楷書字典,唐代高宗上元之末,孫强對《玉篇》進行了增字減注,至北宋真宗大中祥符年間,陳彭年、吴鋭、丘雍等又奉詔重修,名爲《大廣益會玉篇》(或稱"宋本《玉篇》"),但與《玉篇》原貌已相去甚遠。清末民初,黎庶昌、楊守敬、羅振玉等先後在日本發現了寫本《玉篇》殘卷,與宋本《玉篇》大相徑庭,這些殘卷的鈔寫年代現在學界還很難作出統一論斷,但是它們所據祖本應當是南朝蕭梁時期的①,於是通常把這部分古寫本《玉篇》殘卷稱之爲"原本《玉篇》"。古寫本《玉篇》現存 7 卷 60 部,其中援引大量先秦兩漢典籍作爲釋義書證,這部分引文資料對於傳世典籍的校理以及學術史的研究均有重要價值。

古寫本《玉篇》殘卷引《漢書》見於 115 個字頭之下,字頭"鹺""平""云""敊""輒""嶺""廊""隄""障""𤄒"下各引兩處,字頭"石"下引 3

＊本文是教育部中華優秀傳統文化專項課題(A)重大項目(尼山世界儒學中心):"隋唐歷史文化認同與中華民族的發展研究"(23JDTCZ009)及國家社科基金重大項目"中古域外漢籍舊鈔本整理與'漢文化圈'研究"(24&ZD233)階段性成果之一。
本文是 2023 年度國家社科基金冷門絶學研究專項"日本散藏'前四史'古寫本殘卷整理研究"(23VJXG060)、2021 年度江蘇高校哲學社會科學重大項目"海外散藏《史記》古寫本文獻匯輯匯校匯考"(2021SJZDA097)階段性成果。

① 根據筆者研究,《玉篇》殘卷中嚴格避梁諱,由此判斷其底本時代可上溯南朝梁代,詳參拙文《原本〈玉篇〉避諱字"統"、"綱"發微》,《辭書研究》2011 年第 1 期。

處,存世殘卷共引《漢書》127 處 [1],其中包含《漢書》舊注的條目共涉及 49 個字頭,與 51 處《漢書》顏師古注引文相關。今將這些書證資料與《漢書》顏師古注本逐一覆覈,按照字頭次序臚列考辨如下。

上編:《玉篇》殘卷引《漢書》輯校

[1]"言部"諉:《漢書》:"尚有可諉者。"孟康子曰:"諉,累也。"蔡謨曰:"諉,託也。"猶言"委罪彭生"也。[2]

按:《漢書·賈誼傳》"然尚有可諉者,曰疏"顏師古注:"孟康曰:'諉,累也。'蔡謨曰:'諉者,託也。……'"(頁 2234)[3]

"猶言委罪彭生也"一句,似不當出自《漢書》舊注,《左傳·莊公元年》"秋,築王姬之館於外爲外禮也"杜預注:"齊彊魯弱,又委罪於彭生。"或是《玉篇》引《左傳》杜注有脱文,或是顧野王按語。

[2]護:《漢(也)[4]書》:"以吏事護高祖。"野王案:護,救視也。(頁 250)

按:《漢書·蕭何曹參傳》:"高祖爲布衣時,數以吏事護高祖。"(頁 2005)《史記·蕭相國世家》:"高祖爲布衣時,何數以吏事護高祖。"司馬貞《索隱》引《説文》:"護,救視也。"[5]

[3]讎:《漢書》:"酒輒讎數倍。"《音義》曰:"讎亦售也。"又曰:"以考星度,未能讎也。"鄭衆曰:"相應爲售。"

按:《漢書·高帝紀》"高祖每酤留飲,酒讎數倍"顏師古注:"如淳曰:'讎,亦售也。'"今本無"輒"字,《音義》作"如淳曰"。《史記·高祖本紀》亦無"輒"字 [6]。然而,《漢書·宣帝紀》"每買餅,所從買家輒大讎"顏師古注:"讎讀曰售。"此類"每……輒……"搭配的結構在《漢書》中出現二十餘處,有"輒"字似更愜文意,疑《玉篇》殘卷存《漢書》古本舊貌。

---

① 古寫本《玉篇》引《漢書》中出現的單篇漢賦,不作爲引《漢書》的文字列入,另文考察。
② 古寫本《玉篇》引文據《續修四庫全書》第 228 册影印本,上海古籍出版社,2002 年。
③ 傳世本《漢書》引文出處隨文標注,據中華書局點校本 1962 年版。
④ "也"字爲殘卷例文,爲"漢書"前一部引書末尾文字。
⑤ 司馬遷《史記》(修訂本平裝本),中華書局,2014 年,頁 2445。
⑥ 司馬遷《史記》,頁 437。日本宮内廳藏《史記·高祖本紀》舊鈔本亦無"輒"字。

《漢書・律曆志》“以考星度，未能讎也”顏師古注：“讎，相當。”（頁 975）《史記・曆書》“以理星度，未能詹也”《集解》：“徐廣曰：‘詹，一作“雔”也。’”《索隱》：“按：《漢書》作‘讎’，故徐廣云一作‘雔’，雔即讎也。……鄭德云‘相應爲讎’也。”①（頁 1260）《索隱》引“鄭德”故訓，《玉篇》作“鄭衆”。

[4] 警：《漢書》：“及譏者爲之，則苟鉤釽析辭而已。”晉灼曰：“此譏字。”

按：《漢書・藝文志》“及警者爲之，則苟鉤（釽）[鈲]析亂而已”顏師古注：“晉灼曰：‘警，訐也。’師古曰：“警音工釣反。（釽）[鈲]，破也，音普革反，又音普狄反。”（頁 1737）《校勘記》：“則苟鉤（釽）[鈲]析亂而已。李慈銘説‘釽’當作‘鈲’，注同。”（頁 1782）

從《玉篇》引文來看，“鉤釽”的“釽”作“鈲”，《篆隸萬象名義》：“鈲，普獲反。析，拓。”《方言》：“鈲，裁也。”《篆隸萬象名義》注音“普革反”，與“辰”聲相合，疑“釽”爲“鈲”中古俗體，李慈銘説可從。

“析辭”，今本《漢書》作“析亂”，《白氏六帖事類集》卷二六“九流”四十一引此作“析辭”②，《荀子・正名》“故析辭擅作名以亂正名，使民疑惑，人多辨訟，則謂之大姦”，亦以“析辭”論名家，“析辭”即剖析言辭之義，當存古，魏晉南北朝時期“辭”“亂”簡寫成“辞”“乱”，蓋字形相訛。

《玉篇》與顏注所引晉灼注不同，《玉篇》重在解釋字形，釋“警”爲“譏”，而顏注所引重在釋義，或兩者各有取捨。《玉篇》引《漢書》“譏”字，從字頭和晉灼注看，當作“警”，作“譏”或是傳鈔時所改易。

[5] 誹：野王案：服虔注《漢書》曰：“作之梁橋交午柱頭。”應劭曰：“橋梁邊板，所以書政治之僁失也。至秦去之，今乃復立也。”

按：《漢書・文帝紀》“古之治天下，朝有進善之旌，誹謗之木，所以通治道而來諫者也”顏師古注：“服虔曰：‘堯作之，橋梁交午柱頭也。’應劭曰：‘橋梁邊板，所以書政治之愆失也。至秦去之，今乃復施也。’”（頁 118）《玉篇》引應劭“僁失”之“僁”，即“僁”，“愆”之異體。

[6] 繼：《漢書》鉅鹿郡有南繼縣。

按：《漢書・地理志》鉅鹿郡有南繼縣（頁 1575）。

[7] 註：《説文》：“註，誤也。”野王案：《漢書》政爲文“所註誤者”是也。

① 司馬遷《史記》，頁 1506。

② 此處據日本靜嘉堂文庫藏北宋刊三十卷本《白氏六帖事類集》。

按：《漢書·宣帝紀》：“諸爲霍氏所詿誤未發覺在吏者，皆赦除之。”（頁251）《韓彭英盧吳傳》：“上聞，乃赦吏民爲豨所詿誤劫略者。”（頁1892）《霍光傳》：“朕甚悼之。諸爲霍氏所詿誤，事在丙申前，未發覺在吏者，皆赦除之。”（頁2957）所謂“政爲文”，大概指行政公文。

［8］詄：《漢書》：“天門開，詄蕩蕩。”如淳曰：“詄，天體堅清狀也。”

按：《漢書·禮樂志》“天門開，詄蕩蕩”顏師古注：“如淳曰：‘詄讀如迭。詄蕩蕩，天體堅清之狀也。’”（頁1062）

［9］誇：《説文》：“誇，譀也。”野王案：以大言相誇誕也。《漢書》“上將大誇胡人”是也。

按：《漢書·揚雄傳下》：“明年，上將大誇胡人以多禽獸。”（頁3557）

［10］嘑：《説文》：“大嘑也，自冤也。”野王案：《漢書》“郭舍人不勝痛呼嘑”是也。

按：《説文》：“嘑，大呼自冤也。”段玉裁注：“冤，各本作勉，今依《廣韻》正。自冤者，自稱冤枉也。”段説可從。《爾雅·釋訓》：“懊懊，邈邈，悶也。”陸德明《音義》：“懊，本又作嘑，蒲卓反，又布卓反。《説文》云：‘大呼也，自冤也。’”與《玉篇》引文同。《漢書·東方朔傳》“上令倡監榜舍人，舍人不勝痛，呼嘑”顏師古注：“謂痛切而叫呼也。”（頁2844）

［11］嚊：《説文》：“失氣也。一曰言不止也。傅毅以爲讀若慴。”野王案：《漢書》“匈奴嚊焉”是也。

按：《漢書·武帝紀》“匈奴嚊焉”顏師古注：“嚊，失氣也，音之涉反。”（頁190）顧野王訓“匈奴嚊焉”之“嚊”與顏師古同。

［12］譙：《漢書》：浦郡有譙縣。

按：《漢書·地理志》沛郡有譙縣。（頁1572）《玉篇》“浦”當是“沛”字之誤。

［13］誶：《漢書》：“母取箕帚，立而誶語。”服虔曰：“誶獨罵也。”

按：《漢書·賈誼傳》“母取箕箒，立而誶語”顏師古注：“服虔曰：‘誶猶罵也。’”（頁2245）“獨”蓋“猶”字之誤。

［14］詆：《説文》：“詆，訶也。”野王案：……《漢書》“除誹謗詆欺法”也。

按：《漢書·哀帝紀》“除任子令及誹謗詆欺法”顏師古注：“詆，誣也。”（頁336）據《玉篇》知顧野王訓《漢書》“詆”爲“訶”。

［15］譎：《説文》：“譀譎也。”野王案：此亦譎，猶以訏言相假被也。《漢

書》"滿讕諽夫"是也。

按:《漢書·谷永傳》"欲末殺災異,滿讕諽天"顏師古注:"滿讕謂欺罔也。"(頁3450)

《玉篇》"諽"蓋"諽"字之誤;"滿讕諽夫","諽"是"諽"字異體,"夫"是"天"之訛。

[16]討:《漢書》:"以成人之數討該之。"《音義》曰:"討,除也。"

按:《漢書·律曆志上》"故以成之數忖該之積"顏師古注:"孟康曰:'忖,除也。'"(頁965)

《玉篇》引《漢書》"成人"之"人"當是衍文,或涉下文"之"字而衍誤;"討"字,今本《漢書》作"忖","忖"字晚出,作"討"當存《漢書》之舊。

[17]譚:野王案:譚,猶著也。《漢書》"大譚思於渾天"是也。

按:《漢書·揚雄傳下》"而大潭思渾天"顏師古注:"潭,深也。"(頁3576)與顧野王訓釋不同。

[18]讜:《漢書》:"復聞讜言。"野王安:直言也。《聲類》:"善言也。"

按:"安"爲"案"字之誤。《漢書·叙傳》"今日復聞讜言"顏師古注:"讜言,善言也。"(頁4202)

[19]詎:《漢書》:"詎有其人?"

按:《漢書·蓋諸葛劉鄭孫毋將何傳》:"今日鷹隼始擊,當順天氣取姦惡,以成嚴霜之誅,掾部渠有其人乎?"(頁3259)今本"詎"作"渠"。

[20]詼:《漢書》:"東方朔與枚臯、郭舍人俱在右,詼啁而已。"文穎曰:"啁,戲也。"

按:《漢書·東方朔傳》"而朔嘗至太中大夫,後常爲郎,與枚臯、郭舍人俱在左右,詼啁而已"顏師古注:"啁與謿同,音竹交反。"(頁2864)

《玉篇》引文"右"前脫"左"字。文穎注不見於傳世文獻,當是《漢書》舊注佚文。

又,《東方朔傳》"朔雖詼笑"顏師古注:"詼,謿戲也。詼笑,謂謿謔,發言可笑也。詼音恢。其下詼啁、詼諧並同。"(頁2860)

[21]"曰部"沓:《漢書》遼東有沓縣。

按:《漢書·地理志》"遼東"有"沓氏縣"。顏師古注:"應劭曰:'氏水也。音長答反。'師古曰:'凡言氏者,皆謂因之而立名。'"(頁1626)《說文》:"沓,語多沓沓也。从水,从曰。遼東有沓縣。"與《玉篇》同,無"氏"字。

[22]“乃部”乃:《漢書》:“乃者鳳皇集新蔡。”野王案:乃,猶往也。

按:《漢書·宣帝紀》:“乃者鳳皇集新蔡。”(頁272)《漢書》此處“乃”字歷來無注。《廣雅·釋詁》:“乃,往也。”《漢書·曹參傳》“與窋胡治乎?乃者我使諫君也”顔師古注:“乃者猶言曩者也。”(頁2021)

[23]“亏部”平:《漢書》:“升平可致。”張晏曰:“民有三年之儲曰升平。”又曰:“餘三年食,進業曰登,曰平,餘六年食,三登曰太平。”

按:《漢書·楊胡朱梅云傳》“升平可致”顔師古注:“張晏曰:‘民有三年之儲曰升平。’”(頁2918)

《漢書·食貨志》:“三考黜陟,餘三年食,進業曰登;再登曰平,餘六年食;三登曰泰平。”(頁1123)日本名古屋寶生院藏《食貨志》古寫本亦有“再登”二字,《玉篇》引文有脱文。

[24]“云部”云:野王案:云,不安静之辭也。……《漢書》“談説者云云”並是也。……野王案:云云,不審定省略之辭也。《漢書》:“上曰:‘吾欲云云。’”張晏曰:“所言欲施人犠也。”

按:《漢書·息夫躬傳》:“守相有臯,車馳詣闕,交臂就死,恐懼如此,而談説者云,動安之危,辯口快耳,其實未可從。”(頁2184)“而談説者云”,《通志》卷九七《息夫躬傳》作“而談説者云云”①。王先謙《漢書補注》:“劉攽曰:‘云當疊云云二字,即上所説也。’”《玉篇》引文亦可證《漢書》原疊“云云”二字,原或作重文符號,後有脱誤。

《漢書·張馮汲鄭傳》“上曰吾欲云云”顔師古注:“張晏曰:‘所言欲施仁義也。’”(頁2317)《史記·汲黯列傳》《集解》引張晏同②。《玉篇》“人犠”即“仁義”。

[25]“音部”章:《漢書》:“審如御史章,當伏兩觀之誅。”野王案:牋表之屬也。

按:《漢書·趙尹韓張兩王傳》“審如御史章,尊乃當伏觀闕之誅”顔師古注:“張晏曰:‘孔子誅少正卯於兩觀之間。’”(頁3237)《玉篇》引文或涉張晏注而有衍誤,將“觀闕”誤作“兩觀”。

[26]“告部”告:《漢書》:“高祖嘗告歸之田。”服虔曰:“告音如嘷也。”李

---

① 鄭樵《通志》,中華書局,1987年,頁1313。
② 司馬遷《史記》,頁3774。

斐曰："然謁之名也,告凶曰寧也。"孟庚曰:"古者名吏假曰音,《律》吏二千石有與告、賜告。與告者,在官有功最,法所當得者也。賜告,病痛三月當免,天子優賜其告,賜得帶印授將軍官屬歸家治疾。至成帝時,郡二千石賜告不得歸家。和帝時,與賜皆絶也。"

　　按:《漢書·高帝紀》"高祖嘗告歸之田"顏師古注:"服虔曰:'告音如嘷呼之嘷。'李斐曰:'休謁之名,吉曰告,凶曰寧。'孟康曰:'古者名吏休假曰告。告又音譽。漢律,吏二千石有予告,有賜告。予告者,在官有功最,法所當得也。賜告者,病滿三月當免,天子優賜其告,使得帶印綬將官屬歸家治病。至成帝時,郡國二千石賜告不得歸家。至和帝時,予賜皆絶。'"(頁5—6)

　　《玉篇》引服虔"音如嘷"的"嘷",疑爲"嘷"字之訛;"李斐曰"當鈔脱"吉曰"二字;"孟康"誤爲"孟庚";"古者名吏假曰音","音"是"告"字之誤;"病痛三月",今本《漢書》及唐宋類書等引文皆作"病滿三月","痛"當是"滿"字之誤;"歸家治疾",《漢書》作"歸家治病",傳世本《史記·高祖本紀》"高祖爲亭長時,常告歸之田"《集解》引孟康注、《白氏六帖事類集》卷一二引文皆作"歸家治疾"①,與《玉篇》同。

　　[27]"龠部"龠:《漢書》:"起於昔鍾之重,一龠容千二百广,重十二銖,兩人爲兩,二龠爲合者,龠士之量也。"

　　按:《漢書·律曆志》:"龠者,黄鐘律之實也,躍微動氣而生物也。合者,合龠之量也。"(頁968)"本起於黄鐘之重。一龠容千二百黍,重十二銖,兩之爲兩。"(頁969)

　　《玉篇》引文"昔",當是"黄"字之誤;"广"或是"黍"字殘泐,"兩人"之"人",當是"之"字之誤;"二龠爲合者,龠士之量也","士"疑爲重文符號之誤,此句當作"二龠爲合者,合龠之量也"。

　　[28]"冏部"商:《漢書》:"西則有商中。"如淳曰:"適庭也。"

　　按:《漢書·郊祀志》"其西則商中"顏師古注:"如淳曰:'商中,商庭也。'師古曰:'商,金也。於序在秋,故謂西方之庭爲商庭,言廣數十里。於菟亦西方之獸,故於此置其圈也。'"(頁1245)《玉篇》引如淳"適"或涉下"庭"字,類化增"辶"旁。

　　[29]"欠部"歈:《漢書》:"歈肩累之。"

---

① 司馬遷《史記》,頁441;僅見日本宮内廳藏《史記·高祖本紀》舊鈔本作"歸家治病"。

按：《漢書·荆燕吴傳》：“脅肩累足。”（頁1907）《玉篇》引文“脅”作“歙”，“之”爲“足”字形訛。

［30］歂：野王案：熱氣也。《漢書》“浡翁之雲而散歂弟”是也。

按：《漢書·揚雄傳下》“泰山之高不嶕嶢，則不能浡瀹雲而散歂烝”顏師古注：“歂烝，氣上出也。”（頁3577）《玉篇》引文“弟”疑爲“茎”字形訛，《説文》“茎，蒸或省火”，即“蒸”字異體。

［31］歈：《漢書》丹楊郡有歈縣也。

按：《漢書·地理志》丹揚郡有歈縣（頁1592）。

［32］“食部”餅：《漢書》：“宣帝微明，每置家輒大奮也。”

按：《漢書·宣帝紀》“每買餅，所從買家輒大讎”顏師古注：“讎讀曰售。”《藝文類聚》卷七二、《北堂書鈔》卷一四四、《白氏六帖事類集》卷五皆引《漢書》作：“宣帝微時，每買餅，所從買家輒大售。”似與《玉篇》同出一源。《玉篇》引文“微明”疑爲“微時”之誤，“置”是“買”字之誤，“奮”是“售”字之誤，且《玉篇》有鈔脱。

［33］籑：《漢書》或以爲“撰”字，在手部。

按：今本《漢書》無“籑”字，有“篹”字，如《漢書·刑法志》“篹二百章”顏師古注：“孟康曰：‘篹音撰。’”（頁1113）又如《漢書·司馬遷傳》“太史公仍父子相繼篹其職”顏師古注：“篹讀與撰同。”（頁2724）

［34］“次部”羡：《説文》：“羡，貪欲也。”野王案：《漢書》“故爲人所羡”是也。

按：《漢書·五行志中之上》：“成帝時謡謡又曰：‘邪徑敗良田，讒口亂善人。桂樹華不實，黃爵巢其顛。故爲人所羡，今爲人所憐。’”（頁1396）

［35］“卜部”占：《漢書》：“口占作書。”野王案：口占猶授言語，使人書之也。

按：《漢書·遊俠傳》“遵憑几，口占書吏”顏師古注：“占，隱度也。口隱其辭以授吏也。占音之贍反。”（頁3711）《文選·陶徵士誄》“式尊遺占”李善注：“《漢書》曰：‘陳遵口占作書。’占，謂口隱度其事，令人書也。”[1]

［36］“用部”庸：《漢書》：“教民相與庸輓犁。”李奇曰：“庸，次也。”

按：《漢書·食貨志》：“過秦光以爲丞，教民相與庸輓犁。”（頁1139）王念孫《讀書雜志》以爲此“庸”義爲“更也，迭也，代也”[2]。《玉篇》引李奇注字爲

---

[1] 蕭統編，李善注《文選》，中華書局，2005年，頁792。

[2] 王念孫《讀書雜志》，江蘇古籍出版社，2000年，頁223。

比次之義,與之近似。

[37]"車部"輿:《漢書》:"乃案輿地圖。"蘇林曰:"輿猶盡載之意也。"①

按:《漢書·淮南王安傳》"日夜與左吴等按輿地圖"顔師古注:"蘇林曰:'輿猶盡載之意。'"(頁2149)由於《玉篇》是節引,不可遽斷"乃"爲"等"字之誤,顧野王所見本《漢書》"等"後或有"乃"字。

[38]較:野王案:《廣雅》:"較,明也。"《漢書》"較然易知"是也。《漢書》又曰:"較若畫一。"

按:《漢書·刑法志》:"令較然易知,條奏。"(頁1103)較,敦煌寫本P.3369《漢書·刑法志》殘卷作"駮"。

《漢書·蕭何曹參傳》"蕭何爲法,講若畫一"顔師古注:"文穎曰:'講或作較。'"(頁2021)顔注引文穎所列異文與《玉篇》同。

[39]輙:《漢書》:"上書言便宜,輙白問狀。"野王案:輙猶專輙也。又曰"每有水旱,輙自素食"是也。

按:《漢書·蕭望之傳》:"多上書言便宜,輒下望之問狀。"(頁3273)"下望之問狀",《玉篇》引作"白問狀",亦通。

《漢書·王莽傳》:"每有水旱,莽輒素食。"(頁4050)"莽輒素食",《玉篇》引作"輙自素食"。

[40]軨:《漢書》:"太僕以軨獵車奉迎曾孫。"文穎曰:"如小車,前有曲輿不衣也。近世謂之軨獵。"孟康曰:"今三載獵車,前有曲軨,特高大,獵時立其中格射禽獸,或曰獵車。"

按:《漢書·宣帝紀》"太僕以軨獵車奉迎曾孫"顔師古注:"文穎曰:'軨獵,小車,前有曲輿不衣也,近世謂之軨獵車也。'孟康曰:'今之載獵車也。前有曲軨,特高大,獵時立其中格射禽獸。'"(頁238)

[41]軌:《漢書》:"而共軌已。"《音義》曰:"軌,踐蹂也。"

按:《漢書·刑法志》"鰓鰓常恐天下之一合而共軌已也"顔師古注:"張晏曰:'軌,踐轢也。'"(頁1088)

[42]輭:《漢書》"軟弱不勝任"爲此字,反在尸部,或爲耎字在大部。

按:《漢書·王尊傳》:"尊子伯亦爲京兆尹,坐耎弱不勝任免。"(頁3238)

① 此條據臺北故宫博物院藏楊守敬舊藏《玉篇》殘卷鈔本,詳參《原本〈玉篇〉車部佚文輯考——兼談江户鈔本的學術價值》,《文獻語言學》第14輯,中華書局,2022年。

《漢書・酷吏傳》：“一坐軟弱不勝任免，終身廢棄無有赦時。”（頁 3675）《王尊傳》“軟”作“奭”。

［43］輒：《淮南》：“輒車奉軥。”許叔重曰：“輒，推也。”野王案：……《漢書》“再三發輒”是也。

按：《漢書・馮奉世傳》“再三發輒”顏師古注：“如淳曰：‘輒，推也。《淮南子》曰“内郡輒車而餉”。’”（頁 3297）

［44］［轓：］①《漢書》：“令長吏六千石車朱兩轓。”應劭曰：“車耳反出，所以爲蕃屏，翳鹿泥也。”

按：《漢書・景帝紀》“令長吏二千石車朱兩轓”顏師古注：“應劭曰：‘車耳反出，所以爲之藩屏，翳塵泥也。……’”（頁 149）《玉篇》引應劭“鹿泥”之“鹿”，當是“塵”字之誤。

［45］轎：《漢書》：“輿轎而踰嶺。”服虔曰：“音橋，謂隥道輿車也。”如淳曰：“韋誕云：‘轎，車也。’”臣瓚以爲“今竹輿車也。江表作竹輿以行是也”。或曰：“陵絶山曰轎。音其庿反。嶺，山嶺也。不通舟車，傳運皆擔輿也。”

按：《漢書・嚴助傳》“輿轎而隃領”顏師古注：“服虔曰：‘轎音橋梁，謂隥道輿車也。’臣瓚曰：‘今竹輿車也，江表作竹輿以行是也。’項昭曰：‘陵絶水曰轎，音旗廟反。領，山領也。不通舡車，運轉皆擔輿也。’師古曰：‘服音、瓚説是也。項氏謬矣。此直言以轎過領耳，何云陵絶水乎！’”（頁 2779）

隃領，《玉篇》引作“踰嶺”；項昭注，《玉篇》引作“或曰”；今本《漢書》顏注引項昭注“不通舡車”“運轉”，《玉篇》引作“不通舟車”“傳運”。“陵絶水”當是“陵絶山”之誤，顏師古所見本已誤，《玉篇》存古。

［46］輶：《漢書》：“爲甓所輶。”野王案：輶猶轢也。

按：《漢書・遊俠列傳》“爲甓所輶”顏師古注：“輶，擊也。言瓶忽縣礙不得下，而爲井甓所擊，則破碎也。”（頁 3713）與顧野王釋義不同，野王案釋“輶”爲“轢”，《玉篇》“轢”字引《蒼頡篇》：“轢，轑也。”可知顧氏所謂“轢”即碾壓義。

［47］“舟部”艫：《漢書》：“舳艫萬里。”李斐曰：“船前刺擢處也。”

按：《漢書・武帝紀》“舳艫千里”顏師古注：“李斐曰：‘艫，船前頭刺擢處也。’”（頁 197）

---

① 字頭“轓”原佚，據釋義書證與《玉篇》上下文字次補，加［　］標記，下皆做此。

　　［48］朕:《漢書》"朕未有",又天子稱朕。

　　按:《漢書·宣帝紀》詔書有"今吏修身奉法,未有能稱朕意,朕甚愍焉"（頁 255）,《成帝紀》詔書有"朕……至今未有繼嗣,天下無所係心"（頁 328）,《漢書·郊祀志》"其明年,天子郊雍,曰:'今上帝朕親郊……'"（頁 1221）,諸如此類"天子稱朕"。

　　［49］"水部"［淦:《漢書》豫章郡有新淦］[①] 縣。應劭曰:"淦水所出,西入湖漢。"

　　按:《漢書·地理志》豫章郡有新淦縣,顏師古注:"應劭曰:'淦水所出,西入湖漢也。'"（頁 1593）

　　［50］泛:《漢書》或以爲覂字。覂,覆也。音方隴反。

　　按:《漢書·食貨志》"大命將泛"顏師古注:"孟康曰:'泛音方勇反。泛,覆也。'師古曰:'字本作覂,此通用也。'"（頁 1128）

　　［51］涿:《漢書》有涿縣。應劭曰:"涿水出上谷涿鹿縣。"

　　按:《漢書·地理志》燕地有涿縣,顏師古注:"應劭曰:'涿水出上谷涿鹿縣。'"（頁 1578）

　　［52］汙:野王案:汙,猶相染汙也。《漢書》"令染汙有處"是也。

　　按:《漢書·江充傳》:"捕蠱及夜祠,視鬼,染汙令有處,輒收捕驗治,燒鐵鉗灼,强服之。"（頁 2178）《玉篇》引文"令染汙有處",與今本《漢書》略有差異,未知孰是。

　　［53］準:野王案:准猶擬儀之也。《漢書》"以類相准"是也。

　　按:《漢書·趙廣漢傳》:"以類相準。"（頁 3202）《玉篇》引作"准",或是"準"字簡寫。《漢書》"以類相準"歷來無注,顧野王訓"準"爲擬儀,即模仿其法度、仿效之義。

　　［54］涫:《漢書》酒泉有樂涫縣。

　　按:《漢書·地理志》酒泉郡有"樂涫"縣（頁 1614）。

　　［55］潘:《漢書》:臨淮郡有潘旌縣。

　　按:《漢書·地理志》臨淮郡有"播旌"縣（頁 1589）。

　　［56］汁:《漢書》梓潼郡有汁方縣。

　　按:《漢書·地理志》廣漢郡有梓潼、汁方縣（頁 1597）。疑《玉篇》有誤。

---

① 原卷有殘泐,今據下文引文與古寫本《玉篇》體例補。

［57］滄：《漢書》：“欲湯之滄，一人吹之，百人揚之。”

按：《漢書·賈鄒枚路傳》：“欲湯之滄，一人炊之，百人揚之。”（頁2360）“吹”當是“炊”字形訛。

［58］“山部”岑：《漢書》：“我頭岑岑，无有毒耶！”野王案：岑岑，痒痹之意也。

按：《漢書·外戚傳》“我頭岑岑也，藥中得無有毒”顏師古注：“岑岑，痺悶之意。”（頁3967）

［59］巖：《漢書》：“游於巖廊之上。”文穎曰：“巖廊，殿下小屋也。”晋灼曰：“堂邊廉曰巖巖，謂巖峻之廊也。”

按：《漢書·董仲舒傳》“游於巖郎之上”顏師古注：“文穎曰：‘巖郎，殿下小屋也。’晋灼曰：‘堂邊廡巖郎，謂巖峻之郎也。’”（頁2506）《玉篇》引文“巖廓”當是“巖廊”之誤；“堂邊廉曰巖巖”，《漢書》顏注引作“堂邊廡巖郎”，《説文》“廡，堂下周屋也”，《玉篇》引文“廉”當是“廡”字之誤，“巖巖”當是“巖廊”之誤。

［60］炭：《漢書》：“炭炭其國。”應劭曰：“炭炭，欲毀壞意也。”

按：《漢書·韋賢傳》“炭炭其國”顏師古注：“應劭曰：‘炭炭，欲毀壞也。’”（頁3104）

［61］嶺：《廣雅》：“嶺，陵也。”野王案：《漢書》“絶梓嶺”、西城有“蔥嶺”是也。

按：《廣雅》：“嶺，阪也。”《玉篇》引文“陵”當是“阪”字之誤。《漢書·衞青傳》“絶梓領，梁北河”（頁2473），《漢書·西域傳》有“蔥嶺”（頁3871），《玉篇》“西城”當是“西域”形訛，“有”“蔥”下有重文符號，恐有衍誤。

［62］岸：《漢書》：“爲人魁岸，容皃其壯。”張晏曰：“魁岸，桀長大也。”

按：《漢書·江充傳》“充爲人魁岸，容貌甚壯”顏師古注：“魁，大也。岸者，有廉棱如崖岸之形。”（頁2177）顏注與張晏注不同，或因此不引張注。《玉篇》“其”當是“甚”字之誤。

［63］廬：《漢書》：“饗承明之廬。”張晏曰：“直宿所止曰廬。”

按：《漢書·嚴助傳》“君厭承明之廬”顏師古注：“張晏曰：‘承明廬在石渠閣外。直宿所止曰廬。’”（頁2790）

［64］廁：《漢書》：“取親中羣於廁腧，身自澣洒。”蘇林曰：“腧音枚。賈逵注《周官》‘窬，虎子也。腧，行清也’。”孟康曰：“東南人謂鑿木空中如楄者謂腧也。”

按：《漢書·萬石君傳》“竊問侍者，取親中帬廁腧，身自澣洒”顏師古注：

“服虔曰：‘親身之衣也。’蘇林曰：‘牏音投。賈逵解《周官》云“牏，行清也”。’孟康曰：‘廁，行清；牏，中受糞函者也。東南人謂鑿木空中如曹謂之牏。’”（頁2195）

《史記·萬石君列傳》：“竊問侍者，取親中帬廁牏，身自浣滌。”《集解》：“呂靜曰：‘楲窬，褻器也。音威豆。’駰案：蘇林曰：‘牏音投。賈逵解《周官》，楲，虎子也。窬，行清也。’孟康曰：‘廁，行清。窬，行中受糞者也。東南人謂鑿木空中如曹謂之窬。’”①

《玉篇》引文“牏”當皆是“牏”鈔寫之誤；蘇林注“牏音枚”當是“牏音投”之誤；“謂鑿木空中如榆者”之“榆”，或是“槽”字之誤。

［65］廉：野王案：廉猶察視詳審之也。《漢書》“且廉問，有如詔以重論”是也。……《說文》以廉視爲覝字，在部。

按：《漢書·高帝紀》“且廉問，有不如吾詔者，以重論之”顏師古注：“廉，察也。廉字本作覝，其音同耳。”（頁56）《玉篇》引《漢書》或有鈔脫，據顏注可知《玉篇》“覝”當是“覝”，“在部”當是“在見部”。

［66］龐：《漢書》九真郡有都龐縣，音龍也。

按：《漢書·地理志》九真郡有都龐縣，顏師古注：“應劭曰：‘龐音龍。’”（頁1630）

［67］斥：《漢書》：“乘舉斥馬。”《音義》曰：“斥，不用也。”

按：《漢書·郊祀志》“乘輿斥車馬帷帳器物以充其家”顏師古注：“斥，不用者也。”（頁1224）

《史記·封禪書》：“乘輿斥車馬帷幄器物以充其家。”《史記·孝武本紀》：“乘輿斥車馬帷帳器物以充其家。”《集解》：“《漢書音義》曰：‘或云斥不用也。’”②《玉篇》引《漢書》“舉”當是“輿”字之誤。

［68］廊：……野王案：《漢書》“陳廊廡下”是也。《國語》：“謀之廊廟，失之中原。”野王案：《漢書》“廊廣之材，非一木之枝”是也。

按：《漢書·竇嬰傳》“所賜金，陳廊廡下……”顏師古注：“廊，堂下周屋也。”（頁2376）

《漢書·酈陸朱劉叔孫傳贊》：“語曰‘廊廟之材，非一木之枝。’”（頁

---

① 司馬遷《史記》，頁3348。
② 司馬遷《史記》，頁1671、頁590。

2131）《玉篇》引文“廊廣”的“廣”，當是“庿”字形訛。

　　［69］“厂部”雁：《漢書》：“鑿離雁。”晋灼曰：“堆字也。”野王案：堆，沙堆，高也，在土部也。

　　按：《漢書·溝洫志》“則蜀守李冰鑿離堆”顔師古注：“晋灼曰：‘堆，古堆字也。堆，岸也。’”（頁1677）《玉篇》引文與《漢書》用字不同，“離堆”作“離雁”。

　　［70］“高部”高：《漢書》：“羣臣曰：‘帝赴細微，撥乱反正之，平定天下，爲漢太祖，功寂。《諡法》照公間民曰高，尊上尊号曰高皇帝。’”

　　按：《漢書·高帝紀》：“羣臣曰：‘帝起細微，撥亂世反之正，平定天下，爲漢太祖，功最高。上尊號曰高皇帝。’”（頁80）《玉篇》引文“赴”當是“起”字俗體形訛；反正之，當是“反之正”誤倒；“功寂”後脱一“高”字，又衍入下文“諡法照公間民曰高”；“上尊号”前又衍一“尊”字。

　　［71］亭：《漢書》：“大平十里一亭，亭有長。十亭一鄉。”

　　按：《漢書·百官公卿表》：“大率十里一亭，亭有長。十亭一鄉。”（頁742）《玉篇》“平”字，當是“率”字傳鈔之誤。

　　［72］“石部”石：野王案：石謂斛也。《漢書》“有百畝之牧不過百”、“粟五千石”、“穀石七錢”是也。

　　按：《漢書·食貨志》：“其能耕者不過百晦，百晦之收不過百石。”（頁1132）《漢書·食貨志》：“今一夫挾五口，治田百晦，歲收晦一石半，爲粟百五十石，除十一之税十五石，餘百三十五石。”《漢書·宣帝紀》：“穀石五錢。”（頁259）《玉篇》引文“有百畝之牧不過百”，當是“有百畝之收不過百石”之訛；“粟五千石”不見於《漢書》，或是《食貨志》“粟百五十石”脱訛所致；“穀石七錢”是“穀石五錢”之誤。

　　［73］礫：《漢書》：“星礫至即磧也。”如淳曰：“礫亦堕也。”

　　按：《漢書·天文志》“星礫至地，則石也。”如淳曰：“礫亦墜也。”（頁1294）《史記·天官書》亦有“星墜至地，則石也”[①]。疑《玉篇》引文有衍誤。

　　［74］硯：《漢曰》“下至財用筆硯”是也。

---

① 司馬遷《史記》，頁1592。

按:《漢書·薛宣傳》:“下至財用筆研,皆爲設方略,利用而省費。”(頁3391)《玉篇》“漢曰”當是“漢書”之誤,引《漢書》“硯”與今本用字不同,《玉篇》殘卷“研”字釋義亦云“或以爲筆硯之硯字也”。

[75]磐:《漢書》:“宗族磐平。”野王案:磐平,猶根據也。

按:《漢書·楚元王傳》“宗族磐互”顔師古注:“磐結而交互也。字或作牙,謂若犬牙相交入之意也。”(頁1961)“互”字,中古俗字字形可作“㸦”或“手”“乎”[①]等形,與“平”“牙”形近易混淆,《玉篇》引文“平”字當是“互”字俗寫之誤,金澤文庫本古寫本《群書治要·漢書》引此作“𤘘”[②],亦可證。顧野王釋“磐互”爲“根據”義,根據即盤踞。

[76]棧:《字書》:“蜀道也。”野王案:《漢書》“燒絶棧道”是也。

按:《漢書·高帝紀》“因説漢王燒絶棧道”顔師古注:“棧即閣也,今謂之閣道。”(頁30)《漢書·張良傳》“良因説漢王燒絶棧道”顔師古注:“棧道,閣道也。”(頁2028)顧野王與顔師古釋義略異。

[77]磾:《漢書》者金日磾也。

按:“者”當是“有”字之誤,《大廣益會玉篇》作“《漢書》有金日磾”。金日磾爲匈奴休屠王太子,後爲漢武帝大臣,《漢書》與霍光同傳。

[78]“阜部”隁:《漢書》:“戲隁河洛之間。”

按:《漢書·諸侯王表》:“至虖陒隁河洛之間。”(頁391)與《玉篇》用字不同。

[79]隄:《漢書》:“无隄之輿。”蘓林曰:“隄,限也。”又曰:“隄封万井。”蘓林曰:“陳留人謂舉田爲隄。”如淳曰:“旁曰隄,題曰封。”韋昭曰:“積土爲封限也。”臣瓚曰:“舊説冣凡也,或以爲无慮也。”

按:《漢書·東方朔傳》:“又有深溝大渠,夫一日之樂不足以危無隄之輿。”顔師古注:“蘇林曰:‘隄,限也。’”(頁2850)《玉篇》引文“與”當是“輿”字之誤。

《漢書·刑法志》:“提封萬井。”顔師古注:“蘇林曰:‘提音秖,陳留人謂舉田爲秖。’李奇曰:‘提,舉也,舉四封之内也。’”(頁1083)

《文選·西都賦》“提封五萬”李善注:“‘天子畿方千里,提封百萬井。’臣

---

① 黄征《敦煌俗字典》(第二版),上海教育出版社,2020年,頁304。

② 日本古典研究會叢書《群書治要》,汲古書院,1991年,頁334。

瓚案：‘舊説云，提，撮凡也。言大舉頃畝也。’韋昭曰：‘積土爲封限也。’”《文選·齊故安陸昭王碑文》：“都會殷負，提封百萬。”李善注：“《漢書》曰：‘天子幾方千里，提封百萬井。’臣瓚案：‘舊説云：提，最凡。言大舉頃畝也。’李奇曰：‘提，舉也，舉四方爲内也。’韋昭曰：‘積土爲封限。’”

《廣雅》：“堤封、無慮，都凡也。”王先謙《漢書補注》引王念孫曰：“《廣雅》曰：‘提封，都凡也。’都凡者，猶今人言大凡、諸凡也……都凡與提封一聲之轉，皆是大數之名。提封萬井，猶言通共萬井耳。”

《玉篇》引臣瓚“舊説宬凡也，或以爲无慮也”，宬凡，即最凡，亦爲總計之義，無慮爲大約、總共之義，與王念孫判斷同。

［80］障：《蒼頡篇》：“障，隟也，亦小城也。”野王案：《漢書》“使居一障間能乎”、“女子乘障”並是也。

按：《漢書·張湯傳》“居一鄣間”顏師古注：“鄣謂塞上要險之處，別築爲城，因置吏士而爲鄣蔽以扞寇也。”（頁2642）

《漢書·賈捐之傳》：“女子乘亭鄣。”（頁2833）用字皆與《玉篇》有異。

［81］隱：《漢書》：“厚築其外，隱以今雅。”服虔曰：“隱築也。鐵椎築之也。”

按：《漢書·賈鄒枚路傳》“厚築其外，隱以金椎”顏師古注：“服虔曰：‘作壁如甬道。隱築也，以鐵椎築之。’”（頁2329）《玉篇》引文“今雅”當是“金椎”之誤。

［82］附：《漢書》：“蕭何祭關中老弱未附者悉詣軍。”孟庚曰：“古者廿而，三年耕有一年之儲，故廿三而役之。”

按：《漢書·高帝紀》“蕭何發關中老弱未傅者悉詣軍”顏師古注：“孟康曰：‘古者二十而傅，三年耕有一年儲，故二十三而後役之。’”（頁37）《玉篇》引文“祭”、“孟庚”當是“發”、“孟康”之誤；“古者廿而”後鈔脱一“附”字。附、傅可通。

［83］陭：野王案：《漢書》上黨有陭氏縣。

按：《漢書·地理志》上黨郡有陭氏縣（頁1553）。

［84］除：《漢書》：“吏初除之官。”如淳曰：“凡言除者，除故官就新官也。”

按：《漢書·景帝紀》“列侯薨及諸侯太傅初除之官”顏師古注：“如淳曰：‘凡言除者，除故官就新官也。’”（頁145）

［85］階：《漢書》：“領我傷墜，爵復我既斯登，涯我舊階，先后慈，連連孔德。”野王案：此謂官爵之階級也。

按:《漢書·韋賢傳》:"顧我傷隊,爵復我舊。我既此登,望我舊階,先后茲度,漣漣孔懷。"(頁 3113—3114)

《玉篇》引文多有訛誤,"領""㳂""慈""德"當是"顧""望""茲""懷"之誤,《玉篇》殘卷"放"字下引《左氏傳》有將"望"字誤作"淫"字之例,可爲"㳂"字形訛旁證,孔懷代指兄弟,"德"是"懷"字形訛。"先后慈"後脫一"度"字。《漢書》此處"階"字歷來無注。

[86]阹:《漢書》:"合阹扵天地神祇。"《音義》曰:"阹,開也;合,閟也。"

按:《漢書·兒寬傳》"合祛於天地神祇"顔師古注:"李奇曰:'祛,開散;合,閉也。'"(頁 2631)《玉篇》引文用字與今本《漢書》不同。

[87]陏:《漢書》:南陽有縣也。

按:《漢書·地理志上》南陽郡有隨縣(頁 1563)。《玉篇》"縣"前脫一"陏"字,縣名與《漢書》用字不同。

[88]陾:《漢書》交阯郡有贏陾縣。

按:《漢書·地理志下》交趾郡有贏陾縣(頁 1629)。

[89]"厽部"絫:《漢書》:"權輕重者不失絫。"應劭曰:"十黍爲一絫,十絫爲一銖。"

按:《漢書·律曆志》"權輕重者不失黍絫"顔師古注:"應劭曰:'十黍爲絫,十絫爲一銖。'"(頁 957)《玉篇》"不失絫"疑脫一"黍"字,"應"字下有"欲"字,"十絫"前有"爲"字,皆有删字符號,據删;"十黍爲一絫",《漢書》顔注引文或脫"一"字,《文選·文賦》李善注引應劭《漢書注》亦有"一"字①。

[90]紀:《漢書》:"衆庶冤而紀之。"野王案:紀猶紀識之也。

按:《漢書·王章傳》:"衆庶冤紀之,號爲三王。"(頁 3239)今本《漢書》"冤"後無"而"字。此處"紀"字,歷來無注。

[91]緡:《漢書》:"出緡千萬。"李奇曰:"緡,落也。"孟康曰:"錢貫也。《管子》曰'凶歲糴,釜千緡'是也。"

按:《漢書·食貨志》"使萬室之邑必有萬鍾之臧,臧緡千萬"顔師古注:"李奇曰:'緡,落也。'孟康曰:'六斛四斗爲鍾。緡,錢貫也。《管子》曰"凶(戾)[歲]糴,釜十緡"。'"(頁 1150)《校勘記》:"景祐、殿本都作'歲'。王先謙説作'歲'是。"(頁 1187)《玉篇》引孟康注亦可證當作"歲"。

---

① 蕭統編,李善注《文選》,頁 241。

[92]絶：《漢書》：“絶梓嶺，梁北何。”如淳曰：“絶，渡也。”

按：《漢書·衛青傳》“絶梓領，梁北河”顏師古注：“如淳曰：‘絶，度也。’”（頁2474）《玉篇》引《漢書》“何”當是“河”字之誤。《廣雅》：“渡，過也。”《玉篇》引如淳或存古。

[93]紅：《漢書》：“女紅之物。”如淳曰：“紅亦左也。”

按：《漢書·哀帝紀》“害女紅之物，皆止，無作輸”顏師古注：“如淳曰：‘紅亦工也。’”《玉篇》引文“左”爲“工”字之誤。

[94]纔：《漢書》：“纔數月耳。”文穎曰：“音聲。”野王案：此亦音似來反。猶僅能、ヂ能也。

按：《漢書·賈山傳》“然身死纔數月耳……”顏師古注：“纔音財，暫也，淺也。”（頁2333）

《玉篇》引文穎注不見於《漢書》各種傳本，“音聲”不辭，恐有脱誤。“ヂ”或是“劣”字，“劣”作爲副詞有僅、才義。

[95]綟：《漢書》：“金璽綟綬。”如淳曰：“録色也。綬以緑爲質也。”晋灼曰：“草名也，出瑯琊平昌縣，似艾，可染緑也。”

按：《漢書·百官公卿表》“金璽綟綬”顏師古注：“如淳曰：‘綟音戾，綟，緑也，以緑爲質。’晋灼曰：‘綟，草名也，出琅邪平昌縣，似艾，可染緑，因以爲綬名也。’”（頁741）《東觀漢記·百官表》亦作“金璽綟綬”，與《玉篇》用字同。《玉篇》引如淳注“録”當是“緑”字形訛。

[96]繻：《漢書》：“關吏與終軍繻。”張晏曰：“符書帛裂而分之，若券別也矣。”臣瓚以爲：“漢制出入關用傳猶今過所也，皆用印封，无裂繒帛之製也。此故用傳耳，而復更有券識其往還，故關吏曰‘爲復傳，還當合符也’，未必是繒帛也。”或曰：“可以爲符信券名也。”蘇林曰：“繻，帛邊也。舊關出入皆以傳，傳煩，因裂繻頭，合以爲符信也。”

按：《漢書·終軍傳》“關吏予軍繻”顏師古注：“張晏曰：‘繻音須。繻，符也，書帛裂而分之，若券契矣。’蘇林曰：‘繻，帛邊也。舊關出入皆以傳，傳煩，因裂繻頭，合以爲符信也。’”（頁2820）

《玉篇》引臣瓚注不見於《漢書》各種傳本，亦不見於《文選》李善注等其他相關文獻。

[97]纚：《説文》：“冠織也。”野王案：所以爲冠也。《漢書》“江充冠單纚步揺”是也。

按:《漢書·江充傳》:"冠襌纚步搖冠,飛翮之緌。"(頁 2176)"單""襌"可通。

[98]纂:《漢書》:"錦纂組,害女功。"應劭曰:"今五采屬絴也。"

按:《漢書·景帝紀》"錦繡纂組,害女紅者也"顏師古注:"應劭曰:'纂,今五采屬絴是也。'"(頁 151)《玉篇》引《漢書》鈔脱一"繡"字。

[99]緁:《漢書》:"緁以扁緒。"晋灼曰:"以扁諸縫著衣也。"

按:《漢書·賈誼傳》"緁以偏諸"顏師古注:"晋灼曰:'以偏諸緁著衣也。'"(頁 2243)

《説文》:"絛,扁緒也。"段玉裁注:"《廣雅》作'編緒',《漢書》及賈生《新書》作'偏諸',蓋上字作'編',下字作'諸'爲是。諸者,謂合衆采也。"《玉篇》引文《漢書》"扁緒"、晋灼注"扁諸",與今本不同,顧野王所見《漢書》或即作此,非傳鈔之誤。

[100]緱:《漢書》河南有緱氏縣。

按:《漢書·地理志》河南郡有緱氏縣(頁 1555)。

[101]編:《淮南》:"編户齊民。"野王案:編猶列也。《漢書》"諸將故與廗爲編户"是也。

按:《漢書·高帝紀》"諸將故與帝爲編户民"顏師古注:"編户者,言列次名籍也。編音鞭。"(頁 80)《玉篇》引文"廗"當是"帝"字之誤。

[102]絆:《漢書》:"貫仁義之羈絆。"

按:《漢書·叙傳》:"今吾子已貫仁誼之羈絆"。(頁 4205)

"誼""義"古今字,顧野王引《漢書》已改爲今字。

[103]縶:《説文》:"絆前兩足也。"《漢書》:"蠻夷本今有梟縶也。"

按:《説文》引《漢令》,此處誤作《漢書》

[104]絮:《漢書》:"以冒絮提文帝。"晋灼曰:"巴蜀以頭上巾爲冒絮。"

按:《漢書·周勃傳》"文帝朝,太后以冒絮提文帝"顏師古注:"應劭曰:'陌領絮也。'晋灼曰:'《巴蜀異志》謂頭上巾爲冒絮。'師古曰:'冒,覆也,老人所以覆其頭。提,擲也。提音徒計反。'"(頁 2056)

冒,是"冒"中古時期的俗體字。

[105]絩:《漢書》:"一月之禄十絩,布二疋,或帛疋。"《音義》曰:"絩,八十縷也。"

按:《漢書·王莽傳》:"一月之禄十緵,布二匹,或帛一匹。"顏師古注:"孟

康曰：'緵，八十（緵）［縷］也。'"（頁4143）《校勘記》："景祐、殿、局本都作
'縷'。"（頁4147）《玉篇》引《音義》可爲旁證。

古寫本《玉篇》："緵，《字書》亦稯字也。稯，束也，十苣也。在禾部。"《説
文》："稯，布之八十縷爲稯。从禾，㚇聲。稅，籀文稯省。"《玉篇》"綖"字或
是"統"字形訛。

［106］紲：《漢書》嚴延年女名羅紲。

按：《漢書·武五子傳》："嚴延年字長孫，女羅紲。"（頁2768）

［107］絟：《漢書》："遺建絟、葛。"《音義》曰："細布也。見律。"服虔曰：
"絟亦葛也。"今或爲荃字在草部。

按：《漢書·景十三王傳》"繇王閩侯亦遺建荃、葛"顏師古注："蘇林曰：
'荃音詮，細布屬也。'服虔曰：'音蓀，細葛也。'臣瓚曰：'荃，香草也。'師
古曰：'服、瓚二説皆非也。許慎云："荃，細布也。"字本作絟，音千全反，又
音千劣反，蓋今南方筩布之屬皆爲荃也。葛即今之葛布也。以荃及葛遺建
也。'"（頁2417）顏注與《玉篇》正相對應。《玉篇》"見律"不辭，或有衍誤。
"絟""荃"古今字。

［108］罽：野王案：《説文》："西故毳布也。"《漢書》"織罽，刺文繡""賈人
无得衣罽"是也。……今或爲罽字，在罓部。

按：《説文》："罽，西胡毳布也。"《玉篇》引文"西故"當是"西胡"之誤。

《漢書·西域傳上》："織罽，刺文繡，好治食。"（頁3885）《漢書·高帝
紀下》"賈人毋得衣錦繡綺縠絺紵罽"顏師古注："罽，織毛若今毾㲪及氍毹之類
也。"（頁66）罽、罽、罽互爲異體。

［109］繁：人姓也。《漢書》有繁延壽。

按：《漢書·元帝紀》"御史大夫延壽卒"顏師古注："即繁延壽也。"（頁
298）《漢書·谷永傳》："建昭中，御史大夫繁延壽聞其有茂材。"（頁3443）

［110］絪：《漢書》："如畫繡絪。"如淳曰："絪亦茵也。"

按：《漢書·霍光傳》"加畫繡絪馮……"顏師古注："如淳曰：'絪亦茵。'"
（頁2951）《玉篇》引文"如"當是"加"字之誤。

［111］繿：餘忍反。《漢書》淮陽舅王欽孫名繿。

按：《漢書·宣元六王傳》："淮陽憲王欽，……子文王玄嗣，二十六年薨。
子繿嗣，王莽時絶。"（頁3319）《玉篇》字頭當是"繿"殘訛，引文"舅"是
"憲"字之誤。

[112] 孫：《漢書》：“内外公孫耳孫。”應劭曰：“公孫，謂王侯内外孫。耳孫，上去其曾高益遠，但耳聞之也。”晋灼曰：“玄孫之曾孫也，在《諸侯王表》也。”

按：《漢書・惠帝紀》“上造以上及内外公孫耳孫有罪當刑及當爲城旦舂者，皆耐爲鬼薪白粲”顔師古注：“應劭曰：‘……内外公孫謂王侯内外孫也。耳孫者，玄孫之子也，言去其曾高益遠，但耳聞之也。……’晋灼曰：‘耳孫，玄孫之曾孫也，《諸侯王表》在八世。’”（頁87）《玉篇》引文大體近似，略有刪節。

[113] 緜：《漢書》：“越人緜力薄材。”《音義》曰：“緜力，薄力也。”

按：《漢書・嚴朱吾丘主父徐嚴終王賈傳》“且越人緜力薄材，不能陸戰”顔師古注：“孟康曰：‘緜音滅，薄力也。’”（頁2782）《玉篇》字頭用“緜”，釋義引文全用“緜”。

[114]“素部”䌰：《漢書》：“昌邑王居喪不素食，私買雞肫以食。”野王案：素食，菜粗食也。又曰“每有水旱，莽輒素食”是也。

按：《漢書・霍光傳》：“昌邑王宜嗣後，遣宗正、大鴻臚、光禄大夫奉節使徵昌邑王典喪。服斬縗，……居道上不素食，……常私買雞豚以食。”（頁2940）《玉篇》引文“肫”或是“肫”字之誤，“肫”可通“豚”。

《漢書・王莽傳上》“每有水旱，莽輒素食……”顔師古注：“素食即菜食也。”（頁4051）與顧野王案語近似。

[115]“舉部”舉：野王案：……《漢書》“以口舉計，斷獄少於成、哀之間十七八”是也。

按：《漢書・刑法志》：“以口率計，斷獄少於成、哀之間什八，可謂清矣。”（頁1110）《漢書》中“什一二”“什二三”“什六七”“什七八”“什八九”以及“十二三”“十六七”“十七八”等習見，“十七八”即“十之七八”，《玉篇》引文或存古貌。

下編：古寫本《玉篇》徵引《漢書》考論

一、古寫本《玉篇》引《漢書》的底本問題

《隋書・經籍志》著録《漢書》相關文獻如下：

《漢書》一百一十五卷。漢護軍班固撰，太山太守應劭集解。

《漢書集解音義》二十四卷。應劭撰。

《漢書音訓》一卷。服虔撰。

《漢書音義》七卷。韋昭撰。

《漢書音》二卷。梁尋陽太守劉顯撰。

《漢書音》二卷。夏侯詠撰。

《漢書音義》十二卷。國子博士蕭該撰。

《漢書音》十二卷。廢太子勇命包愷等撰。

《漢書集注》十三卷。晉灼撰。

《漢書注》一卷。齊金紫光祿大夫陸澄撰。

《漢書續訓》三卷。梁平北諮議參軍韋稜撰。

《漢書訓纂》三十卷。陳吏部尚書姚察撰。

《漢書集解》一卷。姚察撰。

《論前漢事》一卷。蜀丞相諸葛亮撰。

《漢書駁議》二卷。晉安北將軍劉寶撰。

《定漢書疑》二卷。姚察撰。

《漢書叙傳》五卷。項岱撰。[①]

顏師古《漢書叙例》記載：

《漢書》舊無注解，唯服虔、應劭等各爲音義，自別施行。至典午中朝，爰有晉灼，集爲一部，凡十四卷，又頗以意增益，時辯前人當否，號曰《漢書集注》。屬永嘉喪亂，金行播遷，此書雖存，不至江左。是以爰自東晉迄於梁、陳，南方學者皆弗之見。有臣瓚者，莫知氏族，考其時代，亦在晉初，又總集諸家音義，稍以己之所見，續廁其末，舉駁前說，喜引《竹書》，自謂甄明，非無差爽，凡二十四卷，分爲兩帙。今之《集解音義》則是其書，而後人見者不知臣瓚所作，乃謂之應劭等集解。王氏《七志》，阮氏《七錄》，並題云然，斯不審耳。學者又斟酌瓚姓，附著安施，或云傅族，既無明文，未足取信。蔡謨全取臣瓚一部散入《漢書》，自此以來始有注本。但意浮功淺，不加隱括，屬輯乖舛，錯亂實多，或乃離析本文，隔其辭句，穿鑿妄起。職此之由，與未注之前大不同矣。謨亦有兩三處錯意，然於學者竟無弘益。[②]

---

① 魏徵《隋書》，中華書局，1973 年，頁 953—954。

② 班固《漢書》，中華書局，1962 年，頁 1—2。

　　兩者結合來看，顏師古認爲魏晉以來《漢書》注本主要有臣瓚《集解音義》本和蔡謨散注入篇本兩種，即《隋志》記載的二十四卷本《漢書集解音義》和一百一十五卷《漢書》"集解"本，而《隋志》著録其作者是應劭，或是傳訛，且二十四卷本臣瓚《集解音義》還被蔡謨"集解"本所吸收。

　　然而這種判斷是否可信呢？我們試從古寫本《玉篇》所引《漢書》來做一些討論。首先將古寫本《玉篇》殘卷引《漢書》的注家與《漢書》顏師古注的注家列表作出比較，一個字頭之下有兩處引《漢書》舊注的內容，分別羅列，所涉49個字頭編號對應本文"上編"。

字頭	《玉篇》引《漢書》注家	顏注的注家	備注
［1］諉	孟康、蔡謨	孟康、蔡謨、師古	
［3］讎	《音義》	如淳	
	鄭衆	師古	《史記索隱》引作"鄭德"
［4］謷	晉灼	晉灼、師古	
［5］誹	服虔、應劭	服虔、應劭、師古	
［8］訣	如淳	如淳	
［13］諄	服虔	服虔、張晏、師古	
［16］討	《音義》	孟康、師古	
［20］詠	文穎	師古	
［23］平	張晏	張晏、師古	
［24］云	張晏	張晏、師古	
［26］告	服虔、李斐、孟康	服虔、李斐、孟康、師古	
［28］商	如淳	如淳、師古	
［36］庸	李奇	師古	
［37］輿	蘇林	蘇林	
［40］斡	文穎、孟康	文穎、孟康、李奇、師古	
［41］軋	《音義》	張晏	
［44］輻	應劭	應劭、如淳、師古	
［45］轎	服虔、如淳、臣瓚、或曰	服虔、臣瓚、項昭、師古	

續表

字頭	《玉篇》引《漢書》注家	顏注的注家	備注
[47] 鱸	李斐	李斐、師古	
[49] 淦	應劭	應劭、師古	
[51] 涿	應劭	應劭	
[59] 巖	文穎、晋灼	文穎、晋灼、師古	
[60] 炭	應劭	應劭、師古	
[62] 岸	張晏	師古	
[63] 盧	張晏	張晏	
[64] 扁	蘇林、孟康	服虔、蘇林、孟康、師古	
[67] 庌	《音義》	師古	《史記集解》引作《漢書音義》,《史記索隱》引作"孟康"
[69] 雁	晋灼	晋灼	
[73] 碌	如淳	如淳	
[79] 隄	蘇林	蘇林	
	蘇林、如淳、韋昭、臣瓚	蘇林、李奇、師古	《文選》李善注引作韋昭、李奇、臣瓚
[81] 隐	服虔	服虔、師古	
[82] 附	孟康	服虔、孟康、如淳、師古	
[84] 除	如淳	如淳、師古	
[86] 陡	《音義》	李奇	
[89] 粂	應劭	應劭、師古	
[91] 緪	李奇、孟康	李奇、孟康、師古	
[92] 絕	如淳	如淳	
[93] 紅	如淳	如淳	
[94] 纔	文穎	師古	
[95] 綖	如淳、晋灼	如淳、晋灼、師古	
[96] 繻	張晏、臣瓚、或曰、蘇林	張晏、蘇林	
[98] 纂	應劭	應劭、師古	

續表

字頭	《玉篇》引《漢書》注家	顏注的注家	備注
［99］縺	晋灼	晋灼、師古	
［104］絮	晋灼	應劭、晋灼、師古	
［105］絖	《音義》	孟康、師古	
［107］絟	《音義》、服虔	蘇林、服虔、臣瓚、師古	
［110］綑	如淳	如淳、師古	
［112］縿	應劭、晋灼	應劭、李斐、張晏、晋灼、師古	
［113］縣	《音義》	孟康、師古	

通過上表和“上編”輯校材料,可以看出以下幾個特點:

第一,《玉篇》引《漢書音義》的内容,分別對應如淳、孟康、張晏、李奇、蘇林等。

第二,“［107］絟”字下引《漢書音義》後,又引服虔,可見服虔注或不在《漢書音義》之中。

第三,《玉篇》“［1］諉”字下引孟康、蔡謨,蔡謨是東晉時人,較其他注家時代爲晚,既引蔡謨,説明顧野王參用的《漢書》亦有蔡謨注本,或許即顏師古所言一百一十五卷散注入篇本。

第四,49個字頭中,引“應劭”注有8個字頭,所佔舊注比例最高。其中6個字頭都是僅引應劭注,兩個字頭“［5］誹”、“［112］縿”應劭與服虔、晋灼注並引。

第五,“［45］轎”字下在服虔、如淳注後引臣瓚注,《玉篇》作“臣瓚以爲”,《漢書》顏注作“臣瓚曰”;“［96］繻”字在張晏注後引臣瓚注作“臣瓚以爲”,此處臣瓚注不見於傳世文獻。“［79］隄”字下引“臣瓚曰”,《文選》李善注的對應文字作“臣瓚案”。此外,《史記索隱》尚存6則“臣瓚以爲”,《漢書》顏注對應之處皆已改作“臣瓚曰”;《漢書·溝洫志》顏注尚存一處“臣瓚以爲”,《文選》李善注、六臣注等亦存幾處“臣瓚以爲”“臣瓚案”。“臣瓚以爲”“臣瓚案”當是臣瓚“集解”本《漢書》的標志①。

————————

① 詳見拙作《臣瓚〈漢書〉舊注體式發微——文獻學視域下的臣瓚姓氏辯證》,待刊。

　　綜上,南朝蕭梁時期顧野王編纂《玉篇》時取用的《漢書》,很有可能是一部散注入篇的"集解"本,即《隋志》著録的一百一十五卷本,引文中的蔡謨注或可證明是經蔡謨整理後的文本。從"臣瓚以爲"的細節看,臣瓚當撰有一部《漢書》"集解"本,然而"[45]轎""[96]繻"兩字引文"臣瓚以爲"後,還分別又引蘇林等其他舊注,或許說明顧野王所見《漢書》注本是吸收了臣瓚"集解"基礎上,又經增補的新"集解"本,顏師古說"蔡謨全取臣瓚一部散入《漢書》",或即此本,顏注本幾乎都是"臣瓚曰",而不用"臣瓚以爲""臣瓚案"這類案語式表述,大概和臣瓚"集解"本散入《漢書》時的改造亦有關聯。

　　由是推知,顏師古關於臣瓚、蔡謨集解《漢書》的論證大體可信。然而,顧野王引《漢書》舊注,多取"應劭",且多不夾雜其他舊注,應劭是否也曾有一部集解本,後來亦被蔡謨"集解"所吸收,這種可能亦不可排除。

二、古寫本《玉篇》引《漢書》文獻價值舉隅

　　古寫本《玉篇》引《漢書》及其舊注的文獻價值,歸納起來,約有三端:

　　第一,校勘《漢書》及舊注的價值。

　　如上編"[3]酺"之"酒輒酺數倍","[4]謦"之"鉤鈲析辞","[16]討"之"討該之","[26]告"之"歸家治疾","[45]轎"之"陵絶山"等,皆可爲傳世本《漢書》的校勘提供重要異文,又如"[91]繩""[105]綻"可爲中華書局點校本《漢書》之《校勘記》補充新證。

　　第二,訓詁《漢書》語詞的價值。

　　古寫本《玉篇》殘卷中保留了43條顧野王案語,徵引《漢書》的部分,有不少《漢書》語詞的訓釋内容。如上編"[22]乃"引"乃者鳳皇集新蔡"野王案"乃,猶往也","[53]準"引"以類相准"野王案"准猶擬儀之也"等。

　　第三,考訂《漢書》及其舊注流傳的價值。

　　如前所述,我們利用《玉篇》引文中"臣瓚以爲"以及各類《漢書》舊注,與《漢書》顏師古注進行了比較,結合《漢書叙例》等記載,考論了顧野王所見《漢書》的底本問題,實際上也就是南朝蕭梁時期《漢書》權威傳本的問題。同時驗證了顏師古的論斷,臣瓚曾經"集解"《漢書》,並且被散注入篇,又經增訂,雖然《隋志》未有著録,但臣瓚"集解"本在歷史上確實存在過。

　　再者,據《新唐書·孝友傳》載:"陸南金,蘇州吳人。祖士季,從同郡顧

野王學《左氏春秋》、司馬《史》、班氏《漢書》。"①《隋書·經籍志》："自是世有著述,皆擬班、馬,以爲正史,作者尤廣。一代之史,至數十家。唯《史記》《漢書》,師法相傳,並有解釋。……梁時,明《漢書》有劉顯、韋稜,陳時有姚察,隋代有包愷、蕭該,並爲名家。《史記》傳者甚微。"②雖然《隋志》未提及顧野王之《漢書》學,結合《新唐書·陸南金傳》看,顧野王亦在吳郡講授過《漢書》。古寫本《玉篇》徵引《漢書》之中有 43 處"野王案",雖是吉光片羽,但亦可窺見顧野王對於《漢書》的獨到詮釋,如"[18]讜"之"今日復聞讜言",顏注"讜言"爲"善言",而顧野王注爲"直言";"[75]磐"之"宗族磐互",顏注"磐結而交互也",而顧野王釋作"猶根據也","根據"即盤踞,尤爲顯豁。

此外,古寫本《玉篇》雖爲殘卷,但引《漢書》凡計 127 處,而引《史記》僅 73 處③,亦可見南朝蕭梁時期《漢書》較《史記》影響更著,唐宋以後《史記》和《漢書》的地位才發生了升降變化。

總之,古寫本《玉篇》徵引《漢書》127 處資料,爲我們揭示了南朝蕭梁時期《漢書》傳本的許多片段,具有彌足珍貴的學術價值,值得重視。

（作者單位：南京師範大學文學院）

① 歐陽修、宋祁《新唐書》,中華書局,1975 年,頁 5583。
② 魏徵、令狐德棻《隋書》,中華書局,1973 年,頁 957。
③ 詳參拙文《原本〈玉篇〉引〈史記〉及相關古注材料考論——裴駰〈史記集解〉南朝梁代傳本之發現》,《文史哲》2011 年第 6 期。

日本静嘉堂藏宋本《北史》及其校勘學價值*

黄　樓

　　唐李延壽所撰《北史》是二十四史之一，存世刻本有宋本，元大德本，明南、北國子監本，汲古閣本，清武英殿本，民國百衲本，金陵書局本等。所謂宋本即南宋中葉所刻建本，目前主要有兩部，一部爲鐵琴銅鐵樓舊藏二十七卷，現藏北京國家圖書館。一部爲皕宋樓舊藏八十一卷，現藏日本静嘉堂文庫。鐵琴銅鐵樓藏宋本已納入中華再造善本工程，廣爲學界所知。皕宋樓舊藏宋本流落海外，屬三菱財團私藏，國內學者難得一見。日本學者尾崎康《正史宋元版之研究》曾有詳細的介紹[1]，但尾崎康先生僅閱讀數卷，對其評價較低，認爲不如元刻本。近年静嘉堂文庫所藏宋元刊本製成數據庫，國內學者始有途徑檢閱全貌。今擬就其源流及文獻價值等進行初步探討，不足之處，敬請批評指正。

一、静嘉堂藏《北史》及其刊刻年代

　　存世的兩部南宋建本《北史》分藏北京國家圖書館、日本静嘉堂文庫。静嘉堂所藏即清末陸心源皕宋樓舊藏宋本，存八十冊八十一卷，分爲卷二，卷六至一八，卷二〇至二九，卷三一至八〇，卷九三至九八，卷一〇〇。國圖所藏爲鐵琴銅鐵樓舊藏，存二十七卷，分爲卷一三至三八，卷四九，所藏卷數多與

＊本文是“中華書局‘二十四史’暨《清史稿》點校修訂工程——點校本《北史》修訂”階段性成果。
① 尾崎康著，喬秀岩、王鏗編譯《正史宋元版之研究》，中華書局，2018年，頁576—579。

静嘉堂重複,僅多出卷一九、卷三〇。《北史》總計一百卷,兩處宋本疊加後得八十三卷,尚缺十七卷。

　　宋本《北史》見録於《皕宋樓藏書志》,收藏源流可由書内所鈐藏書印略知一二。《北史》内鈐藏書印兩種。陸心源去世後,長子陸樹藩居外做官,書樓由其弟陸樹聲具體管理,珍本多有其印。卷四四至四六、卷六五、卷六七等五卷首頁鈐"歸安陸樹聲叔桐父印"藏書印,位置或在頁眉,或在頁底。除陸樹聲印外,《北史》多卷首欄右下角鈐有"季振宜藏書"藏書印一枚。季振宜(1630—1673),字詵兮,號滄葦,清初藏書家,《季滄葦藏書目》收録其所藏宋元善本近千種,其中便有"《北史》一百卷,八十本"[①],則皕宋樓藏本可上溯至清初季振宜舊藏。季振宜藏書用印嚴謹,位置爲每卷卷首第一欄右下,方方正正。八十册宋本中,有六十五册鈐季振宜藏書印,卷一八、三七、五〇、五二、五八、六三、六八、七〇、七三、七五、七九、九五、九七、九八、一〇〇等十五册無印,或爲遺漏。

　　清朝末年國家多難,大量古珍善本被强取豪奪,流散海外,"皕宋樓"也未能逃脱厄運。陸心源去世後,日本學者島田翰數次登樓觀書,遂起併吞攘奪之心。1907 年 6 月,在非常隱密的狀態下,皕宋樓藏書被以 10 萬元的極低價格整體轉售於日本岩崎氏静嘉堂文庫。宋本《北史》八十册自此轉藏海外。

　　因首卷缺失,今人無從得知静嘉堂藏本具體刊刻時間。據尾崎康先生介紹,静嘉堂宋本版高二零點七釐米,寬一二點七釐米。每版十行,行十八字,有細行格。版心線黑口或白口,雙魚尾,無字數、刻工。列傳卷首有目,各傳題寫傳名,版面整潔醒目。字體橫細豎粗,小字筆道瘦細,橫豎均一,筆劃呈右上傾斜,頓筆則鋒芒畢露,此是南宋中後期福建建陽坊刻本(建本)用字的典型特徵。將之與稍晚的元大德本相較,元本不僅多處漫漶不清,還存有大量諸如"咲""関""問"等俗體字、異體字,宋本則基本屬通行漢字,且字跡清晰,刻工精良。

　　南宋中葉版刻技術已相對成熟。静嘉堂本《北史》每行十八字,爲提高效率,刻工寫樣時可預分十八字一組,如分組失誤,就會出現多字或少字等問題。

---

① 季振宜《季滄葦藏書目》,《海王邨古籍書目題跋叢刊》第 1 册,中國書店,2008 年,頁221。

事畢覆核出來時，因版面已定，只能進行局部的修補。一般來説，多出字時會以兩小字並排佔用一字空格，遇到漏行錯行，甚至可能出現大段夾行小字等情況。静嘉堂本此類現象稍多。此外，寫樣時往往會先確定行尾之字，偶爾有前後行尾字顛倒的特殊情形。卷九八《蠕蠕傳》："北鎮遊軍大破其衆……京兆王子推、東陽公元丕督諸軍出西道。"宋本誤"衆"爲"東"，誤"東"爲"衆"。這種左右行尾字顛倒的情況，只有在工人忽略前後句意，機械製版時才會出現。静嘉堂本上述特徵皆可證明其屬商業性質的坊本，對版面的精準要求不如官刻本那麽嚴格。

宋代避諱制度較爲嚴格，静嘉堂本多見缺末筆避諱的情況。常見的諱字有"朗""敬""警""弘""匡""勗""恒""貞""禎""讓""構""慎""徵""敦""燉""廓"等。南宋第三任皇帝宋光宗名趙惇，静嘉堂本中"敦""燉"等音近字避諱的現象非常普遍。如卷七九《宇文述傳》"破尉惇於永平橋"句，"惇"字缺末筆。又卷六三《蘇綽傳》"質直者則淳和之俗"句，"淳"字諱作"敦"①。第四任皇帝宋寧宗名趙擴，常避"廓"字。卷六一《王盟傳》"廓清寰宇"、卷六八《韓禽傳》"旬日廓清"等處"廓"皆闕末筆，由此我們推定其刊行時間上限約南宋寧宗朝。尾崎康先生以建本《南史》未見"廓"字缺筆，推測建本《北史》刊印時期緊隨其後，約當寧宗慶元年間。

静嘉堂本屬坊刻，諱字雖然常見，但終不如官刻嚴格。今以"徵"字爲例，卷八〇《外戚常氏傳》相鄰兩處"徵"字，一缺筆避諱，一則不避諱。卷六八《韓禽傳》、卷九七《鄯善國傳》等卷內此字則不避，又卷九八除"恒"外，"敬""警""徵""敦"等字皆不缺筆，若非刻工疏忽，直讓人疑心並非宋本舊頁。

静嘉堂本存世的八十册無任何缺頁。因其過於完整，讓人懷疑並非全是原本。静嘉堂本用元本以後的刻本進行補頁，也留有一些蛛絲馬跡。卷九七《車師傳》云："復有白鹽，其形如玉。高昌人取以爲枕，貢之中國……國中羊、馬，牧在隱僻處以避寇，非貴人不知其處。北有赤石山，山北七十里有貪汗山，夏有積雪。"宋本"貢""隱""汗"下無空闕，徑接下字，元本空白，餘諸本分作"之""僻""汗"。我們注意到，元本此三字處於一道白帶上，白帶爲書板損壞所致。宋本恰缺此三字，徑直跳過，隱證宋本此處所據底本即元大德本，刻工

---

① "淳"改作"敦"也是宋人避諱的方式。如北宋理學家周惇頤，南宋時被改稱周敦頤。

不知缺字,遂徑刻下一字。從邏輯上判斷,此頁絕非舊板的重新"雕開",而是補刻的新板。仔細比較字體,我們也可以發現,此傳字體橫畫稍平,頓筆筆鋒不甚明顯,遠不如他卷那麼鋒芒畢露,後人補頁的可能性更大。

　　静嘉堂藏宋本與國圖藏宋本同屬南宋建本,但個別處存有局部改版的情況,二者並不完全等同。卷四九《論曰》部分第二行最後七字,静嘉堂本作"賈顯智顯樊子鵠",國圖本作"賈顯智樊子鵠侯"。實際上,此處應該是"賈顯智樊子鵠侯深等並驅馳風塵之際",蓋刻工製版時發現衍一"顯"字,在删"顯"字後,多出一字的空白順次補刻下一字,没有察覺所補"侯"與下一行首字重衍。從變動情況推測,皕宋樓本的版次應早於國圖本。

 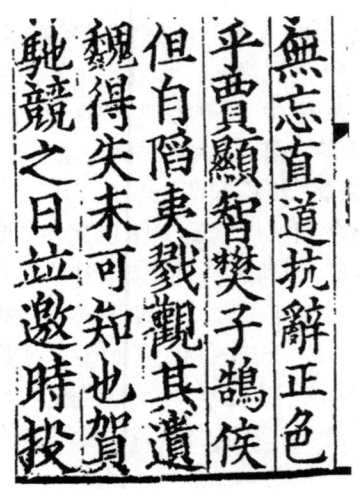

皕宋樓舊藏宋本(静嘉堂文庫)　　　　鐵琴銅劍樓舊藏宋本(北京國家圖書館)

　　古舊書板常有覆刻的情況,而此兩頁除右側兩行字體明顯有異外,左側三行諸字完全相同,可確認非是覆刻,而是在舊板基礎上的挖改。《南》《北》二史常並舉,修刻也當同步進行。《北史》建本缺卷首頁,《南史》建本首頁有四行墨記:"此書本宅刊行已久,中遂漫滅。今將元(原)本校證,寫作大字,命工雕開。並無魚魯之訛,庶以便於檢閲。天下學士大夫請詳鑑焉。"[1] 疑《北史》

① 尾崎康著,喬秀岩、王鏗編譯《正史宋元版之研究》,頁 562。

建本也是在原板基礎上的重新"雕開"。本頁"樊子鵠"句恰好位於書板右下角易於損壞之處。蓋其損毀,刻工修補時採取了順位補字的方式,結果卻造成新的衍誤,爲後人提供了極其難得的追蹤線索。

最後要指出的是,静嘉堂本整體品相較好,但個別字仍然存有漫漶情況。曾有人模仿宋版,對殘字進行修補。修補者古文水平有限,補字往往語意前後不搭。如卷四三《李平傳》"一以景明年前爲限"句,"景"字墨色殘褪,遂補一"去"字。"但以性急爲累"句,"累"字殘下半部,補作"異"。其下"詔給東園秘器"句,"東園秘器"之"園"字,竟被描作"聞"。一傳之内所補三字竟無一處正確,唯不知作此畫蛇添足事者何人。

静嘉堂本《北史》作爲南宋末期的坊刻本,在流入日本的諸多珍本中或許並非特別出衆。我們有充分的證據證明今天存世的八十一卷孤本,經歷了補頁、補版、補字等多種保護措施,每卷得以保存下來,實屬不易。

二、《北史》諸刻本源流新考

在版印正史興起之前,《北史》主要以寫本形式流傳。成書於北宋太平興國八年(983)的《太平御覽》多次引用《北史》,内容與傳本略有出入,所引《北史》應即館藏寫本。其後不久,大規模雕版刊印正史的活動陸續展開。《玉海》卷四三:"咸平三年十月校《三國志》《晉》《唐書》。五年畢。"注云"《唐書》將別修,不刻板。"宋人不承認五代所修的《舊唐書》,故宋初校書,《唐書》爲重修,而《三國志》《晉書》等則是校勘,爲正式雕版作準備。諸史之中,《北史》的校勘工作始於仁宗天聖二年(1024)。

《麟臺故事》卷二中"校讎"條:

> 天聖二年六月,詔右正言直史館張觀、太常博士集賢校理王質、晁宗愨、秘閣校理陳詁、光禄寺丞集賢校理李淑、館閣校勘彭乘、國子監直講公孫覺校勘《南》《北史》《隋書》,及令左司郎中知制誥宋綬、吏部員外郎龍圖閣待制劉燁提舉之。[①]

《隋書》宋本有跋文存世。跋云"天聖二年五月十一日,上御藥供奉藍元用奉傳聖旨,賚禁中《隋書》一部付崇文院。至六月五日,敕差官校勘……仍内出

① 程俱撰,張富祥校證《麟臺故事校證》卷二中"校讎"條,中華書局,2004年,頁288。

版式刊造。"比附《隋書》,《北史》應一並送於崇文院校勘,然後内出版式刊印。《玉海》卷四三載:"天聖二年六月辛酉,校《南》《北史》《隋書》。四年十二月畢。景祐元年四月丙辰,命宋祁等覆校《南》《北史》。"仁宗天聖四年十二月《北史》等已校畢,景祐元年(1034),宋祁等覆校,應是對雕版的覆驗修正。仁宗最後一個年號嘉祐期間,官府大規模刊印南北朝七史,其中並不包括《北史》,從側面證明《北史》早已印行。五代兩宋時期,官刻經史書籍例由國子監負責監管,此次官刻正史統稱之爲北宋監本。

北宋監本是《北史》的第一個官刻本,似乎印數有限,民間並不易得。宋神宗時司馬光自云"光少時惟得《高氏小史》讀之,自宋迄隋正史並《南》《北史》,或未嘗得見,或讀之不熟。今因修南北朝《通鑑》,方得細觀,乃知李延壽之書亦近世之佳史也。"宋人猶且如此,後人更是難得一見。

北宋末年,金軍攻陷汴京,舊書板及工匠被劫掠一空。南渡之後,國子監又將諸朝正史重新刻印,稱南宋監本。今南宋官刻《北史》並無片紙存世,但官刻《南史》及南北朝七史皆有殘卷可睹,當日無疑是有官刻《北史》的。晁公武《郡齋讀書志》云:"至今學者止觀其(李延壽)書,沈約、魏收等所撰皆不行。"晁公武爲南宋高宗、孝宗時人,筆下風靡一時的"李延壽書",時代早於静嘉堂藏坊刻本,所指當即南宋監本。王國維先生《五代兩宋監本考》亦以《北史》有南宋監本。王國維先生認爲今人所見宋刊《七史》即南宋江浙刊本,日本學者阿部隆一進一步考證"七史"爲孝宗時期杭州刻本 ①。《北史》與《南史》等屬同一序列正史,其刊刻時間、特徵等約略相當。

官刻監本《北史》雖不傳,其特點可由《南史》揣知一二。南宋官刻監本《南史》,每頁九行,行十八字,字體横豎均匀。南宋中葉坊刻本《南史》,爲節約版面,降低成本,每頁改爲十行十八字,同時爲便於閱讀,字體横細豎粗,更加醒目。官刻監本《北史》如未亡佚,情況當與《南史》相似。

南宋官府爲覆刻正史,曾廣泛搜求北宋舊版,實卻難以復全,故底本來源較爲複雜。《北史》諸傳本,包括静嘉堂藏本在内,偶會遇見一些無法解釋的諱字。如改"明"爲"昭",改"喜"爲"嘉"或"善",改"真"爲"直"等。卷四二《劉懋傳》"孝明初,大軍攻硤石"句,"孝明",各本皆作"孝昭",這與《遼史》避穆宗耶律明諱,將西夏國主"李德明"寫作"李德昭"類似。又卷六四

① 阿部隆一《中國訪書志》(增訂本),汲古書院,1983 年,頁 439。

《韋孝寬傳》"祖直善,魏馮翊、扶風二郡守"句,"直善"二字,《魏書·韋閬傳》作"真喜",《新出魏晋南北朝墓志疏證》一一四《韋孝寬墓志》作"祖真熹"。"真""喜"分别是興宗耶律宗真、天祚帝耶律延禧的諱字。遊牧民族出身的遼、金統治者一貫重視《北史》,筆者頗疑宋、元本《北史》參考了遼代的寫本或刻本 ①,這一猜測尚待於進一步探討。

　　存世的静嘉堂宋本《北史》爲坊刻本,與南宋監本時代前後相接,所據底本或即刊於江浙的南宋官刻監本。其刊印情況前文已有介紹,此不贅述。

　　南宋之後興起的《北史》刻本爲元大德本。大德爲元成宗鐵木耳年號。元代不設國子監,大德年間信州路儒學刻大德本即相當於官刻正史。信州路治今江西九江,位於南宋舊境,故其底本以宋刊本爲主,書内"恒""朗"等仍保留闕筆避宋諱的舊字形。大德本行用時間長久,直至明嘉靖仍有遞修本,故存世版本較多。除已收入中華再造善本者外,武漢大學圖書館也藏有一套元大德本,版次晚於再造善本,雖清晰度等稍有遜色,但再造善本漫漶處往往可以據補。

　　静嘉堂宋本和大德本是今人可以看到的兩個早期刊本。通檢静嘉堂宋本,可知二者没有顯著異文,淵源較爲親近,甚至訛字、脱文、衍文等也多有相同。卷九八《史國傳》,宋本、元本皆作"西去那色波國二百里北去米國二百里東北去米國二百里","北去米國二百里"是重複的衍字,完全無關的兩個版本不太可能衍字也相同。從邏輯上說,要麽元大德本與宋本有共同的底本,要麽元大德本直接以宋本爲底本。比對後,我們傾向認同前者。依據主要有兩點:

　　其一,静嘉堂本卷四五有大規模錯版,元大德本則無誤。宋本卷四五《夏侯道遷傳》位置在《路恃慶傳》後,《裴叔業傳》"清身率下"句下,從"甚有聲稱"至"江悦之等推道遷爲"共三百二十一字錯版。當後移至本卷《路恃慶傳》"祖綽陽平太守"下。如此大篇幅的錯訛,大德本不誤。

　　其二,静嘉堂本遇到底本個别文字無法識别時常直接忽略,徑接下字。元大德本一般空格或注"闕"字。如闕字處,宋本無痕跡,而元本空闕或注闕字,其底本必非宋本。《北史》卷四二《常景傳》:"原夫人闕之度邈於無階之天,勢位之危深於不測之地。"此爲對偶句式,人下必闕一字。元本"人"下有"闕"

———————

① 參拙作《〈北史〉刻本諱"喜"爲"嘉"問題蠡測》,《許昌學院學報》2020 年第 6 期。

字,宋本直接略過,此處元本的底本顯非宋本。又卷七八《麥鐵杖傳》:"帝曰:'信然,爲盜明矣。'惜其勇捷,誠而釋之。"元本"誠而釋之"四字下空五字,北監本、汲本、殿本等注"闕五字",宋本無闕字。

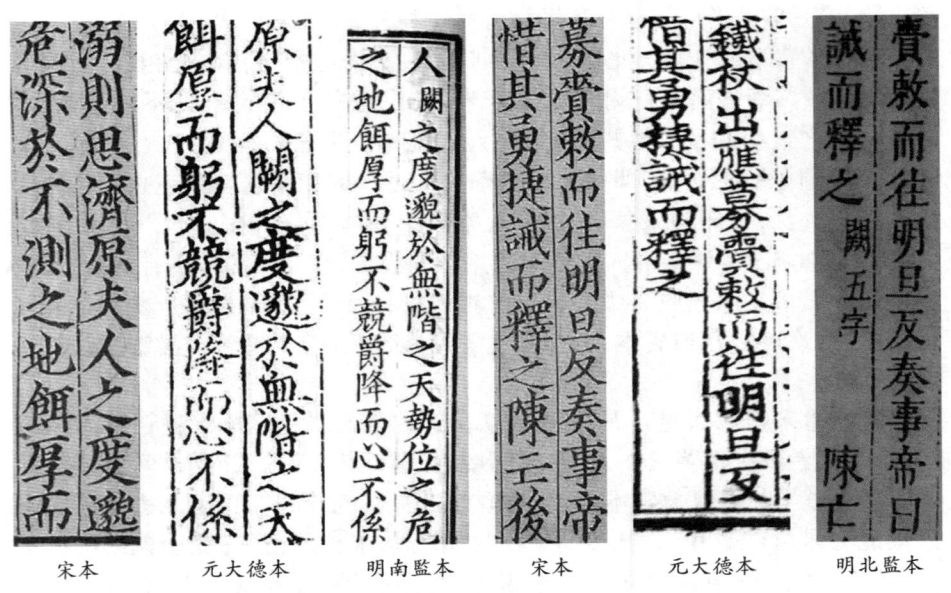

静嘉堂宋本與元、明刻本闕字版式之比較

上述兩點揭示出元大德本並非以静嘉堂本爲底本,二者脱誤多有雷同,應是源於同一母本所致。王國維《五代兩宋監本考》云:"今世所傳《七史》,元時板在西湖書院,明時移入南監",我們推測,元大德本修訂時,去南宋未遠,應可見到南宋官刻監本,仍以南宋監本爲母本,而不會以南宋末期坊刻本爲母本。而静嘉堂本作爲民間私刻,其母本也應是南宋官刻監本。從此意義上説,皕宋樓本與元大德本雖分屬前後相繼的兩個朝代,實際上卻是從同一母本衍生出來的兄弟版本。

由於元大德本的官修身份,明代刊刻的南北監本、汲本,以及清代殿本、民國百衲本等,皆以元大德本爲母本。這一特點我們同樣可由各本錯訛情況略作分析。

　　其一，宋、元無誤，其他諸本皆誤。如卷九三《慕容垂傳》：“帝縱騎騰躐，馬者皆躓倒冰上。寶及諸父兄弟，軍馬迸散，僅以身免。”“馬者”，靜嘉堂宋本、元大德本前並有一“有”字，南監本、百衲本無，北監本、殿本作“皆”，汲本墨釘，局本作“跨”。謹按，《北史》本段文字實縮節自《魏書》。《魏書》卷九五《慕容垂傳》：“太祖縱騎騰躐，大破之。有馬者皆躓倒冰上，自相鎮壓，死傷者萬數。寶及諸父兄弟，單馬迸散，僅以身免。”《北史》此處當作“有馬者”，宋本及大德本皆不誤，南監本以其無字，徑省，北監本意補爲“皆”，近代金陵書局本則意補一“跨”字。

　　其二，宋本、元本同誤，其他諸本無誤。如卷八〇《賀訥傳》：“初，道武居荷蘭部下”，“道武”，靜嘉堂本、元大德本作“道之”，南監本及以下諸本皆不誤。卷九三《慕容垂傳》“垂乃止，安出而謂人曰”句，“安”即太史令靳安，明清諸本皆同，獨靜嘉堂宋本與元大德本訛“止”爲“心”，作“垂乃心安，出而謂人曰”。又同卷《乞伏乾歸傳》中“田於五溪”，僅宋本、元本“田”作“由”，《乞伏慕末傳》“既立，改年爲永弘”，僅宋本、元本“既”誤作“就”。宋、元本訛誤相同，是二者出自同一母本的證據。明、清諸本覆刻時校讎出這一問題，並皆不誤。

　　其三，宋本無誤，元本及諸本皆誤。如卷六三《韋孝寬傳》：“臨以白刃云若不早降便行大戮”，宋本與《周書》卷三一、《通志》卷一五七《韋孝寬傳》同宋本，大德本以下並脫“云”字，“若”下衍“有”字。又如卷七三《虞慶則傳》“暨平世賢還臨桂鎮”句，“臨桂鎮”，宋本同《隋書》卷四〇、《通志》卷一六一《虞慶則傳》，大德本以下皆作“歸桂鎮”。蓋元本首次出現疏誤，明、清諸本皆從元本，故與之同誤。

　　其四，宋本獨誤，元本及諸本無誤。此類多屬比較低級的訛誤，如卷四二《常景傳》“安豐王延明在禁中召諸親賓”句，宋本“禁”訛作“營”，“齊神武以景清貧”句，宋本脫“貧”字，“弭謗於群小”句，宋本“弭”訛作“餌”。宋本屬盈利性的坊刻，在校讎上難免疏誤。官刻的元大德本中此類錯誤已大幅減少，而且只要元本不誤，其餘諸刻本幾乎不會出現與宋本同樣的錯訛。

　　上述情況表明，靜嘉堂藏宋本對南、北監本、汲本、殿本、百衲本等幾乎没有直接影響。大德本作爲官修正史，權威性高，印量巨大，直至明中葉仍不斷補版刊印，遂爲《北史》刊本的主流。靜嘉堂本爲私刻，且有諸多明顯錯訛，漸不流通。明、清諸本皆以較爲易得的元本爲底本，稍作校勘改益，清末百衲本也由大德本修改而成。用一種譬喻的説法，元大德本猶明清諸本之父，静嘉堂本則是諸本之伯父。從此意義上説，中華書局二十四史修訂工程以元大德本爲底本，這一選擇無疑是合理的。

三、静嘉堂本《北史》的校勘學價值

如前所述，目前宋本《北史》僅存中國國家圖書館、日本静嘉堂文庫兩部。國圖藏二十七卷宋本爲國人熟知，且已被納入善本書目。《鐵琴銅劍樓藏書目録》曾評價云“然取與汲古本相校，善處甚多”，並列其善處五十餘事。然日本學者尾崎康先生不以爲然，認爲所言數處當以汲古是而宋本誤。静嘉堂文庫保存的䭾宋樓舊藏八十一卷卷數遠多於後者，國内學者罕有論及，尾崎先生評價云：

> 大體而言，此本優於汲古本，固不可疑。然此本優於汲古本之處，大抵元本亦與宋本同。宋本、元本較汲古本爲優，本不足異。欲知此宋本之獨特價值，須持元本相校方始可言。點校本校勘記亦有斥元本以下諸本之誤，而取此宋本文字之處。然其例甚少，無以討論宋本文本之特點。今取静嘉堂本（A-1本）卷二與元本相校，則宋本共三十七葉，元本三十八葉，其中宋本、元本同誤者至少三十五處（此卷點校本未校宋本。點校本出校改元本以下諸本，宋本同誤者三十。點校本從他本逕改，無校記，而宋本、元本皆誤者至少五處）。宋本獨誤，元本不誤者十五字，而宋本不誤，元本誤者僅一處而已。另取數卷對校，大致情形相似。南宋中期建刊本，雖優於明刊諸本，終不如宋元官刻本之善。《三國志》等諸史皆然，《北史》亦不例外。[①]

尾崎康先生以卷二爲例，因宋本錯誤較多，整體評價不高，認爲“終不如宋元官刻本之善”。尾崎先生所論恐有不確。客觀來説，即便宋本錯誤較多，仍有大量元本誤，宋本獨不誤的地方。就筆者目力所及，宋本獨不誤者猶一百餘處。以卷六一爲例，此卷之内，宋本不誤，元本等誤者至少十一處。除卷六一外，其他諸如卷四二、四四、四七、六八、七七、九四、九五、九六等都有五條以上宋本獨不誤的情況，或許尾崎康先生恰好未暇翻檢到罷了。

---

① 尾崎康著，喬秀岩、王鏗編譯《正史宋元版之研究》，中華書局，2018年，頁578—579。

表 1 《北史》卷六一静嘉堂本不誤，他本皆誤情況一覽表

序號	静嘉堂本	其他刊本	印證之他書
1	賜姓拓王氏	"王"，各本作"跋"	《周書》卷二〇、《通志》卷一五六《王盟傳》
2	録前後功增封	"增"，各本作"贈"	《周書》卷一六、《通志》卷一五六《獨孤信傳》
3	裴虔通率賊入成象殿	"成"，各本作"城"	《隋書》卷七九《外戚傳》、《北史》卷一二《隋煬帝紀》
4	以父勳封魏寧縣公	"父"下各本衍"封"字	《周書》卷一六、《通志》卷一六五《獨孤善傳》
5	少從范陽祁忻受毛詩左氏春秋	"祁"，各本作"祈"	《周書》卷三〇、《通志》卷一五六《竇熾傳》
6	復除涼甘瓜三州諸軍事	"涼"，各本作"梁"	《周書》卷二八、《通志》卷一五六《史寧傳》
7	引致齊兵	"致"，各本作"至"	《周書》卷二八、《通志》卷一五六《權景宣傳》
8	紀梁州刺史楊乾運時鎮潼州	"州"，各本作"水"	《周書》卷二一、《通志》卷一五六《尉遲迥傳》
9	乾運還保潼州珍等遂圍之乾運降迥至潼州	兩"州"，各本作"川"	《通志》卷一五六《尉遲迥傳》
10	以迥爲大右弼	"弼"，各本作"軍"，	《通志》卷一五六《尉遲迥傳》
11	此謂過誤爲害罪雖大當緩赦之	"謂"，各本作"爲"	《周書》卷四〇、《通志》卷一五六《樂運傳》
12	豈有削嚴刑之詔未及半祀便即追改	"追"，各本作"遣"，	《周書》卷四〇、《通志》卷一五六《樂運傳》

　　上世紀七十年代唐長孺、陳仲安先生等點校《北史》時，無法利用静嘉堂本，在没有版本依據的情況下，憑藉深厚的學術功力，參校《魏書》《周書》《通志》等，考訂出大量錯訛。今原校記所考皆可得到版本上的印證。如卷六七《王士良傳》："俄除郿州刺史，轉荆州刺史。"原校記云："《周書》卷三六《王士良傳》'荆'作'金'。按《通志》卷一五八《王士良傳》文同《北史》而字作

'金'，疑《北史》本亦作'金'。①檢靜嘉堂本，正爲"金"字。《隋代墓志銘匯考》〇二二《王士良墓志》："累授荆州、敷州、金州三總管"②，"敷州"西魏廢帝三年置，隋大業二年改稱鄜州。此處既有版本依據，又有出土墓志爲證，依據充分，當可改字。又如卷六九《申徽傳》云申徽贈官爲"泗州刺史"，原校記云："《周書》同，《通志》'泗'作'四'。按申徽當死於天和六年，或其後不久，其時周無泗州。周改東楚州爲泗州在大象二年。見楊守敬《〈隋書〉地理志考證》卷七下邳郡條。疑當從《通志》作'四'。"③謹按，申徽爲西魏、北周宿舊重臣，官至尚書右僕射，贈官僅爲泗州刺史，顯與其身份名望不符。原校記疑當作"四"，但未有任何依據。今靜嘉堂本正作"四"字，可證《北史》諸本及《周書》"泗"字皆後人妄改。唯所贈四州史失其名而已。

　　除印證唐、陳先生精深的學術功底外，靜嘉堂本也可佐證點校本個別失誤之處。如點校本卷四三《李平傳》："事農者未積一年之儲。""二"字，元大德本作"⚋"，字形寬扁，似爲"一"字，南監本、北監本、汲本、殿本、百衲本等皆作"一"。整理者擇善而從，據百衲本作"一"。事實上，靜嘉堂本此處作"二"，與大德本同。《魏書》卷六五《李平傳》也作"二"字。二年之儲即"兼年之儲"，爲當時習語。陳壽《三國志·魏書·胡質傳》即云"廣農積穀，有兼年之儲"。故知點校本取字失當，應從宋本改作"二"字。

　　靜嘉堂本還保存了一些大德本等脫漏之字，點校本未見宋本，惟據《通志》等補字，處置未盡恰當。卷六七《李和傳》："爲夏州酋"，"酋"字，《周書》卷二九、《通志》卷一五八《李和傳》並作"酋長"，點校本以其意可通，未補字。宋本此處正作"酋長"，與《周書》等暗合，故知當補"長"字。又卷九四《契丹傳》："天保四年九月契丹犯塞，文帝親戎北討。"原校記云："諸本脫'宣'字，據《通志》卷二〇〇《契丹傳》補。"④按此文帝即北齊文宣帝高洋。本書前後文稱高洋皆直稱謚號，不加"帝"，補字反而不類。靜嘉堂本正作"文宣"，實際上這裏並非脫漏，而是"宣"字訛作"帝"字。點校本補字不確。再如，卷六八《韓雄傳》："乃遣人告雄皆免之"，此處文意不通，必有脫文。《周書》卷

---

①《北史》卷六七《王士良傳》，中華書局，1974 年，頁 2363。

② 王其禕、周曉薇《隋代墓志銘匯考》〇二二《王士良墓志》，線裝書局，2007 年，頁 96。

③《北史》卷六九《申徽傳》，頁 2411。

④《北史》卷九四《契丹傳》，頁 3145。

四三《韓雄傳》作“乃遣人告雄曰若雄至，皆免之”。點校本據《周書》補“曰若雄至”四字。檢得宋本此處實作“乃遣人告雄，至皆免之”。諸本實僅脱“至”字，點校本多補三字。

除上述與《魏書》《周書》《通志》等史籍相同諸處外，還有部分文字僅見於宋本。數量雖然不多，價值則尤爲珍貴。卷九三《姚興傳》：“興遠來救，自觀其窮，力不能免，舉軍悲號。”此處元大德本以下並作“遠來救”，獨静嘉堂本“來”字改爲並列兩小字“來無”，由“遠來救”變爲“遠來無救”。宋本“無救”爲小字，應是刻工特意修改，從常理判斷，當即《北史》原文。《魏書》卷九五《姚興傳》、《十六國春秋》卷五六《姚興載記》作“遠來赴救”。此處《北史》改寫自《魏書》，四字一句，十分工整。從語氣上判斷，“遠來救”中間當脱一字。宋本改“赴”爲“無”，一字之改，將姚興與其弟姚平軍馬相望而不得救免的絶望之情表達得淋漓盡致。又卷八〇《外戚傳》：“昭信非惟素門履道，訖構廢辱，威望之地，自致無由。”“訖構廢辱”四字費解，“訖構”，宋本作“乾闕”，元大德本、南監本作“訖闕”，北監本、汲本、殿本、百衲本作“訖構”。昭信，即北齊文宣帝高歡皇后李祖娥。高歡卒，其子高殷立。李祖娥以太后身份輔政。乾明元年，宗王高演、高湛發動政變，於昭陽殿廢黜高殷，李祖娥廢居昭信宮。事見本書卷四一《楊愔傳》。“乾闕”一詞，僅此一見。乾爲陽，此處亦四字一句，爲求形式整齊，遂用“乾闕”指代昭陽殿。可知諸本“訖”爲“乾”之形訛，“闕”字大德本、南監本猶不誤，北監本以下妄改“構”字。

静嘉堂本確實存有較多錯誤。即便錯誤之處，反映了早期刊刻狀態，仍有一定的價值。卷九七《西域傳》有《疏勒國傳》，但“疏勒”二字，静嘉堂本標題及正傳兩處皆作“舍衛”。元大德本及以後諸本並作“疏勒”。傳中有文云：“文成末，其王遣使送釋迦牟尼佛袈裟一，長二丈餘，帝以審是佛衣，應有靈異，遂燒之以驗虛實。置於猛火之上，經日不然，觀者莫不悚駭，心形俱肅。”囊時讀此處，心中多有疑惑。疏勒本西域小國，於何處得釋迦牟尼袈裟？觀宋本後知“疏勒”初作“舍衛”。按，舍衛國，位於中天竺，物産豐富，無所不有。據《分別功德論》卷二，釋迦牟尼於舍衛國居止二十五年。如此，舍衛國獻釋迦牟尼袈裟完全合乎情理。然其傳下文又云每歲常供送於突厥，國人六指，國境“南有黃河，西帶葱嶺，東去龜兹千五百里”等，與疏勒完全吻合。綜上可知，早期刊本的《北史》此處内容大誤，將印度半島的舍衛國相關内容摻入疏勒國，合二國爲一傳。宋本尚以“舍衛”爲傳名，元大德本時發現問題，徑將標題行由"舍衛"改作"疏勒",本傳内容卻未加析分。《魏書》卷一〇二係後人據《北史》所補,同樣沿襲這一訛誤。《隋書》卷八三《疏勒傳》文字略同於《北史》,然無獻釋迦牟尼袈裟事。李延壽修《北史》時曾參考《隋書》,疑《北史》較《隋書》多出之内容應即亂入之《舍衛國傳》。

簡言之,静嘉堂本與元大德本及明清諸本無直接傳承關係,雖有較多明顯的訛誤,但因其時代更早,保留較多的舊貌,故在《北史》校勘中具有非常獨特的地位。

三、小結

静嘉堂本《北史》因收藏於日本静嘉堂文庫,長期不爲中國學者所知,本文在前人基礎上,對其版本學價值作了進一步探討。主要結論如下:

一、目前存世最早的《北史》刻本爲南宋中葉的建本。主要有兩部,一部爲鐵琴銅鐵樓舊藏二十七卷,現藏北京國家圖書館。另一部爲皕宋樓舊藏八十一卷,現藏日本静嘉堂文庫。國圖本與静嘉堂本卷數多重複,僅多出兩卷。合並重複卷後,宋本《北史》尚闕十七卷。

二、静嘉堂本有清初季振宜及清末陸樹聲藏書印,清末轉藏日本静嘉堂文庫,其流轉情況比較清晰。静嘉堂八十一卷保存完整,也存有後人補頁、補版、補字等修繕痕跡。從部分版面的挖改情況來看,此本雖與國圖藏本同屬南宋建本,但版次稍早,卷數更足,屬宋刻本中的善本。

三、北宋監本、南宋監本是《北史》最早的兩個官刻本,今並失傳。目前尚存的早期刻本是南宋建本(静嘉堂藏宋本、國圖藏宋本)、元大德本。宋、元本並以南宋監本爲母本。元大德本爲官刻正史,影響巨大,明代南北監本、汲本、清代殿本、民國百衲本等皆由元大德本派生而來。静嘉堂本爲坊刻本,影響不如元本,明清諸刻本與之無直接承襲關係。

四、静嘉堂本雖然錯誤稍多,但保留較多的原書舊貌。除去與國圖藏本重合卷數外,據粗略統計,諸本有脱,宋本獨不誤者有百餘處,故而具有較高的版本學價值,對推進《北史》的修訂工作具有重要的參校意義。

(作者單位:武漢大學歷史學院暨中國三至九世紀研究所)

海東文獻與文化

唐羅同盟的瓦解

——中韓記事取捨的比較 [①]

約翰·查爾斯·賈米森（John C. Jamieson）撰

宋麗譯　拜根興校

《三國史記》是韓國現存最古老的史籍,作爲研究中韓關係的典籍來説,有不少地方不盡人意。由於在 12 世紀時,作者金富軾和其修撰助手能參考的歷史文獻不多,爲了擴充《三國史記》的記載事項,他們經常摘取中國典籍,基本上將摘取的内容原封不動地編入《三國史記》中,校正不多,就算有也僅僅是用中立語言代替中國史家對周邊民族政權常用的貶低性稱呼和詞語而已。

但就唐太宗和高宗在位期間來講,《三國史記》的貢獻很大。在這一時期新羅藉助唐朝的力量攻滅百濟,雙方聯合滅亡大陸政權近半個世紀不能解決、長期統治朝鮮半島北部的高句麗。在朝鮮半島三個國家中,新羅國力最弱,孤立無援,在本人其他文章中曾論述過新羅的戰爭策略 [②]。能夠取得勝利,是由於新羅的王族堅持不懈地與唐朝展開交涉,最終促成了唐羅聯盟,並採取了先滅百濟,再滅高句麗的戰略,在唐高宗時期新羅的戰爭策略成功實施,新羅終於不用再只屈居於朝鮮半島東南部的角落,長期困擾唐朝東北部的頭疼問題表面上也得以解決 [③],但實際上唐朝只是短暫地享受到了勝利的滋味,現存唐朝

---

① 本論文是爲《南雲李弘植博士還曆紀念文集》所作。譯校者按:譯文的叙事風格以及專用語詞,均以原論文表述爲據。

② 拙作 "The Samguk sagi and the Unification Wars" 未刊博士學位論文,參照 University of Calif. Berkeley, 1968 年。

③ 譯者按:原文作者認爲高句麗當時統轄的土地,一直延伸到了遼河西岸。

史書並未對此作充分的説明。

　　唐朝在平壤設置安東都護府不久,新羅爲了争奪百濟和高句麗故地的統治權,就聯合朝鮮半島上的原高句麗反唐勢力一起攻打唐軍,没過幾年唐朝被迫退出了朝鮮半島。當然唐朝當時之所以從朝鮮半島退出也有其他外部因素,例如經常在北方地區與突厥之間發生邊境衝突,西藏吐蕃勢力也不斷擴張,不停侵佔唐朝管轄的塔里木盆地地區①。

　　《三國史記·新羅本紀》中豐富的史料卻表明:唐朝之所以退出朝鮮半島的争奪,比起其他的外部因素來説,最主要還是由於其對朝鮮半島政策的全面失敗。《新羅本紀》中記録百濟和高句麗滅亡後,唐太宗曾允諾將大同江以南的領土交由新羅管轄的。但是唐高宗意圖在高句麗和百濟故地實行羈縻統治政策,新羅於是爲實現對朝鮮半島大同江以南地區的統治一直進行部署,先給唐佔領區域逃出的移民提供避難場所,聯合並扶植了朝鮮半島上的原高句麗和百濟的反唐勢力,加上唐朝軍力不足,最終新羅的目的才得以達成。

　　現存唐史史料中對 670 年代朝鮮半島的一連串事件的記載,既不完整又不確切。這種態度恰好反映了唐朝的遺憾與悲憤。這一切都由於唐朝歷經數十年做出了莫大犧牲,好不容易得到的東北方領土又再次痛失,只嘗到短暫的勝利而已。在《三國史記》卷七《新羅本紀·文武王》中記載了唐朝在此期間經歷的數次退卻,中國方面的文獻中對其失敗卻没有任何記載。從對 668 年之後經歷過新羅和高句麗諸多會戰的唐朝軍事將領傳記研究來看,更能印證應該是中國史書對唐朝在朝鮮半島的失敗故意保持沉默。以下分析相關聯的唐朝六位人物事蹟加以説明。

　　(一)薛仁貴:因爲遠征朝鮮半島獲得了極高的軍功和名聲,是唐太宗和高宗時期的名將。通過對比現存唐朝與朝鮮半島兩地對其 668 年之後十年間活動軌跡的史料記載,能看出兩方史料不少的差異點。

中國史料	《三國史記·新羅本紀》
668 年 10 月任命爲檢校安東都護(《資治通鑑》卷二〇一;《舊唐書》卷八三,頁 2782;《新唐書》卷一一一,頁 4142) 669 年	(注:《高句麗本紀》對此一時期發生的事有較短的記載)

①　岑仲勉《隋唐史》,上海高等教育出版社,1957 年,頁 127。

中國史料	《三國史記·新羅本紀》
670 年 8 月 因在鄯州（甘肅）與吐蕃之戰戰敗，被革職除名（《資治通鑑》卷二〇一；《舊唐書》卷八三，頁 2783；《新唐書》卷一一一，頁 4142）	
671 年（？）（《舊唐書》頁 2783）尋而高麗衆相率復叛，詔起仁貴爲雞林道總管以經略之。（《新唐書》頁 4142……）復職之後被任命爲雞林道總管，統兵討伐高麗叛軍（《資治通鑑》對此事並未記載）	671 年 7 月 26 日 前往百濟西岸航行與新羅王書信來往，書信内容現存（《三國史記》卷七《新羅本紀·文武王》文武王十一年）
672 年 673 年 674 年 8 月 上元中	675 年 9 月 募集曾在唐的新羅背叛者再次航行至黄海道西海岸進行攻擊並戰敗（《三國史記》卷七《新羅本紀·文武王》文武王十五年）
676 年 11 月 又因事獲罪，被流放到象州，朝廷大赦得以回京（《舊唐書》頁 2783；《新唐書》頁 4142，針對流放有所記載，但不包含日子） 對薛的記載至 680 爲止未再出現（《舊唐書》頁 2783；《資治通鑑》卷二〇三）	676 年 11 月 再次海戰，新羅勝利（《三國史記》卷七《新羅本紀·文武王》文武王十六年）

　　首先令人注意的差異點表現在中國史料並没有直接言及薛仁貴遠征新羅，而是之後直接記載了 671 他擔任雞林道總管一職。此官職是唐朝時期領兵武將的重要職位，相當於戰地司令官，而官職中涉及地名往往便是其領兵征伐區域的所在名稱，《新羅本紀》的記載印證了其征討新羅的史實。675 年 9 月和 11 月，《新羅本紀》記載了薛仁貴的兩次戰敗，但依據唐朝資料來看，“上元中”（674 年 8 月—676 年 11 月）僅僅記載了薛仁貴因事獲罪遭到流放（除過《資治通鑑》之外，關於薛仁貴被流放涉及問題並未言及）。這裏有兩個時間點值得注意，即上元年間的最後一個月 676 年 11 月薛仁貴被流放，和《三國史記》記載薛仁貴兵敗的時間正好一致。這裏偶然出現明顯契合的兩個日期——即上元年間的最後一個月（676 年 11 月），和《三國史記》記載薛仁貴將軍從朝鮮半島歷史上不光彩的退場的日期，可能會給讀者留下金富軾根據自己的需要修改的印象。不過，令人奇怪的是中國史料並未記載薛仁貴 671 年

之後的活動軌跡,676 年他被流放的原因也未有所提及。其中原因令人生疑,且也説明了中國史料對 670 年左右史事記載的不完整。

　　(二)高侃:唐朝名將,死後陪葬於昭陵(譯者按:此爲原文作者筆誤,應爲乾陵),受人敬仰。據中國史料記載,他在永徽元年(650),生擒突厥車鼻可汗,並將其帶回長安。此後的 667—668 年,在唐軍統帥李勣指揮下參與攻克平壤之戰(《新唐書》卷二二○《東夷·高麗傳》,頁 6197;《資治通鑑》卷二○一,666 年 7 月)[①]。671—672 年間高句麗遺民劍牟岑起兵反唐,高句麗貴族安舜將劍牟岑殺死後投奔新羅,高侃再次領兵出征並將增援的新羅兵擊敗。唐朝資料(《資治通鑑》卷二○一,頁 6363;《新唐書》卷二二○《東夷·高麗傳》,頁 6197;《册府元龜》卷三五八,頁 4242)[②]只説取得了勝利,相反,《新羅本紀》卻僅僅記載唐朝的這次取勝,其他卻全是唐軍面臨的危殆險境。中國史料在 672 年之後,有關高侃在朝鮮半島的記事就不復存在,但在其他史料中卻間接能説明在 672 年之後高侃仍與朝鮮半島有所關聯,推測的依據便是高侃其玄孫高固的列傳(《舊唐書》卷一五二,頁 4077),高固列傳中記載高侃生前最高官職爲安東都護,鑒於 676 年唐將安東都護府治所遷往遼東後,所有官職均由高句麗人取而代之,那高侃其人應爲 676 年之前,672 年出征新羅及高句麗不久之後取得的安東都護官職[③]。

　　岑仲勉教授也注意到了一點,那就是功勞如此之大,又備受唐太宗厚愛的高侃將軍,在中國史書中卻没有相應的傳記,令人疑惑[④]。筆者推測也許與東北部地區的統治有關,在此提出以下兩種可能性:其一,在他與新羅間的最後一次交戰中未取得勝利。其二,可能對平壤的丢失有不可逃避的責任。由於西元 676 年,安東都護府治所從平壤遷往遼東故城,由此懷疑當時擔任安東都護的高侃,其造成的影響和損失應當受到懲罰。

　　(三)劉仁軌:在《三國史記·新羅本紀·文武王》當中劉仁軌出現的頻

---

① 譯者按:因原作者引用開明書店版二十五史現已難見,故文中所引《舊唐書》《新唐書》,均見中華書局 1975 年版。

② 王欽若等編《册府元龜》,臺灣中華書局,1967 年。

③ 王溥《唐會要》卷七三,中華書局,1960 年,頁 1318,云:"至上元三年……移安東都護府於遼東故城。先有華人任官者悉罷之。"

④ 岑仲勉《唐史餘瀋》,中華書局上海編輯所,1960 年,頁 28—31。

率很高,高宗時期唐朝和朝鮮半島一系列的事件都與他有很深的關聯。668年之後其辭去官職這點毫無爭議,674年他被任命爲雞林道大總管,率軍東征新羅,675年攻克新羅重鎮七重城之後緊接著便回朝,以上事件都在"唐書"中有所記載(劉仁軌列傳,《舊唐書》卷八四,頁2795,《新唐書》卷一〇八,頁4084;高宗本紀674—675年中相關聯的部分,《舊唐書》,頁98,《新唐書》,頁71;《新唐書》卷二二〇《東夷·新羅傳》,頁6204;《資治通鑑》卷二〇二,674年1月&675年2月)。《三國史記》中關於674年唐朝出兵新羅的記載取自《資治通鑑》,内容没有太大變更(《三國史記》卷七《新羅本紀·文武王》,文武王十四年一月),但關於675年的記載同樣取自《資治通鑑》,其描述卻相當簡略。

單看劉仁軌這次遠征可以説是既順利又非常符合時機,通過這一戰唐朝皇帝可以削奪新羅王的官爵,並且得到了文武王的快速謝罪[1]。《三國史記》中關於668年之後十年記載,確有極其微弱的差異。這十年間記載金富軾幾乎是没有任何改動地摘取了中國史料。奇怪的是,關於這個時期的記載金富軾完全可以參考當時存在的新羅文獻,但關於劉仁軌遠征卻完全没有本土資料的輔證。更引人好奇的是金富軾對《資治通鑑》中675年記載的校訂方法。其原文如下:

> 二月,劉仁軌大破新羅之衆於七重城;又使靺鞨浮海,略新羅之南境,斬獲甚衆。仁軌引兵還。詔以李謹行爲安東鎮撫大使,屯新羅之買肖城以經略之,三戰皆捷,新羅乃遣使入貢,且謝罪;上赦之,復新羅王法敏官爵。金仁問中道而還,改封臨海郡公。

《三國史記》中關於675年的記載,特意删除了《資治通鑑》中"劉仁軌大破新羅之衆"的"大"字及"又使靺鞨浮海略新羅之南境,斬獲甚衆"字樣。

這裏有一個根本性問題,金富軾應該也是發覺或推測劉仁軌674—675年間的會戰結果報告是他自己所寫,或者説至少是依據他提供當時戰爭的報告撰寫。筆者認爲金富軾的這種察覺很有道理。

---

[1] 新羅通過戰鬥得到百濟、高句麗領土伊始,就無視唐朝的存在,進封高句麗新王爵位,致使唐高宗敕令削奪新羅王王位,依據慣例進封在唐新羅質子文武王的弟弟金仁問爲新羅王。該敕令在新羅遣使謝罪背景之下,以唐廷隨即恢復新羅文武王王位而告結。參見《資治通鑑》卷二〇二,唐高宗上元元年(674)一月條,上元二年(675)二月條。

在劉仁軌列傳(《舊唐書》,頁 2795)對其和新羅之間的交戰情況記載中,能看到劉仁軌 675 年前後所任官職情況,其中需要特別注意的就是其監修國史的職務。670 年之後,除去他遠征新羅的那段時間,一直持續擔任此職責,所以不得不懷疑這期間關於朝鮮半島的事件極有可能都是劉仁軌所記錄的。劉仁軌 675 這次戰爭的勝利應該只是險勝,或者説對新羅的打擊並非徹底,因爲在這場戰爭勝利後的次年,也就是 676 年,安東都護府就從平壤搬到遼東,唐朝在朝鮮半島的活動完全中止。此時不僅唐朝迫切渴望勝利,劉仁軌本身也懇切地希望獲得軍功(他從新羅歸唐後獲得更高的爵位),所以劉仁軌想誇大這場戰爭的勝利程度,這樣既能符合國内人心所向又與自身利益相符。

《三國史記》的編者金富軾對這種改裝的描述估計也有所洞察,但對於《資治通鑑》的描述,又不能説其僞造從而棄之不用,所以他將“劉仁軌大破新羅之衆於七重城”略作修改爲“劉仁軌破我兵於七重城”,只簡單用了“破”一詞來記載。

筆者認爲由於劉仁軌長期監修國史,一定程度對史書中關於高宗時期對外交涉的評價産生了影響[1]。與此同時,中國史料在高句麗滅亡之後的部分事件中應該也存在這種過度誇大的情況。

(四)楊昉:韓國方面史料没有關於楊昉的記載。《新唐書》卷二二〇《東夷·高麗傳》中説楊昉 671—672 年在高侃的率領下參與了鎮壓劍牟岑叛亂之戰,其伯父高纂(譯者按:此處作者筆誤,應爲楊纂)的列傳結尾對他有簡短的描寫,此處並没有楊昉在朝鮮半島擔任軍職的記載。

(五)李弼:李弼作爲劉仁軌的部下也參與了 674—675 年的戰爭。《三國史記》由於是摘取自《資治通鑑》記錄,故而對其也有所記載,但李弼在中國史書中並没有自己單獨的傳記,其兄也是唐朝著名的軍事將領李勣,李勣列傳中雖對其有所提及,但也没有關於李弼 674 年前往朝鮮半島遠征的記載。

(六)李謹行:李謹行是入唐的靺鞨人後裔,他與妻子共赴朝鮮半島遠征可以算是一大特色。曾於 672 年和高侃、675 年與劉仁軌一起出征,劉仁軌歸唐後李謹行卻一直留在新羅,對其戰績的記載中韓史書差別巨大,唐朝史料記載李謹行戰績可爲“三戰皆捷”(《新唐書》卷二二〇《東夷·高麗傳》,頁 6198,

---

[1] 劉仁軌擔當監修國史期間,對 649—685 年間的實錄資料做過全面修正。參見王溥《唐會要》卷六三,頁 1093—1094。

《東夷·新羅傳》,頁 6204,《資治通鑑》卷二○二,673 年 5 月—674 年 1 月 &675 年 2 月),而從《三國史記》來看卻是"一勝(文武王十二年七月)之後大敗"。李謹行在史書中有自己簡短的列傳,只是在其列傳中沒有任何關於他在朝鮮半島參戰的痕跡,唯有 676 年他在西北甘肅地域與吐蕃交戰中獲勝的記載。

以上 6 人都是 668 年之後在朝鮮半島爲維護唐朝利益參戰的唐軍將領。通過研究 6 人的相關史料可以發現,中國史料中記載他們在朝鮮半島獲得了一連串的勝利,但在其列傳中要麽沒有提及,要麽提及的部分也令人有所疑慮。6 人中楊昉、李弼 2 人就像沒有什麼顯著的功績一般,不僅沒有自己單獨的列傳,在諸列傳中描述關於朝鮮半島關係時也沒有提及。再就是高侃,客觀來講以他的功績理應在《舊唐書》《新唐書》中佔有一席之地,而其沒有列傳,應該與沒能完成其在東北部征戰的使命有關。另外 3 人的情況是,《李謹行傳》中完全沒有任何提及關於高句麗、新羅的事件,《薛仁貴傳》對其戰敗仿佛有意隱藏,模糊不清,最後劉仁軌的情況則是如同前文所論,他所獲得勝利的規模存有疑問。

唐朝對朝鮮半島策略的轉換,應該也基於當時唐的對外交涉處境出發。對此,唐代史學家令狐德棻(583—666)做過貼切的説明,他分析在處理北方少數民族問題時,"《易》稱'見幾而作',《傳》云'相時而動'"(《周書》卷五○,頁 921)爲上策。實際上唐朝一直在向朝鮮半島不停施壓,但隨著新羅國力的不斷增長,更加上複雜的其他邊境問題,讓唐朝分身乏術,不得不對朝鮮半島轉換爲退守政策。但唐朝也並非完全放棄攻打新羅,事實上 678 年唐朝意圖再次遠征朝鮮半島,侍中張文瓘的諫言,阻止了唐高宗的計劃,他諫言:"今吐蕃爲寇,方發兵西討,新羅雖云不順,未嘗犯邊,若又東征,臣恐公私不勝其弊。"[1] 再次遠征不僅耗時長,犧牲巨大,戰爭耗費國力則必然會導致失敗。事實上就算新羅往北佔據了大同江邊界,也不會對唐有所威脅,所以唐朝不必對新羅過分憂慮。但是由於唐朝對外族的刻板態度,無論是礙於形勢必須轉換策略,還是因爲邊境小國而被迫中斷雄大的計畫,對唐朝來説都是有損顏面,因此其從新羅的撤離,史料中沒有做任何説明,而是悄悄地掩蓋過去了。

新羅統一朝鮮半島中南部後成爲唐朝的藩屬國,唐朝通過文化傳播完成

---

[1]《資治通鑑》卷二○二,唐高宗儀鳳三年(678)九月條。

了軍事上没能達到的成就。所幸新羅時期及後代的史家對這一段唐羅兩國關係有所記載,能夠證明新羅成爲唐朝藩屬國的一員,是出於新羅自主決策,同時也能夠證明金富軾有自己的修史態度,他出色地糾正了其曾經批判的中國史書"詳内略外"這一缺點①。

(作者單位:美國伯克利加州大學東亞研究所韓國研究中心;

譯者單位:德州市教育科學研究院;

校者單位:陝西師範大學歷史文化學院)

---

① 參照金富軾《三國史記》卷一《進三國史表》。

新羅《慧超往五天竺國傳》再考[*]

徐 燁

一、引言

新羅僧慧超（704—783？）所撰《慧超往五天竺國傳》（以下簡稱《慧超傳》）^①是佛教徒西行求法巡禮行記的代表作，是繼法顯（337—422）《佛國

　　＊本文是 2022 年度南京大學亞洲研究項目"關於慧超《往五天竺國傳》和圓仁《入唐求法巡禮行記》的新羅語學考察"的階段性成果。首先，本文的選題得到了浙江大學漢語史研究中心汪維輝教授的悉心指點。原文草稿先用英語撰寫，2021 年 6 月 4 日至 6 日，在美國康奈爾大學舉辦的"跨語言環境中的韓（朝）語學（Korean Linguistics in Crosslinguistic Context）"學術會議上做過口頭報告，感謝康奈爾大學語言學系瓊·惠特曼（John Whitman）教授提供寶貴的交流機會。本文後來改用韓（朝）語、漢語成文，分別在 2021 年 7 月 8 日舉辦的韓國國語史學會 ZOOM 線上夏季全國學術大會，以及 2021 年 12 月 10 日至 12 日香港教育大學承辦的第 14 屆漢文佛典語言國際學術研討會上做過口頭報告，並得到了韓（朝）語史和漢語史研究領域學者的指導和幫助。2022 年 9 月，本課題獲得南京大學亞洲研究項目的研究資助後，筆者邀請浙江大學漢語史研究中心葉雁鵬博士生從漢語史的視角考察《慧超往五天竺國傳》和二次校訂其録文。在修改的過程中，筆者曾得到浙江大學文學院汪維輝教授、葉雁鵬博士、吳昌政博士生，南京大學文學院童嶺教授、王雪博士，還有匿名評審專家的悉心指點和無私幫助，謹此統致謝忱。文中的錯誤概由筆者負責。
　①關於《慧超傳》的書名，本文參照慧琳撰《一切經音義》卷一〇〇所題《惠超往五天竺國傳》，僅將人名改作學界慣用的"慧超"，定作《慧超往五天竺國傳》。

記》(或稱《法顯傳》,416)、玄奘(602—664)《大唐西域記》(646)和義净(635—713)《大唐西域求法高僧傳》(691)之後,研究 8 世紀前半期中西交通史和中、朝、印佛教交流史的珍貴史料①。自 1908 年法國漢學家伯希和(Paul Pelliot;1878—1945)認定敦煌寫本殘卷 P.3532 爲《慧超傳》(227 行,約 5893 字)以來,百餘年間國際學界對此寫本(以下簡稱寫本)的研究迭繼不斷②。

　　但是,到目前爲止,學者們對此寫本的文本性質仍存在兩種意見。第一,唐人"節録本(或稱爲略出本、删節本)"説。該説的主要根據是寫本不分卷,而唐釋慧琳(737—820)撰《一切經音義》(以下簡稱《慧琳音義》)卷一〇〇中對《慧超傳》所見疑難詞彙按上、中、下三卷(以下稱爲"三卷本")依次注釋。慧琳共摘注了"三卷本"中的 85 個詞彙,有 15 個與寫本吻合,其中中卷 2 個,下卷 13 個。由此,學者們推測寫本是《慧琳音義》所引"三卷本"的"節録本"。第二,"草稿本鈔本"(以下簡稱"草鈔本")説。即寫本是"三卷本"完稿之前,慧超在旅行途中寫成的"草稿本原本"的一個鈔本,寫成時間在 723—727 年之間。支持該説的日本學者大谷勝真③認爲寫本中的五首五言詩未被删略,所以寫本不應該是"節録本",而是"寫録本"。近來,高田氏④進一步比較了寫本與《慧琳音義》卷一〇〇《慧超往五天竺國傳》相吻合詞條之間的差異,提出寫本可能是"三卷本"成書之前的一個草稿本的鈔本,即"草鈔本",並認爲寫本内容存在新羅式的不規範漢文。

　　關於《慧超傳》寫本的語言性質,從漢語史的角度看,其詞彙和語法夾雜

---

① 此處參考的文獻包括:邵天松校箋《法顯傳校箋》,南京師範大學出版社,2022 年;季羨林等校注《大唐西域記校注》,中華書局,1985 年;芮傳明譯注《大唐西域記譯注》,中華書局,2019 年;王邦維校注《大唐西域求法高僧傳校注》,中華書局,2020 年;王邦維校注《南海寄歸内法傳校注》,中華書局,2020 年;楊廷福《玄奘年譜》,崇文書局,2022 年。

② 敦煌殘卷《慧超傳》現藏於法國國家圖書館,參見 URL https://gallica.bnf.fr/ark:/12148/btv1b8303091k. 另外,《慧超傳》已印入《大正新脩大藏經》第五十一卷史傳部,頁 975—979,參見 URL https://21dzk.l.u-tokyo.ac.jp/SAT/satdb2015.php.

③ 大谷勝真《慧超往五天竺國傳中の一二に就いて》,《小田先生頌壽紀念朝鮮論集》,大阪屋號書店,1934 年,頁 143—160。

④ 高田時雄撰,鍾翀譯《慧超〈往五天竺國傳〉之語言及敦煌寫本之性質》,《敦煌·民族·語言》,中華書局,2005 年,頁 359—385。

了 8 世紀中唐時期的白話(Vernacular Chinese) 和文言(Literary Sinitic)[①]；從新羅語史的角度來看, 即高田氏所謂寫本存在新羅式漢文, 由於慧超是來自新羅國的非漢語母語者, 他在撰文時尚不到三十歲, 漢語口語和文言的水平有限, 受到其母語新羅語的底層干擾而多次出現了令人費解的表述。基於此, 本文將檢視百餘年來各國學者的研究成果, 結合漢語史、朝鮮語史的一手資料(包括金石文、史料、借字表記資料、朝鮮漢字音資料) 來確定寫本的性質, 並討論其在研究中唐新羅語方面的價值和局限。

二、再論《慧超傳》寫本的性質

關於《慧超傳》寫本的性質, 本文贊同高田氏的 "草鈔本" 説。我們認爲《慧超傳》在中唐時期至少存在四種版本。第一種是慧超本人寫定的 "草稿本原本", 其寫成的時間和地點, 學界的意見不一, 慧超可能在敦煌或回到長安後寫成, 之後再被傳鈔而流入敦煌。第二種是發現於藏經洞的敦煌殘卷 P. 3532, "草稿本原本" 的 "鈔本", 即 "草鈔本"。關於其鈔寫的年代, 從其用紙、書體等古文書學上的分析來看, 學者們認爲是在 8 世紀[②]。第三種是慧超的同門後輩, 即疏勒人慧琳經眼並摘注的 "三卷本"。《慧琳音義》的撰述時間大致始於建中末年(783), 終於元和十二年(817), 由此我們斷定 "三卷本" 的寫成時間必在《慧琳音義》編定之前。第四種是《慧琳音義》摘注 "三卷本" 中 85 個詞條時用的標題詞條, 也可看作一種版本, 即 "音義本"。因爲慧琳在摘注時, 對詞條用字的正、俗作出判斷, 相應地在標題詞條中糾正, 再作注釋。我們根據注釋又可復原慧琳經眼的 "三卷本" 的用字。

慧超 "草稿本原本" 的情況, 我們已無從知曉, 但是通過比較 "音義本" 中的詞條和注釋, 根據 "音義本" 復原的 "三卷本" 的詞條, 以及 "草鈔本" 與 "音

---

① 關於 "文言" 和 "白話" 的英語翻譯, 本文參照 Ross King 的觀點, 詳見 Kin Bunkyō 金文京. 2010. *Kanbun to higashi ajia: kundoku no bunkaken* [Literary Sinitic and East Asia: A Cultural Sphere of Vernacular Reading]. Tokyo: Iwanami Shoten. Translated by King, Ross, Burge Marjorie, Park Si nae, Lushchenko Alexey, Hattori Mina. Leiden; Boston: Brill. 2021, pp.X-XI.

② 參見高田時雄撰, 鍾翀譯《慧超〈往五天竺國傳〉之語言及敦煌寫本之性質》,《敦煌‧民族‧語言》, 中華書局, 2005 年, 頁 377。

義本”相吻合的詞條，我們可以發現四種版本間的關係，窺測“草鈔本”的傳鈔過程和“三卷本”的形成過程。我們現將三種版本的內容，整理成下表一，如下所示：

表一　《慧超傳》“草鈔本”“三卷本”“音義本”所見詞條和內容對照表

“草鈔本”	“三卷本”	“音義本”[1]	
	閣蔑	1. 閣蔑（眠鼈反。崑崙語也。古名林邑國，於諸崑崙國中此國最大，亦敬信三寶也。）	
	撥帝	2. 撥帝（上音鉢。）	
	葛㦬都	3. 葛㦬都（中郎葛反。蕃語也。）	
	荓流	4. 荓流（音瓶。泛舶遠遊，猶如荓草浮於水上，隨風不定也。）	
	鬄鬚	5. 鬄鬚（上體計反。下相臾反。南方夷人裝飾各異，或鬄髮，或剪鬚，或文身，或椎髻，穿耳跣足，朝霞哥縵，例皆如此。其字或從弟作鬄，或從刀作剃，今《傳》文從髟作鬄鬚，爲正也。）	上卷
	鈔掠	6. 鈔掠（上初教反。下音略。兩字並借用，非本字。）	
	*迍邅[2]	7. 屯辿（上追倫反。《韻詮》云：屯，塞也。《周易》：難也。《傳》文從辵作迍，是迍邅也。下正體厄字，從户乙聲。）	
	迥路	8. 迥路（熒穎反。《廣雅》：迥，遠也。從辵同聲，同象遠界。）	
	翩翩	9. 翩翩（音篇。翩翩者如鳥飛行之皃也。）	
	杳杳	10. 杳杳（瞖小反。《韻詮》云：杳杳，空遠也。深幽也。）	

---

[1] 寫本所見詞條的字形參照寫本的字樣，《慧琳音義》卷一〇〇所收詞條及其點校，參見徐時儀校注《一切經音義三種校本合刊》，上海古籍出版社（修訂第二版），2023 年。

[2] 若“三卷本”和“音義本”的詞條標題有用字差異，“三卷本”的復原詞條前加星號。

續表

"草鈔本"	"三卷本"	"音義本"	
	掛錫	11. 掛錫（古畫反。《韻詮》云：掛，懸也。又，吳音怪，訓釋惣同，或作挂。）	
	盻長路	12. 盻長路（攀慢又〔反〕。《字書》：盻，邪視也。《説文》云：《詩》曰美目盻兮。從目分聲。）	
	撩亂	13. 撩亂（上音遼。下音亂。）	
	＊山岠	14. 山岠（怕巴反。《考聲》：照曜也，花白皃也。從白巴聲。《傳》文從山作岠，非也。岠亦山阿也。）	
	倥偬	15. 倥偬（上苦貢反。下惣貢反。《考聲》云：倥偬，無歡情皃。或從手作控揔，心速也。）	
	牙嫩	16. 牙嫩（奴鈍反。《考聲》云：小弱也。或作㜷也。）	
	參差	17. 參差（上楚今反。下廁緇反。或前後左右也。）	
	邀祈	18. 邀祈（上音罝。下音其。或云祈禱也。於靈神賢聖處乞願求福也。）	
	恰如	19. 恰如（上坑甲反。相似也。）	上卷
	輥芥	20. 輥芥（昆穩反。《韻詮》云：手轉之令下也。或從手作捆，以手轉也。或作緄，《考聲》云：如車轂轉也。）	
	崎嶇	21. 崎嶇（上起宜反。下曲愚反。前《法顯傳》中已釋，並從山。）	
	槍稍	22. 槍稍（上七羊反。下霜捉反。長矛。）	
	麞鹿	23. 麞鹿（上音章。無角鹿也。或名麇鹿，麇音炮。或名麆鹿，音几，皆麞之類也。）	
	玳瑁	24. 玳瑁（上音大，或作瑇。下音妹。《考聲》云：龜類，甲有文而鋈，或作金色，光净無文理。）	
	龜鼈	25. 龜鼈（上音歸。甲蟲之最露者，其類頗多，具如《爾雅》説。下編滅反。黿之小者，形圓，龜之類而腹下無甲者。）	
	迸水	26. 迸水（百孟反。《韻詮》云：迸，散落也。）	

續表

“草鈔本”	“三卷本”	“音義本”	
	嶷然	27. 嶷然(疑棘反。出崖壁立高峻皃。)	上卷
	渤澥	28. 渤澥(上盆没反。下諧買反。大海噴涌也,或云大鼇名也。)	
	湓穹蒼	29. 湓穹蒼(上普悶反。大波上涌也。穹蒼,虚空天也。)	
	歪竄	30. 歪竄(上正體走字。從夭從止。下倉亂反。鼠走奔穴曰竄。)	
	黿鼉	31. 黿鼉(上音元。大鼈也。久則有神,能害人,亦魅人。下音陁。水介蟲也,形似守宫,四足有尾,身長五六尺,皮堪爲鼓,皆有方鱗,如棋局文。)	
	椰子漿	32. 椰子漿(上音野遮反。南方果樹名也,形如芭蕉,葉堪爲席,皮堪爲索,以縛船舶耐水而不爛,且堅,大舶盡用。其果大如盃盂,有刺,㲉甚堅,爲盞杓。其内瓤白而甜如蜜味,南方上味果也。)	
	木栅	33. 木栅(下音策。蕃人山居野處,竪木爲牆,名爲木栅。栅字,從木册聲。册音同上,象穿簡也。)	
	杆欄	34. 杆欄(上音干。下音闌。以木横圍住處,防禽獸等,名曰杆欄也。)	
	錐頭	35. 錐頭(上音隹。針之大者曰錐。)	
	壓舶	36. 壓舶(上音押。下音白。海中大船。)	
	抛打	37. 抛打(上普包反。以物遥投也。下得冷反。《韻詮》云:捶也。)	
	峻滑	38. 峻滑(上笋閏反。山壁立也。下還刮反。不澀。)	
	聒地	39. 聒地(上官活反。聲聒耳也,從耳舌聲。)	
	裸形國	40. 裸形國(魯果反。赤體無衣曰裸。或從人作倮,亦從身作躶。今避俗諱,音胡瓦反,上聲。)	中卷
	擿笴國	41. 擿笴國(上張革反。下音哥。蕃語也。)	

續表

"草鈔本"	"三卷本"	"音義本"	
	吠曬	42. 吠曬(所界反。)	
	杖撥	43. 杖撥(半沫反。從手。)	
	迄乎	44. 迄乎(香乙反。)	
	跣足	45. 跣足(先典反。)	
	鶻硌	46. 鶻硌(胡骨反。魯字彈舌呼。)	
	自撲	47. 自撲(龐邈反,與雹音同。邈音瘙剝又〔反〕,瘙音馬邦反。)	
	墳壠	48. 墳壠(上扶聞反。下力冢反。)	
	手搹	49. 手搹(弓六反。)	
1. 彼羅疤斯(10)①	* 波羅昵斯	50. 波羅疤斯 (疤音慞點反。梵語也。文中從日作昵,非之也。)	中卷
阿戍笴(?)	阿戍笴	51. 阿戍笴(音哥。梵語也。此云無憂王。)	
插頭(?)	插頭	52. 插頭(楚匣反。從手從千從臼,會意字。)	
頹毀(?)	頹毀	53. 頹毀(上徒雷反。摧壞也。)	
	淼淼	54. 淼淼(彌褾反。大水皃。)	
	一毬	55. 一毬(他敢反。)	
毛褐(108)	毛褐	56. 毛褐 (寒割反。)	
2. 土鍋(28)	土堝	57. 土堝(古禾反,土釜是也。)	
3. 娑播慈(103)	婆簸慈	58. 婆簸慈(波簡反。胡語也。)	
4. 猫牛(107)	* 犛牛	59. 犛牛(夘包反。長毛牛也。《傳》作猫兒字,非也。)	下卷
5. 蟻虱(111)	* 牙囓蟻蝨	60. 牙囓蟻蝨(上研結反。蟻音几。蝨音瑟。《傳》文俗字,相傳作風〔虱〕,不成字也。)	
憔杌(115)	磽礚	61. 磽礚(上巧交反。下堪合反。土陿山隘,多石兒也。)	

----

① "草鈔本"括號內的數字表示該詞條在寫本中的行數。

續表

"草鈔本"	"三卷本"	"音義本"	
	作傔	62. 作傔(篋念反。《韻英》云:傔,從也。事主而隨行者也。)	
	*手磋	63. 手磋(倉何反。或從手作搓,二手相摩也。《傳》中從足作蹉,是蹉陀字,非此用。)	
6. 餒五夜叉(130)	餒五夜叉	64. 餒五夜叉(萎偽反。聲同畏,與食也。)	
	溢捻	65. 溢捻(念協反。手把衣角曰捻。)	
	抛身	66. 抛身(拍包反。投身入水池也。)	
	靉靆	67. 靉靆(上哀改反。下臺乃反。欲雨之雲奮發而密厚也。)	
7. 謝颺(147)	謝颺	68. 謝颺(雲爵反。胡語也。或云謝越國,屬吐火羅界。)	
	羶穢	69. 羶穢(上扇然反。羊臭。)	
氈衫(152)	氈裝	70. 氈裝(上章然反。下音壯。以氈爲衫也。)	下卷
8. 匙箬(171)	*匙箬	71. 匙箬(上音時。飯匕也。下除慮反。《古今正字》:從竹從著省聲也。《傳》文中從助作箬,非正,俗字也。)	
9. 胡蜜(193)	胡篾	72. 胡篾(眠鼈反。胡語也。)	
10. 播蜜(197—198)	播蔑	73. 播蔑(上波簡反。地名也。)	
11. 峭巇(195)	峭巇	74. 峭巇(上千笑反。下宜棘反。山高險峻。)	
12. 擘地裂(196)	擘地裂	75. 擘地裂(上音百。)	
13. 爆(瀑)布(197)	瀑布	76. 瀑布(上音僕。懸流水也。)	
趙君(217)	頤貞	77. 頤貞(上音夷。人名,安西節度使。)	
	張莫党	78. 張莫党(當浪反。番語人名也。)	
14. 伽師祇離(212)	迦師佶黎	79. 迦師佶黎(佶,勤乙反。胡語。唐云葱嶺鎮。)	
	薺苨	80. 薺苨(上齊祭反。下泥底反。藥名也。言阿魏根似此藥,而臭如大蒜,煎成阿魏藥。)	
	凼沙	81. 凼沙(上撓交反。白色石藥也。鍍金,作用似白礬而奭也。)	

續表

"草鈔本"	"三卷本"	"音義本"	
	剋捷	82. 剋捷（下潛葉反。）	
15. 明悺（220）	明悺	83. 明悺（威粉反。僧名。）	下卷
	姓麴	84. 姓麴（穹六反。羌姓也。）	
	邵子明	85. 邵子明（音紹。亦人名也。）	

（一）關於"草鈔本"一列補充的六個詞條的説明

1. "阿戍笴"條，大谷勝真[①]認爲"音義本"第51條"阿戍笴"，第52條"插頭"和第53條"頹毁"是"草鈔本"中"三 . 波羅疶斯國"處紙面第10行殘缺部分的内容，描繪了鹿野苑的石窣堵波。筆者認爲此處寫本殘缺，這三個詞還是無法準確識讀。

2. "毛褐（108）"條，高田氏[②]認爲"草鈔本"所見"毛褐（108）"與"音義本"第56條"毛褐"吻合。筆者認爲"草鈔本"第108行所見"毛褐"應作"毺（毯）褐"。

3. "憔杌（115）"條，高田氏[③]認爲"草鈔本"所見"憔杌（115）"與"音義本"第61條"磽礚"對應。筆者認爲這兩個詞條的關係還值得商榷。

4. "氈衫（152）"條，鄭基先[④]認爲"音義本"第70條"氈裝"實際是對"草鈔本"中"氈衫（152）"的注釋。近來武紹衛[⑤]也提出"草鈔本"中"氈衫（152，191，199，205）"一詞共出現4次，其中"二九 . 犯引國"所見"氈衫（152）"與"三卷本""音義本"第70條"氈裝"條對應。筆者認爲"氈衫"

---

① 大谷勝真《慧超往五天竺國傳中の一二に就いて》，《小田先生頌壽紀念朝鮮論集》，大阪屋號書店，1934年，頁151—153。

② 高田時雄撰，鍾翀譯《慧超〈往五天竺國傳〉之語言及敦煌寫本之性質》，《敦煌 · 民族 · 語言》，中華書局，2005年，頁373。

③ 高田時雄撰，鍾翀譯《慧超〈往五天竺國傳〉之語言及敦煌寫本之性質》，《敦煌 · 民族 · 語言》，中華書局，2005年，頁374。

④ 鄭基先《慧超往五天竺國傳小考》，《韓國의 哲學》第28號，2000年，頁7。

⑤ 武紹衛《慧琳所見〈往五天竺國傳〉研究》，《首都師範大學學報》（社會科學版）2023年第5期，頁23。

和“氈裝”相關,但兩者不完全對應。關於“裝”字的讀音,慧琳云:“下音壯。”“衫”和“裝”存異。我們推測是慧超在“三卷本”中把“氈衫”改爲了同義詞“氈裝”。

5.“爆(瀑)布(197)”條,判讀爲“爆布”較普遍。我們推測鈔手混用“爆~瀑”二字的可能性較高,可判讀爲“瀑布”,與“音義本”“三卷本”一致。

6.“趙君(217)”條,武紹衛[①]認爲“草鈔本”中“趙君(217)”一詞與“三卷本”“音義本”第77條“頤貞”條對應,安西節度使“趙君”即“趙頤貞”,而“頤貞”應當出現於“草鈔本”“伽師祇離(212)”一詞之後,描述“四四.安西”處。筆者贊同此“趙君”和“頤貞”相關,但是關於“頤貞”一詞出現在“三卷本”和“音義本”中描述“三八.胡蜜國”“三九.識匿國”“四十.葱嶺鎮”“四一.疎勒國”內容時的原因,可能是慧超在“三卷本”定稿時,對草稿的內容進行了擴充,而且“頤貞”可能與第78條出現的西域番人“張莫党”有關,到後文描述“四四.安西”時,將“趙頤貞”略稱爲“趙君”。

(二)上表中三列的關係與異同

我們根據上表,以“音義本”所見詞條和注釋爲中心,復原“三卷本”的詞條,並從“草鈔本”找出與“三卷本”相吻合及相關的詞條,綜合前人研究,分析三者的關係與異同。我們按照“音義本”的卷數、次第逐一説明。

1.“音義本”上卷共收39個詞條,均不見於“草鈔本”。而“三卷本”中可復原的詞條有39個,2個與“音義本”的用字有别。“音義本”第7條“屯卮”,慧琳云:“《傳》文從辵作迍,是迍邅也。”那麼“三卷本”應作“迍邅”二字。第14條“山岜”,慧琳云:“《傳》文從山作岜,非也。”那麼“三卷本”應作“山岜”。

2.“音義本”中卷共收18個詞條,2個見於“草鈔本”,即“彼羅疴斯(10)”和“土鍋(28)”。“三卷本”中可復原的詞條有18個,但其中1個與“音義本”的用字有别,即第50條“波羅疴斯”。慧琳云:“文中從日作昵,非之也。”由此“三卷本”應作“波羅昵斯”,“疴”“昵”二字存異。此條“草鈔本”作“彼羅疴斯(10)”,“彼”“疴”二字存異。“波”字應是被鈔作“彼”字。這兩字的混用不僅見於敦煌鈔本,在古代朝鮮語半島地名的記載中也存在

[①] 武紹衛《慧琳所見〈往五天竺國傳〉研究》,《首都師範大學學報》(社會科學版)2023年第5期,頁23。

“波”“彼”混用的情況①。關於“草鈔本”“土堝(28)”條用“鍋”字的原因，我們推測有兩種可能。第一，慧超原在“草鈔本”中用“鍋”字，後在“三卷本”定稿時，或者在定稿本流傳的過程中被改爲“堝”字。第二，慧超原在“草鈔本”中用“堝”字，鈔手在謄寫的過程中誤鈔爲“鍋”字，“堝～鍋”混用在敦煌文獻中較常見。

3. “音義本”下卷共收 28 個詞條，13 個見於“草鈔本”，“三卷本”可復原的詞條有 28 個，其中有 4 個與“音義本”的用字有別。“音義本”第 59 條“犛牛”，慧琳云：“《傳》作猫兒字，非也。”那麼“三卷本”應作“猫牛”。第 60 條“牙齒蟣蝨”，慧琳云：“蝨音瑟。《傳》文俗字，相傳作風(虱)，不成字也。”那麼“三卷本”應作“牙齒蟣虱”。第 63 條“手磋”，慧琳云：“《傳》中從足作蹉，是蹉陀字，非此用。”那麼“三卷本”應作“手蹉”。第 71 條“匙箸”，慧琳云：“《傳》文中從助作筯，非正，俗字也。”那麼“三卷本”應作“匙筯”。下卷中見於“草鈔本”的 13 個詞條分別是“娑播慈”“猫牛”“蟣虱”“餧五夜叉”“謝颶”“匙筯”“胡蜜”“播蜜”“峭嶷”“擘地裂”“爆(瀑)布”“伽師祇離”和“明悑”。其中，“餧五夜叉”“謝颶”“峭嶷”“擘地裂”“爆(瀑)布”“明悑”6 個在三種版本中用字一致，另外 7 個存異，存異的原因我們分析如下：

（1）“娑播慈”條，“三卷本”“音義本”均作“婆簸慈”。“娑播～婆簸”存異。我們推測慧超在“三卷本”定稿時作了改訂。“娑～婆”可能是字形相近而混用，“播～簸”二字是同音異文關係。

（2）“猫牛”條，“三卷本”作“猫牛”，“音義本”作“犛牛”。如慧琳所説，“猫”是“犛”之訛。“猫”“犛”混用在佛經資料中十分常見②。例如，玄應《一切經音義》卷第六《妙法蓮華經》第二卷“犛牛”條載：“亡交反。《説文》：西南夷長犛牛也。今隴西出此牛也。經文作猫、猫二形，今人家所畜以捕鼠者是

---

① 參見權仁瀚《고대 지명형태소 ‘本波 / 本彼’에 대하여 - 咸安 木簡의 예를 중심으로 -》，한국목간학회 정기발표회，2008 年，頁 18—23。

② “犛牛”一詞在玄應、慧琳和希麟的《一切經音義》中多次出現，參見徐時儀校注《一切經音義三種校本合刊》，上海古籍出版社(修訂第二版)，2023 年，頁 131、307、322、390、718、731、763、834、1049、1210、1224、1541、1563、1595、1606、1636、1640、1642、1958、2168、2191、2211、2219、2328。

也,猫非經義。"[①] 我們推測慧超在草稿本中也誤用了"猫"字,這在中唐時期十分普遍。

（3）"蟣虱"條,"三卷本"作"牙齧蟣虱","音義本"作"牙齧蟣蝨"。我們推測是慧超在"三卷本"中作了修訂。另外,"虱~蝨"二字存異,爲異體關係,慧琳認爲"蝨"是正字。此"虱"字在中唐的佛經資料中較爲常見[②]。

（4）"匙筯"條,"三卷本"作"匙筯","音義本"作"匙箸"。"筯~箸"存異,爲異體關係。"筯"應該也傳入了朝鮮半島,也見於朝鮮時期的漢語官話教科書《老乞大諺解》《朴通事諺解》和崔世珍撰《老朴集覽》[③]。

（5）"胡蜜"條,"三卷本"和"音義本"均作"胡篾"。

（6）"播蜜"條,"三卷本"和"音義本"均作"播蔑"。（5）和（6）兩條均是"蜜""篾"存異,兩字可看作是同音異文關係,記録的音相同或相近。我們推測慧超將"三卷本"定稿時,將兩個地名的音譯作了修訂,其原因參見第三節關於"播蜜"的討論。

（7）"伽師祇離"條,"三卷本""音義本"均作"迦師佶黎"。"伽~迦""祇~佶""離~黎"存異。我們推測是慧超在"三卷本"定稿時作了修訂,修訂的原因,高田氏認爲若把"伽師祇離"和"迦師佶黎"看作是梵語"Kāshgirī"的音譯,那麼見母字"迦"比群母字"伽"更優,開音節字"祇"比入聲[-t]韻尾字"佶"更優,四等韻字"黎"比三等韻字"離"更優。本文贊同"迦師佶黎"的音譯更優,我們推測慧超對中古漢語語音的認識加深,在"三卷本"中作了修訂,慧超能夠清楚地區分中古漢語的三等[j]介音,或者他已經察覺到中唐時期三、四等字的合流現象。

另外,慧琳云:"佶,勤乙反。胡語。唐云葱嶺鎮。"羅振玉[④]指出慧琳的解釋有誤,認爲:"《慧琳音義》作迦師佶黎,注'胡語。唐云葱嶺。'案:此傳上文既云葱嶺外國人呼渴飯檀國,琳師音義又以迦師佶黎爲葱嶺,彼此矛盾。《唐

---

① 徐時儀校注《一切經音義三種校本合刊》,頁131。
② 徐時儀校注《一切經音義三種校本合刊》,頁556、611、1217、1624、1775、1908、2214、2273。
③ 參見汪維輝《朝鮮時代漢語教科書十種匯輯》,上海教育出版社,2022年,頁63、89、255、320。
④ 羅振玉《慧超往五天竺國傳校録札記》,《敦煌石室遺書(第一冊)》,誦芬室,1909年,葉十一(後收入《敦煌叢刊初集(六)》,臺灣新文豐出版公司影印出版,1985年,頁155)。

書·疏勒國傳》云：'王居迦師城。''迦師'當是'伽師祇離'之省稱，則'伽師祇離'爲疏勒，非葱嶺也。"但是，本文認爲慧琳本是疏勒人，其混淆葱嶺與疏勒的原因，還可以進一步的研究。

綜上，我們可確認此寫本是"三卷本"定稿之前的"草鈔本"，不是"三卷本"的"節略本"。"草鈔本"與"三卷本""音義本"對應的詞條有 15 個，内容上相關的詞彙有"氈衫（152）""趙君（217）"2 個。"三卷本""音義本"所見第 51 條"阿戍笴"、第 52 條"插頭"和第 53 條"頽毁"可能也見於"草鈔本"，但目前已無法準確識讀。

三、《慧超傳》寫本能否用來研究中唐新羅語？

最初，伯希和[1] 對《慧超傳》寫本的文辭持貶抑態度，他寫道："此取經僧文才不逮法顯，而叙述之詳贍，又不及玄奘，吾於烏魯木齊識一華人，搜集僧侣詩甚富，而慧超不預焉。文字平直，書中存留篇什不多，然亦幸其未多留耳，記載雖亦微嫌簡質，然究有可取者，是書既爲中古人著作，據此可證當時狀況之一斑。"後來，高楠順次郎[2] 依據寫本中"在髮""在頭""在鬚"一類的訛誤，認爲："慧超之非爲唐國之人者，據傳之文章可得粗粗推之，若依所聞，則羅氏往往難解傳之行文，而藤田氏耳熟能詳云云，顯是傳文帶有異域色彩之故耳。"最近，高田氏[3] 發展了高楠順次郎的觀點，認爲寫本存在"不規則的語法"，他寫道："再具體一點來講，是因爲古代新羅語和日語一樣，表示'ある'的動詞不像漢語一樣存在'在'和'有'的區别。因此操此種語言者如果他所掌握的漢語知識不夠完備的話，該用'有'的地方完全用了'在'是完全有可能的。這就是所謂中國人羅振玉難解，反而日本人藤田豐八易懂的道理所在。"但在後文，他又寫道："但是上揭'在髮''在頭''在鬚'諸例同屬一類，此外的文

---

[1] Pelliot Paul, "Une bibliothèque médiévale retrouvée au Kan-sou," *Bulletin de l'Ecole française d'Extrême-Orient*, Tome 8, pp.501-529, 1908（陸翔譯，《敦煌石室訪書記》，《國立北平圖書館館刊》第 9 卷第 5 期，1935 年，頁 3—27）。

[2] 高楠順次郎《慧超傳考》，《大日本佛教全書》卷一三《遊方傳叢書（第一册）》，1915 年，頁 530。此處參考高田時雄撰，鍾翀譯《慧超〈往五天竺國傳〉之語言及敦煌寫本之性質》，《敦煌·民族·語言》，中華書局，2005 年，頁 372。

[3] 高田時雄撰，鍾翀譯《慧超〈往五天竺國傳〉之語言及敦煌寫本之性質》，頁 372。

例在該寫本中則全然未見。而從該寫本在其它地方對'在'和'有'都明確區分這一點來看,還不能斷定慧超混淆了'在'和'有'兩字。退一步講,即使因爲他是新羅人的緣故,往往容易犯這一類的錯誤,也難以解釋爲什麼錯誤都會集中到了'在髮'這個用法上。總之可以説,這些'在髮'的誤用,其原因並非因爲他是外國人,而是基於其它的什麼誤解而造成的。"[①]

那麼,《慧超傳》能否用來研究中唐新羅語? 本文從書寫、音韻、句法三個方面來討論。

(一)書寫方面,寫本不但混用楷書、行書、草書字體,各種俗字和異體字夾雜,而且缺字、漏字、誤字、衍字的情況很普遍。玄幸子[②]曾指出"草鈔本"中的"言"字楷、行、草書字體混用;草書字體多用,例如"常""若""有"等字;存在相似的字體和難以辨識的字體,例如"布"和"希","無"和"言"等字。

此外,寫本在謄鈔時由於鈔工不甚仔細造成的訛誤較多。例如,乙倒符在"草鈔本"中頻繁出現,肉眼可見的至少有 11 處,包括第 19 行"難誠Ⅴ(誠難)"、第 23 行"天中Ⅴ(中天)"、第 48 行"僧有Ⅴ(有僧)"、第 52 行"領首Ⅴ(首領)"、第 93 行"千一Ⅴ(一千)"、第 122 行"漢多Ⅴ(多漢)"、第 147 行"至七日Ⅴ(七日至)"、第 148 行"此於Ⅴ(於此)"、第 167 行"住不Ⅴ(不住)"、第 170 行"人女Ⅴ(女人)"。另外,重字符在"草鈔本"中出現 2 次,第 161 行"大=寔=(大寔,大寔)"和第 168 行"彼=國=(彼國,彼國)",足見鈔工的鈔寫態度。

由此,我們推測寫本可能是由熟悉鈔寫慣例的專業鈔經者或者寺院裏的僧人謄鈔,但此人對寫本內容的熟悉度、謄鈔時的虔誠度都有限。"草鈔本"中用詞不規範,語法錯誤較多的情況,是鈔手謄鈔時導致的訛誤,還是"草稿本"原文的訛誤,迄無定論。但是,利用寫本所見俗字來研究唐代字樣在朝鮮半島的傳播情況,有一定的價值。我們試舉"仏""等""波"三例説明。

1. 仏—{佛}。{佛}在寫本中均鈔作俗體"仏"字。根據張涌泉[③]的研

---

① 近來,박용진、박병선嘗試從"中介語"的視角考察寫本中受到朝鮮語語法影響的"中介語結構",例如"及於"一詞,但是論證上還不算完備。具體參見박용진、박병선《〈왕오천축국전〉을 읽다 — 언어 연구 방법으로 접근하기》,학고방,2020 年。

② 玄幸子《關於〈往五天竺國傳〉裏面出現的語言特徵》,《漢語史學報》第 18 輯,2020 年,頁 118。

③ 張涌泉《漢語俗字研究》(增訂版),商務印書館,2010 年,頁 387—390。張涌泉、張小豔、郜同麟主編《敦煌文獻語言大詞典》,四川辭書出版社,2022 年,頁 676。

究，俗體"仏"字是六朝時期産生的俗字，較早的用例見於上海博物館藏敦煌
鈔本 15 號《法華經文外義》（約 545）和北周《强獨樂文帝廟造像碑》。

　　現存的朝鮮語資料中，"仏"字最早見於統一新羅（676—935）時期僧人
均如（923—973）所撰鄉歌《普賢十願歌》，後收於赫連挺（約 12 世紀）所撰
《大華嚴首座圓通兩重大師均如傳》。《普賢十願歌》包括《礼敬諸佛歌》《稱贊
如來歌》《廣修供養歌》《懺悔業障歌》《隨喜功德歌》《請轉法輪歌》《請仏住
世歌》《常隨仏學歌》《恒順衆生歌》《普皆回向歌》和《摠結无尽歌》[1]11 首。
其中，正、俗體"仏""佛"混用。俗體"仏"字多出現在"仏体"一詞，共 13 次。
"仏体"是古代朝鮮語中對"佛"稱呼的表記字，後面還可加表示古代朝鮮語語
法結構的用字，如"仏体置""仏体刀""仏体叱"等。"仏"字也見於"仏伊"
和"仏前"這類古代朝鮮語結構中，還見於未解詞彙"仏仏"和"仏會阿希"以
及標題"請仏住世歌"和"常隨仏學歌"。正體"佛"字出現 5 次，例如"南無
佛""佛道""佛影"一類的漢語詞彙，標題"礼敬諸佛歌"一例，"佛体"一例。
由此，我們推測俗體"仏"字應當在統一新羅時期已傳入朝鮮半島。

　　2. 寸—{ 等 }。寫本中"等"字出現 50 餘次，字形上混雜了楷書、行書和
草書，字如"寸"形的草書體出現多次，如"𡧯""寸""寸""才""木"。"寺廟"
義"寺"字和"等"字多次混淆。張涌泉[2]認爲"寸"形字是魏晋以來"等"字
的草書楷化字，在朝鮮半島早期已經流行，現代朝鮮語中表示親屬等級的"寸"
字（例如"三寸""四寸""七寸"）即來自該字[3]。我們在朝鮮語資料中可找
到更多的例證。例如，統一新羅時期的慶州雁鴨池出土的木簡（742—765），
"等"字以"木"、"木"字形出現 4 次。另外統一新羅和高麗時期的吏讀材料中
"木"字很常見，例如，日本東大寺正倉院所藏統一新羅時期的《新羅村落帳
籍》（約 755）中出現 1 次；高麗時期《净兜寺五層造成形止記》（1031）中出
現 4 次，《修禪社寺院現況記》（1221—1226）中出現 1 次，《松廣寺高麗奴婢

---

① 關於新羅鄉札中所用漢字，均參照現藏於韓國韓國學中央研究院藏書閣的寫本原文，編
　號 No. K2-723-v001，參見 URL jsg.aks.ac.kr/dir/view ?catePath=&dataId=JSG_K2-723.

② 張涌泉《漢語俗字研究》（增訂版），商務印書館，2010 年，頁 384—387。

③ 根據最近學者的研究，中國漢代簡牘可能已經産生此種草字，具體參見李洰財《漢簡草
　字整理與研究》，吉林大學博士學位論文，2014 年，頁 192—193。感謝浙江大學文學院
　吳昌政博士生告知重要的學術信息。

文書》（1281）中出現 2 次，《清州牧官文書》（1349）中出現 3 次[①]。張涌泉的研究中還提到[②]，日本桑守雌撰《和漢草字辨》（1734）認爲：“等，和作ホ，非，當作寸。”“ホ”和“寸”有細微的差異，“ホ”更似“木”形。日本的“ホ”字是否由朝鮮半島傳入，有重新檢視的必要。

　　3. 彼—{波}。“波”和“彼”混用也見於寫本。例如，“波羅疤斯（Vārānasi 或 Bārāṇsi）”寫作“彼羅疤斯”（第 10 行），《慧琳音義》作“波羅疤斯”。“波”字與源語言的讀音更接近，“彼”字是形訛，部首“彳”和“氵”在草書和行書中字形相近，易産生訛誤。此混用現象不僅在中國本土文獻中很常見，也見於早期的朝鮮語資料。例如，權仁瀚[③]根據碑文《迎日冷水里碑》（504）和《蔚珍鳳坪里碑》（524）、木簡、塼銘和載於《三國史記》和《三國遺事》的新羅地名，討論了新羅地名“本波”和“本彼”相混的情況。

　　（二）寫本能否用來研究中唐新羅語的音韻問題？即慧超所記音譯地名是否反映新羅漢字音的特徵？ Qian[④]首次對比了玄奘《大唐西域記》和《慧超傳》中同名異譯的地名，認爲《慧超傳》的用字反映中唐時期西北方音入聲韻尾“[-t]＞[-d]＞[-r]”的變化過程[⑤]，而朝鮮漢字音中[-t]韻尾系統地反映爲[-l]韻尾也是受到當時西北漢語方音的影響。筆者認爲《慧超傳》中[-t]韻尾弱化的可能性很高，現舉“蜜”“律”“咄”三字來説明。

　　1. 播蜜—播蔑—{？梵 pamir}。寫本所見地名“播蜜”（第 197、198、207、209 行）可能譯自梵語“Pamīr”，玄奘《大唐西域記》譯作“波謎羅”。參照 Schuessler（2009）的中古音擬音，我們發現慧超所用雙音節“播蜜”（MC

---

① 崔世珍《老朴集覽·老乞大集覽》（上 :1—2）“房親”條 :“《音義》云 :‘吾母與若母同宗伯叔所生。’今按，吾母之父與若母之父爲同生，吾母與若母爲四寸，吾與若也爲六寸兄弟。漢人無稱‘寸’之呼。又《質問》云 :‘同姓伯叔兄弟之子女。’”根據崔世珍的按語，我們可知“寸”表示親屬關係是朝鮮語獨有的用法。原文參見汪維輝《朝鮮時代漢語教科書十種匯輯》，上海教育出版社，2022 年，頁 330。
② 張涌泉《漢語俗字研究》（增訂版），商務印書館，2010 年，頁 386。
③ 參見權仁瀚《고대 지명형태소 ‘本波 / 本彼’에 대하여 - 咸安 木簡의 예를 중심으로 -》，한국목간학회 정기발표회，2008 年，頁 18—23。
④ Qian, Youyong “On the Origin of -l Coda in Sino-Korean—Evidence from Hyecho's *Wang o Cheonchuk guk jeon*”，《中國語文學論集》第 98 號，2016 年。
⑤ 關於唐五代西北方音的研究，參看羅常培《唐五代西北方音》，商務印書館，2012 年。

［pwâc-mjiet (< Lhan mit)］①），比玄奘所用三音節 "波謎羅"（MC［pwâ-mieic-lâ］）更加接近 "Pamīr" 的實際語音②。"Pamīr" 是雙音節詞，玄奘所用 "羅" 字的開頭輔音轉寫了 "Pamīr" 的 /-r/ 輔音韻尾，而慧超所用 "蜜" 字轉寫了 /mīr/ 整個音節，因爲 "蜜" 字的中古［-t］韻尾在朝鮮漢字音中均反映爲［-l］。我們推測慧超的用字可能反映了中唐時期西北漢語［-t］韻尾實際讀作［-r/l］。

　　另外，《慧琳音義》把 "播蜜" 的 "蜜" 字改爲 "蔑" 字，並作注："上波簡反，地名也。" 又把 "胡蜜"（第 193、198、203、204、209 行）也改爲 "胡蔑"，並作注："眠鼈反，胡語也。" "蜜"（MC［mjiet < Lhan mit］）和 "蔑"（MC［miet < Lhan met］）的差異僅在於元音是否存在介音［j］③，"蜜" 是中古三等韻字，"蔑" 是中古四等韻字。

　　這裏存在兩個問題。首先，是誰改的？是慧超在後來的三卷定本中改的？還是慧琳在撰寫《慧琳音義》時改的？慧超在定本中已作修改的可能性較高，因爲慧琳後來在注釋時未作評論，可見慧琳參照的 "三卷本" 和敦煌殘卷是不同的版本。其次，爲什麼要改？高田氏④認爲四等韻字 "蔑" 對應梵語 /i/ 更加規整，可作一解。慧琳是疏勒人，"蔑" 的反切下字也使用了四等韻字 "鼈"。

① MC 代表中古音（Middle Chinese），Lhan 代表後漢音（Later Han Chinese），兩者的擬音都參照［美］Schuessler, Axel. 2009. *Minimal Old Chinese and Later Han Chinese*. Honolulu: University of Hawai'i Press. 本文關於朝鮮漢字音的研究，參照［日］伊藤智ゆき《朝鮮漢字音研究（本文篇、資料篇）》，汲古書院，2007 年。

② 本文認爲此處慧超的翻譯更加準確，但是該地名是反映經典梵語（Classical Sanskrit），還是反映中古印地語（Middle Indic, 可能是阿育王時期的方言），其源語言需要進一步考證。浙江大學漢語史研究中心汪維輝教授指出："玄奘是非常嚴謹的，說他的音譯不準確，恐怕還需要有更充分的證據，恐怕應該參考有關玄奘音譯問題的研究成果，裏面是否有時代、地域、音譯習慣等的不同。" 本文贊同，亟待進一步研究，謹此致謝。另外，關於玄奘音譯的最新研究，可以參見張堯《從玄奘音譯看中古漢語借詞音系》，浙江大學文學院博士學位論文，2022 年。

③ 李榮先生認爲中古四等韻没有［j］介音，並根據中古的梵漢對音材料四等字多對應梵語中的 e 元音，認爲四等韻的主元音應是［e］，參加李榮《切韻音系》，科學出版社，1956 年，頁 114—115。由此，此處 "蔑" 字的中古音也可以是 MC［met］。感謝浙江大學文學院葉雁鵬博士告知。

④ 高田時雄撰，鍾翀譯《慧超〈往五天竺國傳〉之語言及敦煌寫本之性質》，《敦煌·民族·語言》，中華書局，2005 年，頁 375。

慧超是新羅人，他把原來的三等韻字"蜜"改作四等韻字"蔑"。這是中唐時期三、四等字的合流現象。但也可能是"草鈔本"在傳鈔的過程中被鈔手改寫，目前材料有限，我們暫定"三卷本"是慧超對"草鈔本"的改定。

2. 勃律—{？梵 bolor}。寫本中"大勃律"和"小勃律"所用"勃律"（第 102、112、114、115 行）一詞，玄奘譯作"鉢露羅"。如果該地名源自梵語"Bolor"，那麽慧超譯"勃律"（MC［bwət-ljwet］）比玄奘譯"鉢露羅"（MC［pwât-luoc-lâ］）更優。若"律"字的中古［-t］韻尾實際讀作［-r/l］韻尾，那么慧超的翻譯更加縝密，這種可能性也極高。另外，玄奘所用中古清聲母的"鉢"字未將"Bolor"的濁輔音 /b/ 譯出①。

3. 骨咄—{？梵 Khottal}。寫本所見地名"骨咄"（第 185 行），玄奘譯作"珂咄羅"。若"骨咄"直接源自梵語"Khottal"，那麽玄奘所譯"珂咄羅"（MC［khâ-twət-lâ］）和慧超所譯"骨咄"（MC［kwət-twət］）的差別是"珂"和"骨"聲母送氣和不送氣之別；玄奘所用"咄"字的聲母［t-］轉寫"Khottal"的輔音 /tt/，用"咄"字的韻尾［-t］和"羅"字的聲母［l-］轉寫"Khottal"的韻尾 /-l/，較冗餘；而慧超用"骨"字的韻尾［-t］和"咄"字的［t-］開頭輔音轉寫"Khottal"的中間輔音 /tt/，用"咄"字的中古［-t］韻尾對應"Khottal"的 /-l/ 韻尾，在當時讀作［-r/l］音的可能性很高。

結合中世紀朝鮮漢字音的情況，我們推測慧超所譯地名反映了中唐西北方音的實際語音，但能否看作是對新羅漢字音的直接記録，需要更多的佐證。

（三）寫本能否用來研究中唐新羅語的語法問題？即寫本中是否有反映中唐新羅語語法結構的"新羅式漢文"？高田氏認爲寫本存在"新羅式漢文"，但又認爲錯誤用法都集中在"在髮"上的原因並非是慧超的新羅人身份。金文京②也贊同寫本存在"新羅式漢文"。近來，張涌泉等③提出"在髮""在鬚"所見"在"字表"留蓄"義。

---

① 另外，此處"勃律"一般比定爲現巴基斯坦北部地名"Palula/Palola"，該詞源自 Indo-Aryan 語，可能不是直接來自梵語。感謝美國康奈爾大學語言學系張堯博士生告知重要的學術信息。

② 金文京《漢文與東亞世界》，上海三聯書店，2022 年，頁 118—120。

③ 張涌泉、張小豔、郜同麟主編《敦煌文獻語言大詞典》，四川辭書出版社，2022 年，頁 2587。

　　具體來説,學者們認爲慧超受到母語新羅語語法和詞彙的底層干擾,混淆了漢語"在""有"的用法,將"女人有髮"誤作"女人在髮"或"女人髮在",將"男人有鬚"誤作"男人在鬚";又混用了"頭"和"頭髮"義詞①,將"女人有髮"誤作"女人在頭"。這些表述是慧超將"有"字誤用爲"在"嗎?

　　筆者認爲值得商榷,高田氏②已提到寫本中其他地方慧超對"在"和"有"的使用無誤。筆者認爲此處"在"字若判讀爲"存"的訛俗字,所有的問題便迎刃而解③。"女人在髮"(第113、160、170、188、189行)應該是"女人存髮","男人剪髮在鬚"(第170行)應該是"男人剪髮存鬚","女人髮在"(第143行)應該是"女人髮存","女人在頭"(第143行)應該是"女人存頭",這些訛誤並非是慧超受到 SOV 語法結構的新羅語的干擾所致。

　　此外,寫本中其他類似"新羅式漢文"的表述,我們均可用"倒文"或"訛脱"説解釋。例如,"見有寺有僧"(第42、130行)是符合漢文習慣的正確表述,"見有寺僧有"(第48行)出現的"僧有"應是"有僧"的"倒文"。"極荒林木"(第7行)如作"林木極荒","極惡風俗"(第7行)如作"風俗極惡","林木荒多"(第44、45行)如作"林木多荒",是更準確的漢語表述。比起將此處的訛誤看作是由於慧超混淆漢語中修飾語前置和後置所致,我們簡單地將其看作是鈔寫時的"倒文"現象更合理。

　　寫本中"不殊"一詞共出現了5次,分別是"有奴婢,將賣人罪與煞人罪不殊"(第3行)、"仕□之類,中天不殊"(第24、25行)、"人風、衣著、言音,與中天不殊"(第67、68行)、"王及首領諸富有者,衣著與中天不殊"(第88、89行)、"學識人風,不殊華夏"(第222行)。其中第二例"中天不殊"不符合漢語的表述規範,應作"與中天不殊"或者"不殊中天"。與其看作是慧超把修飾語後置的訛誤,我們不如簡單地解釋爲"與"字的訛脱,因爲其他句子中没有用錯,唯此一例例外④。

---

① 中世紀朝鮮語"머리"可表示"頭""頭髮"義,現代韓語"頭髮"義詞多用"머리털,머리카락"。

② 高田時雄撰,鍾翀譯《慧超〈往五天竺國傳〉之語言及敦煌寫本之性質》,《敦煌·民族·語言》,中華書局,2005年,頁372。

③ 此處的結論,得益於浙江大學文學院吳昌政博士生、南京大學文學院王雪博士提供重要的學術信息,之後又向浙江大學文學院汪維輝教授徵詢過意見,謹此致謝。

④ 此處觀點由浙江大學漢語史研究中心汪維輝教授指出,本文贊同,謹此致謝。

四、結語

　　本文基於學界近來的研究成果，辨析了《慧超傳》“草稿本原本”“草鈔本”“三卷本”“音義本”四者之間的傳鈔關係，最終確認此寫本是“三卷本”定稿之前的“草鈔本”。另外，本文認爲此寫本的訛誤過多，用此來研究唐代字樣在朝鮮半島的傳播情況有一定的參考價值，用來研究中唐新羅語語音、語法問題的價值不高。最後，還有一點值得强調。《慧超傳》的作者慧超是新羅人，所以此寫本具有特殊的研究價值。但是目前可以判讀的字數不足 6000，用於研究存在一定的局限性。我們利用該寫本，不管是研究中唐時期的漢語口語，或是中唐新羅語的借字表記法，還是早期漢朝語言接觸的問題，應當首先立足於對文本性質的正確判斷、對寫本文字的準確把握。

（作者單位：南京大學文學院）

突厥、回鶻史專欄

突厥阿史那懷道夫婦墓石槨石門紋飾中的域外元素*

李小勇

一、阿史那懷道夫婦墓及其石槨、石門概況

　　1993 年 3 月至 12 月,咸陽市文物考古研究所對位於咸陽市北原中鐵二十局機關院内一座唐墓進行了搶救性發掘,從出土的兩合墓志得知墓葬主人爲唐西突厥最後一位可汗阿史那懷道及其夫人安氏[①]。該墓總長 42.3 米,爲南北向斜坡墓道,由於墓道南面遭到破壞,僅餘四天井四過洞,剩餘墓道長度爲 22 米,寬 1.55—1.68 米,墓室東西壁各有一小龕,墓室爲磚砌的穹隆頂前後室,前室南北長 7.4 米,東西寬 7.9 米,後室南北長 4.52 米,東西寬 4.8 米,後室中置一房型石槨,發掘時已遭到人爲毀損,構件原位置已淩亂。在甬道、前後過洞上各開一重石門,兩石門大小幾無差別,加框寬 1.4 米,高 2.21 米。該墓雖經多次盜掘,仍出土阿史那懷道及其夫人安氏墓志及三彩馬、三彩駱駝、騎馬俑等珍貴文物 500 餘件,前後墓室及過洞壁上殘存繪有蔓草、花卉、人物内容的壁畫,但保存不好。

---

　*本文是教育部中華優秀傳統文化專項課題(A)重大項目(尼山世界儒學中心) :“隋唐歷史文化認同與中華民族的發展研究”(23JDTCZ009)及國家社科基金重大項目“中古域外漢籍舊鈔本整理與‘漢文化圈’研究”(24&ZD233)階段性成果之一。
①岳起、謝高文《開元十五年阿史那懷道夫婦墓》,《中國文物報》1994 年 5 月 15 日,第一版。

　　兩重石門及房型石槨由於盜擾破壞原因，毀損較爲嚴重，構件亦不全，除門砧等個別構件無紋飾外，其餘皆有線刻紋飾，主要以細線刻畫爲主，紋樣有人物、植物花草、動物、珍禽瑞獸等，具體有宦官、侍女、女童、門吏、牡丹、卷草、鸞鳥、鸚鵡、鴛鴦、拂菻犬、獅子、格里芬、塞穆魯、帶翼瑞獸、怪獸首等題材，内容十分豐富。這些紋飾既有中國盛唐時期的傳統紋樣，又有域外元素，如鷹嘴獅身的格里芬、獸首鳥身的塞穆魯。

　　之前，最早在《中國文物報》對阿史那懷道夫婦墓葬發掘情況做基本介紹的是咸陽市考古研究所的岳起、謝高文兩位先生，他們同時也是該墓葬的考古發掘者。該墓葬發掘完成後，由於石槨、石門及墓志等石刻文物體量大、不便存放等原因，咸陽市考古研究所徵得上級部門同意後，將阿史那懷道墓中石刻文物放置於順陵文管所院内西北墻角處。該墓葬的相關簡報及其後續研究整理資料一直擱置至今，未曾刊出，實爲遺憾。

　　2013 年所裏對阿史那懷道夫婦墓葬中的石槨構件做了全面整修，對石槨做了全面復原展示。後來針對兩道石門，拼對了其中的一個在展廳做展示，另對所有構件做了拓本採集、整理、掃描、繪製線描圖等一系列工作。這些工作的完成，爲下一步更深入的研究與探討，提供了便利條件。在此期間，先後有錢春麗[1] 等學者對唐阿史那懷道夫婦墓葬中的墓志及石槨中個別構件線刻做了一定的研究與探討工作。鑒於阿史那懷道夫婦墓志及其部分石槨構件已有專文或專著對其做了一定的介紹，後續還有專門的考古發掘簡報及專著對其做以全面、詳細、概括性的介紹，筆者在此不再贅述。本文重點關注的爲阿史那懷道夫婦墓石槨石門中域外元素格里芬及塞穆魯的研究與探討。

　　據統計，唐代房型石槨除阿史那懷道夫婦墓葬外，目前發現共有 31 座[2]。

---

[1] 錢春麗《唐濛池大都護阿史那懷道墓志考》，《文博》2016 年第 1 期，頁 76—80；馬立軍、王梓奕《西突厥阿史那懷道夫婦家族相關史實考論——以碑志材料爲中心》，《唐史論叢》第 39 輯，頁 303—321；李傑《勒石與勾描——唐代石槨人物線刻的繪畫風格學研究》，人民美術出版社，2012 年，頁 41。

[2] 袁勝文《唐代石葬具研究》，《南方文物》2017 年第 2 期，頁 204。目前出土石槨的墓葬包括淮安靖王李壽墓、開國郡公鄭仁泰墓、韋珪墓、房陵大長公主墓、李晦墓、契苾明墓、李福墓、燕妃墓、懿德太子李重潤墓、永泰公主李仙蕙墓、章懷太子李賢墓、（轉下頁）

阿史那懷道夫婦墓爲青石質房型石槨，面闊兩間，進深三間，頂部爲歇山頂。總體由頂、柱、板壁及底座四部分組成，其長 3.81 米，寬 2.1 米，高 2 米，可謂目前出土房型石槨的中上等規模。石槨出土時已遭到一定破壞，造成部分構件不全。具體情況爲，石槨頂部基本完好，整體由 5 部分拼合組成，雕鑿出屋脊、檐瓦模式，其上素面無紋飾。左右兩側壁板僅餘 4 件，其外壁均繪有線刻圖，其中 2 件內壁亦有線刻圖，2 件內壁爲素面，僅有鑿痕。石槨前後方的 4 塊壁板均已無存，具體線刻紋飾爲何，不得而知。石槨柱體僅存有 3 件，其中 2 件完整，1 件僅餘半截，其正側兩面均有線刻紋飾，當爲石槨前後俱與左右兩側相連接的柱體，具體方位不得而知。石槨底板由 4 塊平整的青石構成，其前側正面、左側正面分別有 6 組和 3 組壺門帶翼瑞獸紋樣，瑞獸居中，兩側均爲蔓草紋，這些瑞獸均有翼，呈奔走、翻滾、回看等姿態，形態可掬，略有差異，並非全是獅子的形象，因而僅能算帶翼瑞獸。在石槨構件中，我們著重要討論的外來元素是格里芬及塞穆魯形象。格里芬紋樣具體在石槨構件中包含有二部分，一是左側第二外壁板直欞窗的下方位置，雕有兩隻左右相向而立的鷹嘴獅身獨角的怪獸（見圖 1）；二是石槨左側第二槨柱體下半部卷草紋花叢中雕有一鷹嘴獅身獨角、帶翼的怪獸（見圖 2）；塞穆魯紋樣則是在殘損了半截的石槨柱體正面的下方卷草紋中，雕有一隻牛頭鳥身，頭生兩角，兩翼作微微開張狀態，長尾向身後方捲起，有兩蹄型足的怪獸（見圖 3）。

　　阿史那懷道夫婦墓葬石門有兩道，均爲青石質，由門楣、橫額、門框、門扇、門檻和門砧六部分組成。由於遭到盜擾和人爲毀損，兩道石門的構件原位置也發生了一定位移，有半截的，有缺失不全的。出土後，在拉運、存放過程中，原發掘工作人員雖用墨跡做了一些標記，但由於長期置於曠野，日曬雨淋，原來留痕的墨跡標記早已消失不存，加之人事更迭的原因，兩道石門要做到完全復原，難度不小。目前，順陵文物管理所在石刻展廳拼合了一套石門，但是否完全正確，有待商榷。難能可貴的是，所有石門構件一直保存在順陵文管所裏。現統計，石門完整及殘件共計有 22 件，除 4 件石門砧無線刻紋飾外，其餘

（接上頁）汝南郡王韋洵墓、韋浩墓、韋泂墓、韋泚墓、衛南縣主墓、韋頊墓、韋城縣主墓、韋氏墓、開國郡公薛儆墓、金鄉縣主墓、秦守一墓、楊會墓、阿史那懷道夫婦墓、玄宗惠妃貞順皇后墓、虢國公楊思勖墓、李憲墓、王賢妃墓、李琄墓、洛陽伊川昌營唐墓、武令璋墓，共31 座。

圖 1　石槨左側第二外壁板直櫺窗下方位置的格里芬

圖 2　石槨左側第二槨
柱體下半部的格里芬

圖 3　石槨柱體正面下方的塞穆魯

皆有線刻紋飾。這些構件裏有1件扇形門楣保存完整,其左右兩側紋飾主要爲相向而立的鷹嘴獨角、獅身豹紋、口銜花枝的兩隻怪獸,其形象爲格里芬(見圖4);2件石門橫額,1件斷裂爲3截,但可拼合,在其兩側各雕有1怪獸,左側爲牛頭鳥身,雙翼張開,羊蹄形足,尾部似鳳凰,拖著長而飄逸的羽毛,呈翱翔狀態;右側除是馬首外,經筆者比對,其他方面形態與左側基本相同,它們頭部雖不同,但還是塞穆魯的樣式(見圖5)。

另1件石門橫額斷爲2截,且左右兩側均有殘損,其兩側各有一隻獅子形象,其毛髮向後飄逸,身生雙翼,這樣的怪獸,實爲翼獅(見圖6)。李零等學

圖4　門楣中的格里芬

圖5　斷爲3截的橫額左右兩側的塞穆魯

圖6　斷爲2截的殘損橫額左右兩側的翼獅

者將這種半鳥半獸稱爲"有翼神獸",他認爲"帶翼獅"（ lion griffin 或 winged lion ）,是格里芬的一個變種①,本文不予討論。

綜上所述,阿史那懷道夫婦墓石槨及石門中,鷹嘴獅身的格里芬共有 3 處,計有 5 個；獸頭鳥身的塞穆魯有 2 處,計有 3 個。具體情況見下表：

阿史那懷道夫婦墓石槨石門存有域外元素格里芬及塞穆魯具體情況列表

序號	具體位置	定義名稱	形象特徵	個數	尺寸（米）
1	石槨左側第二外壁直櫺窗的下方左右兩側	格里芬	獨角、鷹嘴、獅身,無翼。	2	長 0.23 × 高 0.15
2	石槨左側第二柱體下方	格里芬	獨角、鷹嘴、獅身,有雙翼。	1	長 0.25 × 高 0.22
3	石門門楣左右兩側	格里芬	獨角、鷹嘴、豹身有豹紋,無翼,口銜花枝。	2	長 0.40 × 高 0.40
4	石槨半截殘柱體正面下方	塞穆魯	牛頭、雙角、鳥身、羊蹄形足,有長翼,長翼半開合。	1	長 0.26 × 高 0.20
5	斷爲 3 截的石門橫額左右兩側	塞穆魯	左側爲牛頭、雙角、鳥身、有長翼、羊蹄形足,尾部如鳳凰開翼；右側爲馬首、雙角、鳥身,有長翼,羊蹄形足,尾部如鳳凰開翼。	2	長 0.40 × 高 0.18

二、域外元素格里芬與塞穆魯形象特徵、意義與傳播情況

在阿史那懷道夫婦墓中域外元素格里芬及塞穆魯紋樣的出現,究竟是盛唐時期一種流行風俗的效仿,還是人們藉以寄託生死兩世美好情懷的母題素材？筆者將就此話題對格里芬和塞穆魯予以分別討論。

（一）格里芬

格里芬是一種古老神話傳說中的生物,距今至少應有 3000 多年的歷史,它最早起源於古埃及和兩河流域文明,並且在歐洲及中亞、西亞地區廣泛傳

---

① 楊瑾《唐武惠妃墓石槨紋飾中的外來元素初探》,《四川文物》2013 年第 3 期,頁 63。

播,但關於其確切起源地仍存在一定的爭議。它的形象可能是多種文化元素融合的結果,擁有獅子的身體及鷹的頭、喙和翅膀,十分威猛,代表著天地相合的形象,也被稱爲"獅鷲"或者鷹形格里芬。這是最常見的形象,但隨著流傳漸廣,其形象中加入具有鮮明地域特色的馬、鹿、魚等其他動物的特徵,形成馬形格里芬、鹿形格里芬、魚形格里芬等多種變體。總之,格里芬是一種可塑性極高的神話動物,其被傳播至不同地區時,它的形象便結合當地的宗教信仰和藝術文化特色,出現一定的變化與融合。除此之外,學者李零將"翼獅"亦歸入格里芬名下,即獅形格里芬。鷹形格里芬和獅形格里芬是格里芬裏最常見的兩種形態[1]。格里芬在世界文化藝術交流中佔有突出和主導地位,在不同的文化和藝術作品中,格里芬可能有不同的象徵意義。有人説它代表著惡魔,也有人認爲它是神的標志。不論觀點如何,"獅鷲"那巨大的統禦力量早已深入人心。它通常被描繪爲一種强大、威嚴的生物,代表著力量、勇氣和神秘。這即是格里芬的最初意義與狹義形象,後來在傳播的過程及與各民族的融合中出現了諸多的形象變種,一部分仍然保留其部分造型特點,一部分與當地文化交融,形成了新的形象。最早出現在古希臘文獻中的格里芬是歐亞草原中黄金寶藏的守衛者,希臘人與格里芬有搏鬥的場面。後來隨著格里芬在多個文化中跨界流行,它廣泛分佈於亞述、羅馬、斯基泰、埃及、波斯乃至中國等不同地區的文化遺跡之中[2]。李學勤先生指出"類似的神獸,極易在論斯基泰—西伯利亞藝術的目錄中找到,獸的特點是獅身鷹翼,有的頭也是鷹的,稱爲格里芬(griffin)"[3];李零先生著《論中國的有翼神獸》一文有十分詳細的論述[4]。格里芬形象傳入中國本土可能存在兩種路線,其一是通過古絲綢之路路線,經由西亞、中亞地區傳入中國;其二則是通過北方草原民族路線,經由北方的斯基泰和蒙古等草原民族傳入中國。目前,國内許多學者[5]認爲,格里芬主

① 劉早《飛騰的格里芬》,山東大學碩士論文,2018年,頁8。

② 吉列謝夫《南西伯利亞古代史》下册,新疆社會科學院民族研究所,1981年,頁37。

③ 李學勤《虎噬鹿器座與有翼神獸》,《比較考古學隨筆》,廣西師範大學出版社,1997年,頁84。

④ 李零《論中國的有翼神獸》,《中國學術》總第5輯,商務印書館,2001年。

⑤ 李零《入山與出塞》,《文物》2000年第2期,頁87—95;張龍海《早期歐亞草原翼獸造型探源——以格里芬爲主要線索》,《新疆大學學報》(哲學·人文社會科學版)2020年第1期,頁88—98;郭静雲、王鴻洋《從西亞到東亞:翼獸形象之原義及本土化》,《民族藝術》2019年第3期,頁49—64。

要通過中國北部的斯基泰草原民族傳入中國,另外"鷹頭獅身的格里芬是草原霸主斯基泰王族的圖騰"[①]。目前出土的文物[②]可以證實至遲在戰國晚期,格里芬形象的器物就傳播進入了中國。當然,在隨後的傳播中格里芬的形象也發生了一定變異。秦漢兩晉南北朝及隋唐時代,中國北方草原民族匈奴、柔然、突厥等先後強大崛起,他們不斷南下入侵中原,雖然造成歷史上的不少的戰爭,但同時也帶來中國古代對外文化交流的高峰時期。在這一背景下,出現了大量具有鷹嘴獅身這種狹義格里芬形象的金銀飾品、青銅、石刻、壁畫、紡織品等載體,並且最早在統治階層及貴族之間流行,暗示著當時人們的信仰觀念在多元文化的沖擊與融合下,不再單純以中原傳統文化爲主,繼而吸收與產生出富有變化的不同形象的格里芬紋樣,並且成爲貫穿中古時期的藝術主題。

(二)塞穆魯

塞穆魯(Senmurv)又譯爲森莫夫、森木鹿、森穆魯、聖穆爾、聖穆夫、席穆爾格等[③]。它是古代中亞、西亞地區廣泛流行的一種神奇的瑞獸,其形象神秘而具有祥瑞的特徵[④],其起源可能與西域守護財寶的格里芬有關,亦是保護神或者象徵富貴的神靈。在粟特人信奉的祆教經典《阿維斯陀》中有"森莫夫"(Senmurv)或稱"席穆爾格"(Simurgh, Semurgre),在古伊朗神話中有預言未來的功能[⑤]。常見於中亞粟特或西亞波斯的浮雕、織錦、壁畫及金銀器等工藝品中。塞穆魯的形象隨時代、地域和種族的不同會有一些變異,基本是禽與獸或者畜的"混合體"。一般有羽翼、角、二足和較長的尾部。頭部曾出現過狗、鹿、牛、馬、駱駝、羊等不同形象,尾部也有如魚、孔雀、蟒蛇等的變化,這些特定的動物形象可能對應著祆教中的不同祆神。榮新江先生引據法國學者葛樂耐(Frantz Grenet)教授在考證 Dakhtar-INoshirwany 遺址所發現的神像上的動物時,列舉了這些祆神和特定動物之間的聯繫:馬與祆神密特拉(Mithra)對

① 李清陽、李穎珊《從蘇美爾到斯基泰:淺談格里芬的藝術形象演變》,《投資與收藏》2023
　　年第 5 期,頁 163。
② 王紅梅《高兔村戰國墓出土神獸金鑄像造型蠡測》,《中國國家博物館館刊》2015 年第 8
　　期,頁 64—72。
③ 據法爾西語 Simurgh 翻譯。
④ 康馬泰(Matteo Compareti)著,毛銘譯《鮮卑粟特墓葬中的波斯神獸解讀》,《内蒙古大
　　學藝術學院學報》2007 年第 3 期,頁 53。
⑤ 榮新江《中古中國與外來文明》,生活·讀書·新知三聯書店,2001 年,頁 340。

應；公牛與月亮（Mah）對應；野山羊與 Vahram（祆教戰神韋雷斯拉格納）對應，等等 ①。在伊朗—粟特祆教美術中，多有有翼神獸，如有翼羊、有翼駱駝、有翼馬，以及有翼神獸 Senmurv②。在薩珊波斯和粟特等地區，塞穆魯的地位猶如中國古代的龍，象徵著皇帝的威權和國勢的興隆，代表著"神之榮光"③，是皇權的"守護神"，也體現了西域崇高的宗教信仰，其地位尊貴無比。

關於塞穆魯形象的文物，筆者檢出古代西亞薩珊出土銀胡瓶、中亞撒馬爾罕宮殿壁畫遺跡、安徽馬鞍山吳國朱然墓出土的彩繪漆槾、遼寧朝陽袁臺子十六國後燕墓壁畫、西安碑林博物館館藏北魏苟景墓志蓋、洛陽北魏元謐石棺畫像、山西太原北齊婁睿墓壁畫和徐顯秀墓墓門石刻、河北北齊磁縣灣漳皇陵（推斷爲北齊皇帝高洋墓）壁畫、隋開皇十三年太原南郊粟特人虞弘墓石槨壁浮雕、日本正倉院藏唐代紅牙琵琶撥子、唐代何家村窖藏文物鎏金銀盒及六曲銀盤、唐武惠妃石槨正面右側立柱及兩側立柱、西安碑林博物館藏唐代燃燈石臺八棱柱下部 ④ 等。

目前學界最早研究塞穆魯形象的中國學者要數趙超先生，他在研究唐代金銀器時，將何家村窖藏文物六曲銀盤上的"翼牛"圖像稱爲"異獸紋"，並認爲："與何家村銀盤上的異獸紋飾完全相同的紋樣多次出現在中亞地區出土的被確認爲薩珊波斯器物的銀盤、銀執壺等金銀器上。"⑤ 而孫機先生則將一些出自中國比如吳國朱然墓、遼寧十六國後燕墓、西安碑林博物館館藏北魏苟景墓志蓋、洛陽北魏元謐石棺畫像、北齊婁睿墓壁畫、日本正倉院藏唐代紅牙琵琶撥子、唐代何家村窖藏銀盤等器物上的"異獸紋"認定爲飛廉⑥。

對於孫機先生提出的"飛廉"之説及出自中國神話之説，筆者在此難以認

---

① 魏慶徵《古代伊朗神話》，北嶽文藝出版社，1999 年，頁 458。

② 姜伯勤《中國祆教藝術史研究》，生活・讀書・新知三聯書店，2004 年，頁 60。

③ 康馬泰著，毛銘譯《對北朝粟特石屏所見的一種神異飛獸的解讀》，張慶捷、李書吉、李鋼主編《4—6 世紀的北中國與歐亞大陸》，科學出版社，2006 年，頁 185—186。

④ 葛承雍《燃燈祈福胡伎樂——西安碑林博物館藏盛唐佛教"燃燈石臺贊"藝術新知》，《文物》2017 年第 1 期，頁 72。

⑤ 趙超《略談唐代金銀器研究中的分期問題》，中國社會科學院考古研究所《漢唐與邊疆考古研究》編委會編《漢唐與邊疆考古研究》第 1 輯，科學出版社，1994 年，頁 181。

⑥ 孫機《中國聖火——中國古文物與東西文化交流中的若干問題》，遼寧教育出版社，1996 年，頁 168。

同。其原因有二：其一，外貌形象特徵不同。在我國古文獻中，飛廉通常有兩種語義，一種是指人，對此我們予以排除，另一種指神獸。《三輔黃圖》説："飛廉，神禽，能致風氣者，身似鹿，頭如雀，有角而蛇尾，文如豹。"《史記集解》郭璞説："飛廉，龍雀也，鳥身鹿頭者。"《漢書·武帝紀》記載："還，作甘泉通天臺、長安飛廉館。"西晋時期的晋灼 ① 注飛廉曰："身似鹿，頭如爵（雀），有角而蛇尾。"在此我們不難看出，在這些古文獻中飛廉非常明確的形象特徵有兩種：一種是《三輔黃圖》和晋灼對《漢書·武帝紀》的注解説法，是"雀頭鹿身"；另一種是《史記集解》郭璞的説法，爲"鳥身鹿頭"。這樣完全不同的形象存在著相互矛盾、難以統一或者不能自圓其説的重大缺陷，這實在是法理難通和令人不解。而對於來自域外元素的塞穆魯的外貌形象特徵的主要認定依據是"獸頭或畜頭、鳥身"，是足以令人信服的。其二，文化内涵及其象徵意義不同。筆者檢古文獻《楚辭·離騷》記載："前望舒使先驅兮，後飛廉使奔屬。"説明飛廉是中國古代的風神。《山海經·大荒北經》記載："蚩尤作兵伐黄帝，黄帝乃令應龍攻之冀州之野。應龍畜水。蚩尤請風伯雨師，縱大風雨。"此句中"風伯"即飛廉。兩處記載飛廉均被認定是古代的風神，展現了當時人們對神話世界中神靈體系及分工的想像。

在古代中亞、西亞，塞穆魯作爲祆教等宗教的一種神獸而受到人們的珍重和崇拜，既有皇權象徵的威嚴、莊重，又具有預言未來、象徵命運、給人們帶來吉瑞的特點。後來隨著粟特人的傳播，進入中原後，廣泛存在於魏晋南北朝至隋唐時期的墓葬壁畫、石門、墓志、棺槨等載體中，其寓意就是守護生命、預言再生、給人們帶來福祉的祥瑞功能，代表著人們對權力、榮耀、守護、重生等概念的追求和向往。

綜合以上兩論點，筆者認爲阿史那懷道夫婦墓葬石槨殘柱體以及石門橫額的"異獸紋"，就是來自域外中亞、西亞的塞穆魯。飛廉和其相比，形象特徵存在兩種截然不同的説法，因而飛廉之説難以成立。儘管在石槨及石門上的三隻塞穆魯在獸首、角的單雙數上、鳥身羽翼姿態方面存在一定的形態差異，圖像卻基本與塞穆魯的"獸頭或畜頭、鳥身"形象特徵相吻合，因而塞穆魯之説是無可非議的。同時也説明塞穆魯傳入中國後，其形象可能受到中原文化

---

① 晋灼，西晋時河南人，爲尚書郎。集《漢書》諸家注爲一部，以意增益，辯其當否，長於音韻訓詁，著有《漢書集注》14 卷，今亡佚，書目見於《隋書·經籍志》《新唐書·藝文志》。

中祥瑞動物朱雀或鳳凰的影響，融入了鳳凰浴火重生、端莊美麗、和諧吉祥等寓意以及相關造型元素，被華化後發生了一定的圖像流變，產生了不同的個體變異。

三、阿史那懷道夫婦墓石榔石門中格里芬、塞穆魯紋樣的探討及與之類似的紋樣對比

阿史那懷道夫婦墓石榔及石門中出現了帶翼和無翼的格里芬紋樣，共有3個構件，即上表中編號爲1、2、3（下文中均以序號來論述）所列示的鷹嘴獅身或豹身形象怪獸，計有5隻。其中序號1爲兩隻形態幾乎相同的鷹嘴獅身格里芬，體型最小，均無翼；序號2爲一隻帶翼鷹嘴獅身格里芬，體型居中；序號3爲體型最大的鷹嘴豹身豹紋的格里芬。這三種格里芬雖然在形象、大小、有無翅膀，甚或獸類身體特徵存在著一定的區別或者變異，但均符合上文所論及的狹義格里芬形象。

目前通過筆者檢索，在已出土的唐代石榔及石門中並未發現相同或相近的鷹嘴獅身的格里芬（僅見西安碑林博物館藏唐代燃燈石臺八棱柱體下部有格里芬紋樣）。阿史那懷道夫婦墓石榔及石門中共計有5隻格里芬紋樣，這在同一墓葬中數量較爲可觀，其形象雖略有差異，但尤爲稀有與珍貴，具有獨特性。

上表中序號4、5爲塞穆魯紋樣，共有2個構件，計有3隻。其中序號4爲牛首鳥身、雙角雙蹄足，有長翼，羽翼微張，似要起飛或飛翔完畢之後收翼之狀態；序號5位於石門橫額左右兩側，左側爲牛首鳥身，雙角雙蹄足，雙翅展開，有長長的尾部後拖，似在空中翱翔之狀；右側爲馬首鳥身，其餘與左側幾乎完全相同。序號5與序號4中的塞穆魯紋樣相同之處在於，序號4及序號5左側，獸首爲兩隻幾乎相同的雙角牛首。其不同之處，一是序號5右側獸首爲馬首，二是雙翅及尾部展開的姿態不同，序號4無論雙翅還是尾部，均爲半開半合，序號5則雙翅及尾部大開大合，如孔雀或鳳凰涅槃一般，整體呈高空飛翔之狀。

目前，與阿史那懷道夫婦墓石榔石門中的格里芬紋樣接近或類似的，還未見相關研究探討情況；但與塞穆魯相同或類似紋樣（本文特指牛、馬、鹿或羊、駱駝四種動物之首、鳥身、雙蹄足、雙翅及尾部半開半合或大開大合形象特徵的塞穆魯）的題材研究，多見著於相關刊物。經筆者檢索可認定爲與阿史那懷道夫婦墓石榔及石門中（即序號4及序號5）塞穆魯紋樣相同或類似的主

要有：

山西太原北齊徐顯秀墓兩墓門東西門扇上部石刻怪獸（見圖7）；

河北磁縣灣漳北齊皇陵壁畫墓墓道東、西壁中的神獸（見圖8、9）；

唐代何家村窖藏文物鎏金銀盒蓋上及六曲銀盤中的神獸（見圖10、11）；

唐武惠妃石槨正面右側立柱及兩側立柱上的三神獸（見圖12、13、14）。

圖7　山西太原北齊徐顯秀墓兩墓門東西門扇上部塞穆魯

圖8　河北磁縣灣漳北齊皇陵壁畫墓墓道東壁上的塞穆魯

圖 9　河北磁縣灣漳北齊皇陵壁畫墓墓道西壁上的塞穆魯

圖 10　何家村鎏金銀盒蓋上的塞穆魯　　圖 11　何家村六曲銀盤中的塞穆魯

圖 12　武惠妃石槨正面右側　　圖 13　武惠妃石槨兩側　　圖 14　武惠妃石槨兩側
　　　立柱上的鹿或羊首塞穆魯　　　　立柱上的牛首塞穆魯　　　　立柱上的駱駝首塞穆魯

目前見著於刊物與塞穆魯相同或類似紋樣相關研究如下表：

序號	載體	具體年代	個數	詳細位置	個體描述	作者定義	定義的主要依據
1	山西太原北齊徐顯秀墓兩墓門	571年	2	東、西門扇上部線刻怪獸	"鳥身獸頭蹄足獸"①	文中未作明確定義，稱其爲羽翼獸	
2	河北灣漳北齊皇陵墓壁畫	560年（推測）	1	墓道東壁神獸	"爲一頭鹿首，鳥身，長頸，肩生雙翼，展翅南飛，長尾後拖"②	獬豸	用《漢書》《異物志》等一些古籍的記載作爲依據。
3	河北灣漳北齊皇陵墓壁畫		1	墓道西壁神獸	"首作羊形，有雙角，身作鳥形，兩翼展開南飛，足偶蹄如羊"③	梟羊	依《洛陽西漢卜千秋壁畫墓發掘簡報》作爲參照依據。
4	唐代何家村窖藏文物鎏金銀盒	唐代（具體年代有不同説法）	1	銀盒蓋上	"馬首鳥身獨角雙蹄足，雙翼呈收縮狀，長尾從身後向前捲曲"④	飛廉	用《三輔黃圖》《漢書·武帝紀》《史記集解》等作爲依據。
5	唐代何家村窖藏文物鎏金銀盤		1	銀盤中心	"牛首鳥身獨角雙蹄足，雙翼呈張開狀，長尾向上翻捲"⑤	飛廉	用《三輔黃圖》《漢書·武帝紀》《史記集解》等作爲依據。

① 山西省考古研究院、太原市文物考古研究所《太原北齊徐顯秀墓發掘簡報》，《文物》2003年第10期。
② 鄭灤明《灣漳北齊皇陵壁畫墓神禽瑞獸分析》，《文物春秋》2002年第2期。
③ 鄭灤明《灣漳北齊皇陵壁畫墓神禽瑞獸分析》，《文物春秋》2002年第2期。
④ 孫機《中國聖火——中國古文物與東西文化交流中的若干問題》，遼寧教育出版社，1996年，頁168。
⑤ 孫機《中國聖火——中國古文物與東西文化交流中的若干問題》，頁168。

續表

序號	載體	具體年代	個數	詳細位置	個體描述	作者定義	定義的主要依據
6	唐武惠妃墓石槨	738年	3	正面右側立柱及兩側立柱上的三神獸	"雕刻著鳥身、獸足、獸頭的有翼神物,頭分別類似鹿或山羊、牛和駱駝,駱駝和鹿或山羊的口銜葡萄枝或花枝(象徵吉祥豐饒),身體爲鳳凰,長長的羽毛尾巴或向上飛捲或自然垂吊於卷草中,雙翼朝上伸展,呈飛翔狀"①。	森穆夫(備注:是塞穆魯的音譯之一)。	以[意]康馬泰《鮮卑粟特墓葬中的波斯神獸解讀》作爲主要依據。

　　總之,通過對比上表中出現的9隻神獸,其在獸首、雙翅及尾部等方面存在著一定的差異,相關作者對神獸的定義也提出不同的看法,儘管時間跨度也較長,爲北齊至盛唐開元年間,但毫無疑問它們的形象與阿史那懷道夫婦墓中石槨及石門上的塞穆魯紋樣是十分接近或類似的。同時也説明了從北朝至隋唐時期,在突厥、粟特等民族與中原文化的不斷融合、碰撞的大背景下,受胡風東漸的影響與沖擊,原本是薩珊波斯、中亞、西亞等民族的祆教等宗教信仰中的神祇塞穆魯,已經成爲深受各族人民喜愛的祥瑞禽獸紋樣,被廣泛應用在不同的藝術載體上,並隨著時空的轉換而發生了一定的變異。

四、阿史那懷道夫婦身份的特殊性及其應用格里芬、塞穆魯紋樣的意義

　　我們據阿史那懷道及其夫人安氏墓志(後文分別以《史志》《安志》代之)可知,兩人分別在開元十五年(727)及開元廿一年(733)去世,時間雖相差六

---

① 楊瑾《唐武惠妃墓石槨紋飾中的外來元素初探》,《四川文物》2013年第3期,頁60。

年,但當時的皇帝唐玄宗是高度重視的,特恩准相關部門及人員,先後兩次專門辦理阿史那懷道夫婦的喪葬之事,並給予一定的厚葬禮遇,這些分別在兩人的志文①中得到了證實。《史志》曰:"册不絶書,拜無虚月。初朱被而紆紫綬,始銀章而换金印。九卿四至,六軍重董。武爲鎮軍,文加特進。父稱驃騎,子拜鎮軍。比肩事主,同時並命。男升彩服之榮,女受緑車之寵。與公卿加其一等,有部落兼其十姓。"《安志》曰:"皇帝撫几愴懷,追崇薦至,乃詔鴻臚少卿馮紹烈監護,緣葬官給,務令優厚。儀仗鹵簿,送至墓所往還。恩倍常品,禮加恒數。生承異榮,殁賴殊錫。"我們不妨推其原因,不外乎阿史那懷道生前襲父爵稱"十姓可汗",其祖父阿史那步真和父親斛瑟羅先後在唐高宗和武周朝,分別被册封爲"繼往絶可汗"和"竭忠事主可汗",其家族在管理西域和鞏固唐與西域諸族關係方面作出了巨大貢獻,因而唐王朝給予阿史那懷道家族的榮耀與恩賜也遠超一般入附蕃臣。

　　夫人安氏更非普通人物可比較。檢《全唐文》中《唐維州刺史安侯神道碑》②一文可知,其父爲唐維州刺史安附國。雖《安志》稱其名爲"忠臣",然考其世系、官職等是相同的,據此可斷其當爲同一人。安附國碑文載"其先出自安息,以國爲姓"。中古漢文文獻所稱"安息"當指"小安息",即粟特之安國③,由此可知阿史那懷道夫人安氏出身爲粟特貴族。再據安氏其父安附國碑文知,其先祖爲安烏唤,爲突厥的"頡利吐發",碑文言此職爲"蕃中官品,稱爲第二"④,是"'評議國事'和'經常參加政權決策和政務處理的重臣'"⑤。安氏先輩早在唐貞觀四年(630)東突厥爲唐太宗滅國時就率其部落主動入唐,並頗受唐廷禮遇,獲賜高官厚禄。這一點從安氏其曾祖胐、祖安附國(忠臣)先後世襲維州刺史、安氏之父安思恭(輔國)任魯州刺史⑥來看,安氏一族在唐王朝有著相當重要

---

① 阿史那懷道夫婦墓志分別載於張德臣主編《渭城文物志》(修訂本),三秦出版社,2018年,頁271—273、274、275。
② 董誥等編《全唐文》卷四三五,上海古籍出版社,1990年,頁1963。
③ 董誥等編《全唐文》卷四三五,頁1963;劉森垚《中古墓志所見入華粟特安氏源流考述》,《暨南史學》2019年第1期,頁40。
④ 董誥等編《全唐文》卷四三五,頁1963。
⑤ 馬立軍、王梓奕《西突厥阿史那懷道夫婦家族相關史實考論——以碑志材料爲中心》,《唐史論叢》第39輯,頁315。
⑥ 董誥等編《全唐文》卷四三五,頁1963。

的政治地位並深受唐廷信任是毋庸置疑的。安氏與西突厥可汗阿史那懷道聯姻後被"封爲可敦",正可謂"鳳皇於飛,秦晋是敵",説明其身份地位不輪其夫阿史那懷道,在政治地位上完全是與其夫相匹配的。他們的女兒在開元年間還被作爲宗室之女,特封爲"交河公主",與後突厥的一支突騎施的可汗蘇禄進行和親。阿史那懷道本人生前作爲唐朝廷管理突厥羈縻政策的合法代理人,雖無多少實際權力,但其生前官職、身份地位和待遇,毋庸置疑是無比尊貴的。其夫人安氏本爲粟特部落的上層貴族,身份地位亦無比崇高,所以在其身死後,葬禮和葬製形式亦是同其夫一樣,必然會得到唐王朝在禮制上的高規格待遇。

阿史那懷道及其妻安氏,由於身份地位的特殊性,唐王朝除給與了一定厚葬待遇外,很有可能特別恩准其在葬制方面,可以遵照突厥人和粟特人的宗教信仰和風俗進行安葬,因而在其石質葬具石槨及石門的一些構件中採用了格里芬及塞穆魯這樣的域外元素紋樣,作爲重要母題構圖的一部分,來彰顯突厥、粟特民族與漢族在中原傳統文化上的差異。這對於阿史那懷道夫婦來説,既是一種獨特的文化標識,又承載著突厥和粟特人的歷史記憶、文化傳統和價值觀念,增強了其域外民族對本地區文化的認同感和凝聚力。通過對格里芬和塞穆魯形象的共同認知和傳承,維系著彼此之間的文化聯繫,使其在多元文化大融合的背景下依舊能夠保持其獨特的文化個性和魅力。

五、結語

總之,格里芬、塞穆魯在阿史那懷道夫婦墓石槨石門中出現的數量,相對來説還是十分可觀的,其形象特徵也並非完全一致,呈現出多樣化的存在,既有珍貴稀有的一面,還有其獨特的一面,充分反映出盛唐開元時代圖案靈動、富於想像的時代特徵。

這些域外元素紋樣再現了阿史那懷道夫婦身份的高貴,或暗示著突厥族、粟特族甚或他們夫婦共同的某種信仰觀念和精神寄託。同時也反映出這一時期域外元素格里芬及塞穆魯紋樣十分流行,而且被廣泛應用在不同的載體中,爲我們研究唐代開元年間中外文化交流、民族融合日益多元化的歷史背景下社會文化生活及藝術表現形式,提供了寶貴的實物研究資料。

（作者單位:陝西省西咸新區空港新城順陵文物管理所）

突厥第二汗國末期研究

片山章雄撰　朱振宏譯

前　言

　　突厥第二汗國於公元 744 年或 745 年滅亡,同年回紇汗國建立。或許是因爲史料的制約,迄今爲止,對於突厥汗國末期的政治局勢還没有太多的研究。然而,無論是研究突厥、回紇兩汗國本身,抑或是爲了探討突厥、回紇之間的過渡時期,都有必要對這一時期進行基礎的考察。

　　本文首先對有關突厥汗國末期可汗譜系的各種史料記載進行整理,然後利用回紇早期的碑文史料,對突厥汗國末期可汗譜系問題提出解釋,最後概括性鳥瞰回紇汗國的建立過程。

一

　　突厥第二汗國第三代的毗伽可汗(Bilgä Qaǧan)在唐玄宗開元二十二年(734)被毒殺後,一種説法是其子伊然可汗(Inäl Qaǧan)即立,不久病逝,接著由伊然的弟弟登利可汗(Tängri Qaǧan)即位①。

---

①《舊唐書》卷一九四上《突厥傳上》、《資治通鑑》卷二一四,開元二十二年十二月條。但是,據《唐會要》卷九四《沙陀突厥》記載:開元二十二年十二月毗伽可汗被毒弒後,登利可汗繼立;《新唐書》卷二一五下《突厥傳下》記載:伊然在位八年,其間有三次入朝唐廷,參看下一注釋。

　　本文不涉及伊然可汗與登利可汗關係的問題,而是先將登利可汗的統治作爲八年(734—741)①,從其末期的形勢開始進行研究。關於 730 年代後期,有張九齡的文集(四部叢刊所收《唐丞相曲江張先生文集》)等收錄的一手史料,開元二十八年(740)張九齡去世後,可以説只剩下所謂編纂史料了。因此,關於漢文史料,必須從對編纂史料的批判入手。

　　在登利可汗的統治末期,兩位從叔——東西兩翼殺(šad),掌握了相當大的軍事權力。《舊唐書》卷一九四上《突厥傳上》記載道:

　　　　登利從叔父二人分掌兵馬,在東者號爲左殺,在西者號爲右殺,其精銳皆分在兩殺之下。

其他的史料也有相同的記載。《舊唐書・突厥傳上》續載:

　　　　(開元)二十八年,上遣右金吾將軍李質賫璽書册立登利爲可汗。俄而登利與其母誘斬西殺,盡併其衆,而左殺懼禍及己,勒兵攻登利,殺之,自立,號烏蘇米施可汗。(Ⅰ)②

然而,從這裏開始,各種史料的記載就變得混亂了。李質在開元二十八年赴突厥册立登利可汗,從《册府元龜》卷九六四《外臣部・封册二》可得到證實,所以没有問題。但是,關於後半部分,《唐會要》卷九四《沙陀突厥》則記載道:

　　　　(開元)二十九年七月,登利從叔二人分典兵馬,號左右殺。登利惡

---

① 雖然這一説法並不可靠,爲了要解決這一問題,有必要對毗伽可汗碑文和 730 年代的漢文史料進行更詳細的研究。迄今爲止有以下研究成果:P. Pelliot, "Neuf notes sur des questions d'Asie centrale," *TP*. XXVI, 1929, pp.229-248(馮承鈞譯《中亞史地譯叢》,《輔仁學志》第 3 卷第 1 期,1932 年,頁 20—28);岑仲勉《新唐書突厥傳擬注》,《輔仁學志》第 6 卷第 1、2 期合刊,1937 年,頁 235—241;Liu Mau-tsai, *Die chinesischen Nachrichten zur Geschichte der Ost-Türken(T'u-Küe)*, Bd. II, Wiesbaden, 1958, ss. 621-629 Anm.1001;岑仲勉《突厥集史》下册,中華書局,1958 年,頁 638—639、1034—1035、1037—1038 注釋(1);岑仲勉《通鑑隋唐紀比事質疑》,中華書局,1964 年,頁 192—193;劉義棠《突厥可汗世系考》,《邊政研究所年報》第 7 期,1976 年,頁 53—56;劉義棠《新唐書突厥傳(殿本)考注》,《邊政研究所年報》第 12 期,1981 年,頁 186—188。

②《舊唐書・突厥傳》開元末至天寶初的部分,主要是依據顏真卿《特進行左金吾衛大將軍上柱國清河郡開國公贈開府儀同三司兼夏州都督襄公神道碑銘》(《三長物齋叢書》本《顏魯公文集》卷九、四部叢刊本卷六、《全唐文》卷三四二等所收),雖有許多可信之處,但也必須謹慎。參看岑仲勉《新唐書突厥傳擬注》,頁 239—240。

其專,誘右殺斬之,左殺判闕特勒(勤)攻殺登利,骨咄葉護旨立爲可汗。
（Ⅱ）

引文中開元"二十九年七月",似乎是指"左殺判闕特勒(勤)攻殺登利"的事件,而非前半部分。並且這確實是登利可汗被殺害的消息傳到唐朝的時間,亦即《舊唐書》卷九《玄宗紀下》所記:

> （開元）二十九年,……秋七月乙卯（七日）,……突厥登利可汗死。

《資治通鑑》卷二一四開元二十九年條記載:

> 秋七月丙寅（十八日）,突厥遣使來告登利可汗之喪。（Ⅲ）[①]

並總結了前後的事情。

綜上所述,從基本史料中可以確定的是,在741年7月中旬以前（Ⅲ）,登利可汗被"左殺"殺害（Ⅰ·Ⅱ）。然而《舊唐書》記載左殺本人自立爲可汗,建號烏蘇米施可汗（Ozmïs Qaǧan）（Ⅰ）。但是在《唐會要》中,左殺是判闕特勤（？—Köl Tigin）,繼立可汗的是骨咄葉護（Qutluǧ Yabǧu）（Ⅱ）,這就有了明顯的矛盾。《唐會要》續載:

> 天寶元年秋七月,突厥拔悉密[②]、回紇、葛邏祿自爲左右葉護,餘衆共立判闕特勒(勤)之子爲烏蘇米施可汗。（Ⅳ）

天寶元年（742）後半期,形成了以拔悉密爲中心,回紇、葛邏祿爲兩翼的三部族聯合體制,與突厥晚期的左殺判闕特勤之子烏蘇米施可汗並存[③]。

然而,史料的出入不僅於此。例如,《新唐書》卷二一五下《突厥傳下》記載:

> 左殺懼,即攻登利可汗,殺之。左殺者判闕特勒(勤)也。遂立毗伽可汗子,俄爲骨咄葉護所殺,立其弟,旋又殺之,葉護乃自爲可汗。天寶初,其大部回紇、葛邏祿、拔悉蜜並起攻葉護,殺之,尊拔悉蜜之長爲頡跌伊施可汗,於是回紇、葛邏祿自爲左右葉護,亦遣使者來告。國人奉判闕特勒

---

① 《冊府元龜》卷九七五《外臣部·襃異二》記爲"四月丙寅",今不取。《資治通鑑》所對應的月份和日期,與《冊府元龜》的日期(干支)相同,與《舊唐書·玄宗紀》的月份相同,但是岑仲勉《突厥集史》上冊,已指出前者的"四月"乃"七月"之誤(頁457)。

② 應該讀作"突厥的拔悉密"。在這個時期的史料中經常出現。當時拔悉密的首領和突厥一樣是阿史那氏,由此產生了這樣的記載。

③ 參看本文第二、三節。

（勤）子爲烏蘇米施可汗，以其子葛臘哆爲西殺。（Ⅴ）

據此，《資治通鑑》也將上引《新唐書》的骨咄葉護成爲可汗爲止的部分略作簡化，加在前面所引用（Ⅲ）的部分之後①。如後文所述，由於《舊唐書》對於烏蘇米施可汗的即位時間沒有明確記載，《資治通鑑考異》卷一三引《唐曆》及《新唐書》（Ⅴ），將其置於“天寶初”，《唐會要》（Ⅳ）則放在“天寶元年”之後，所以可以推斷是在天寶年間（742— ）即位，這一點是一致的。

這樣看來，登利可汗以後的可汗系譜，根據各種史料的不同，存在著相當大的差異。

<h1 style="text-align:center">二</h1>

上一節指出了關於突厥晚期可汗譜系矛盾的各種漢文史料。可以説，這些問題已經到了僅憑漢文史料無法解決的地步。

是以，作爲回紇汗國初期史料而廣爲人知的第二代磨延啜可汗的西奈·烏斯（Sine-Usu）碑文②，以及近年來發現同樣屬於磨延啜時代的塔里亞特（Tariat）碑文③，將其有關突厥晚期的部分相互對照，與漢文史料一起進行研究。

---

① 《新唐書》所引（Ⅴ）的下半部分被《資治通鑑》卷二一五天寶元年八月條所承襲。根據《資治通鑑考異》卷一三的記載，《資治通鑑》正文中關於烏蘇米施可汗即位的文字，是根據《唐曆》及《新唐書·突厥傳》。

② 代表性的譯注與研究成果如下：O. J. Ramstedt, "Zwei uigurische Runeninschriften in der Nord-Mongolei," *JSFOu*, XXX-3, 1913-18, pp.1-63, 2Tafel. H. N. Orkun, *Eski Türk Yazitlari*, I, Istanbul, 1936, ss. 161-186. 王靜如《突厥文回紇英武威遠毗伽可汗碑譯釋》，《輔仁學志》第 7 卷第 1、2 期合刊，1938 年，頁 240—186。岑仲勉《突厥集史》上册，頁 461 以下。С.Е. Малов, Памятники древнетюркской письменности Монголии и Киргизии, *ISAW Digital Central Asian Archaeology*, 1959, *стр. 30-44.* 本文如與前賢時人的轉寫、譯文大體一致，沒有重大差異的話，則不再進行注解。

③ 如後所述，該碑碑文與西奈·烏斯碑文有幾處相同，如對照每一年的碑文內容來看，該碑文比西奈·烏斯碑文的記載稍微詳細一些。代表性的譯注與研究成果如下：М. Шинэхуу, *Тариатын Орхон бичгийн дурсгал* (Studia Archaeologica, Tom. VI. Fasc. 1), Улаан-баатар, 1975., 219 тад（林俊雄書評《エム＝シネフー著 新発見のタリアト·オルホン文字銘文》，《東洋學報》五八一三·四，1977 年，頁 139—142）С.Г. Кляшторный, Терхинская надпись, *Советская тюркология*, 1980-3, *стр. 82-95;* M.（轉下頁）

首先，讓我們來看西奈·烏斯碑文所見烏蘇米施可汗出現之前的情景。
西奈·烏斯碑文北面第四行——第九行記載：

N4　tör ///// BČQ(?)　älig yïl olurmïs türük ilingä altï otuz yašïma ïdug〔q?〕u〔t〕ǧ ////（缺文中略）birti(?) anta buyr〔uq?〕///

北4　？……？他們統治了五十年。在突厥我二十六歲時，烏蘇米施……他們給那裏的 birti？……

N5　yana〔tüšd?〕i toquz oğuz bodunumïn tirü qubratï altïm qangïm köl〔bil〕g〔ä qağan?〕///（缺文中略）

北5　我聚集了"九姓"我的人民，並且我擄獲了他們。我的父親闕毗伽可汗

N6　sü yorïdï özimin öngrä bïnga baši ïtï käyrädä öngdin yantač ////////—da qonylïǧ toq- /////（缺文中略）

北6　軍隊出征了，他將我本人作爲千夫長派往前方（東方），當我從東方返回凱勒山時，有羊的……

N7　ičgärip yana yorïdïm käyrä bašïnta üč birküdä qan süsi〔birlä?〕qatïltïm[①] anta　　　　/////（缺文中略）

北7　征服之後，我再次進軍，在凱勒山山頂的三畢爾庫，我和可汗的軍隊相遇了。在那裏……

N8　irtim qara qum ašmïs kügärdä kömür tağda yar ügüzdä üč tuǧlïǧ

（接上頁）*Шинэхуу, рхон-Сэлэнгийн руни бичгийн шинэ дурсга* л（*S. A. Tom. VIII, Fasc. 1*），Шинжлэх Ухааны Академийн хэвлэл, 1980, 83*тал*; T. Tekin, Kuzey Mɔğolistan'da Yeni Bir Uygur Anıtı : Taryat (Terhin) Kitabesi, *TTKB*, XLVI-184, 1983, ss. 795-838, 10Pls . 雖然這些研究都沒有與漢文史料進行全面的比較，但特金的最新研究中，對碑文各面的讀法順序、語言學方面的解釋，有很多值得借鑒之處。本文主要是根據特金先生的研究成果。

① 之前"汗的軍隊"是指突厥汗的軍隊，還是當時即位前，碑文成立時統一記載爲"可汗"、"汗"的父親闕毗伽的軍隊，尚不清楚。因此，qatïltïm 應該翻譯爲"衝突了"，還是應該翻譯爲"會合了"成爲問題，但我想留下疑問。就目前而言，我根據諸位前賢的各種研究，將其譯爲"相遇了"這個模糊的翻譯，但克勞森（Clauson, Sir Gerard）認爲是"會合了"。參看 Clauson, Sir Gerard, *An Etymological Dictionary of Pre-Thirteenth Century Turkish*, Oxford: The Clarendon Press, 1972, p.601.

türük bodun

北 8　我追上了。他們已渡過了黑沙,在開格爾,在庫姆爾山,在亞爾河,對三旗突厥人民……

N9　ozmïs tigin qan bolmïs qony yïlqa

北 9　烏蘇米施特勤成爲可汗,在羊年(743)。(VI)

讓我們將西奈·烏斯碑文的記載與之前所提的塔里亞特碑文進行對照。

西奈·烏斯碑文北面第四行記載:"在突厥我二十六歲時",塔里亞特碑文的東面第五行寫道:

/////-ntar atantïm säkiz otuz yašïma yïlan yïlqa türük ilin anta bulğadïm anta artatdïm

……我被任命爲 ntar 官 [①]。在我二十八歲,也就是蛇年(741),突厥汗國混亂了,我消滅了它。(VII)

由於是比所述的事件早兩年,可知是在 739 年。因此,西奈·烏斯碑文北面第四行至第九行的事件,是發生在 739 年—743 年。

此外,爲了確定烏蘇米施成爲可汗的時間,同時檢驗《舊唐書》關於他在登利可汗之後成爲可汗的説法(I)是否正確,我們繼續引用塔里亞特碑文東面第六行至第九行的内容。

E6　///// atlïğïn yamašdï bïnga yorïdï ozmïš tigin udarğanta yorïyur tidi anï alğïl tidi……

東 6　……他補强了騎兵。他的千人軍隊出征了。他説:"烏蘇米施特勤從烏達爾汗進軍",他説:"去捉住他!"……

E7　///// (缺 文 中 略)irtim qara qun ašmïs kügärdä kömür tağda yar ügüzdä üč tuğlïğ türük bodunqa anta yitinč ay tort yigirmikä

東 7　……我跟在後面。我在寇姆爾越過黑沙,七月十四日在庫姆爾山和亞爾河攻擊了三旗突厥人民

E8　///// (缺 文 中 略)anta toqïtartïm qan〔ïn altïm〕anta yoq boltï türük bodunuğ anta ičgärtim anta yana

東 8　在那裏我攻擊擄獲了可汗,他們没有了可汗,我征服了突厥人

---

① 根據特金的説法,將"—ntar"這個官號解釋爲"磨延啜擔任王子時期的官號之一"(被任命)。參看 T. Tekin, op. cit., ss. 808, 836.

民。在那裏又

E9　/////（缺文中略）ozmïs tigin qan boltï qony yïlqa

東 9　……烏蘇米施特勤成爲了可汗，在羊年（743）。（VIII）

塔里亞特碑文東面第五行（VII）是 741 年的事件，上述的第九行“743 年”與西奈·烏斯碑文一樣，出現在烏蘇米施特勤成爲可汗的記載之後。根據這些銘文，烏蘇米施即位於 741 年至 742 年。若考慮到這一點以及上一節所證實的事實，他是在唐玄宗天寶年間即位的話，可以認爲烏蘇米施即位是在 742 年[①]。

　　此外，關於烏蘇米施成爲可汗之後的另一個事實也值得考證。正如《資治通鑑考異》卷一三所引《唐曆》、《唐會要·沙陀突厥》以及《新唐書·突厥傳下》，烏蘇米施可汗大概是在 742 年中期被拔悉密等三部族攻擊，由於他逃走了，西葉護阿布思與烏蘇米施即位後不久就被任命爲西殺的其子葛臘哆，以及可敦和統治下的部衆逃到了唐朝。他們歸附是在天寶元年（742）的“八月”（《康公神道碑銘》、《舊唐書》卷一九四上《突厥傳上》、《册府元龜》卷九七七《外臣部·降附》），更確切地說是在八月“丁亥（十五日）”（《舊唐書》卷九《玄宗紀下》、《資治通鑑》卷二一五，天寶元年八月條）[②]。

　　以目前討論確實的事件爲基準，考察一下第一節所整理可汗譜系的三種情況。

　　首先，若是懷疑《唐會要》等史籍中所見骨咄葉護的存在，就必然要否定《新唐書》《資治通鑑》所記登利可汗死後，有兩個可汗被骨咄葉護殺害的説法。

---

① 佐精一郎引用西奈·烏斯碑文北面第七行——第九行，稱烏蘇米施“羊年成爲可汗，即是天寶二年（743）癸未即位的事”。然而，他的即位是記載在“羊年”以前，也就是 742 年。關於政治發展，本文將在後面再進行討論。參看岩佐精一郎《突厥の復興に就いて》，《岩佐精一郎遺稿》，岩佐伝一刊（東京），1936 年，頁 151，注 55。

② 然而，所列舉内附者的名字，根據史料的不同而有所出入，明確被認爲是烏蘇米施即位後被任命爲西殺的葛臘哆的名字，出現在《資治通鑑考異》卷一三所引《唐曆》、《舊唐書》卷一〇三《王忠嗣傳》、《册府元龜》卷四一一《將帥部·間諜》、《資治通鑑》卷二一五，天寶元年八月丁亥條等。另外，《册府元龜》卷九八六《外臣部·征討五》以及王忠嗣《平定諸蕃奏》（《全唐文》卷三六三），似乎將内附的一行分別置於“開元末”、“開元二十九年”，但應該以《舊唐書·玄宗紀》的記載爲據。

也就是説,無論左殺是否爲烏蘇米施①,只有《舊唐書》中的"登利可汗——烏蘇米施可汗"譜系才是正確的。然而,按照這種觀點,登利可汗在 741 年 7 月中旬之前就被左殺殺死,塔里亞特碑文東面第八行(VIII)所見,是烏蘇米施即位前被磨延啜擄獲殺害的可汗,無論是 741 年或 742 年,碑文東面第七行回紇曆"七月十四日"都不存在。既然塔里亞特碑文否認在 741 年 7 月至 742 年前後突厥可汗空缺的事實,因此可以説《舊唐書》存在明顯的錯誤或遺漏。

其次,若是依據《唐會要》或《新唐書》《資治通鑑》的記載,即認爲可汗譜系爲"登利可汗——骨咄葉護可汗"或是"登利可汗——毗伽可汗子——弟——骨咄葉護可汗",則被磨延啜擄獲去世的可汗應是骨咄葉護,塔里亞特碑文的回紇曆"七月十四日"可以説是 742 年而非 741 年。這是因爲,記載他名字的《新唐書·突厥傳下》(V)以及未引用的《資治通鑑》卷二一五天寶元年八月條,分別在"天寶初"、天寶元年"八月丁丑(五日)"記載,骨咄葉護被回紇、葛邏禄、拔悉密等三部族聯合攻擊殺害(唐朝得知訊息)。這與塔里亞特碑文的記載非常吻合,可以理解爲骨咄葉護可汗在 742 年還健在,在回紇曆"七月十四日"當天或之後不久被擄獲殺害。

基於上述解釋,筆者認爲關於登利可汗以後突厥可汗的譜系,至少《唐會要》或是更詳細的《新唐書》《資治通鑑》的記載更接近真實,而塔里亞特碑文的回紇曆"七月十四日"指的是 742 年,被磨延啜擄獲殺害的可汗是骨咄葉護可汗。

741 年 7 月以前,登利可汗被左殺殺害,消息在唐曆的"七月十八日"傳到唐朝(III)。此後,很可能是毗伽可汗的兩子相繼登基可汗位,然皆被骨咄葉護殺害,骨咄葉護隨後自立爲可汗。到了 742 年,回紇的磨延啜(以及拔悉密、葛邏禄)等軍追擊到骨咄葉護可汗(以及烏蘇米施特勤)等一派,在回紇曆的"七月十四日"以前,從原前突厥在于都斤山的根據地向東或向南,行至凱勒山以東後折返,從凱勒山山頂經過三畢爾庫,然後繼續向南—東方的某個方向進軍,最後追上從北向南或接近卡拉庫姆(黑沙)的突厥軍隊②。七月十四日

---

① 關於這個問題,必須要考慮注釋 2 所揭示的各種論點。

② 雖然凱勒山、三畢爾庫和卡拉庫姆之間的位置和方向關係尚不清楚(O. J. Ramstedt, op. cit., pp.45-46),但基於前兩個地名作爲與韃靼人作戰的地名出現在西奈·烏斯碑文東面第六行,以及本文後面所述卡拉庫姆的位置解釋來看,暫且這樣認定。

　或此後不久，他們在開格爾、庫姆爾山、亞爾河附近攻擊"三旗突厥"的人民，俘虜並殺害了骨咄葉護可汗（VIII）。骨咄葉護可汗的死訊在唐曆"八月五日"傳到了唐廷（《資治通鑑》）。突厥方面，烏蘇米施特勤可能在742年7月中登基成爲可汗，並任命其子葛臘哆爲西殺，但烏蘇米施可汗隨即遭到拔悉密等三部族的聯合攻擊而出逃。因此，包括西殺葛臘哆在內的一派，早在唐曆"八月十五日"就歸附了唐朝（《舊唐書》《資治通鑑》）。

　　這裏講述了骨咄葉護死後、烏蘇米施即位、任命西殺、拔悉密等的攻擊、烏蘇米施可汗的逃亡，以及包括西殺在內的一派內附唐朝等各種事件，這是在相當短的時間內發生的。可能有些人會懷疑，最終內附的時間是否有點太早了。

　　然而，西奈·烏斯碑文、塔里亞特碑文的研究表明，兩篇碑銘幾乎都是在發生重大軍事行動（行軍、戰鬥、勝利等）時才給出月份日期。因此，筆者認爲，骨咄葉護被殺害的時間，很有可能是塔里亞特碑文上所寫的"七月十四日"，儘管後面的文字缺失了。

　　此外，上述一系列事件發生的地點，正如兩碑文中所見，已渡過了卡拉庫姆（黑沙），也就是説可能發生在黑沙以南。卡拉庫姆也與 čoγay quiz 一起出現在暾欲谷（Tonyuquq）碑文中，其中 čoγay quiz 指的是陰山。關於其位置，岩佐精一郎比定是在單于都護府方向的肥沃之地[①]。內附的八月十五日是絕對不能更動的日期，但是在卡拉庫姆以南所發生的一系列事件，本身需要多少天就不得而知，但應少於一個月，可以想像，他們可以在不到一個月的時間內抵達長安[②]。

[①] 參看岩佐精一郎，前揭文，頁106—116。除了將卡拉庫姆與暾欲谷碑文進行比定外，岩佐氏還對西奈·烏斯碑文中出現的卡拉庫姆提出了兩種可能性：即讀作 yar ügüz、yär ügüz，意爲"土河"、"泥河"，那麼卡拉庫姆就位於振武軍北七百里的"黑沙磧口"；若是指"金河"，就可能是突厥的黑沙（頁151—152注55）。但是，西奈·烏斯碑文及塔里亞特碑文的魯尼原文，明顯是用帶有後元音的輔音字母書寫，轉寫爲 yar ügüz。因此，可以否定前一種的可能性。並且無論"金河"是否正確，突厥、回紇的卡拉庫姆都是相同的，岩佐氏的結論正確無誤。另外，切格萊迪對史料作整體解讀，也得出幾乎相同的論點。
K. Czeglédy, Čoγay-quzï, Qara-qum, Kök-öng, *AOH*, XV, 1962, pp.55-69.
[②] 以上解釋是以碑文中出現的回紇曆與唐曆一致爲前提。關於古代突厥族（突厥、回紇）的曆法與中國曆法是否一致，是一個有爭議的議題，無暇在此詳述，可參看拙文《闕特勤碑文漢文面の刻文月について》（近期即將發表）的研究，玆將相關部分的（轉下頁）

若上述的考察無誤,那麼除了關於政治史的推論外,就漢文與碑文的史料價值,還可以作如下的論述:

對於《舊唐書》《唐會要》《新唐書》《資治通鑑》等記載突厥可汗譜系上的矛盾問題,過去一直沒有明確的解釋。《舊唐書》既有錯誤又有遺漏,至少《唐會要》或是《新唐書》《資治通鑑》等文獻有較爲詳細的描述,更接近事實真相,這可從與這些漢文史料完全無關的塔里亞特碑文得到證實。

另一方面,西奈·烏斯碑文、塔里亞特碑文都記載"烏蘇米施特勤成爲了可汗",之後直接加上"743 年"的紀年。如上所述,烏蘇米施成爲可汗是在742 年的 7 月中,之後到 743 年止没有記載任何事件。至於爲什麼 742 年後半期在碑文上看不到任何記載,雖然没有明確的解釋,但很可能與之前所提拔悉密、回紇、葛邏禄的三部族聯合的成立有關。根據漢文史料記載,骨咄葉護可汗是被三部族聯合攻擊殺害,但根據塔里亞特碑文,似乎是回紇的磨延啜直接下手殺害的。儘管如此,結果還是如前揭《新唐書》(Ⅴ)等所示,以拔悉密首領爲可汗,回紇與葛邏禄成爲左右葉護,這兩個碑文都是磨延啜的紀功碑,因此没有禁忌。

這兩塊碑文都傳達了漢文史料中所没有的重要事實,但由於其史料的性質,有時會忽略唐朝方面所認爲的重要事件。

(接上頁)結論概述如下:除了閏年和隔年月份的重疊的問題外,兩種曆法的日期基本上是不可能相差一個多月。若是唐曆的歲首早一個月的話,回紇曆七月十四日或之後不久,骨咄葉護之死就不可能在唐曆的八月五日傳到唐朝(742 年)。反之,如果認爲唐曆的歲首晚了一個月的話,那麼就突厥而言,闕特勤碑文明顯是先刻了中文的一面(另文討論),這就與突厥文的七月二十七日和中文面的七月七日(另文討論)相矛盾(732 年)。由於上述記載的日期無法改變,加上另一篇論文中所提到的其他旁證,無法設想兩者之間甚至有一個月的差距,因此我們認爲這兩個日期是一致的。若是兩者相同,那麼接著就要考慮歸附唐廷需要用到多長時間的問題。根據天寶初年所書寫的敦煌出土文書記載,當時單于都護府與長安之間的距離爲 2350 里(《敦煌石室所出唐天寶初年〈郡縣公廨本錢簿〉》(照片),《中國文物》1979 年第 1 期,頁 5)。在中國,對馬匹的規定是:單騎一天 70 里,驛馬一天 180 里,也有急行快馬一天跑 480 里的例子(參看青山定雄《唐代の駅と郵とについて(一)》,《史學雜志》五五─六,1944 年,頁 5─6)。這將是支持本文分析的可能性的一個例子。

三

　　接下來筆者想討論拔悉密、回紇、葛邏禄的三部族聯盟,他們在戰敗的烏蘇米施可汗統治的同一時期,有效地控制了蒙古高原。然而,關於這裏討論的742年—744年這段時期,已知的史料卻是寥寥無幾,幾乎不可能證實任何新的事實。筆者想以此作爲回紇汗國建立過程的前提工作進行考察。

　　首先,讓我們弄清楚基本的史實。

　　上述三部族聯盟的形成,似乎是由741年7月孫老奴試圖影響三部族(？)而引發的。《資治通鑑》卷二一四開元二十九年七月條記載:

　　　　上以突厥内亂[1],癸酉(二十五日),命左羽林將軍孫老奴詔諭回紇、葛邏禄、拔悉密等部落。

實際上,從《册府元龜》卷一七〇《帝王部·來遠》以及元宗(玄宗)《賜三姓葛邏禄書》(《全唐文》卷四〇所收)中可以看出,他確實給葛邏禄、拔悉密下了一道詔書。

　　此後,直到隔年(742)中期爲止,情勢不明。但根據塔里亞特碑文,如前一節所述,在"七月十四日"或之後不久,發生了回紇的磨延啜(等)殺害骨咄葉護的事。《資治通鑑》將三部族聯盟攻擊與殺戮一事繫於天寶元年八月。

　　總合《唐會要·沙陀突厥》(Ⅳ)、《新唐書·突厥傳下》(Ⅴ)、《新唐書》卷二一七上《回鶻傳上》,以及卷二一七下《回鶻傳下附拔悉蜜》等内容,三部族聯盟在骨咄葉護被殺後,拔悉密的頡跌伊施可汗(《突厥傳下》)即賀臘毗伽可汗(《拔悉蜜傳》)自立[2],並組建回紇(骨力裴羅)與葛邏禄爲東(左)西(右)葉護體制,如前一節所述,在烏蘇米施可汗登基後,立即攻打並擊敗了他。

　　至於此後的742年,除了拔悉密可汗大首領於十月"癸未(十日)"來朝

---

① 這被認爲是《資治通鑑》編纂者所寫的文本,記録了從登利可汗時代到骨咄葉護興起時期,將其總稱爲"突厥内亂",但不能斷定這些事是發生在七月。可以確定的是,七月十八日得知登利可汗的死訊,以此爲契機,孫老奴在七月二十五日出發。

② 雖然可汗號不一致,但顯然是同一個人。此外,參看羽田亨《唐代回鶻史研究》,《羽田博士史學論文集》上卷,東洋史研究會,1957年,頁277,注52。

外[①],西奈·烏斯碑文、塔里亞特碑文等,也没有發現其他的訊息[②]。並且漢文史料幾乎不可能了解 743 年—744 年上半年蒙古高原的情況[③]。即使對照西奈·烏斯碑文、塔里亞特碑文,也只能勉强推測從 743 年初開始,回紇的磨延啜(以及拔悉密、葛邏禄?)對烏蘇米施可汗進行了無情的追擊,並與他多次交戰。

西奈·烏斯碑文

N9　qon yïlqa yorïdïm. Ikinti süngüs〔ang il〕ki ay altï yangïqa t

//////// ?　//////

北 9　羊年(743)我進軍了。第二次戰争在六月六日……?……

N10　tutdïm. Qatunïn anta altïm. (下略)

北 10　我擄獲了。在那裏我擄獲他的可敦。(下略)

塔里亞特碑文

E9　qon yïlqa yorïdïm.

東 9　羊年(743)我進軍了。

S1　//////ikinti ///// (缺文中略)bičin yïlqa yorïdïm.//// (缺文中略)süngüsdim anta sančdïm qanïn anta

南 1　……第二次…… (缺文中略)猴年(744)我進軍了…… (缺文

---

①《册府元龜》卷九七一《外臣部·朝貢四》;卷九七五《外臣部·褒異二》。

② 另外,有漢文文獻記載,回紇的骨力裴羅在天寶元年(742)被封爲奉義王。《舊唐書·回紇傳》《册府元龜》卷九六七《外臣部·繼襲二》記爲“天寶初”,《資治通鑑》繫於天寶元年末尾的是歲後,但不能直接接在年尾的後面。例如:《資治通鑑考異》卷一三所引的《唐曆》是“天寶三載”,《唐會要·回紇》記爲“三載三月”,《新唐書·回鶻傳上》則是“天寶初……後三年”(“後”是衍字,三是二之誤),内容是將殺害烏蘇米施可汗及擊破拔悉密聯繫在一起。是以,劉義棠在考證各種史料後仍將其定爲天寶元年(《新唐書回鶻傳考注》,《邊政研究所年報》八,1977 年,頁 30—31,注 110));金子修一根據《舊唐書》和《資治通鑑》,將其定爲“天寶元年十二月”(1983 年 11 月史學會報告《唐朝の異民族における王·国王·郡王号について》)。這些解釋仍值得商榷。從政治史的發展來看,天寶元年的説法不能得到肯定的支持。參看羽田亨,前揭文,頁 278 注 59,以及岑仲勉《突厥集史》上册,頁 466—467。

③ 事實上,王忠嗣有神道碑銘(《金石萃編》卷一〇〇、《全唐文》卷三六九等所收録)及其傳記(《舊唐書》卷一〇三、《新唐書》卷一三三)等史料,但前者有相當大的錯亂失實部分(參看岑仲勉,上揭書,頁 464);即使是後者,逃亡的烏蘇米施可汗與三部落聯盟之間的關係也不清楚。

中略）我與其交戰，在那裏我刺殺了，擄獲其可汗

S2　tutdïm〔qatunïn anta altïm〕

南 2　在那裏我擄獲其可敦。（IX）

很可能從 742 年 7 月左右到 744 年中期，以拔悉密爲首的三部落聯盟制度繼續存在，從回紇方面所殘留下來的碑文史料來看，與拔悉密、葛邏禄的遠征軍相比，對蒙古高原—唐北邊境軍事地理更加熟悉的回紇，帶頭追擊烏蘇米施可汗。

進入到 744 年，關於烏蘇米施可汗的殺害一事，《唐會要》卷九八《回紇》記載：

天寶三載三月，朝廷以逸標苾有誅烏蘇米施功，封爲奉義王。

對於該月的記載，似乎不能完全相信①。連年出兵北方，與三部族聯盟合作的王忠嗣，也曾參與對烏蘇米施的追擊。將烏蘇米施可汗首級傳到京師的史料有孫逖《爲宰相賀九姓斬送突厥首表》（《文苑英華》卷五六《表》、《全唐文》卷三一一所收）：

臣等伏見王忠嗣奏，九姓拔悉密等斬突厥可汗首，送至朔方軍者。

《舊唐書》卷九《玄宗紀下》記載：

秋八月丙午（十六日），九姓拔悉密葉護攻殺突厥烏蘇米施可汗，傳首京師。

烏蘇米施的首級是在“八月十六日”獻上的。這是以拔悉密（等）的名義向唐廷傳的消息，不過，殺害烏蘇米施可汗也與回紇的磨延啜有關②。傳統上，由於“745 年”出現在西奈·烏斯碑文北面的第 10 行（IX 省略部分），因此殺害烏蘇米施被認定在 743 年—744 年之間；但同一碑文北面第 10 行的開頭與塔里亞特碑文南面第 2 行的開頭部分相對應，而“744 年”出現在塔里亞特碑文南面第 1 行（以上 IX），因此可以確定烏蘇米施被殺是進入 744 年後的事。

此後，三部族聯合體制直到 744 年冬天才瓦解，亦即《資治通鑑考異》卷

---

① 根據《册府元龜》卷九六五《外臣部·封册三》，同年七月，（拔悉密的）賀臘（賀臘毗伽可汗）被封爲燕郡王。如果將此事與烏蘇米施可汗被殺聯繫起來，並考慮到本文中所述首級傳到唐廷的日期，以及當時的名義（以拔悉密爲可汗的三部族聯盟體制繼續存在），三月似乎是矛盾的。

② 漢文史料和西奈·烏斯碑文的解釋，參見羽田亨，前揭文，頁 184—186。

一三所引《唐曆》的記載：

> 天寶三載，突厥拔悉蜜可汗又爲回紇、葛羅禄等部落襲殺之，立回紇
> 爲主，是爲骨咄禄毗伽闕可汗，遣使立爲奉義王。

《新唐書》卷二一七上《回鶻傳上》記載：

> 襲破拔悉蜜，斬頡跌伊施可汗，遣使上狀，自稱骨禄咄毗伽闕可汗。

此一事件《新唐書》卷二一七下《回鶻傳下附拔悉蜜傳》與《唐曆》相同，記載在拔悉蜜方面。《唐會要》卷一〇〇《葛邏禄國》記載道：

> 其年冬，又與回鶻同擊破拔悉蜜部落。……葛禄與九姓部落復立回
> 鶻暾葉護爲可汗，朝廷尋遣使封爲奉義王，仍號懷仁可汗，自此後葛禄在
> 烏德犍山左右者，別置一部（都）督，隸屬九姓回鶻。（Ⅹ）

這是從葛邏禄的角度記載。

綜上所述，744 年冬，回紇與葛邏禄聯合攻打拔悉蜜，進而建立回紇汗國。

現在，讓我們從目前所整理的事實過程，考察 Toquz Oğuz（“九姓”）與回紇之間的關係。

在上一節引用的西奈·烏斯碑文北面第 5 行中有“我聚集了‘九姓’我的人民，並且我擄獲了他們”（Ⅵ），但正如前所述，這件事發生在 739 年—742 年。考量到上一節總結的政治演變，以及本節中所見三部族聯盟的形成等，雖然沒有確鑿的證據，但由於登利可汗被左殺殺害，使突厥對其統治有所鬆動。也有推測認爲，741 年七月左右或更晚些時候，孫老奴試圖影響葛邏禄、拔悉蜜，促使回紇採取行動。另外，從碑文的內容來看，這是在磨延啜作爲千人長領兵出征前，爲了進行骨咄葉護可汗時期的烏蘇米施特勤攻擊，不可能是在 742 年的下半年。因此，我們暫且將回紇攻滅“九姓”的時間定在 741 年前後至 742 年上半年。此後數年的情形，史料並未記載，但根據《唐會要》（Ⅹ），744 年的冬，三部族聯盟體制瓦解，葛邏禄和“九姓”部族聯合，將回紇骨力裴羅葉護立爲可汗，雖然時間不明，但大約在不久之後，葛邏禄也被設置一都督。

綜上所述，在對三部族聯合成立回紇汗國的過程進行整理的基礎上，考慮到《唐會要·回紇》《舊唐書·回紇傳》《新唐書·回鶻傳》等三史料中有具體列舉所謂的“九姓”，以及擊敗拔悉蜜、葛邏禄，置一都督的記載[①]，可以説是

---

① 兹省略史料的徵引。三份史料的關係，請參看拙文《Toquz Oghuz と“九姓”の諸問題について》，《史學雜志》九〇—十二，1981 年，頁 44—45。

在 744 年冬天以後的情形。上述的三史料都是以叙述有關回紇爲目的所編纂記載，雖然"九姓"和拔悉密、葛邏禄的插入位置有若干不同，但右按照上述順序將其納入統治的過程，以及置於大約是在天寶三年這一點上，可以説是正確的。

如果至此所作的分析不是太牽强的話，回紇汗國的建立過程可以概括如下：在三部落聯盟建立前後，以此契機統一和統治"九姓"，與拔悉密、葛邏禄的遠征軍一起行動，由於他們可能是最熟悉蒙古高原——唐北邊的軍事地理的部族，所以在對突厥汗國末期的攻擊進軍中，也掌握了主導權，以拔悉密爲首的三部族聯合體制，經過兩年多的時間，先是與葛邏禄一起打敗了拔悉密，不久又統治了葛邏禄[①]，建立了回紇汗國。

據《唐會要·沙陀突厥》與《新唐書·突厥傳下》記載，烏蘇米施可汗被殺後的突厥，其弟白眉可汗立，但可能遭受到王忠嗣的攻擊，最終在翌年（745年）被回紇骨力裴羅（毗伽闕可汗〔碑文：Köl Bilgä Qaǧan〕）殺害，突厥滅亡。《唐會要·沙陀突厥》及《資治通鑑》將其作爲"正月"，然而《册府元龜》卷九七五《外臣部·褒異二》記載：

　　四載三月戊寅（二十日）九姓首領回鶻思（骨）力裴羅及弟阿悉爛頡斤殺白眉可汗，傳首京師。

應從《册府元龜》説法，只知道白眉可汗首級抵達長安的日期[②]。

---

① 山田信夫引用西奈·烏斯碑文西面第二行"拔悉密和葛邏禄已不存在了，羊年（755）"，認爲"這顯然是表明，建國戰爭中最大的對手拔悉密、葛邏禄已經屈服"（《九姓回鶻可汗の系譜——漠北時代ウィグル史覚書——》，《東洋學報》三三一三·四，1951 年，頁111，注 3）。本文所述的遠征以及對拔悉密、葛邏禄控制權的建立，與山田信夫所提到銘文中出現的一支殘留在根據地的控制不同，一定是在毗伽闕可汗時代。

② 《唐會要·沙陀突厥》記載："四載正月，白眉爲懷仁所殺，其子摩延啜立，自號葛勒可汗。"將白眉可汗與磨延啜即位兩個毫無相關的事聯繫在一起，令人不解。《資治通鑑》天寶四載正月條記載："回紇懷仁可汗擊突厥白眉可汗，殺之，傳首京師。突厥毗伽可敦帥衆來降。……懷仁卒，子磨延啜立，號葛勒可汗。"磨延啜所説的"我的父親，可汗"（毗伽闕可汗、懷仁可汗）在 747 年還在世，從塔里亞特碑文南面第四行可以看出，懷仁可汗的去世以及磨延啜的即位確實是在天寶六載（747）（《唐會要》卷九八《回紇》、《册府元龜》卷九六七《外臣部·繼襲二》），《資治通鑑》的記載並不正確。白眉可汗首級的到達、毗伽可敦的來降，可能是按照這個順序（參看《册府元龜》卷九八六《外臣部·征討五》）（轉下頁）

結　論

　　以上三節是對突厥晚期的政治史提供了一些見解。受限於史料的諸多局限，對瑣碎問題的討論和證據薄弱的猜測，無法做出充分的解釋。兹將本文所得結論列舉如下：

　　1. 關於突厥汗國晚期的可汗譜系，《舊唐書》《唐會要》《新唐書》，以及《資治通鑑》分別認爲是："登利可汗——烏蘇米施可汗"、"登利可汗——骨咄葉護可汗——烏蘇米施可汗"、"登利可汗——毗伽可汗子——弟——骨咄葉護可汗——烏蘇米施可汗"。然而，《舊唐書》存在錯誤或遺漏，至少《唐會要》或者更詳細的《新唐書》《資治通鑑》記載更接近真實。作爲旁證的塔里亞特碑文也可以證實這一點。

　　2. 塔里亞特碑文東面第七行出現的回紇曆"七月十四日"，時間是在 742 年；東面第八行所記被磨延啜擄獲最終去世的"可汗"，指的是骨咄葉護可汗。

　　3. 從政治史的發展演變來看，推測回紇是在 741 年—742 年上半年逐漸控制了"九姓"部落聯盟，歷經一段與拔悉密、葛邏禄的三部族聯合體制後，自 744 年冬起，拔悉密、葛邏禄兩部族也在回紇的統治下。

　　綜合以上三個要點，筆者認爲，對突厥晚期基本史實的梳理和解釋，是思考回紇早期統治體制和部落關係的重要前提。

　　突厥晚期登利可汗時代兩殺的東西分治、烏蘇米施可汗即位後的西殺問題、三部族聯盟的可汗—葉護體制等，以及兩碑文中揭示的回紇初期東西分治研究，釐清了作爲統治部族的回紇統治理念，同時考察其統治下的"九姓"及其他各部族的情況，從而思考被稱爲部落聯盟國家的突厥、回紇兩汗國本身的特徵以及更替時期的變化與意義[①]。

　　（接上頁）天寶四載五月王忠嗣的上書），可敦被封爲賓國夫人的時間是在八月戊申（二十三日）（《册府元龜》卷九七五《外臣部·褒異二》）。因此散見於《册府元龜》中各條史料的日期並沒有矛盾，没有必要捨棄它而採用《唐會要》《資治通鑑》等混亂的説法。

① 突厥、回紇兩汗國的東西行政區劃爲 tölis、tarduš，此與 Toquz Oghuz（"九姓"部族聯盟）有關，也與各部族的分佈、居住地的問題有關。根據塔里亞特碑文和 10 世紀史料于闐語斯臺爾·荷斯坦文書記載的突厥部落的行政區劃名稱以及各部落的隸屬關係，筆者認爲：在回紇汗國初期，"九姓"之一的拔曳固（bayirqul）統治著 tölis；同羅（tongra）統治著 tarduš。關於回紇早期的政治形勢和各部族的分佈、居住地的問題，將另文討論。

本文是上述課題基礎工作的一部分,關於上述所提的各點,盼日後研究。

附　記

本文所用的陽曆是基於與陰曆方便對應的慣例,不計兩者之間細微的差異。唐朝曆法與回紇曆法當然是陰曆。由於儒略曆(Julian calendar)過於繁雜,故未論及與之的對應關係,但可參看平岡武夫編《唐代的曆法》(京都大學人文科學研究所,1954 年)。

本文脫稿於 1984 年 2 月初。在 1983 年末發行並於今年 1 月左右送到各機構的 AOH, XXXVI—1-3, 1982,刊有路易·巴贊(L. Bazin), "Nates de toponymie turque ancienne"(頁 57—60), 以及克利亞什托爾內(S. G. Klyashtorny), "The Terkhin Inscription"(頁 335—366);AOH, XXVII—1-3,1983,刊載特金(T. Tekin), "The Tariat(Terkhin) Inscription"(頁 43—68)。巴贊的論文與本文有關,他認為塔里亞特碑文東面第七行的 "七月十四日" 是 742 年,因為它發生在 743 年之前(儒略曆 742 年 8 月 18 日),但未與漢文史料進行對比,論證 741 年的可能性(頁 57、60)。筆者認為,從本文的考察來看,碑文中提到馬年(742),要麼是在東面第六行開頭的缺失部分,要麼是在第七行開頭的缺失部分,很可能是在第六行的開頭。另外,巴贊還從詞源上研究了碑文中出現的三個地名 Kügär (即 Kögär)、kömur tağ (即 kömür tag)、yarügüz (即 Yarögüz),分別為大青山、黑山、黃河北灣處的支流(北緯 41 度、東經 107 度和 108 度之間或稍東)(頁 58—60)。此一說法很有意思,但仍存在一些問題,比如大青山在唐代史料中未曾出現,並且該詞的來源可追溯到突厥語。克利亞什托爾內與特金的譯注,是本文注釋 9 (頁 272 注釋 3)中所提到各篇論文的英文版,雖然有若干的增删,但基本觀點保持不變。另外,克利亞什托爾內的論文末尾附有碑文的照片,其中大部分是首次公開發表。

（ 日文版出處 :《突厥第二可汗国末期の一考察》,《史朋》,第 17 號,1984 年 9 月,頁 25—38 ）

（ 作者單位 : 日本東海大學歷史系 ;

　譯者單位 : 臺灣中正大學歷史系 ）

哈喇巴勒哈遜碑與初期回鶻摩尼教史

——牟羽可汗、彼得·茨默、拉里·克拉克、森安孝夫[*]

吉田豐撰　　山本孝子譯

一、前言

　　安史之亂(755—763)以後的東亞,唐朝國勢逐漸步向衰落,唐、吐蕃、東回鶻可汗國則維持三足鼎立的局面。尤其吐蕃與回鶻之間爭奪西域的統治權而進行激烈的對抗。兩國各自奉行印度佛教與摩尼教作爲代表國家的宗教,加冕禮亦以此宗教爲主來舉行,可認爲是帶有近似國教性質,並用來宣示國家威信的宗教。以回鶻而言,他們所追求的是摩尼教的獨特性,使其有別於周圍其他國家[①]。摩尼教於3世紀中葉由摩尼所創立,曾經有一段時間是廣

---

[*] 本文内容基於2017年9月在意大利都靈舉辦的國際摩尼教學會上宣讀的口頭發言(題爲"Bögü Qaghan, Zieme, Clark, and Moriyasu – On some aspects of the early phase of the Uighur Manichaeism –"),吸納近年的研究成果修改而成的。我的畏友大阪大學名譽教授森安孝夫先生,讀完稿子之後,不僅幫我改正錯誤,還提出了幾點可以改善的地方(正文中言及其中一部分)。在此向他表達衷心的感謝。

[①] 關於回鶻將摩尼教定爲國教的理由,宗德曼(Sundermann)有如下論述:"Why did Bögü Khan make the Manichean doctrine the official religion of his state? A possible explanation is that he chose a religion already present in Central Asia but not yet professed by any political power of the time, as Buddhism, Christianity, Islam, and (briefly later) even Judaism were. The idea may have been to strengthen and consolidate the establishment of the Uighur state with a religion of its own. " (W. Sunderrnann, "MANICHEISM v. MISSIONARY（轉下頁）

泛流傳於西起羅馬、埃及，東至中國的世界級宗教，但卻僅在東回鶻可汗國及其一支的西回鶻國獲得國教地位。摩尼教是在第三代牟羽可汗（759—779在位）時期方傳入回鶻，據哈喇巴勒哈遜碑漢文版記載，原來被認爲是 762/3 年，筆者亦認可這個看法。但是，拉里·克拉克（Larry Clark）卻與森安孝夫（Moriyasu Takao）持不同看法。此外，近年由彼得·茨默（Peter Zieme）所介紹的新史料，在討論這個年代問題上亦具有重要價值。本文欲揭示筆者與森安先生一同重新校訂的哈喇巴勒哈遜碑文之新解釋，並援用新史料以對回鶻改信摩尼教時發生的事件進行考察。因此，副標題採用了較爲奇特寫法，也是爲了反映這一點。

二、問題所在

　　哈喇巴勒哈遜碑文（下文簡稱 KB 碑文）是指位於蒙古國鄂爾渾河流域的哈喇巴勒哈遜遺址所發現由三種語言（以突厥如尼字母所記的回鶻文、漢文、粟特文）書寫的碑文。回鶻版僅保留小塊殘片，在内容的理解上毫無助益。保存狀態最佳的是漢文面，但也僅留存全體的約三分之一。粟特文版則有四分之一左右的份量。據漢文面碑文與粟特文版的標題可知，該碑文是爲了紀念東回鶻可汗國第八代保義可汗（808—821 在位）的碑文。

　　該碑文亦記録保義可汗之前的回鶻可汗時的事蹟。漢文面第 7—8 行曰：

　　〇可汗乃頓軍東都，因觀風□□□□□□□□□□□□□法【Ⅷ】師，

（接上頁）ACTIVITY AND TECHNIQUE", *Encyclopædia Iranica*, online edition, 2009, available at http:// www.iranicaonline.org/articles/rnanicheisrn-iv-rnissionary-activity-and-technique〔2022 年 5 月 27 日〕）類似的想法到處可見，現已是被普遍接受的見解。如：森安曰："與其他内陸亞洲的遊牧國家之狀態進行比較，牟羽可汗無疑是利用了作爲維持權力基礎的騎馬軍團所擁有的軍事力量，並且還利用了當時掌控絲路貿易的粟特人的經濟力，再加上希求與薩滿教相比更加堅固的宗教權威。換言之，他可能從獲得權力以來便一直在尋找可以定爲國教的宗教。"（森安孝夫《東西ウイグルと中央ユーラシア》，名古屋大學出版會，2015 年，頁 537）這些推論雖然没有堅實的證據，但可以接受是一種合理的説法。

將睿息等四僧入國，闡揚二祀，洞徹三際，況法師妙達明門，精通七部，才高海岳，辯若懸河，故能開正教於迴鶻，□□□□□□□□對爲法，立大功績，乃爲歜俣悉德。①

記載了第三代牟羽可汗在位時期，自 762 年至 763 年爲了鎮壓安史之亂，牟羽可汗逗留於洛陽時遇到了摩尼教僧侶，回國時也將他們帶到位於蒙古高原的首都（現在的哈喇巴勒哈遜遺址），使這些僧侶們成功佈教的事實。

（一）克拉克的看法

一般認爲此時摩尼教首次傳入回鶻可汗國。克拉克亦曰此爲 "universally accepted（普遍接受）" 的觀點，但他自己仍對此提出批判，並指出摩尼教的傳入是始於 755/6 年，當時身爲王子的牟羽可汗在西征中遇到摩尼僧侶。以下是克拉克否定 762/3 年之説所依據的史料。

①摩尼教回鶻文文書 U111a（=TIID180）

Verso column ii："擁有偉大的始源（ʼwlwγ bʼšlʼγ）之名的年份之第二年，他（＝摩尼）的宗教被傳播時，從中國再……" ②

（克拉克認爲 "擁有偉大的始源之名的年份" 指的是中國的 "上元〔760—762〕" 之年號③。）

---

① 釋文引自森安孝夫、吉田豐《カラバルガスン碑文漢文版の新校訂と譯注》，《内陸アジア言語の研究》XXXIV，2019 年，頁 19—27。○表示碑文的空格，羅馬數字爲行數，□表示文字缺失的部分，□裏面的文字是殘缺不全而辨識不清的。KB 碑文之釋文中使用的符號，以下皆同。

② 引自前揭《東西ウイグルと中央ユーラシア》，頁 540。

③ 唐高宗時期亦有上元（674—676）之年號，有時亦被推定爲 "上元"（前揭《東西ウイグルと中央ユーラシア》頁 540）。克拉克在 2017 年的著作中重新校訂了本文所討論的回鶻文文書（除 81TB10:06-3a 外），但他對摩尼教史的解釋重蹈他 2000、2009 年發表的見解而沒有改變。克拉克的論著分別見於：L. Clark, "The Conversion of Bügü Khan to Manichaeism", in: R. E. Ernrnerick, W. Sunderrnann, and P. Zieme (eds.), *Studia Manichaica. IV. Internationaler Kongreß zum Manichäismus, Berlin, 14.-18. Juli 1997*, Berlin, De Gruyter Akademie Forschung, 2000, pp.83-123; L. Clark, "Manichaeism among the Uygurs: The Uygur Khan of the Bokug clan", in: J. D. BeDuhn (ed.), *New Light on Manichaeism. Papers from the sixth International Congress on Manichaeism*, Leiden / Boston, Brill, 2009, pp.61-71; L. Clark, *Uygur Manichaean Texts. Texts Translation Commentary. Volume III: Ecclesiastical Texts*, (Corpus Fontium Manichaeorurn. Series Turcica III), Turnhout, Brepols Publishers, 2017。

②一般被稱作 Mahrnāmag（《摩尼教讚美詩集》）的摩尼教中古波斯語文書 M1 的跋文内容（M1 發現於吐魯番，寫於保義可汗在位期間）曰：

> Mahrnāmag 是在摩尼誕生（216）後的第 546 年（即公元 762 年①）開始抄寫的，但没有能夠完成，隨後置於焉耆（Ark）的一座僧院之中並在此完成它。②

③李德裕《會昌一品集》卷一九記載曰：

> 摩尼教天寶以前中國禁斷，自累朝緣回鶻敬信始許興行。江淮數鎮皆令闡教。③

④摩尼教回鶻文書 U72—U73（牟尼可汗與摩尼教僧侶的對話）：

> 僧侶跟牟羽説，要信仰摩尼教，否則不能上天堂，牟羽爲此事感到十分憂慮。被稱作 Tarkhan 的人阻止在回鶻傳教並迫害其信徒。牟羽一開始接受了摩尼教，後來又改變想法，但最後還是接受了。④

⑤KB 碑文的漢文版 VIII- IX（沙畹和伯希和的釋文⑤）：

> 【VIII】于時，都督、刺史、内外宰相□□□【IX】云（？）今悔前非，願事正教奉○旨宣示，此法微妙，難可受持。再三懇□，往（？）者無識，謂鬼爲佛，今已悮真，不可復事。

克拉克依照沙畹及伯希和的法語譯文，提出如下英文翻譯：Then the military governors (*totok*), the district magistrates (*čigši*), the internal and external counselors and the […] said: "Now we repent of our former faults and we desire to serve the true religion." An edict [of Bügü Khan] announced the following proclamation: "This religion is subtle and marvelous; it is difficult to receive and observe. Twice and thrice [I have studied it] with sincerity. In

---

① 克拉克認爲，誕生後的第 546 年指的是 545—546 年，應爲公元 761 年。無論如何，在 762/3 年發生的事件與 M1 所記録的事件之間没有直接關係。見前揭 "The Conversion of Bügü Khan to Manichaeism"。

② 摘自森安孝夫《ウイグル＝マニ教史料集成》（＝《近畿大學國際人文科學研究所紀要》平成 26 年度版），2015 年，頁 27—31。

③ E. Chavannes and P. Pelliot. "Un traité manichéen retrouvé en Chine (deuxième partie)", *Journal Asiatique* 11, 1913, pp.99-199, 295.

④ 從《ウイグル＝マニ教史料集成》頁 9—23 摘録要點。

⑤ 同注③，頁 197—198。

the past I have been ignorant and called the demons 'Buddha'. Now I have comprehended the truth and I can no longer serve [these false gods]."[①]

　　根據克拉克所説，從史料①及②可知，牟羽可汗是至少在 761 年以前接觸過摩尼教的；史料④及⑤[②]揭示 762/3 年的時候，牟羽可汗猶豫要不要改信宗教至摩尼教，亦可旁證 762/3 年以前他曾接觸過摩尼教的事實。另一方面，史料③記載，摩尼教在天寶年間在中國被嚴禁傳播，但在回鶻的庇護下，之後並未受到遏制進而開展了宗教傳播活動。克拉克還對回鶻文書 U1 中的一段文字給予關注，今引如下。

　　　　tängri-kän uyɣur boquɣ/boɣuɣ xan qočo-ɣaru kälipän qɤyn yïlqa üč maxi-stak olurmaq üčün možakkä kingädi

　　　　tängri-kän（天君、聖君），即回鶻 boquɣ/boɣuɣ 汗蒞臨高昌，於羊歲與慕闍商談三（位）默奚悉德（maxi-stak，法堂主）（到蒙古）上任的事情。[③]克拉克指出，如果將文中的 boquɣ 與牟羽（Bögü/Bügü）視作同一人，羊歲應是 755 年。據此可推知，身爲王子的牟羽有可能大約是這個時候在西征之途中遇到摩尼僧侶的，進而對摩尼教産生興趣。

　　（二）森安孝夫《東西ウイグルと中央ユーラシア》[④]與吉田豐《中國江南マニ教繪畫研究》[⑤]以及其後研究的展開

　　另一方面，森安在《東西ウイグルと中央ユーラシア》中指出，克拉克所依據的史料中，除史料②外，並没有很明確且具有決定性的證據。雖然森安

---

① The Conversion of Bügü Khan to Manichaeism, p.88.
② 史料⑤"再三懇□"的破損部分，他在譯文 "Twice and thrice [I have studied it] with sincerity" 中補充了一些内容，並理解爲在此之前做了幾次嘗試去理解摩尼教的教義。如下文（四、洛陽事件的實際與事後展開〔一〕漢文版未記載的内容）中所示，森安先生和筆者據碑文的殘存筆畫以及詞語結構推定，將"懇"後面的字讀作"請"。請參看前揭《東西ウイグルと中央ユーラシア》，頁 542—543。
③ 引自前揭《ウイグル＝マニ教史史料集成》頁 31—37。
④ 在此要討論的是森安孝夫〈東ウイグル＝マニ教史の新展開〉（《東方學》126，2013 年，頁 142—124），但該文是在《東西ウイグルと中央ユーラシア》頁 503—547 的基礎上撰寫的，該著作的論述比單篇論文更加詳細。因此，下文均引用參考《東西ウイグルと中央ユーラシア》。
⑤ 吉田豐（與古川攝一合編）《中國江南マニ教繪畫研究》，臨川書店，2015 年。

認爲回鶻改信摩尼教的時間應在 762/3 年以前,但也指出克拉克提出的史料③是驢唇不對馬嘴。牟羽在一次意外發生的事件後改信摩尼教是不自然的行爲,應該在此之前已藉由粟特人來獲得有關摩尼教的若干知識。此外,還指出 Boquγ 汗應不是 Bögü,而是安部健夫①所論證的第七代懷信可汗(795—808 在位)並將回鶻文書 U1 中的羊歲推定爲 803 年。在此之前,克拉克曾在 2009 年爲了論證發音完全不同的 Boquγ 汗與 Bögü 可汗是同一人已發表過一篇文章,文中指出 Boquγ 是僕固,九姓鐵勒的部落之一,牟羽可汗就是出自這個部落的。但森安已指出②牟羽可汗出身於回鶻可汗一族——藥羅葛氏,因此,我們無法接受克拉克的無根據的説法。

　　筆者於 2015 年時持消極的立場認爲,連森安先生重視的史料②都沒有提及回鶻,因此,没有材料足以否定 762/3 的傳統看法③。茨默介紹柏孜克里克出土的回鶻文文書(81TB10:06-3a),雖是小塊殘片,但卻記録與摩尼教歷史相關的重要訊息。他的文章發表於 2009 年,但是 2015 年時筆者尚未注意到其重要性。當筆者 2019 年完成 KB 碑文粟特文版的改訂④之後,同時與森安一起對漢文面的釋文進行修改訂正⑤。從改訂後的文本中還獲得了以往從未知曉的摩尼教相關訊息。我們發現將 81TB10:06-3a、KB 碑文改訂版的内容與已知事實組合起來,就可以加深對初期回鶻摩尼教史的瞭解。

三、81TB10:06-3a

(一)森安的日譯與茨默的英譯

　　吐魯番柏孜克里克千佛洞於 1980 年及 1981 年進行了大規模的挖掘。81TB10:06-3a (以下略稱 81TB10)就是此時發現的大量文書之一。茨默解讀這小塊殘片,

---

① 安部健夫《西ウイグル国史の研究》,中村印刷出版部,1955 年,頁 192。
② 前揭《東西ウイグルと中央ユーラシア》,頁 547—553。
③ 前揭《中國江南マニ教繪畫研究》,頁 41—42。
④ 吉田豐《9 世紀東アジアの中世イラン語碑文 2 件—西安出土のパフラビー語・漢文墓誌とカラバルガスン碑文の翻譯と研究—》,《京都大學文學部研究紀要》59,2020,頁 97—269。
⑤ 前揭〈カラバルガスン碑文漢文版の新校訂と譯注〉。

該殘片是由蒙古時期的草書體特徵的回鶻文字書寫而成的^①。森安在一篇關於東回鶻摩尼教史的文章中提及這小塊殘片並提出日文翻譯。回鶻全文共有 12 行,今將森安的日文翻譯(附中譯)及茨默的英文翻譯,據内容將之分爲(a)至(g)共七段^②。畫有底線部分是與本文欲討論的内容相關的部分;【】内的數字則表示原文行數。

(a)【1】……と共に忠告をとることによって藥草のように病氣を……【2】ちょうど六十人の長老(＝尊長)を選んだ。(【1】與……一起通過聽取忠告,像藥草搬地將病……【2】選了正好六十位長老(＝尊長)。)

"[...] like the time (or: the advice) in consulting with [...] he chose exactly sixty seniors."

(b)Bulyat(?) Qarïlïg イナンチ(と?)牙帳都督を【3】……という命令を完遂した。((與?)Bulyat(?) Qarïlïg Inanč 將牙帳都督【3】……完成了……的命令。)

"He completed the commandment to [...] Boltun Karilig Inanč (and ?) Ordolug Totok."

(c)それからオルホン国(＝東ウイグル帝国)で新宗教に入らせたことによって,二(人? 度? 倍?)【4】……続いて(?)ウッチの慕闍(or 辺境の慕闍)をオルホン国に招請し終えた。(然後,因在鄂爾渾國(＝東回鶻可汗國)加入新宗教,二(人? 回? 倍?)【4】……接著(?)把 uč 的慕闍(邊境的慕闍)邀請完了。)

"There [or: thereafter] in [El] Orkun by having introduced for the new teaching two [...] they had asked imploringly the border region Možak to El Orkun."

(d)【5】(その慕闍は)……(オルホン国に)やって来るように企

---

① 茨默撰,王丁譯《有關摩尼教開教回鶻的一件新史料》,《敦煌學輯刊》2009 年第 3 期,頁 1—7。

② 茨默教授計劃發表 2009 年論文的英文改訂版,這次特別提供給筆者參考。P. Zieme (forthcoming), "A New Document about the Introduction of Manichaeism in the Uygur Empire".

図したのであった。西方(＝西域)のマニ僧は教義・教法を【6】……
マニ僧は二百の経典と千匹の絹帛を縛って(＝荷造りして?)，二
【7】……これらの者は(?)トゥグリスタン・カラカングリ(＝黒車)
の道を来て(or 道で来て)イルティシュ(河)【8】[を越えて]((那位
慕闍)……(到鄂爾渾國)來了而是計劃要來的。西方(＝西域)的摩尼
僧把教義、教法【6】……摩尼僧捆起(＝打包?)兩百冊經典與一千疋絹
帛來，二【7】……這些人(?)走(or 經過)Tuɣrïstan Qara Qaŋlï(＝黑
車)的路來，額爾齊斯(河)【8】[從(額爾齊斯)穿過去])

“He had intended to come [to …]. Western priest(s) [brought] the
teaching that […] the [pr]iest(s) fastened 200 books, 1000 pieces of silk
(on the camels), two […] they came (from) Tuɣuristan on the Kara Kaŋli
way, [crossing the river] Ärtiš […]”

（e）牟羽ハンが自分自身を先頭にしてお迎えに行って，大いなる尊
敬の念をもってオルドゥ(＝牙帳，宮殿)【9】[にお迎えした。](牟羽
汗自己在最前頭去迎接，非常尊敬地[迎接到]窩魯朵(＝牙帳，宮殿)。)

“Bögü Han himself went as first (to greet) them, in great veneration
he brought them [into] the Ordo […]”

（f）そのとき，オルホン国にいる中国から【10】[やって来たマニ
僧が?]……合流(集合)して，神聖なるマニ仏がこの世に【11】……
見つけた(or となった)。「それらの言葉を何であれ我らは話すであろ
う。」(此時，在鄂爾渾國的從中國[過來的摩尼僧]……匯合(集合)，神
聖的摩尼佛在此世【11】……發現了(or 成爲了)。)

“At that time (those) of El Orkun joined (those coming) from China,
since the godly Mani Buddha [came] into the world, he became […]. We
will speak these words altogether.”

（g）【12】……牟羽ハンは一(つ? 人?)の黒い?[以下欠]
(【12】……牟羽汗一(個? 人?)黑色?[以下殘缺])

“[…]Bögü Han one Kara […]”

將尤其要給予關注的畫有底線部分，分項羅列如下：

（ⅰ）慕闍本人到哈喇巴勒哈遜去，牟羽可汗親自迎接了他。

（ⅱ）那時慕闍從 TuɣrïstanQaraQaŋlï 路，渡過額爾齊斯河，到達鄂爾

渾國。

（iii）慕闍在原文中寫作[   ]'yw 'wc mwš'k，但茨默的英譯爲 the border region Možak（= üč Mošak）；森安將 uč 理解爲地名（= Uč mošak），並翻譯成 uč 的慕闍 [1]。

（iv）訪問鄂爾渾的窩魯朵時，慕闍帶了兩百册摩尼教的書籍及一千疋絹帛。

（二）81TB10 所見的記事年代與歷史背景

森安認爲無法確定此處記録的事情是發生在 762/3 年的洛陽事件之前還是之後 [2]，但其實 KB 碑文漢文面第 10 行就有相對應的記載。其文中曰，洛陽事件以後摩尼教傳入回鶻並廣泛流傳，“自後，慕闍徒衆，東西循環，往來教化”。粟特文版雖然存在嚴重破損，但卻也保留了慕闍的名字。

【X】法王聞受正教，深贊虔□，□□□□，□默㑊悉德領諸僧尼，入國闡揚。自後○慕闍徒衆，東西循環，往來教化。

【12]】（'sky) ZY c'δr c'nkw βγy (mry) nyw (rw) 'n m(w)z-'k(') [大破損 (Frag.Rus.)](p)wrst'y mrts'r [rty ZKwy (Frag.Paris) 'xš']w'nty【13】[w] (yδβx)s pw z-r'yš wβ'

【12】摩尼教徒們往來的（？）上方與下方（＝東西）。（如）神（般）的 Mār Nēw Ruvān 慕闍[到鄂爾渾的宮廷來了（？）〈大破損〉【13】回這邊了。於是，流傳到領土各地，（往來？）再不中斷了。

沙畹與伯希和將“慕闍徒衆”翻譯爲“慕闍弟子們的群衆” [3]，其實亦可解釋爲“慕闍與他弟子們的群衆”，81TB10 也印證這樣解釋是正確的。根據保存狀態較好的漢文面來看，這段文字見於 779 年，牟羽可汗駕崩的前一段。所以，763 至 779 年之間都有其可能性，但與從第 7 行開始記録的洛陽事件，以及關於摩尼教被接受的事寫在一起，并且也寫在記述摩尼教的文

---

[1] 森安認爲是地名的 uč，是位於阿克蘇稍偏西的綠洲城市。茨默當初考慮的是 üc “3” 的可能性。

[2] 前揭《東西ウイグルと中央ユーラシア》，頁 547。

[3] 前揭沙畹與伯希和的翻譯爲：“la foule des disciples du *mou-chö*”（前揭 “Un traité manichéen retrouvé en Chine（deuxième partie）”，pp.195-196）；克拉克的翻譯爲：“throng of disciples of the Teacher (*možak*)”（前揭 “The Conversion of Bügü Khan to Manichaeism”，p.88）。

字的最後部分,由此可推知,很可能是在洛陽事件之後,没過多久所發生的事情①。慕闍的名字 nyw rw'n 也值得注意②。森安與茨默的解釋各有不同,該部分的寫本原文可以讀作［　　］'yw 'wc mwš'k③,但 'yw 的字形會與 nyw 相同,'wc 的外貌酷似以粟特回鶻文字書寫的 rw'n。換言之,以草書書寫時,詞頭的 '- 與 r- 是難以區別的。此外,位於詞尾的 -c,若其尾巴較長時,則與詞尾的 -'n 有一定程度的相似性。筆者認爲,目前難以解釋的 'yw 'wc mwš'k,其反映的是後代慕闍的專有名字全部丢失後的 nyw rw'n mwš'k 之一種蜕變的寫法。如果這種推測是正確的,破損部分或許可以補入 tnkry mry "(如)神(般)的 Mār"。

　　在有關牟羽改信摩尼教的時期的相關記載中,筆者較爲關注的是第 iv 項。慕闍帶到鄂爾渾國宫廷的兩百册摩尼教寫本,應是在 Tuγrïstan(即焉耆)④的教堂書寫的,這一點與 Mahrnāmag(《摩尼教贊美詩集》)題記的關係引起了筆者的興趣。筆者推定,Mahrnāmag 是爲了帶到蒙古去而開始抄寫的寫本之一,但這寫本收録有龐大數量的贊美詩,完成需花費許多時日,因而在慕闍出發之前未能完成。其實,不僅是克拉克及森安,還有許多學者認爲 Mahrnāmag 的題記與回鶻改信摩尼教之事有所關聯。如果這種推測是正確的,牟羽可汗改信摩尼教的時間可確定在 762 年以前。由此觀點來看 U72-U73 的内容,記載的是牟羽可汗接受僧侣的勸導後下決心改信摩尼教,然後再加冕的經過。森安的譯文曰:"那時天王進入［會堂］,把 didim 冠加在他的頭上了。披上自己的紅色［冕袍?］,坐在了金光閃閃的玉座上。"⑤正如已知道,牟羽可汗是 759 年即位的,從這段文字内容看,好像此時已經是一位信仰摩尼

---

① 關於這一點,請參看下文所見的敦煌出土藏文文獻 Pelliot tibétain 1283 之解説。

② 據森安所説,這位名爲 nyw rw'n 的慕闍,還出現於摩尼教回鶻文獻中,其文獻記録的是安史之亂時期的事件。《東西ウイグルと中央ユーラシア》,頁 25—26。

③ mwš'k 爲 mwž'k 慕闍之後期形式。

④ Tuγrïstan 所指的爲何可確定是焉耆,請參看 Y. Yoshida, "Farewell to the Teacher of Four Twγryst'n", in: Zs. Gulácsi (ed.), *Language, Society, and Religion in the World of Turks: Festschrift for Larry Clark at Seventy-five*, (Silk Road Studies XIX), Turnhout, Brepols, 2018, pp.267-279。

⑤ 前揭《ウイグル=マニ教史史料集成》,頁 23。

教的可汗了。

筆者於此進一步推論,而認爲 U111a 所見的"擁有偉大的始源('wlwγ b'šl'γ)之名的年份"指的並非唐朝的"上元"年號,而是摩尼教被正式定爲回鶻國教的年份,也是牟羽可汗即位的年份。在粟特文文獻中,未見到有使用像上元那樣中國年號的意譯之例,據森安所説,回鶻文文獻中亦無其例(除此處討論的 U111a 外)[①]。據 U72-U73 可知,牟羽是即位之前已經信教了,始自何時不詳,但在第二代可汗的時代,爲了中國人及粟特人在蒙古高原建造過一座叫白八里(Baybalïq,富貴城)的城市,有可能在這段時間。

四、洛陽事件的實際與事後展開

(一)漢文版未記載的内容

牟羽可汗在洛陽時,在他身上到底發生了什麼事呢? 粟特文版第 10 行就有未見於漢文面的訊息,其文曰:

(δβ)tyk(w) 'nxw(n)cw 'krtw δ'r'nt s't δynykt *''z-y<r>'nt ZKw βγy m'rm'ny δynh (w'βr) c'nkw 'yny (n'p)t 'βškrty wβ' βγy 'xš(')y-wny 'M 'r(p)[s]t'kw '(s)p'δy pr'yw mδy ('w)ytwk'n z-'y(h)[s]('r ''γ')z-'nt ''(γ)t [ ]kw s't·γ·t (rt)[y 有一定程度的破損] (n) ctβ'r ptšm ('r···· δ···) [大破損]

　　　他們再進行戰鬥了。異教徒們都那麼迫害了末囉摩尼(Mār Mānī,我主摩尼)的宗教。這些人被驅逐時,(如)神(般)的帝王與強大的軍隊一起,開始帶到這 Ötükän(烏德鞬)之地。[有一定程度的破損]數爲四[大破損]

據此記載,看似是在洛陽的摩尼教被迫害,牟羽可汗見之而帶摩尼教徒回蒙古。從中國帶回去的僧侶一般被認爲是四位,但森安、吉田解讀爲五位,其中帶領者被稱作"法師"。後來在蒙古高原則好像成爲默奚悉德(Mahistag)

---

① 前揭《東西ウイグルと中央ユーラシア》,頁 540。于闐文文獻的情況亦是如此。在中亞好像沒有將中國年號以取意來翻譯的想法。

了。換言之，他看似成爲彼地教會之長（法堂主）了^①。或許在此時首次正式建立了摩尼教教會。

【VII】可汗乃頓軍東都，因觀風□□□□□□□□□□□□□法

【VIII】師，將睿息等四僧入國，闡揚二祀，洞徹三際，況法師妙達明門，精通七部，才高海岳，辯若懸河，故能開正教於回鶻，□□□□□□□□對爲法，立大功績，乃爲默傐悉德。

多虧這些牟羽可汗從洛陽帶回去的僧侶們大顯身手，摩尼教看似在回鶻國内廣爲流傳。那麽，上文中部分引用的漢文面第 VIII 至 IX 行的記載，該如何理解呢？ 將森安、吉田的釋文移録如下：

【VIII】于時，都督、刺史、内外宰相□□□□□□"□□□γ□□□□□【IX】□今悔前非，願事正教"奉○旨宣示，"此法微妙，難可受持。"再三懇請。"往者無識，謂鬼爲佛，今已悟真，不可復事。特望□□，□□□□。"□□□曰："既有志誠，任即持賷應有刻畫魔形，悉令焚爇。祈神拜鬼，並□□□。□□□□□□□

如同克拉克的解釋，我們也將"今悔前非，願事正教"一段理解爲牟羽可汗對臣下的話語，家臣們悔恨以前所犯的錯誤並懇求可汗讓他們改信摩尼教。但後文的主語卻一直被認爲是可汗。其實，粟特文版的主語仍然是家臣，比如：相當於"往者無識，謂鬼爲佛"的一段，見於粟特文版的第 11 行，曰："ptkwnw pδkh δ'rymskwnw ZKn δγwty 'spyšymskwnw（我們擁有有錯誤的法，侍奉著惡魔）"，這句的動詞爲第一人稱複數形式。相當於"（此法微妙，）難可受持"這一段亦在第 11 行，云："['] šm'xw L' ptcγt kwnδ'（你們方不能接受）"，其主語則爲第二人稱複數形式。這意味著，此段文字的内容決不可與 U72-U73 所記載的摩尼教僧侶和可汗的會話以及可汗的悔悟相提並論。應該要一起討論的是，U72-U73 提到的像 Tarkhan 那樣阻止傳教的宮臣們，多虧來自中國的僧侶們，宮臣們也開始接受摩尼教並痛悔前非的場面。再加之，這件事發生在洛陽事件之後。

如上所述，在蒙古高原存在著來自中國的僧侶與來自中亞的僧侶，在

① 在摩尼教教會組織中共有 360 位被叫做 mahistag 地位的僧侶。敦煌出土的漢譯摩尼教文獻《摩尼光佛教法儀略》曰："第三 三百六十 默傐悉德 譯云法堂主"（《大正藏》vol. 54, no. 2141A, p.1280c02）。"默傐悉德" 爲 mahistag 之音譯。

81TB10 將來自中亞的僧侶以 "西方的摩尼僧" 來稱呼並以此區別。這些西方的摩尼僧來到位於蒙古高原的鄂爾渾之宮殿時，走的是渡過額爾齊斯河，穿越阿爾泰山脈的路線，此被稱作 Qara Qaŋlï 路的路線。在此約 100 年前，爲了征伐西突厥的阿史那賀魯，蘇定方率軍由蒙古高原往西穿越阿爾泰山脈，再渡過額爾齊斯河至伊麗，然後前往碎葉。松田曾經研究過這條行軍路綫[1]，據他的結論，即快抵達伊麗前從北面穿越金牙山，此山則是《新唐書》所記載的車嶺，而且還指出其原語有可能是土耳其語的 Kangli（= qanglï "車"）。假定 Qara Qaŋlï 路與此有關聯的話，81TB10 中所見的慕闍一行，應該是從焉耆先往伊麗方向行走，然後再逆行蘇定方行軍的路線，爾後行至蒙古高原的[2]。

（二）與 Pellot tibétain 1283 比較

森安認爲 81TB10 與他曾經研究的敦煌出土藏文文獻 Pelliot tibétain 1283 的一段文字之間有所關聯，其内容爲：

【V-1】If one looks to the west (of the Uighurs), there are the three Qarlïq (Gar-log) tribes, and there is an army of eight thousand. (These Qarlïq) fought with the Türgiš (Du-rgyus) and Tajiks (Ta-zhig).【V-2】If one looks to their east, there are the three Og-rag tribes, and if one looks to Great Uighur (Ho-yo-hor), Manichaeans (Ne-shag) are seeking religious teachers and helping to send for them, and (the Og-rag) fought with the Uighurs (Ho-yo-hor).[3]

看其（回鶻）西方，有葛邏禄的三部落，軍隊有八千人。（此葛邏禄）與突騎施及大食打仗。看其東方，有 Og-rag 的三部落。看大回鶻，有摩尼教徒（Ne-shag）在尋求宗教導師並協助請來，Og-rag 與回鶻打仗了。

森安曰："筆者無法解決的是，P.t.1283 文書整文所記録的對象是 8 世紀中葉（包括 760 年代在内），關於回鶻本體的部分未見有與摩尼教相關的記載，然而位在

---

[1] 松田壽男《古代天山の歷史地理學的研究》增補版，早稻田大學出版部，1970 年，頁 341—351。

[2] Qara Qaŋlï 是否可以解釋爲居於中亞的民族名，請參看前揭《東西ウイグルと中央ユーラシア》，頁 556，注 30。松田先生認爲弓月的原語是 Kangli。

[3] 英譯引自 MORIYASU, Takao, "New developments in the history of East Uighur Manichaeism", *Open Theology*, 2015, 1.1. (DOI 10.1515/opth-2015-0016), p.324。

回鶻的西邊,相距遥遠的額爾齊斯河西側之曷剌的條目内容中卻有摩尼教的記載,關於這一點,現在有了歷史書的殘片 81TB10:06-3a,我們似乎得到了一部分的解答。筆者認爲,我們探討摩尼教如何傳到回鶻時,不僅要根據哈喇巴勒哈遜碑文來預測經過中國的路徑,應該更要重視經過西域的路徑。"[1] 筆者則在這個基礎上更進一步探討,認爲 P.t.1283 與 81TB10 所記録的完全是同一件事。據森安[2] 所説,P.t.1283 亦反映安史之亂後不久時的情況,時間亦吻合[3]。另外,此處出現的 Og-rag,從發音的相似度而言,可能是西突厥咄陸部的胡禄屋。關於胡禄屋的所在地,請參看内藤みどり《西突厥史の研究》卷末的地圖[4]。

(三)關於 Boquγ

Boquγ 是懷信可汗的别稱,此形式僅出現於西回鶻國時期的文書中。充分印證這一點的是發現於楚河流域的兩種回鶻硬幣。一種是有粟特文銘文的。一面寫 :yγγl'xr xwβw pny xcy "(此爲)藥羅葛(族的)王之銅錢";另一面寫 :prnxwnty wβ't "願榮光"。另一種是有回鶻文銘文的。一面寫 :kwyl pylk' tnkry pwxwx 'wyγwr x'γ'n"如智慧海的 Boquγ[5] 回鶻(的)可汗";另一面可讀作 :il twtmyš yrlγγnk'"由 Il Tutmïš 下令(發行)"。正如筆者曾經提出,楚河流域自懷信可汗時期起處於受東回鶻影響的狀態[6]。因而,於此地發現的硬幣應爲懷信可汗之後的東回鶻可汗國的硬幣,而非出身於藥羅葛氏的懷信即位之後,仍然以大部分可汗的姓——藥羅葛的名義所發行的硬幣。據 KB 碑文可知,懷信原是出自阿跌氏的宰相,先被藥羅葛氏收爲養子,然後再成爲可汗[7]。東回鶻可汗國的可汗,懷信可汗即位之後,在名義上仍然出自藥羅葛氏。此外,值得注目的是,東回鶻可汗國的硬幣居然寫粟特文銘文的事實。文中還出現有動詞 β(w)- 的第三人稱單數虚擬式 wβ't,這是摩尼教粟特文特有

---

① 前揭《東西ウイグルと中央ユーラシア》,頁 546—547。

② 前揭《東西ウイグルと中央ユーラシア》,頁 127—128。

③ 或許,基於記録安史之亂後情況的 81TB10,應該去探討記録相同事情的 P.t.1283 的年代。

④ 内藤みどり《西突厥史の研究》,早稻田大學出版部,1988 年。

⑤ 吉田豐《貨幣の銘文に反映されたチュルク族によるソグド支配》(《京都大學文學部研究紀要》57, 2018 年,頁 164)讀作 Boquq,但今據森安轉寫作 Boquγ。

⑥ 同注④,頁 161—164。

⑦ 吉田豐《ソグド人と古代のチュルク族との關係に關する三つの覺え書き》,《京都大學文學部研究紀要》50,2011 年,頁 16—17。

的形式,這一點亦引起關注。

　　繼承懷信可汗血統的西回鶻國可汗們,將懷信稱作 Boquγ,他們看似强烈地意識到懷信爲自己的始祖[①]。換言之,第二種硬幣上的銘文 "Boquγ 回鶻" 可以理解爲 "以 Boquγ 爲始祖的回鶻" 之意[②]。實際上,除了這種硬幣之外,在西回鶻國時期的文獻中所見的 Boquγ,有 Boquγ töz（Boquγ 起源）、Boquγ uγuš（Boquγ 氏）等用例[③]。那麽,發行這種硬幣的西回鶻可汗專有的名稱應爲 Il Tutmïš（原義爲 "鎮護國家者"）。在西回鶻國,1019 年確實存在著一位帶有 Kün Ay Tängridä Qut Bulmïš Uluγ Qut Ornammïš Alpïn Ärdämin Il Tutmïš Alp Arslan Qutluγ Köl Bilgä Tängri Xan 之稱號的可汗[④]。這位可汗在位的時期,西回鶻國的勢力範圍似乎達到了楚河流域[⑤],也可以判斷他就是發行硬幣的可汗[⑥]。

---

① 從東回鶻可汗國時期開始對懷信可汗特別看待,這一事實亦反映於 KB 碑文,如文中將懷信可汗叫做天可汗,並在 "天可汗" 三字前空兩格（對其他可汗通常只空一格）。KB 碑文所見 "天可汗" 是第八代保義可汗還是懷信可汗的問題,長期以來有爭論,但我們判斷爲懷信可汗,其論據見前揭《カラバルガスン碑文漢文版の新校訂と譯注》,頁 9—12。

② 森安先生的解釋如下:【正面】 "（如）智（惠）海（般的）天神,（叫做）Boquγ 的回鶻可汗"; 【背面】 "由鎮護國家者的敕命（發行）",見前揭《東西ウイグルと中央ユーラシア》,頁 484,注 22。

③ 前揭《東西ウイグルと中央ユーラシア》,頁 547—553。

④ 前揭《東西ウイグルと中央ユーラシア》,頁 694。

⑤ J. Hamilton, *Manuscrits ouïgours du IXe-Xe siècle de Touen-houang*. 2 vols., Paris, Peeters Publishers, 1986, XVIII.

⑥ 稱號中含有 il tutmïš 的西回鶻國可汗,亦見於敦煌出土回鶻文文書中（前揭 *Manuscrits ouïgours du IXe-Xe siècle de Touen-houang*, Text 5, line 9', pp.43, 50 ;P. Zieme, "Manichäische Kolophone und Könige", in: G. Wiessner / H.-J. Klimkeit〔eds.〕, *Studia Manichaica, II. Internationaler Kongress zum Manichiiismus. 6.-10. August 1989. St. Augustin/Bonn*, Wiesbaden, Harrassowitz,1992, p.324）,其稱號爲: Kün tngridä qut bulmïš ärdämin il tutmïš alp qutluγ bilgä uγγur tngri uγγur xan。哈密頓（James Russell Hamilton）亦將此可汗比定爲稱號中含有 il tutmïš 的牟羽可汗,而茨默提出此可汗是 1019 年時在位的可汗之看法。儘管如此,將 11 世紀被封藏的 10 世紀回鶻文書中出現的這一人名,比定作這兩位可汗看似是不合理的。但茨默指出 Il Tutmïš 的人名（稱號）要素頗有 markater（特徵）,這一觀點具有參考意義。森安孝夫教授私信告訴筆者,他已經有文章（前揭《東西ウイグルと中央ユーラシア》,頁 366）指出, Il Tutmïš 與漢語 "鎖國" 相對應,而西回鶻國家可能有幾位可汗以此作爲尊稱的一部分。

　　如森安 [1] 已指出,上文中介紹的 81TB10,雖屬於西回鶻國晚期的寫本,但將牟羽可汗寫作 Bögü（pwykw）,而不會被稱作 Boquγ。由此可知,兩者分別指不同人物。

五、小結

　　牟羽可汗採取了創新的政治和積極的對外政策,包括將摩尼教選爲舉行加冕禮時的宗教等,無疑被守舊派討厭。牟羽可汗在 779 年被反摩尼教勢力暗殺,同時支持他的國家政策的回鶻境内的粟特人也被殺害,自此回鶻境内再無信摩尼教的粟特人了。此時,回鶻的摩尼教信仰也應該暫時中斷。恢復牟羽可汗之措施的是回鶻第二王朝的創建者,即後來被稱作 Boquγ 的懷信可汗。KB 碑文的粟特文版第 16—17 行明確記載他在位期間復興了牟羽時期的摩尼教信仰之事,其曰:

c'nkw /【17】/ (....)[　](p)wkw 'xšy-wn'k z-mnyh ''xw'š wβ ZY wyδp't δ(yn)m(y)ncw pts'k δ(βty)w k'm ''(x)w('š)t

　　[…]如同牟羽帝王的時候有 ''xw'š（未定義詞）,那時欲把宗教的紀念物再次 ''xw'št（未定義詞）了。

很遺憾,尚未能確定 ''xw'š / ''xw'št 是什麼意思,但這段文字的中心話題無疑是摩尼教的復興。近年德國隊在 KB 碑文所發現的遺構複合體進行了考古挖掘,據他們的挖掘報告,此遺構看似經過了一次修建,有分兩期進行建造的痕跡 [2]。粟特文版的這段文字,或許與此有關 [3]。無論如何,在懷信可汗之後直

---

[1] 前揭《東西ウイグルと中央ユーラシア》,頁 550。

[2] B. Dähne, "Karabalgasun - City layout and building structures", in: L. Russeel-Smith / I. Konczak-Nagel (eds.), *The Ruins of Kocho. Traces of Wooden Architecture on the Ancient Silk Road*, Berlin: Museum für Asiatische Kunst, 2016, pp.35-41; B. Dähne, *Karabalgasun – Stadt der Nomaden. Die archäologischen Ausgrabungen in der frühuigurischen Hauptstadt 2009-2011*. Wiesbaden: Reichert Verlag, 2017, pp.27-85

[3] 筆者曾經主要基於 KB 碑文的記錄概括了東回鶻可汗時期（包括牟羽可汗之後）的摩尼教史,部分内容與本文有重複,見前揭《9 世紀東アジアの中世イラン語碑文 2 件—西安出土のパフラビー語・漢文墓誌とカラバルガスン碑文の翻譯と研究—》,頁 138—148。

到 11 世紀初的西回鶻國，摩尼教保持了國教的地位。對回鶻來説，摩尼教是爲了與周邊諸國實現差異化時最方便的工具，同時也是對外政策的積極性之象徵。但是，11 世紀以後，西回鶻傾向於採取內向型政策，並開始尋找與周邊國家共存之路，於是其宗教迅速轉移到了佛教。

（作者單位：京都大學、帝京大學文化財研究所；
譯者單位：廣島大學外國語教育研究中心）

安史之亂後唐與回鶻關係新論

——以新出回紇王子移禄啜墓志爲中心的考察[*]

王慶昱

　　唐代前期與北方民族之間的關係,以與突厥的最爲重要。陳寅恪先生曾談及:"隋末中國北部群雄並起,悉奉突厥爲大君,李淵一人豈能例外? 温大雅《大唐起居注》所載唐初事最爲實録,而其紀劉文静往突厥求援之本末,尚於高祖稱臣一節隱諱不書。"[①]關於隋末唐初時期突厥,史載:"隋大業中嗣位,值天下大亂,中國人奔之者衆。其族强盛,東自契丹、室韋,西盡吐谷渾、高昌諸國,皆臣屬焉,控弦百餘萬,北狄之盛,未之有也,高視陰山,有輕中夏之志。"[②]然而突厥的威脅主要是在唐代前期,唐代後期北疆則主要是回鶻。《新唐書》載:"凡突厥、吐蕃、回鶻以盛衰先後爲次。"[③]吐蕃對唐的威脅主要在西南和西部,終唐之世,北方主要的威脅先是突厥,後是回鶻。而關於回鶻與唐的關係,陳寅恪先生説:"回紇自唐肅宗以後最爲雄大,中國受其害甚巨,至文宗之世,天災黨亂擾其内,黠戛斯崛起侵其外,於是崩潰不振矣。"[④]有研究認爲6到9世紀漠北突厥、回鶻的發展,繼承並開創了新的圖景,在與中原王朝的交往中,既

---

　*　本文爲國家社科基金項目"新出墓志與唐代治理西域研究"(21BZS115)階段性研究成果之一;國家社科基金重大項目"新出土墓志與隋唐家族文學文獻整理與研究"(21&ZD270)階段性成果之一。

① 陳寅恪《隋唐制度淵源略論稿(外二種)》,河北教育出版社,2002年,頁285。
② 劉昫等《舊唐書》卷一九四上《突厥傳上》,中華書局,1975年,頁5153。
③ 歐陽修、宋祁《新唐書》卷二一五上《突厥傳上》,中華書局,1975年,頁6027。
④ 陳寅恪《隋唐制度淵源略論稿(外二種)》,頁287。

有對抗的一面,也顯現出雙方興衰與共等情況^①。

　　唐朝後期與回鶻的關係,主要是從唐肅宗時期至唐文宗太和時期,算起來不足一個世紀。楊聖敏先生認爲回紇助唐平定安史之亂,不僅把唐與回紇關係推向一個新的階段,回紇也强盛起來^②。然安史之亂後,唐朝由於戰亂,國力衰微,短時間裏不得已與地方藩鎮妥協。張國剛先生認爲:"在安史之亂平定前後,唐王朝面臨的政治矛盾的焦點和軍事鬥爭的重心都已發生新的轉移。唐廷與安史叛亂勢力的矛盾已相對地讓位於它與反叛亂勢力——新起軍閥和宦官勢力的矛盾;唐廷與叛亂勢力的軍事鬥爭中心地區也相對地讓位於在唐王朝肘腋之地——京西京北地區與吐蕃勢力的武裝抗争。在這種情況下,唐廷迫切要求早日了結河北故事,處理日益激化的新矛盾。"^③

　　因而安史之亂平定之後,儘管唐與回紇關係發展到一個新的階段,然而由於這一時期回紇强盛,在與唐的交往中,特別是絹馬貿易處於優勢地位。至唐代宗時期,唐與回紇儘管也在和親,但是關係較爲緊張^④。有學者認爲唐在安史之亂中借回紇兵,一方面平定叛亂,另一方面回紇也看到唐王朝的虛弱,趁機南下,唐與回紇的交往這一時期處於被動^⑤。

　　安史之亂後,唐肅宗、唐代宗時期,唐朝國力虛弱,這一時期回紇由於助唐平亂有功,在唐與周邊部族的關係中,唐與回紇的關係最爲重要。出土的一些墓志材料,對於補充唐與回紇關係等方面都起到積極的作用。關於回紇人的墓志,比較早的是1987年出土的回紇瓊墓志^⑥。大唐西市收藏的葛啜王子雙語墓志,受到學者的廣泛關注^⑦。大唐西市收藏的回鶻米副侯墓志,揭示了涉及回

① 范英傑《玉塞胡落:6—9世紀北疆民族史地研究》,2024年蘭州大學博士學位論文,頁323。

② 楊聖敏《回紇史》,廣西師範大學出版社,2008年,頁38。

③ 張國剛《唐代藩鎮研究》(增訂版),中國人民大學出版社,2010年,頁25。

④ 崔明德《中國古代和親史》,人民出版社,2005年,頁331—333。

⑤ 董文陽《借兵平寇的得與失——簡論回紇助唐平定安史叛亂》,《陰山學刊》2015年第5期,頁70。

⑥ 師小群、種建榮《西安出土回紇瓊、李忠義墓志》,《文博》1990年第1期,頁90—92;濮仲遠《瀚海都督伏帝難考論——回紇瓊墓志再探》,《陰山學刊》2015年第5期,頁71—73。

⑦ 張鐵山《〈故回鶻葛啜王子墓志〉之突厥如尼文考釋》,《西域研究》2013年第4期,頁74—80;芮跋辭、吳國勝《西安新發現唐代葛啜王子古突厥魯尼文墓志之解讀研究》,《唐研究》第19卷,北京大學出版社,2013年,頁425—442;成吉思《〈葛啜墓志〉（轉下頁）

鶻宗教以及與粟特人的關係的内容①。西安市文物保護考古研究院發掘的一方回鶻墓志也進行了公佈②。特别是回紇王子的墓志材料,李浩先生最先做了公佈③。李宗俊先生也對這兩方墓志進行了考察④。新出墓志對於研究唐與回鶻關係,提供了新的資料和視角。

然地不愛寶,近年西安又出了另一方回紇王子的墓志。唐代回紇王子移禄啜墓志一盒,流散於陝西西安,有志有蓋,志蓋盝頂型,志蓋長寬爲 48 釐米,裝飾有花草紋,三行,行三字,正書“故回紇咸寧郡王墓志”。墓志長寬均爲 51 釐米,正書,共 21 行,滿行 20 字。去世年代與李秉義、移建勿大致相同。

爲研究方便,墓志録文如下:

故回紇 / 咸寧郡 / 王墓志
故回紇王子驃騎大將軍試太僕卿贈咸寧郡王移禄啜墓志銘　並序 /
太中大夫守尚書兵部員外郎翰林學士柱國臣柳优奉　敕撰 /

（接上頁）突厥文銘文的釋讀》,《唐研究》第 19 卷,頁 443—446 ;羅新《葛啜世家》,《唐研究》第 19 卷,頁 447—454 ;王小甫《則可汗與車毗尸特勤》,《唐研究》第 19 卷,頁 455—460 ;吳玉貴《回鶻“天親可汗以上子孫”入唐考》,《唐研究》第 19 卷,頁 461—476 ;朱玉麒《〈葛啜墓志〉作者崔述考略》,《唐研究》第 19 卷,頁 477—486 ;胡鴻《回鶻葛啜王子葬地張杜原考》,《唐研究》第 19 卷,頁 487—498 ;白玉冬《回鶻王子葛啜墓志魯尼文志文再釋讀》,《蒙古史研究》第 11 輯,科學出版社,2013 年,頁 45—52 ;劉喆《回鶻葛啜王子出身考》,《唐山師範學院學報》2014 年第 3 期,頁 73—75 ;森安孝夫撰,白玉冬譯《漠北回鶻汗國葛啜王子墓志新研究》,《唐研究》第 21 卷,北京大學出版社,2015 年,頁 499—526 ;李宗俊《唐回鶻葛啜王子墓志反映的幾個問題》,《唐史論叢》第 17 輯,2013 年,陝西師範大學出版社,頁 253—261 ;包文勝《回鶻葛啜王子身世考——重讀〈故回鶻葛啜王子墓志〉》,《敦煌研究》2019 年第 2 期,頁 106—112。

① 楊富學《大唐西市博物館藏〈回鶻米副侯墓志〉考釋》,《民族研究》2015 年第 2 期,頁 78—86。

② 鄭旭東、楊富學《西安新出〈唐故回鶻白夫人墓志〉疏證》,《敦煌研究》2020 年第 4 期,頁 81—88。

③ 李浩《西安新見兩方回紇貴族墓志的初步考察》,《唐研究》第 22 卷,北京大學出版社,2016 年,頁 493—503 ;李浩《西安新見兩方回紇貴族墓志的初步考察》,《唐代文學研究》第 17 輯,廣西師範大學出版社,2018 年,頁 104—108。

④ 李宗俊《唐回紇人李秉義與移建勿二墓志跋》,《碑林集刊》第 27 輯,三秦出版社,2022 年,頁 88—94。

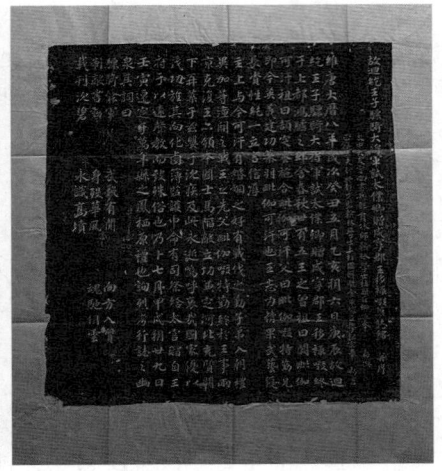

圖 1　新見唐代回紇王子移禄啜墓志拓片

　　　正議大夫行將作少監翰林學士上柱國賜紫金魚袋臣摯紹宗奉 敕書 /
　　維唐大曆八年歲次癸丑五月乙亥朔六日庚辰, 故回 / 紇王子驃騎大將
軍試太僕卿贈咸寧郡王移禄啜終 / 於上都鴻臚之邸舍, 春秋卅有五。王
之曾祖曰闕毗伽 / 可汗。祖曰頡突蜜施合毗伽可汗。父曰毗伽啜特勤。
兄 / 即今英義建功慕羽毗伽可汗也。王志力精果, 武藝優 / 長, 資性純一,
立言信厚。 / 主上與今可汗有婚姻之好, 有戰伐之勤。子弟入朝, 禮 / 異
加等。潼關之戰, 王之先父毗伽啜特勤終於王事。兩 / 京克復, 王亦領本
國士馬, 陷敵立功。兼定河北, 充質闕 / 下。再葉於兹, 嬰於沉疾。及此
永逝, 嗚呼哀哉。國家優以 / 茂功, 旌其向化。鹵簿監護, 申命有司, 祭給
太官, 賵自王 / 府。於以遠聲教而致殊俗也。乃卜七月甲戌廿九日 / 壬寅
遷窆於萬年縣之鳳棲原, 禮也。詢烈考行志之幽 / 泉。其詞曰: /
　　驃騎能軍, 武毅有聞。 向方入質, /
　　制敵書勳。 身歿華風, / 魂馳朔雲。 /
　　載刊沉碧, 永識高墳。 /

一、移禄啜墓志及其他

從墓志形制等方面來看,移禄啜墓志與之前出土的李秉義墓志、移建勿墓志大致相似,三人去世年代又大致相近。可以説三位去世於唐代宗大曆時期的回紇王子墓志的出土,對於研究安史之亂後唐代宗大曆時期與回紇的關係等方面,提供了新的資料。

根據墓志記載:"維唐大曆八年歲次癸丑五月乙亥朔六日庚辰,故回紇王子驃騎大將軍試太僕卿贈咸寧郡王移禄啜終於上都鴻臚之邸舍,春秋卅有五。"關於鴻臚客館,有研究認爲屬於唐代接待四夷的主要客館,位置就在鴻臚寺旁邊①。移禄啜作爲來自回紇的質子,也居住於鴻臚客館。移禄啜卒年三十四周歲,則其生於開元二十七年(739)。驃騎大將軍爲從一品勳官,可見唐朝對其的重視。這裏"試"是假借的意思②。太僕卿則是其假借官職。咸寧郡王則是其贈官,顯示了其作爲回紇王子的身份和地位。而關於其家族情況,志文載:"王之曾祖曰闕毗伽可汗。祖曰頡突蜜施合毗伽可汗。父曰毗伽啜特勤。兄即今英義建功慕羽毗伽可汗也。"闕毗伽可汗也可寫作"毗伽闕可汗",爲回紇汗國的骨力裴羅可汗③。頡突蜜施合毗伽可汗爲骨力裴羅之子,其可汗名全稱"登里羅没蜜施頡翳德蜜施毗伽可汗",在位時間爲西元747到759年④。毗伽啜特勤爲登利可汗之子,則移禄啜爲特勤之子,爲當時在位的可汗的侄子。關於回紇可汗的情況,李宗俊先生做了相關研究和梳理⑤。從墓志來看,其爲回紇可汗的侄子。

志主回紇王子移禄啜,卒於唐代宗大曆八年(773),幾乎同一時期去世的李秉義及移建勿分别卒於大曆七年(772)、大曆八年(773)。而三人的爵位都是郡王,作爲回紇人在唐朝的質子,應該屬於品級最高者。移建勿與時任可汗

---

① 王靜《隋唐四方館、鴻臚客館論考》,《西域研究》2002 年第 2 期,頁 26—27。
② 杜文玉《論唐代員外官與試官》,《陝西師大學報》(哲學社會科學版)1993 年第 3 期,頁 91。
③ 劉美崧《兩唐書回紇傳回鶻傳疏證》,中央民族學院出版社,1989 年,頁 29—30。
④ 劉美崧《兩唐書回紇傳回鶻傳疏證》,頁 35—36。
⑤ 李宗俊《唐回紇人李秉義與移建勿二墓志跋》,《碑林集刊》第 27 輯,頁 92—93。

爲堂兄弟,相比之下,移建勿在回紇王室稍微遜色於移禄啜[①]。儘管唐代後期與回紇(後改回鶻)和親頻繁,但是正史中記載的回紇質子較少,因而回紇三位王子墓志的出土,對於研究回紇史以及回紇質子提供了新的資料。

　　志主移禄啜在大曆八年五月(773)卒於鴻臚寺,李秉義於大曆七年三月(772)卒於静恭里[②],移建勿於大曆八年二月(773)也卒於鴻臚寺[③]。鴻臚寺位於皇城西南方向,在含光門與朱雀門之間[④]。静恭里也叫靖恭里,李秉義也曾居住於此[⑤]。根據《李秉義墓志》可知李秉義的父親移建啜,在唐玄宗時期入朝爲質子,被封爲崇義王,賜姓爲李[⑥]。那麼李秉義所居住於静恭里的住宅,有可能在唐玄宗時期就已經下賜其父,其後李秉義繼續居住於此。而移禄啜與移建勿則是作爲質子,居住於鴻臚寺。那麼卒於唐代宗大曆時期的三位回紇王子,其身份地位是有所區別的。李秉義更多的程度上繼承了其父的質子身份,其郡王屬於朝廷"贈予",而移禄啜與移建勿的郡王雖然也是在卒後贈予,移建勿墓志開頭並没有用"贈"。移禄啜墓志開頭有"贈",但是志蓋中没有"贈",李秉義的墓志開頭和志蓋都寫了"贈"。從三人的墓志來看,還是有一定的區别的。移建勿爲英義建功毗伽可汗的堂弟,移禄啜則爲英義建功毗伽可汗的侄子,李秉義則爲英義建功毗伽可汗的堂弟。

　　同時再看三人的喪葬情況,《李秉義墓志》載:"越以其年四月十日葬於京兆鳳棲原,禮也。皇上以公可汗金友,於國有婚姻之親;禁旅藎臣,念舊爲勳庸之最。嘆惜由切,軫悼殊深。遂贈公天水郡王,賻絹一百匹、布五十端。所葬所須,並皆官給。仍令尚食致祭,京少尹監護。生則輸忠七翠,殁乃銘勳九原。塚象祁連,塋封馬鬣。"[⑦]可見李秉義的喪葬規格在三人中最高。至於其他二人,《移建勿墓志》載:"主上旌其向方,寵以嘉績。命有司具禮遷窆於萬年縣之鳳棲原,所以致殊俗而遠聲教也。"[⑧]《移禄啜墓志》載:"國家優以茂功,旌

① 李宗俊《唐回紇人李秉義與移建勿二墓志跋》,《碑林集刊》第 27 輯,頁 92—93。
② 劉文等編《李秉義墓志》,《陝西新見唐朝墓志》,三秦出版社,2022 年,第 237。
③ 劉文等編《移建勿墓志》,《陝西新見唐朝墓志》,第 239 頁。
④ 徐松撰,李健超增訂《增訂唐兩京城坊考》,三秦出版社,2019 年,頁 18。
⑤ 徐松撰,李健超增訂《增訂唐兩京城坊考》,頁 190—193。
⑥ 劉文等編《李秉義墓志》,《陝西新見唐朝墓志》,頁 237。
⑦ 劉文等編《李秉義墓志》,《陝西新見唐朝墓志》,頁 237。
⑧ 劉文等編《移建勿墓志》,《陝西新見唐朝墓志》,頁 239。

其向化。鹵簿監護,申命有司,祭給太官,賵自王府。於以遠聲教而致殊俗也。乃卜七月甲戌廿九日壬寅遷窆於萬年縣之鳳棲原,禮也。"唐朝關於官員的喪葬,都有一定的規格。從三人墓志記載來看,很顯然李秉義的葬禮較爲隆重,而移禄啜與移建勿的葬禮,則顯得有些程式化。

唐代贈官範圍有所擴大,除了親貴大臣等,蕃夷酋長等也有,贈官在唐代成爲影響甚廣的功德大事^①。因而作爲質子的回紇王子,在去世後也獲得贈官。而關於贈官品級問題在安史之亂後明顯贈一品者數量增加^②。而三位回紇王子在卒後贈予郡王,至於其生前的職官,墓志並没有記載。

二、新出回紇王子墓志與大曆時期唐與回紇關係

天寶十四載(754)安史之亂的爆發,徹底打破了之前的態勢,"開元盛世"也戛然而止。隨後潼關失守,唐玄宗倉皇逃往四川,太子李亨也即後來的唐肅宗,前往靈武。也就是這一時期,根據《資治通鑑》記載:"回紇可汗、吐蕃贊普相繼遣使請助國討賊,宴賜而遣之。"^③但是由於唐的主要軍事力量已經在與安史叛軍的對抗中消耗殆盡,時任太子的李亨並没有馬上答應回紇。關於安史之亂後,唐與回紇的合作,大致有四次,儘管以合作爲主,但是後期也有較爲嚴重的衝突^④。

唐肅宗李亨逃往靈武後,依靠朔方軍平亂,開始考慮借助回紇兵。史載:"上雖用朔方之衆,欲借兵於外夷以張軍勢,以豳王守禮之子承寀爲敦煌王,與僕固懷恩使於回紇以請兵。"^⑤唐肅宗借助回紇兵,再加上朔方軍,很快就扭轉了形勢,史載:"郭子儀以回紇兵精,勸上益徵兵以擊賊。懷仁可汗遣其子葉護及將軍帝德等將精兵四千餘人來至鳳翔。上引見葉護,宴勞賜賚,惟其所欲。"^⑥關於回紇出兵,出土墓志也有記載,《回紇瓊墓志》載:"頃,戎羯亂常,堂

---

① 吳麗娛《終極之典——中古喪葬制度研究》,中華書局,2012 年,頁 738。
② 吳麗娛《終極之典——中古喪葬制度研究》,頁 758。
③ 司馬光《資治通鑑》卷二一九,唐肅宗至德元載(756)條,中華書局,2011 年,頁 7111。
④ 劉冬《唐代後期唐朝與回紇軍事關係研究(755—840)》,2013 年陝西師範大學碩士學位論文,頁 7—20。
⑤ 司馬光《資治通鑑》卷二一九,唐肅宗至德元載(756)條,頁 7116。
⑥ 司馬光《資治通鑑》卷二一九,唐肅宗至德二載(757)九月條,頁 7150—7151。

弟可汗兵雄勇壯,收兩都之梗。"①《葛啜墓志》載:"我國家討平逆臣禄山之亂也,王子父車毗尸特勤實統戎左右,有功焉。"②在平定安史之亂的過程中,回紇顯然發揮了重要的作用。

關於唐借助回紇平定叛亂,在《李秉義墓志》中也有反映:"肅宗朝以痛賊臣之脅國,思夏后之配天,遂翼翦鯨鯢,佐清區寓,名書彝鼎,勳列太常。今上往居蕃邸之日,奉詞伐叛,杖節專征。公又率己隷華,先鋒霆擊,每登鷹陣,勢疾風趍,搴旗於萬敵之中,取馘於百犨之下。故入則參侍帷幄,出則羽衛戎麾。未嘗不命中愜心,指蹤如意。"這裏"今上"指唐代宗。很顯然李秉義也參與了平定安史之亂,隨後被任命爲左武衛將軍。然而李秉義是作爲質子,與回紇兵還是有所區別。然其墓志的出土,讓我們得以瞭解作爲質子的回紇王子李秉義也曾參與平定安史叛亂。

鑒於回紇在平定安史之亂中的作用,"己丑,以回紇葉護爲司空、忠義王;歲遺回紇絹二萬匹,使就朔方軍受之"③。很顯然在與唐的交往中,因爲平定叛亂,回紇的地位有所上升。並且唐朝與回紇和親,"丁亥,册命回紇可汗曰英武威遠毗伽闕可汗,以上幼女寧國公主妻之"④。可以説唐與回紇的關係,在唐肅宗時期由於平定安史之亂,關係最爲密切,並且唐與回紇和親也是自這一時期開始,規格較高。也是這一時期,移禄啜與移建勿作爲質子來長安。《移禄啜墓志》載:"主上與今可汗有婚姻之好,有戰伐之勤。子弟入朝,禮異加等。潼關之戰,王之先父毗伽啜特勤終於王事。兩京克復,王亦領本國士馬,陷敵立功。兼定河北,充質闕下。"

然而在唐代宗即位之初,與回紇的關係開始有所變化,史載:"(廣德元年)閏月,己酉夜,有回紇十五人犯含光門,突入鴻臚寺,門司不敢遏。"⑤在平定安史之亂的過程中,唐朝借助回紇的兵力,並且開展絹馬貿易,但是由於戰亂,資金有限,常常拖欠,據載:"(大曆二年)乙酉,回紇胡禄都督等二百餘人入見,

---

① 師小群、種建榮《西安出土回紇瑰、李忠義墓志》,《文博》1990 年第 1 期,頁 90。
② 包文勝《回鶻葛啜王子身世考——重讀〈故回鶻葛啜王子墓志〉》,《敦煌研究》2019 年第 2 期,頁 107。
③ 司馬光《資治通鑑》卷二二〇,唐肅宗至德二載(757)九月己丑條,頁 7162。
④ 司馬光《資治通鑑》卷二二〇,唐肅宗至德二載(757)七月丁亥條,頁 7177。
⑤ 司馬光《資治通鑑》卷二二二,唐代宗廣德元年(763)條,頁 7259。

前後贈賚繒帛十萬匹；府藏空竭，税百官俸以給之。"① 因而在唐肅宗時期短暫的"蜜月"後，進入唐代宗時期，唐與回紇的關係開始變得複雜。特別是在唐代宗即位之初，僕固懷恩之亂對唐與回紇的關係起到了極大的反作用，可以説唐代宗時期都受到僕固懷恩之亂的影響。儘管如此，唐代宗仍然以其女爲公主，與回紇和親，以期加强關係。據載："初，僕固懷恩死，上憐其有功，置其女宫中，養以爲女。回紇請以爲可敦，夏，五月，辛卯，册爲崇徽公主，嫁回紇可汗。壬辰，遣兵部侍郎李涵送之，涵奏祠部郎中虞鄉董晋爲判官。六月，丁酉，公主辭行，至回紇牙帳。"② 可見這一時期唐與回紇的關係中，唐處於弱勢地位。

然而回紇仍然有恃無恐，據載："春，正月，甲辰，回紇使者擅出鴻臚寺，掠人子女；所司禁之，毆擊所司，以三百騎犯金光、朱雀門。是日，宫門皆閉，上遣中使劉清潭諭之，乃止。"③ 然幾個月後又爆發了衝突，"秋，七月，癸巳，回紇又擅出鴻臚寺，逐長安令邵説至含光門街，奪其馬；説乘他馬而去，弗敢争"④。然而李秉義去世時間，根據《李秉義墓志》："大曆七年三月五日薨於長安静恭里之私第，春秋廿五。"李秉義去世的年齡僅僅二十四周歲，實在讓人懷疑其不是正常死亡。而其喪葬規格，從《李秉義墓志》看："遂贈公天水郡王，賻絹一百匹、布五十端。所葬所須，並皆官給。仍令尚食致祭，京少尹蓋護。生則輸忠七翠，殁乃銘勳九原。塚象祁連，塋封馬鬣。"顯然過高。但是没有其他史料，所以不好判斷其死因。

然而唐代宗大曆時期，唐與回紇主要的關注點還是在絹馬貿易，史載："回紇自乾元以來，歲求和市，每一馬易四十縑，動至數萬匹，馬皆駑瘠無用；朝廷苦之，所市多不能盡其數，回紇待遣、繼至者常不絶於鴻臚。至是，上欲悦其意，命盡市之。秋，七月，辛丑，回紇辭歸，載賜遺及馬價，共用車千餘乘。"⑤ 而也是在這一時期，移建勿與移禄啜相繼去世，據《移建勿墓志》載："維唐大曆八年歲次癸丑二月景午朔四日己酉故回紇會寧郡王移建勿終於上都鴻臚之邸

① 司馬光《資治通鑑》卷二二三，唐代宗永泰元年（765）條，頁7303。
② 司馬光《資治通鑑》卷二二四，唐代宗大曆四年（769）條，頁7327。
③ 司馬光《資治通鑑》卷二二四，唐代宗大曆七年（772）條，頁7337。
④ 司馬光《資治通鑑》卷二二四，唐代宗大曆七年（772）條，頁7338。
⑤ 司馬光《資治通鑑》卷二二四，唐代宗大曆八年（773）條，頁7340。

舍,春秋三十。"① 《移禄啜墓志》則載:"維唐大曆八年歲次癸丑五月乙亥朔六日庚辰,故回紇王子驃騎大將軍試太僕卿贈咸寧郡王移禄啜終於上都鴻臚之邸舍,春秋卅有五。"兩位回紇王子都去世於唐與回紇談判絹馬貿易之時,年齡也都不大,並且卒後的葬禮也不甚隆重,與李秉義相比有所差別,可見自大曆七年(772)至大曆八年(773),唐與回紇關係有逐漸緊張的趨勢。

　　在安史之亂時,回紇曾出兵助唐,知道唐朝國力衰微,並且藩鎮開始林立。可以説唐代宗時期唐與回紇的關係,相對處於低谷時期,唐朝這一時期國力較弱,而回紇則是國力最爲强盛時期。借助於絹馬貿易,回紇積極通過絲綢之路展開貿易。移禄啜墓志的出土,爲我們研究唐代宗時期的唐與回紇關係,提供了新的資料。

(作者單位:暨南大學中外關係研究所)

---

① 劉文等編《移建勿墓志》,《陝西新見唐朝墓志》,頁239。

西方漢籍文獻

17 世紀漢籍入藏歐洲圖書館的歷史

——以劍橋大學圖書館第一本漢籍爲中心的考察

何　妍

　　漢籍最早大約在 1520 年代,作爲贈予葡萄牙國王的禮物,與大象一同被送給羅馬教皇,從而傳入歐洲大陸。到了 17 世紀,荷蘭東印度公司(Dutch East India Company)的商人開始將中文圖書帶入歐洲,這些書籍逐漸通過各種渠道入藏劍橋大學圖書館(Cambridge University Library,簡稱 CUL)、牛津大學博德利圖書館(Bodleian Library, Oxford,下文統稱爲 "飽蠹樓")等重要藏書機構[①]。最初,歐洲藏書家將這些漢籍視爲奇珍異寶;後來,它們成爲傳教士和學者研究中國文化與語言的重要資料。

　　本文圍繞 1632 年入藏劍橋大學圖書館的第一本漢籍《丹溪心法附餘》的收藏史,對比劍橋和歐美主要研究機構的幾個版本,以考證的研究方法,來探討 17 世紀歐洲圖書館的漢籍收藏史。

一、有關 17 世紀漢籍入藏歐洲圖書館的研究

　　關於漢籍藏書史,在中國及其他東亞國家和地區的著述豐富。與之相比,歐洲對其漢籍收藏史的研究仍處於起步階段。牛津大學飽蠹樓中文部前主任

---

① Bodleian Library, Oxford 常音譯爲博德利圖書館或者博多利圖書館。據錢鍾書的妻子楊絳的回憶,錢鍾書將此館稱爲 "飽蠹樓"。牛津大學内部常稱它爲 "Bodley" 或 "the Bod"。此文統一採用 "飽蠹樓" 的稱呼。

何大偉(David Helliwell)做出重要貢獻,在其文章《17 世紀牛津大學飽蠹樓的中文收藏》中,系統梳理了 17 世紀各種中文資料入藏牛津大學圖書館的過程,他指出,這些藏書主要通過荷蘭東印度公司等渠道自中國傳入,儘管數量有限,但在當時的歐洲已屬最大規模,佔比高達五分之一 ①。諾埃爾·戈爾弗斯(Noël Golvers)在《中國的西學圖書館:歐洲與中國之間西方書籍的流通(1650—1770)》② 中研究了耶穌會士如何將書籍從歐洲帶到中國,及其對中西知識交流發揮的重要作用,他的研究揭示了一個被忽視的歐洲書籍與閱讀史的篇章,同時也展現了印刷書籍成爲跨文化交流的的關鍵媒介,此書爲研究歐洲的漢籍收藏史提供了歷史背景和研究視角。劍橋大學日文系榮休教授彼得·科爾尼基(Peter Kornicki)在《日本的書籍:從起源到 19 世紀的文化史》③ 中探討了漢籍如何在日本印刷與流通,以及中文和日文典籍如何進入歐洲。他認爲,日本出版物,包括中文和日文書,都是在 17 世紀,通過各種途徑,開始進入歐洲④。這一研究成果對筆者也提供了不少的啟示,因爲在劍橋大學圖書館的漢籍藏書中,存在相當數量的和刻本或者流入日本的漢籍,它們與日本印刷的日文書籍一起,通過貿易等渠道傳播到了歐洲。至於劍橋所藏的零册《丹溪心法附餘》,在通過荷蘭東印度公司來到歐洲之前,是否經由廣州或澳門輾轉日本、東南亞等地,仍需做進一步的研究與探討。

　　17 世紀歐洲對漢籍收藏的記錄較少,相關目録資料也非常有限,在那時,漢籍大多被視爲珍奇物品,類似於異域動植物標本或工藝品,被學者和收藏家收集。當時在歐洲,除了來華傳教士之外,幾乎無人能閱讀中文,因此許多漢籍進入圖書館後被倒置擺放,人們也沒有意識到它們的翻頁方向與西方書籍相反。經常有幾册不同題目的漢籍被合訂成外封皮製 "洋裝" 書,書的雙葉沿

---

① David Helliwell, *The Bodleian Library's Chinese Collection in the Seventeenth Century*, https://serica.ie/17thcent/bod17th.pdf, accessed February 7, 2025.

② Noël Golvers, *Libraries of Western Learning for China: Circulation of Western Books Between Europe and China in the Jesuit Mission (ca. 1650–1770)*, Leuven University Press, 2012.

③ Peter Kornicki, *The Book in Japan: A Cultural History from the Beginnings to the Nineteenth Century*, University of Hawaii Press, 2001.

④ Peter Kornicki, *The Book in Japan: A Cultural History from the Beginnings to the Nineteenth Century*, p.278.

著中間折印裁開,有的將翻頁方向全部調整成西文書方向,也有個別書頁甚至整本書被倒置裝訂的情況①。這些問題的出現,與當時館裏缺少中文古籍專家,圖書館員對中文善本書的保存和保護缺乏常識相關②。

　　17 世紀荷蘭東印度公司在全球貿易中扮演了關鍵角色,歐洲的諸多漢籍,都來源於該公司。1596 年,荷蘭探險家科內利斯·德·豪特曼(Cornelis de Houtman)在爪哇與華商接觸,首次帶回了東亞書籍。1601 年 4 月,阿姆斯特丹公司(也就是 1602 年成立的荷蘭東印度公司的前身),第一次派遣艦隊前往東南亞海域。1603 年,荷蘭商人雅各·范·海姆斯凱爾克(Jacob van Heemskerck)在馬六甲海域繳獲了一艘葡萄牙商船,該船滿載來自澳門的貴重物品,其中包括一批漢籍。這些書籍部分進入了阿姆斯特丹市場,最終流入歐洲各地圖書館。例如,1604 年,飽蠹樓收藏的第一本漢籍,即由第六代諾森伯蘭伯爵亨利·珀西(Henry Percy)捐贈③。1605 年 9 月,一批包括漢籍在內的中國貨物在阿姆斯特丹出售,轟動一時。同年,荷蘭商人科內利斯·克拉斯(Cornelis Claesz)在阿姆斯特丹出版了一部拉丁文版的漢籍銷售目録(*Chinensium Variorum Librorum Bibliotheca*),號稱進口漢籍的首次嘗試。這批漢籍散落在牛津、劍橋及大英圖書館等地④。這本中文圖書銷售目録的封面

① 筆者在劍橋大學圖書館、三一學院圖書館以及基督學院的漢籍裏,均發現上述現象。牛津大學飽蠹樓入藏的第一本漢籍,也是上下顛倒。

② 在 17 世紀的明末清初,中國對外來書籍的輸入和本土書籍的外傳沒有明確的法律規定,但實際上,中國書籍外傳到歐洲的途徑有限。在清初,滿洲統治者仍在鞏固政權,對知識和出版活動的控制相對較弱。然而,隨著康熙、雍正、乾隆三朝的統治穩固,清政府開始加強書籍檢查制度,特別是針對與政治或反清思想相關的書籍,如涉及明朝正統、反清復明、民族身份等敏感問題的書籍。這一時期的漢籍傳入歐洲主要是通過耶穌會士、商人、外交官和旅行家等中西文化交流的中介人物。參見 Joseph P. McDermott, and Peter Burke, *The Book Worlds of East Asia and Europe, 1450–1850: Connections and Comparisons*, Hong Kong University Press, 2015; Arianna Magnani, "The Imported Culture: Who is the Dummy? Considering 'Agency' in the Circulation of Chinese Books in Europe During the XVII-XVIII Centuries," *Annali di Ca'Foscari. Serie Orientale* 54, no. 1 (2018).

③ David Helliwell, *The Bodleian Library's Chinese Collection in the Seventeenth Century*, https://serica.ie/17thcent/bod17th.pdf, accessed February 7, 2025.

④ 周紹明《劍橋的中國文獻收藏》,《國際漢學研究通訊》2022 年 12 月第 26 輯,頁 261 脚注 1;鄭誠《劍橋訪書記——學院圖書館藏漢籍經眼録》,《書志》2022 年第 3 卷,頁 248 脚注 2。

寫著："含各種漢籍的圖書館,或今首次自中華帝國運至之書籍,皆用其特有的
墨水與特大的紙張",可惜該目録已經失傳 ①。1632 年,劍橋大學通過白金漢公
爵(Duke of Buckingham)獲得了湯瑪斯·厄本尼烏斯(Thomas Erpenius,亦
稱 Thomas van Erpe)的藏書,其中只包括一本漢籍,它來自荷蘭東印度公司在
阿姆斯特丹的一場拍賣會 ②。牛津大學飽蠹樓創立者博德利爵士(Sir Thomas
Bodley,1545—1613)和其他英國貴族收藏家也收購了若干出自阿姆斯特丹拍
賣會的漢籍。

　　在這一時期,相較於荷蘭的東印度公司,英國東印度公司在中文書籍的收
藏方面貢獻較少,僅有極少數藏品來源於其商人 ③。

　　目前,歐洲在 17 世紀就獲得漢籍的圖書館至少包括劍橋大學圖書館、牛
津大學飽蠹樓、法國國家圖書館(Bibliothèque nationale de France)、大英圖
書館(British Library)④、梵蒂岡圖書館(Vatican Library)、萊頓大學圖書館
(Leiden University Library, the Netherlands)。在荷蘭東印度公司之後,漢籍
也通過耶穌會士、外交官和旅行家進入歐洲,又通過購買、捐贈和遺贈等多種
形式入藏圖書館和其他學術機構。在 17 世紀,雖然針對漢籍的學術研究尚未

---

① 版權頁拉丁語原文：*Chinensium variorum librorum bibliotheca, siue libri, qui nunc primùm
ex China seu regno Sinarum cum ipsorum atramento & charta admirandae magnitudinis
aduecti sunt. Amsterdami*, 1605. apud Cornelium Nicolai. 英文譯文:Library of Various
Chinese Books, or Books Which Have Now for the First Time Been Brought from China
or the Kingdom of the Chinese, with Their Own Ink and Paper of Admirable Size. See:
Book Sale Catalogue Online,https://primarysources.brillonline.com/browse/book-sales-
catalogues-online/chinensium-variorum-librorum-bibliotheca-amsterdam-cornelis-claesz-
1605;bscodummy0485, accessed February 7, 2025.

② John Claud Trewinard Oates, *Cambridge University Library: A History: From the Beginnings to
the Copyright Act of Queen Anne*, Vol. 1. Cambridge University Press, 1986, pp.164-166, 223.

③ 從英國東印度公司進入歐洲的漢文資料,例如,1671 年臺灣鄭經(鄭成功的嫡長子)贈送
給英國商人艾利斯·克里斯普(Ellis Crisp)五十件永曆年間的日曆,其中兩件現藏於飽蠹
樓。1679 年,一幅在北京印刷的中國地圖由東印度公司商人亞歷山大·布朗(Alexander
Brown)贈送給飽蠹樓。David Helliwell, *The Bodleian Library's Chinese Collection in the
Seventeenth Century,* https://serica.ie/17thcent/bod17th.pdf, accessed February 7, 2025.

④ 1973 年 7 月 1 日,大英圖書館才正式成立。之前漢籍藏於大英博物館,大英圖書館分離
出來後,漢籍也劃歸大英圖書館。

展開,但是漢籍的交流已經開始吸引部分學者和傳教士的關注,這奠定了歐洲漢學研究的基礎。

二、劍橋大學圖書館及其漢籍藏書的歷史

劍橋大學是世界上最古老的著名學府之一,至今已有八百餘年的歷史。15 世紀 20 年代,劍橋大學建立了第一座圖書館,其最早的圖書編目目録形成於 1424 年,含 122 本書的藏書清單。在宗教改革期間,館藏一度遭受破壞,但到了 16 世紀末,通過學者及捐贈者的努力,藏書得以恢復並擴增至 1,000 册。17 世紀,圖書館繼續擴展,獲得阿拉伯、希伯來語等珍貴手稿。1664 年,劍橋大學獲得伊曼紐爾學院(Emmanuel College)院長理查・霍兹沃思(Richard Holdsworth)的私人圖書館藏書,其中包含 10,095 本印刷書籍和 186 部手稿。18 世紀初,劍橋大學圖書館因 1710 年版權法成爲法定版本圖書館,並在 1715 年獲得皇家圖書館的 30,000 册書籍,館藏數量大幅增長[①]。

19 至 20 世紀,在多任館長的推動下,圖書館進行了分類編目改革,購入珍稀館藏,並於 1934 年遷入新館。1972 年,圖書館設立遠端書庫以應對藏書的增長。21 世紀,劍橋大學圖書館在擴展實體館藏的同時,加快了數字化進程。2003 年法定送存範圍擴展至電子出版物,2010 年推出了劍橋數字圖書館。至 2016 年,圖書館慶祝了它 600 年的華誕[②]。如今,劍橋大學圖書館收藏有超過 900 萬本書籍、手稿、地圖及數字資源。圖書館積極推進數字化,提供珍稀手稿和早期印刷書籍的線上存取權限。作爲世界領先的研究型圖書館之一,劍橋大學圖書館不僅支持各領域的學術研究,也致力於保存豐富的歷史文獻。

[①] Cambridge University Library, "History of Cambridge University Library," https://www.lib. cam.ac.uk/about-library/history-cambridge-university-library ,accessed February 7, 2025; "University of Cambridge Library Collections," *Digital Reference Library (JDVU)*, https:// digitalref.jdvu.ac.in/CATALOGUE/University_of_Cambridge_Library_Collections.pdf, accessed February 7, 2025.

[②] Cambridge University Library, "History of Cambridge University Library," https://www. lib.cam.ac.uk/about-library/history-cambridge-university-library, accessed February 7, 2025.

　　相比於英文、其他西歐語言以及阿拉伯語等東方語言的收藏,劍橋大學漢學系的周紹明博士認爲:"劍橋藏中國文獻的軌跡,始終爲偶然的、非常規的因素,以及人文氣質的支配"[1],"帝國擴張與書籍獲取相伴的歷史,並不能反映劍橋收藏中國文獻的過程。"[2] 的確,梳理劍橋漢籍收藏史,我們發現:雖然早在1632 年,在明朝最後一個皇帝崇禎帝時期,劍橋大學圖書館就已經入藏了第一本漢籍,但是相隔二百多年後,第一批大規模的漢籍才進入大學圖書館。

　　1886 年,托馬斯·威妥瑪爵士(Sir Thomas Wade,1818—1895)將私藏4,304 册漢籍贈給大學圖書館,便成爲劍橋系統收集漢籍的開端。這批善本書是威妥瑪爵士在中國居住四十年(其中十年擔任英國駐北京公使)期間收集的,尤以歷史、法律和外交領域的文獻最爲豐富,包含多種珍稀文獻,比如 19 世紀中葉太平天國運動的出版物和鴉片戰爭期間的外交手稿[3]。但是漢籍收藏在劍橋真正快速發展是在二戰結束後的數年内。1949 年,由英國政府資助,哈隆教授赴中國和日本採購 10,000 餘册中文書籍,極大擴充了館藏。新增館藏包括駱仁廷爵士(Sir James Haldane Stewart Lockhart,1858—1937)[4]、阿拉巴德(Ernest Alabaster,1872—1950)、慕阿德(Arthur Christopher Moule,1873—1957,1933—1938 年任劍橋大學漢學教授)、古斯塔夫·哈隆(Gustav Haloun,1898—1951,1938 年至逝世任劍橋大學漢學教授)等人的慷慨捐贈。此外,在李約瑟博士(Joseph Needham,1900—1995)的協調下,劍橋大學圖書館還獲得了中國方面的重要贈書。

　　古斯塔夫·哈隆教授根據 1938 年之前他爲哥廷根大學遠東圖書編目的經驗,制定了劍橋大學遠東圖書分類系統的初稿,1951 年他去世之後,龍彼得教授(Piet van der Loon,1920—2002)、日本學專家並擔任大學圖書館館長的基德爾(Eric B. Ceadel)教授和時任圖書館中文部主任的斯科特(Greta Scott,原文 M.

① 鄭誠《劍橋訪書記——學院圖書館藏漢籍經眼録》,頁 260。

② 鄭誠《劍橋訪書記——學院圖書館藏漢籍經眼録》,頁 259。

③ 鄭志民《劍橋大學圖書館的威妥瑪特藏》,《史學彙刊 》2019 年 38 期,頁 181—187。

④ 駱仁廷曾在香港做過輔政司,香港的洛克道即是爲了紀念他而命名的。後來熊英譯《西廂記》,便借用了駱仁廷家的藏書室,通過比較其中的十七種不同版本的《西廂記》,花費十一個月逐字逐句完成了翻譯。參見陳蓉蓉《熊式一的世界性》,《青年文學家》2008 年第 6 期。

I. Scott）博士共同完成了劍橋大學圖書館自己的遠東圖書分類體系 ①。

　　1952 年，金璋（ Lionel Charles Hopkins，1854—1952 ）遺贈包括一批珍貴的收藏，其中 800 餘片甲骨 ② 已有三千多年歷史，是圖書館館藏中最古老的文獻之一。除此之外，李約瑟博士把畢生收藏和私人檔案贈送給了大學圖書館和李約瑟研究所東亞科技史圖書館。畢鏗教授（ Laurence Picken ）將其中國音樂特藏贈送給大學圖書館音樂特藏部和中文館，這也極大豐富了劍大圖書館的中文收藏。圖書館還收藏了 2,715 種來自中國國家圖書館的珍稀書籍微縮膠卷，以及現存於大英圖書館、法國國家圖書館和中國國家圖書館的敦煌文獻全套微縮膠卷。據 2019 年的統計數據，劍大圖書館的中文館藏總量已經超過 50 萬冊，目前還在穩速增長。總之，劍橋大學中文館藏既博大又精深，不僅藏有豐富的現代文獻資源，還包括古老珍貴的文獻和文物——甲骨文，珍貴的手稿、善本書、歷史檔案和文獻、碑刻拓片、書畫卷軸以及大批民國和當代出版的一手和二手資料。

三、中文館藏名譽館長

　　劍橋圖書館館藏的發展與英國漢學研究的發展密切相關。依據慣例，中文館藏從建立伊始，便設有名譽館長（ Honorary Keeper of Chinese Collections ），此職位從 1888 年起，始終由漢學系最有聲望的漢學家來擔任。而圖書館開始雇傭專業圖書館員，則從 1949 年才開始，晚於名譽館長的設立 60 多年。據我的前任老館長艾超世（ Charles Aylmer ）博士回憶，在他之前還有兩任中文館館長（ 或者叫做中文部主任 ）：斯科特博士，大概從 1949 年一直工作到 1979 年，整整奉獻 30 年；第二任館長是斯皮里特（ Helen Spillett ）女士，大概從 1980 年到 1985 年；艾超世博士從 1986 年上任，截至 2021 年退休，兢兢業業，執掌中文館 35 年。2022 年，我有幸從美國來到劍橋，成爲第四任館長。包括

① Eric B. Ceadel, *Classified Catalogue of Modern Japanese Books in Cambridge University Library*, Cambridge: W. Heffer and Sons Ltd., 1961, Introduction, p.xi.

② 實際上，《英國所藏甲骨集》收入劍橋大學甲骨編目大部分甲骨，不足 600 片。劍橋大學圖書館只將 607 片甲骨（ 編號至 CUL.610) 收入專製的盒子中，認定這 607 片爲真的金璋甲骨，其他購買的真甲骨以及金璋甲骨中的僞刻，暫時沒有編目。

我在内的四位專業圖書館員,均是學者出身,三位擁有博士學歷。可見劍橋大學中文收藏一直由具有專業素養的學者和學者型圖書館員互相配合,共同建設,這也確保了高質量的館藏。

　　榮譽館長的傳統始於也得益於托馬斯·威妥瑪爵士,1886 年他將其私人藏書捐贈給劍橋大學圖書館,1888 年他正式被任命爲劍橋大學首任漢學教授,同時擔任名譽館長 ①。威妥瑪爵士的繼任者是翟理斯(Herbert A. Giles),他本人曾説,在劍橋大學任職的 35 年(1897—1932)裏,他每天都會花費一部分時間浸潤在漢籍中。在任内,他完成了威妥瑪文庫的編目 ②。接替翟理斯的是慕阿德,他捐贈了其父牟安世(Bishop A.E. Moule)生前收藏的書籍,其中包括劍橋大學圖書館最精美且珍貴的典籍之一——明版彩色套印《十竹齋書畫譜》③。

　　慕阿德教授在劍橋大學擔任教授的時間僅有短短幾年(1933—1938),他篤信宗教,心地慈善,爲了讓位給來自德國的政治難民、著名目録學家和漢學家古斯塔夫·哈隆,毅然辭去漢學教授一職 ④。1938 年之前,哈隆教授在哥廷根大學建立了極爲珍貴的館藏,但該館藏在二戰期間被轉移至一處礦井避難,後因礦井坍塌而損失殆盡。1949 年,他受英國財政部(HM Treasury)資助前往中國和日本購書,獲得一批極具學術價值的中文文獻。1951 年,哈隆教授英年早逝,他的私人館藏也被納入劍橋大學圖書館 ⑤。

　　隨後,龍彼得繼任名譽館長。這位最初在劍橋擔任漢學講師的學者,同時爲圖書館選書,即便在後來擔任牛津大學漢學教授,他仍然繼續爲劍橋大學購書,長達四十年。據説龍彼得教授定期用他的私人轎車將購得的書籍送到劍橋,直接由館長爲他報銷。在 20 世紀 50 年代至 80 年代期間購入的許多中文

---

① 關於威妥瑪爵士的更多介紹,參見 Charles Aylmer, "Sir Thomas Wade and the Centenary of Chinese Studies at Cambridge (1888–1988)," *Sinology Study* 7, no. 2 (1989): 405–422.

② 關於翟理斯的更多介紹,參見 Herbert A Giles, "The Memoirs of HA Giles, edited and with an introduction by Charles Aylmer.[Includes extract from the diary of Tsai-tse and index to personal names]," *East Asian History* 13-14 (1997): 1-90.

③ 胡正言《十竹齋書畫譜》,[1633 年]。藏書號 FH.910.83-98,藏於劍橋大學圖書館。

④ See T. H. Barrett, "The Flowering of British Sinology," *Journal of Chinese History* 7, no. 2 (2023): 349-373.

⑤ 關於古斯塔夫·哈隆的更多介紹,參見朱玉麒《古斯塔夫·哈隆與劍橋漢學》,《國際漢學研究通訊》第 3 期,北京大學出版社,2011 年,頁 261—310。

書籍扉頁上，都有他鉛筆簽寫的全名或者名字縮寫 PvdL。此外，寵彼得教授的學術興趣直接影響了圖書館館藏的重點領域，比如他研究的中國戲曲，以及他親自建立的歐洲最優質的日本漢學文獻收藏，該收藏依託於當時日本頂尖漢學家的推薦書目。

　　第六任名譽館長是周紹明（Joseph P. McDermott）。他是中國印刷與出版史領域的知名學者，與日本學術界關係密切，並曾擔任東京東洋文庫的研究員。從劍橋大學退休後，他仍然積極同劍橋大學圖書館保持聯繫，以確保館藏能滿足學術研究需求。他經常前往東亞，在各大圖書館與書店搜尋並推薦館藏書目。周博士始終認爲，親自接觸實體書籍，並結合對圖書館採編政策的理解，遠比單純依賴網絡信息更爲可靠。然而，令人惋惜的是，周紹明博士於2022 年 10 月因急症辭世[①]。周紹明博士去世後，他的遺孀 Hiroko McDermott 將其幾千冊中文藏書全部贈給劍橋大學圖書館中文館[②]。

　　自 2023 年起，胡司德（Roel Sterckx）正式出任劍橋大學中文館的名譽館長。胡司德教授現任李約瑟講座教授（Joseph Needham Professor of Chinese History, Science and Civilization），同時擔任劍橋大學亞洲與中東研究學院的漢學教授及學科主任[③]。胡司德教授是筆者唯一一位共事的名譽館長。他對中

---

① 北京大學國際漢學家研修基地在其刊物《國際漢學研究通訊》（Newsletter for International China Studies）第 26 期（2022 年 12 月）發表 "周紹明教授紀念專欄"，内含周博士的文章《劍橋的中文文獻收藏》中文譯文，以及學者對他的追憶。

② 從 2023 年秋到 2024 年春，在漢學系榮休教授麥大維（David McMullen）不厭其煩的幫助下，我和同事、學生多次拜訪周老師的遺孀 Hiroko McDermott，查驗和整理周紹明教授的遺贈，最後於 2024 年 4 月 18 日將幾千冊贈書運至館内，目前正在編目。周教授的藏書以他的專長領域最爲豐富，包括徽學研究、藏書史、印刷史、江南經濟與社會史、宗族與農村經濟、宋明清史及原始資料等。中文部已經爲他建立 "周紹明文庫" 專藏，設專門藏書號，並將藏書按照專題分成若干子收藏，方便讀者使用。目前已經編完包括徽學研究、藏書史的書籍，正在進行印刷史收藏的編目工作。

③ 胡司德教授曾在比利時魯汶大學（Katholieke Universiteit Leuven）攻讀漢學，在臺灣大學學習古典漢語與哲學，並於 1997 年來到劍橋攻讀博士學位，當時該學院仍稱爲東方研究學院（Faculty of Oriental Studies）。在獲得博士學位後，他曾在牛津大學沃爾夫森學院（Wolfson College, Oxford）從事博士後研究，並在亞利桑那大學短暫任教，隨後於 2002 年重返劍橋。2007 年，他被正式任命爲劍橋大學漢學教授。胡司德教授曾擔任亞洲及中東研究學院院長及東亞研究系主任（2007—2010 ;2014—2017），（轉下頁）

文館藏投入了大量的時間和精力，不僅定期推薦新書，而且争取到基金會的資助，大幅提高了中文圖書的採購經費。

所有七位名譽館長並非只有名譽頭銜，而全部是嘔心瀝血、親力親爲，爲劍橋大學圖書館的中文收藏添磚加瓦、聚沙成塔。有的作爲大宗圖書捐贈者，有的作爲編目員制定編目規則或者親自編目，有的作爲採購者，有的作爲薦書人，有的作爲募捐者（包括募書和募款），可以説爲劍大中文館藏的發展發揮了至關重要的作用，這可能是海外中文館中獨有的一例。

接下來，我們要著重介紹並考證《丹溪心法附餘》——劍橋大學圖書館第一本入藏的中文善本書，以及它與幾位担任過名譽館長的劍橋漢學家之間的關係。

四、《丹溪心法附餘》——劍橋大學圖書館第一本入藏漢籍

劍橋大學圖書館收藏的第一本中文書籍源自於 1632 年的一次捐贈，它來自第一代白金漢公爵（Duke Buckingham）喬治·維利爾斯（George Villiers，1592—1628）的藏書。

在本文截稿之前，劍橋大學圖書館正在舉辦名爲“無盡的故事：17 世紀的手稿、知識與翻譯”（Endless Stories: Manuscripts, Knowledge and Translation in the 17th Century）的展覽，展期爲 2024 年 9 月 28 日至 2025 年 2 月 22 日[①]。該展覽首次展出了 17 世紀荷蘭思想家、東方學家湯瑪斯·厄本尼烏斯收集的珍貴手稿，這批寶貴的材料涵蓋了阿拉伯語、希伯來語、波斯語、馬來語、中文等多種語言。展覽旨在通過這些獨特的藏品，探討 400 年前人類通過多種語言追求知識的歷程。《丹溪心法附餘》是這次特展中唯一一本漢籍。

1624 年，厄本尼烏斯去世。之後，他的遺孀將其東方書籍和手稿收藏出

（接上頁）並長期擔任李約瑟研究所（Needham Research Institute）的理事，同時是克萊爾學院（Clare College）的院士研究員。2013 年，他當選爲英國科學院院士（Fellow of the British Academy）。作爲先秦及早期帝制中國思想文化史領域的權威學者，胡司德教授的研究範圍涵蓋古典漢語、文獻學及中國傳統文化。見 University of Cambridge, Faculty of Asian and Middle Eastern Studies, "Professor Roel Sterckx FBA," University of Cambridge, https://www.ames.cam.ac.uk/people/professor-roel-sterckx-fba, accessed February 7, 2025.

① Cambridge University Library, "Endless Stories," accessed Feb. 7, 2025, https://www.lib.cam.ac.uk/endlessstories, accessed February 7, 2025.

售給喬治·維利爾斯,也就是第一代白金漢公爵。維利爾斯是英國國王詹姆斯一世和查理一世的寵臣,在英國宮廷中位高權重,也是當時英國最重要的私人藏書家之一。在擔任劍橋大學榮譽校長期間,白金漢公爵代表大學購買了這批收藏。1628 年,他被暗殺,他的大量藏書被拍賣和轉讓。1632 年,他的遺孀將一部分藏書,包括厄本尼烏斯藏書,贈給劍橋大學圖書館[①]。

那麼在白金漢公爵和厄本尼烏斯之前,這本中文書是如何進入歐洲的呢? 如前所述,它和 17 世紀進入歐洲的其他漢籍一樣,源自荷蘭的東印度公司。1590 年代,阿姆斯特丹舉辦了一場書籍拍賣會,這本書正是從那裏流傳出來的[②]。

尋找《丹溪心法附餘》,是有趣的研究過程。首先,在展覽策展人馬吉德·達內什加爾(Majid Daneshgar)博士的提示下,我先在善本部查找到白金漢公爵收藏的手寫目錄。在第一頁,發現了一本疑似中文書的記錄,上面寫著 :4 # A. α.13. Liber Chinensis。Liber Chinensis 是拉丁語 "中文書" 的意思(見圖 1-1 和圖 1-2)。後來證明,這本書指代的就是《丹溪心法附餘》。

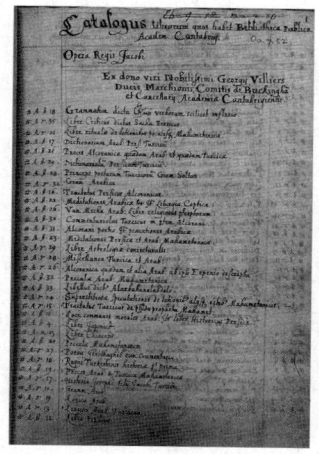

圖 1-1　白金漢公爵收藏目錄

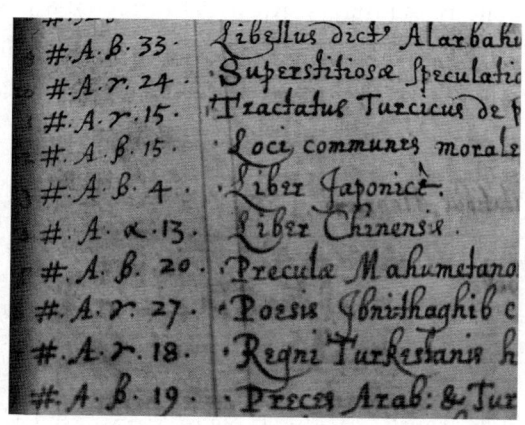

圖 1-2　目錄中寫有漢籍的編目記錄

---

① See Majid Daneshgar, *Reconstructing Erpenius' Library: The First Collection of Oriental Manuscripts at Cambridge University Library*, Brill, December 2024.

② 周紹明《劍橋的中國文獻收藏》,《國際漢學研究通訊》2022 年 12 月第 26 期,頁 260。

　　根據原始編目號 4# A.a.13,我從特藏部調出重新被編目、新館藏號爲 Sel.3.273 的中文善本書[①]。原始的線裝書已經被拆開並重新裝訂成羊皮的洋裝書。我的古籍修復部門同事,根據羊皮紙包裝、新穿孔的模式、廉價且快速的西式裝訂法、四孔(原始線裝爲六孔)裝訂等外部特徵,判斷此洋裝爲典型的 17 世紀的裝幀(見圖 2)。此書的入館時間和裝幀時間均爲 17 世紀,説明它可能入藏不久或者在入藏之前,便被"改裝"了。

　　在書封的内頁,附有一張藏書票,標注著 "University Library Cambridge, Sel.3.273, Presented by the Duke of Buckingham June 1632"(見圖 3),意思是"劍橋大學圖書館, Sel.3.273,1632 年 6 月白金漢公爵捐贈"。在書背的内頁,則貼著印有劍橋大學校徽以及拉丁語 "Academia Cantabrigiensis Liber"(意爲劍橋大學藏書)字樣的藏書徽章(見圖 4)。在靠近書口的兩處,分别手寫著"4#A.a.13." 和 "Liber Chinensis"。這與目錄上面的館藏號和記録完全一致,進一步印證了這本書就是白金漢公爵收藏的中文善本書[②](見圖 5)。

　　此書剛入藏圖書館的時候並未受到重視。在書皮内頁,鉛筆字標注了 "Found in the library, April 1919"(見圖 6),表明直到 1919 年 4 月,此書才被重新發現,距離入藏時間,已經過了將近 3 個世紀。不難理解,當時,歐洲學者尚未掌握中文閲讀能力,漢籍主要是作爲收藏品而存在,對於它們的學術研究

---

① 方廣輯《丹溪心法附餘》卷二二至二三,[1632 年之前],藏劍橋大學圖書館善本部。

② 愛德華·伯納德(Edward Bernard,1638—1697),一位著名的英國學者,曾擔任牛津大學的薩維爾天文學教授,他在劍橋大學圖書館的目錄中提到了一本來自湯瑪斯·厄本尼烏斯(Thomas Erpenius)圖書館的書,並稱之爲 "Liber Sinensis",指的就是《丹溪心法附餘》。"Liber Sinensis" 一詞指的是一本中文書籍或中文手稿。在 17 世紀,歐洲學者和收藏家使用該術語來描述他們收藏中的中文著作。Sinensis 是形容詞,意思是"中華的"或"中國的"(源自 Sinae,是古羅馬和中世紀學者對中國及其人民的稱呼)。劍橋大學原目錄上用的是 Liber Chinensis。但 Chinensis 源自 "China",更多用於科學分類命名。因此,"Liber Sinensis"("中華之書"或"中國之書")才是更準確的拉丁語表達,而 Liber Chinensis 則是不規範的變體,也可見當時做編目的人並非漢學家。《英格蘭和愛爾蘭手稿目録彙編(附字母索引)》(Catalogi librorum manuscriptorum Angliæ et Hiberniæ in unum collecti, cum indice alphabetico)。参見 :Shen Fuzong and A Letter Writer, https://serica.blog/2018/11/11/shen-fuzong-and-a-letter-writer/?utm_source=chatgpt.com, accessed Feb. 7, 2025.

圖 2　17 世紀廉價的羊皮紙 "洋裝"　　圖 3　劍橋大學圖書館《丹溪心　　圖 4　劍橋大學圖書館《丹溪心法
　　　　　　　　　　　　　　　　　　　　　　法附餘》的藏書票　　　　　　　附餘》內的藏書章

圖 5　《丹溪心法附餘》書頁內的藏書號與目録藏書號一一對應,證明此書即屬目録中的 "中文書"

圖 6　關於《丹溪心法附餘》於 1919 年 4
月被劍橋大學圖書館重新發現的記録

利用非常有限。17 世紀後期,部分學者和傳教士才開始嘗試研讀中文。1687年,沈福宗訪問牛津,並受雇爲飽蠹樓的中文書籍編目。愛德華·伯納德在1697 年出版的《英格蘭和愛爾蘭手稿目録彙編(附字母索引)》[1]中,首次正式列出了飽蠹樓的漢籍。但在這個目録中,並没有關於劍橋大學圖書館中文藏書的信息。可以確定的一點是,到 1919 年的時候,劍橋大學已經建立了漢學研究,並開始聘請漢學講席教授。首任漢學教授是威妥瑪,他自 1888 年起任職,直到 1895 年去世。其繼任者翟理斯在劍橋大學任職 35 年。1895—1897年,翟理斯升任教授,直至 1932 年退休。儘管退休後不再教授漢學,他仍然住在劍橋,直到 1935 年去世。那麽 1919 年 4 月圖書館發現這本書,很可能得益於翟理斯的幫助。當時在劍橋大學的老圖書館,設立了一個專門的中文收藏閱覽室,叫做 Chinese Room,裏面主要擺放威妥瑪文庫以及翟理斯擴充的中文館藏。這本書當時是否被安放在中文閱覽室,已無證可查。

　　接下來考證與善本書一同保存的其他信息。這本洋裝書被放在一個手工製作的深藍色盒子裏面。打開盒子,裏面藏有兩張卡片目録。這兩張小卡片進一步證實,兩位漢學系教授慕阿德和龍彼得都曾對此書做過研究。

　　第一張卡片目録(見圖 7-1)有兩種筆體,主要筆跡來自黑色鋼筆字。卡片的落款是 A.C. Moule,即慕阿德。時間標注爲 1921 年 10 月,他當時已經搬來劍橋進行學術研究。Sel. 3.273 是新的藏書號。慕阿德在翟理斯之後,於1933—1938 年擔任劍橋大學第三任漢學系教授。從目録卡片上可以看出,慕阿德教授首先認定此書爲《丹溪心法》,然後加上"附餘"兩字。他推斷此册書是 16 世紀的 24 卷版本,並且判斷它只是殘卷(fragment)。在這句話右手邊,我發現了另一種筆體和藍色鋼筆做的補充,"卷 22—23,還有更多?",然後署名 PvdL。 PvdL 顯然是 Peter van de Loon 的縮寫,證明這是龍彼得教授的手跡。

　　可見,這本書很可能經過翟理斯、慕阿德和龍彼得三任教授之手。而後兩人還留下了珍貴的手跡,這使得第一本入藏劍橋大學圖書館的中文善本書更

---

[1] Edward Bernard, *Catalogi librorum manuscriptorum Angliae et Hiberniae in unum collecti, cum indice alphabetico*, Publication date: 1697. 再版版本:Edward Bernard, *Catalogi librorum manuscriptorum Angliae et Hiberniae in unum collecti: cum indice alphabetico*. Vol. 1. e theatro Sheldoniano, 1973.

加珍貴。

　　如上有關《丹溪心法附餘》收藏史的研究,得益於劍橋大學圖書館對於所有館藏來源信息、裝訂、收藏目録以及學者研究和筆記的保護。此書的内容固然重要,但這些相關信息同樣爲收藏史、印刷史、裝訂史、古籍保護研究以及中西知識交流等領域提供一手資料。

　　然而卡片目録二(見圖 7-2)和慕阿德教授的研究有一些錯漏。首先,卡片目録把這本書錯寫成《丹溪心法》;其次,慕阿德教授將《丹溪心法附餘》的

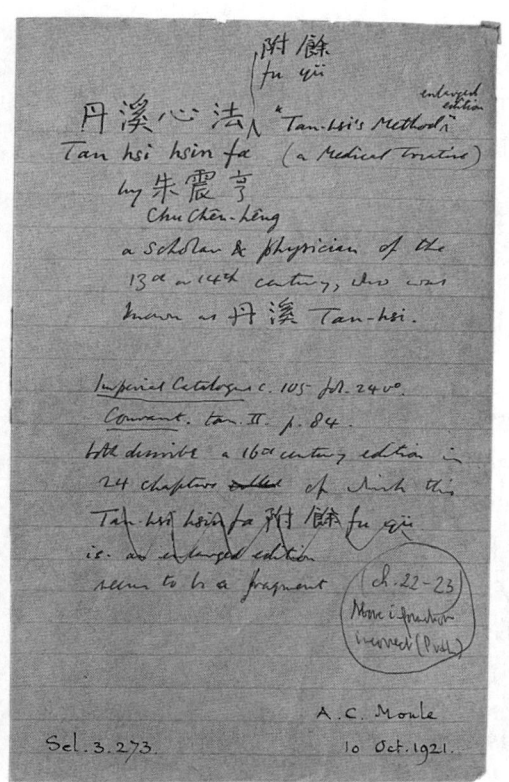

圖 7-1　慕阿德與龍彼得爲《丹溪心法附餘》做的卡片目録一

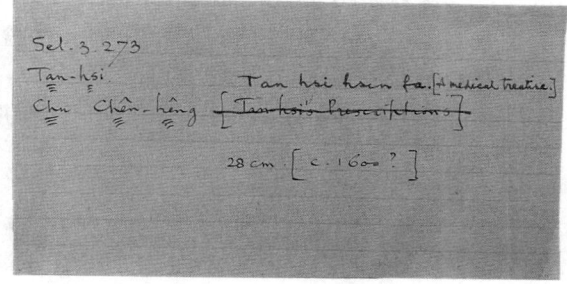

圖 7-2　《丹溪心法附餘》卡片目録二

作者錯認成朱丹溪。朱丹溪是《丹溪心法》的原作者，1347 年，元朝的朱震亨（又名彥修、丹溪）著《丹溪心法》五卷，分 100 門，包括外感、内傷、外證、婦科、幼科等，前有十二經見證等六篇，後附"丹溪翁傳"。而《丹溪心法附餘》則是明代方廣根據《丹溪心法》類集、重編的另一種書，共二十四卷，首刊於 1536年。方氏鑒於程用光重訂的《丹溪心法》在書中贅列了一些與朱震亨學術理論相矛盾的"附録"，遂删削其"附録"部分，另以諸家方論綴於《丹溪心法》各門之後，所選諸論大多能與朱氏學術經驗互相發明、補充。

五、《丹溪心法附餘》與北美大學圖書館不同版本的比對

　　《丹溪心法》刊印較早，印本不多，非常稀見。而方廣類輯的《丹溪心法附餘》的刊本數量頗多，影響較大，現在石印鉛印的流通本，多係此種"附餘"本 ①。這可能也是慕阿德教授没能區分二者的原因之一。據説，現存《丹溪心法附餘》明清刻本及石印本多達 20 餘種。筆者對劍橋大學的《丹溪心法附餘》進行版本考證的時候，首先得益於北美幾所高校藏的《丹溪心法附餘》數字化全文以及豐富的編目數據，繼而對幾個藏本進行了初步比對。

　　根據哈佛燕京圖書館開放獲取的數字化版本（首卷加 24 卷）及綫上編目數據，此書由方廣撰，吳國倫精校，出版年代在 1465 年到 1620 年之間，由書林楊氏出版發行，11 行 24 字，四周單邊，上白口，下黑口，單魚尾，框 19.8×12.1 釐米，書口刻"醫經綱目"，卷二十四末刊"武陽中憲大夫吳國倫精校書林楊氏梓行"，含印章"修齊堂圖書記"。1954 年 3 月 30 日入藏哈佛大學圖書館 ②。

　　普林斯頓大學東亞圖書館也藏有 24 卷本的《丹溪心法附餘》，推斷此書於1621 至 1644 年間出版，作者方廣，4 函盒，末鐫"武陽中憲大夫吳國倫精校書林吳氏梓行"，框 19×12.5 釐米，11 行 24 字，小字雙行同，白口，四周單邊，單黑魚尾。版心上鐫書名，中鐫卷次 ③。早期的編目非常詳細地記錄了版本信息：

---

① 王筠默《明刊醫書訪輯録（三）》，《江西中醫藥》1956 年第 3 期，頁 30。

② 見哈佛燕京圖書館數字化並開放獲取的《丹溪心法附餘》以及編目數據 :https://curiosity.lib.harvard.edu/chinese-rare-books/catalog/49-990078783510203941_FHCL:27716540.

③ 見普林斯頓東亞圖書館《丹溪心法附餘》的綫上編目數據 :https://catalog.princeton.edu/catalog/9940053793506421, accessed Feb. 7, 2025.

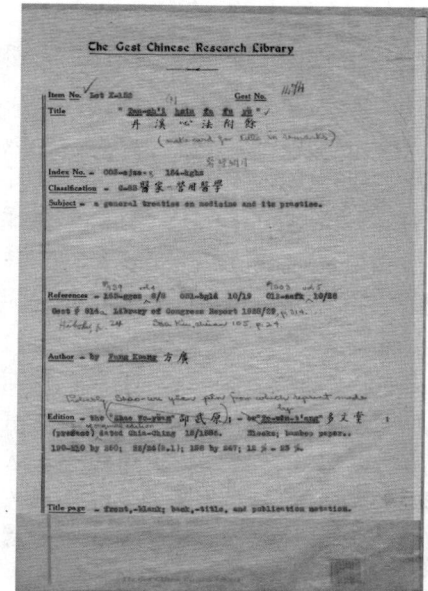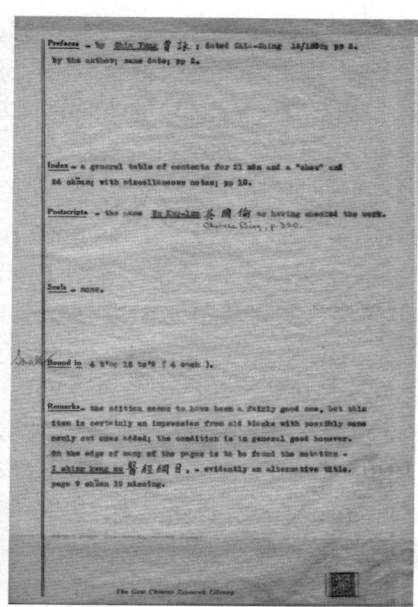

圖 8-1, 8-2　普林斯頓大學東亞圖書館館藏善本書《丹溪心法附餘》原始編目記録

"邵武原"（後劃掉）或者"多文堂"版本,賈泳嘉靖十五年(1536)作序(頁 2);
含目録,首卷,以及 24 卷,各種筆記;雕版;竹紙;不含印章;書况良好,在天
頭、地腳等書邊處有多處標注;有據可查,此書還叫《醫經綱目》;卷十九頁 9
缺;參考資料包括 163-ggcz(《葛思德東方藏書庫書目》〔1941 年北京鉛印本〕
中 "邵亭知見傳本書目" 的號碼),031-bgld ("四庫簡明目録標注" 的號碼)以
及 012-zafk ("八千卷樓書目" 的號碼)①(見圖 8-1 和 8-2)。該書入館時間可

① 見普林斯頓大學圖書館《丹溪心法附餘》的自印目録,没有出版日期和頁碼:*Gest
Library Index, 1448-1497* ,《丹溪心法附餘》的編目編號是第 1474 號。據普林斯頓大
學東亞圖書館館長何義壯(Martin J. Heijdra)推斷,該目録應該是義理壽(I. V. Gillis)
爲葛思德(Guion M. Gest)買書時編寫的,時間範圍在 1929—1936 之間。更多關於義
理壽爲普林斯頓大學編目的信息,參見何義壯《義理壽:慕氏藏書與葛思德文庫的編目
者》, https://c.m.163.com/news/a/HVNQTCLA05508UER.html, accessed Feb. 7, 2025. 感
謝普林斯頓大學東亞圖書館的曹淑文老師熱心幫忙查找目録,幫助掃描編目頁並答疑解
惑,感謝館長何義壯老師解答編目時間和編目人信息。

能與目録完成時間相近,在 1929—1936 年之間。

　　加拿大麥吉爾大學圖書館藏《丹溪心法附餘 : 二十四卷》,方廣撰,吳國倫精校,中野康章(Yasuaki Nakano,1874—1947)、京都産院文庫(Dr. Saiki's Library)分别爲藏書家和藏書機構。在明朝 1536 年至 1628 年之間,由楊氏四知館出版。雙葉,木函盒,線裝,棕色書皮,15 卷,24 釐米。2023 年 10 月從喬納森・A. 希爾書商公司(Jonathan A. Hill, Bookseller Inc.)購得,現在藏於麥吉爾大學醫學史圖書館(Osler Library of the History of Medicine)。書口刻 "醫經綱目",嘉靖十五年(1536)賈詠 "序" 及方廣 "序"。卷一封面上的標籤寫著 :"Dr. Saiki's Library. 京都産院文庫藏書函或架之番號册之番號 4432 備考。" 卷二和卷三的標籤編號分别爲 4433 和 4434。卷一首頁印章 :"大同藥室圖書之記",在木函盒上手寫有 "明版 / 丹溪心法附餘 / 十五册 / 大同藥室"。框 19 × 12.5 釐米,11 行 24 字,小字雙行同,白口,四周單邊,單黑魚尾。版心上鐫書名,中鐫卷次。卷末鐫 "武陽中憲大夫吳國倫精校",封面題 "邵武原板丹溪心法附餘"[①]。

　　哈佛大學、普林斯頓大學以及麥吉爾大學的版本,都是 11 行 24 字。其中,後兩者的版式完全相同 :小字雙行同,白口,四周單邊,單黑魚尾;而前者的版式略有不同 :四周單邊,上白口,下黑口,單魚尾。從框高 / 寬來看,後兩者的完全一致(框 19 × 12.5 釐米),前者略有不同(框 19.8 × 12.1 釐米)。哈佛大學是 "書林楊氏" 出版印刷,而普林斯頓是 "書林吳氏梓行"。後兩者由於版式和框高完全相同,很可能是同一雕版印刷。從入藏時間來看,三館的情況各異 :普林斯頓版本入館時間大概在 1929 年到 1936 年之間,哈佛版本入館時間是 1954 年,麥吉爾版本入館時間是 2023 年。雖然入藏時間不能完全決定版本的早晚,但至少可以推斷,北美三館的版本與歐洲的版本區别不小。這一問題不是本文研究重點,因此停筆至此。

六、《丹溪心法附餘》在歐洲圖書館不同版本的對比

　　劍橋大學圖書館所藏版本只有一册(卷二十二、二十三),首尾均缺頁,因

---

① 見麥吉爾大學圖書館的編目資料 :https://mcgill.on.worldcat.org/search/detail/140560934 1?queryString=no%3A1405609341, accessed Feb.7, 2025.

此無法看到鐫刻出版等重要信息，其他判斷以及記錄信息如下：1624 年之前出版（因爲 1623 年入藏劍橋大學），半葉 12 行 24 四字，小字雙行同，四周單邊，白口，單魚尾，版心上鐫書名、卷名、卷次和頁碼，開本 28.5 × 17 釐米，殘卷，存 84 頁。

劍橋大學基督學院（Christ's College）的老圖書館（Old Library）[①]，藏有《丹溪心法附餘》二十四卷首一卷[②]，（明）方廣輯，明後期刻本，一册（洋裝），半葉 12 行，行 24 字，四周單邊，白口，單魚尾。方體字，似嘉靖間風格。首尾殘，第二十四卷存 1b 至 99b，闕 1a 及 100a。《中國古籍善本總目》著録相同版式行款明刻本兩部，分藏於南京圖書館、大連圖書館。館藏没有藏書來源的信息[③]。2025 年 2 月 7 日，筆者到老圖書館查閱此書，進一步探尋這本書的收藏史以及編目信息，收穫不小。這本“洋裝”書不是一般的裝幀，書封面的徽章屬於英格蘭、蘇格蘭及愛爾蘭國王查理一世（1600—1649）（見圖 9）。書頁出現拉丁語的黑色鋼筆手寫字 Infelix[④]，據劍橋大學圖書館善本書編目專家鑒定，筆體屬於 17 世紀的書法風格。這兩個證據進一步證明，此書進入英國以及基督學院，應該不晚於 1650 年。

2025 年 2 月 14 日，筆者訪問劍橋大學三一學院（Trinity College）老學院圖書館，該館藏有《丹溪心法附餘》二十四卷首一卷（存二卷：卷二十二至二十三）。（明）方廣輯，明後期刻本，一册（洋裝），藏書號 R.8.9，半葉 12 行，行

---

① 這裏有必要解釋一下劍橋大學複雜的圖書館系統。全校共有 100 多所圖書館，最大的是中央大學圖書館，叫做劍橋大學圖書館（University Library, UL），其他還包括 31 個學院圖書館（College libraries）、院系圖書館（Department libraries）以及博物館、植物園、各種研究所圖書館。31 個學院，各有自己的圖書館，歸學院管理，不歸大學圖書館。早期（15 世紀）劍橋的學院圖書館較爲重要，因爲每個學院的藏書是主要學術資源。19 世紀以後，隨著劍橋大學圖書館的擴展，UL 成爲主要的學術研究中心，而學院圖書館則更專注於本科與碩士教育。有些學院比大學圖書館建立得要早，有一些非常珍稀的中文收藏。
② 方廣，《丹溪心法附餘》。藏書號 DD. 4. 11，藏於劍橋大學基督學院老圖書館。
③ 鄭誠《劍橋訪書記——學院圖書館藏漢籍經眼録》，第 250—251 頁。
④ Infelix 爲拉丁語，意爲不幸。在 16 世紀和 17 世紀，儘管歐洲各地的民族語言逐漸興起，拉丁語仍然是英國及整個歐洲書面交流的重要語言。"The 16th Century and Beyond," *Dictionary of Medieval Latin from British Sources*, https://www.dmlbs.ox.ac.uk/web/the-16th-century-and-beyond.html, accessed February 7, 2025.

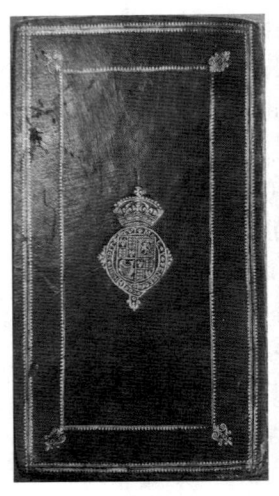

圖9　劍橋大學基督學院老圖書館藏《丹溪心法附餘》的"洋裝"封面

24字,白口,單魚尾,四周單邊,方體字。第二十二卷首殘尾全,存 2a 至 73b。第二十三卷首全尾殘,存 1a 至 23a。三一學院另存《丹溪心法附餘》二十四卷卷首一卷(存三卷:卷五至七),(明)方廣輯,明後期刻本,藏書號 R.10.1(G),半葉 12 行,行 24 字,白口,單魚尾,四周單邊,方體字。卷五,首殘尾全,存 5a— 36b。卷六"暑門"全,存 1a—38a。卷七"濕門",首全尾殘,存 1a—14a[①]。

　　總結來看,劍橋大學圖書館(University Library)只有一册《丹溪心法附餘》,即卷二十二—二十三;基督學院藏有《丹溪心法附餘》一册,卷首一卷;三一學院藏有《丹溪心法附餘》共兩册,5 卷,即卷五—七,二十二—二十三。劍橋全部藏書 4 册,首卷,卷五—七,卷二十二—二十三(兩個副本)。從版式和入藏大致時間(17 世紀)來看,基督學院藏本 DD.4.11、大學圖書館藏本 Sel.3.273 似是同版。三一學院圖書館藏 R.8.9 和 R.10.1(G)的版式與兩個學院的也幾乎一樣,具體入藏時間需要繼續考證。另外值得注意的是, R.8.9 與 Sel.3.273 有兩卷(卷二十二—二十三)的館藏完全一致,這説明兩個學院的館藏不是一套書,但不排除是同一版本,因爲版式一致。總體而言,劍橋的幾個零册,非常可能都是 17 世紀入藏,也可能同屬一個版式。

　　牛津大學藏《丹溪心法附餘》兩套,均不完整。第一套藏書號 Sinica 32/1-Sinica 32/8,殘一三卷首一卷,(明)方廣編,明嘉靖萬曆間書林唐氏刊本,線裝 8 册;28 釐米(按:應爲開本高,不是框高,需要進一步確認),全書二十四卷首一卷,館藏 8 册,殘卷一至七、十一、十八、十九、二十二至二十四、卷首,書後有"吴陽中憲大夫吴國倫精校 / 書林唐【氏梓行】"(後三字不清楚)[②]。

① 鄭誠《劍橋訪書記——學院圖書館藏漢籍經眼録》,頁 278。
②《丹溪心法附餘》,藏於牛津大學飽蠹樓。目録見:https://serica.ie/SericaProject/data/SPquanwen.html 數字化全文見:https://digital.bodleian.ox.ac.uk/objects/ab809124-0ed4-4d4d-be1e-1dad93630c49/surfaces/e5ccfa43-7903-4935-984d-47f2352cc9b9/, accessed Feb. 7, 2025.

封面標題《（姑蘇重刊）丹溪心法附餘》，半葉 12 行 24 字，四周單邊，白口，單魚尾，框高 20.4 釐米 [①]。每册具體的來源信息如下：

存：

　　卷首。一册。飽蠹樓（Bodleian Library），藏書號 :Sinica 32/1［SC2841］。捐贈人 :Charles Danvers。

　　卷一。一册。飽蠹樓，藏書號 :Sinica 32/2［SC2843］。捐贈人 :William［Herbert］，彭布羅克伯爵（Earl of Pembroke）。

　　卷二至四。一册。飽蠹樓，藏書號 :Sinica 32/3［SC2845］。捐贈人 :Charles Danvers。

　　卷五至七。一册。飽蠹樓，藏書號 :Sinica 32/4［SC2846］。捐贈人 :John Clapham。

　　卷十一。一册。飽蠹樓，藏書號 :Sinica 32/5［SC2848］。捐贈人 :Charles Danvers。

　　卷十七（殘缺）。一册。聖約翰學院（St John's College）（存放於飽蠹樓，但歸屬於聖約翰學院。藏書號 :Chin.2。曾爲 Laud 收藏。書前扉頁標記 1638。

　　卷十八，十九。一册。飽蠹樓，藏書號 :Sinica 32/6［SC2849］。捐贈人 :Katherine Sandys。

　　卷二十二，二十三。一册。飽蠹樓，藏書號 :Sinica 32/7［SC2850］。捐贈人 :John Clapham。

　　卷二十四。一册。飽蠹樓，藏書號 :Sinica 32/8［SC2851］。捐贈人 :Katherine Sandys。

　　這套書共 9 册，包括卷首在内的 15 卷，即 :卷首，卷一，二—四，五—七，十一，十七—十九，二十二—二十四。

　　第二套藏書號 Sinica 33/1-Sinica 33/3，半葉 12 行 24 字，四周單邊，白口，單魚尾，框高 20.4 釐米 [②]。

[①] 筆者根據數字化圖片以及卡尺，算出框高約爲 20.4 釐米。首卷有的部分半葉 11 行 21 字，框高 19.4 釐米。

[②] 數字化全文請見 :https://digital.bodleian.ox.ac.uk/objects/c1e0b48e-dfde-4c14-a979-140bf0cdf55f/surfaces/84432fbb-675e-4d7d-9e64-d4eda30e8bb9/, accessed Feb. 7, 2025. 筆者根據數字化圖片，得到信息 :半葉 12 行 24 字，四周單邊，白口，單魚尾，框高 20.4 釐米。首卷部分有的半葉 11 行 21 字，框高 19.4 釐米。

存：

卷首。一册。飽蠹樓，藏書號:Sinica 33/1［SC2842］。打印的藏書號爲 S.32/1。捐贈人:Martin Lumley。

卷一。一册。飽蠹樓，藏書號:Sinica 33/2［SC2844］。捐贈人:William［Herbert］，彭布羅克伯爵（Earl of Pembroke）。

卷五至七。一册。飽蠹樓，藏書號:Sinica 33/3［SC2847］。捐贈人:Katherine Sandys[①]。

此套共 3 册，包括卷首在内的 5 卷，即卷首，卷一，五—七。與第一套包含的卷册重複，是否完全屬於一個雕版和同一年代，有待進一步考證。

除了劍橋大學和牛津大學之外，荷蘭萊頓大學特藏部也藏有《丹溪心法附餘》（二十四卷本），館藏卷册不明，方廣輯，17 世紀由書林唐氏出版，28 釐米（筆者按:應該是開本高，不是框高），雕版印刷，半葉 12 行 24 字，四周單邊，白口，單魚尾。藏書號 SINOL.7910.146[②]。

萊頓大學的漢學研究所（Sinologisch Instituut）藏有兩册，卷十六、卷十七（不完整），館藏號 Schlegel 121。卷十六第 1—75 頁爲一册裝訂，卷十六第 76 頁，卷十七第 1—38 頁，KK。由於網上找不到目録信息，也没有版框等信息，因此無法判斷是否與萊頓大學圖書館的藏書屬於同一版本。另外，荷蘭皇家圖書館藏（Koninklijke Bibliotheek /Bibliothèque Royale）卷二（p.3b—30b）、卷三（p.1—34a）、卷四（p.1a—24a），藏書號 MS19906；卷四（p.24b）在藏書號 MS19911. AD. 的書頁間[③]。

對比歐美《丹溪心法附餘》藏本的分佈與特徵，有如下不同：

（一）歐洲館藏零散，北美館藏完整

歐洲館藏主要爲零散卷册，主要分佈於英國（牛津、劍橋）和荷蘭的學術機構。這些零册似乎可分爲至少三套不同來源的藏本。劍橋大學收藏卷首、卷

---

① 《劍橋訪書記——學院圖書館藏漢籍經眼録》，頁 278。

② 見萊頓大學圖書館特藏部《丹溪心法附餘》編目數據:https://catalogue.leidenuniv.nl/discovery/fulldisplay?docid=alma990027485220302711&context=L&vid=31UKB_LEU:UBL_V1&lang=en&search_scope=MyInst_and_CI&adaptor=Local%20Search%20Engine&tab=Everything&query=any,exact,931877242&sortby=rank&mode=advanced&offset=0.

③ 《劍橋訪書記——學院圖書館藏漢籍經眼録》，頁 278。

五—七、卷二十二—二十三,而牛津大學的藏本與之部分重合,包括兩套卷首、兩套卷五—七、一套卷二十二—二十三,此外,牛津大學還擁有兩套卷一、卷十一、卷十八—十九、卷二十四。與荷蘭館藏重合的部分則包括卷二—四、卷十六—十七。

相較之下,北美的藏本(哈佛大學、普林斯頓大學、麥吉爾大學)多爲完整本,且多數保持原裝函盒形式,這表明在 17 世紀進入歐洲時,這些書籍已經經過拍賣或不同渠道分散,而北美藏書則多爲後期通過購買或捐贈入藏。

（二）歐洲館藏多經過改裝

17 世紀歐洲收藏的《丹溪心法附餘》大多被改爲洋裝(西式裝訂),而北美館藏仍保留原始裝幀。劍橋大學所藏版本不僅是零冊,而且普遍缺少出版資訊頁和藏書印,可能是在改裝過程中被破壞,或者在書籍交易時被刻意去除。這些書籍何時改裝、由誰改裝(荷蘭東印度公司商人或歐洲圖書館),仍需進一步研究。

（三）版本格式與出版來源

北美館藏均爲 11 行 24 字版式,而歐洲館藏則爲 12 行 24 字版式,顯示出版本上的區別。

版本的出版者不同：

1. 哈佛大學館藏爲“書林楊氏”出版。

2. 普林斯頓大學館藏爲“書林吳氏”出版。

3. 牛津大學(Sinica 32)卷二十四刊有“書林唐氏”的印記,這與萊頓大學的書目記録完全一致,説明這些書籍可能屬於同一版本。

4. 劍橋大學館藏雖缺少出版資訊頁,但版式與牛津大學、萊頓大學極爲相似,進一步證明 17 世紀流入歐洲的這些版本來自同版甚至同一套書。

（四）藏書印與流傳途徑的區別

歐洲館藏版本均未發現中文藏書印,表明這些書籍可能在剛剛出版後即被荷蘭東印度公司購買,未經私人收藏即進入歐洲。哈佛大學與麥吉爾大學館藏則保留藏書印,且麥吉爾大學版本曾流傳至日本,顯示其經歷了不同的流通途徑。麥吉爾大學館藏的編目記録顯示,此書於 2023 年從書商處購得,進一步表明北美館藏與歐洲館藏在流入途徑上的差異。

總之,17 世紀流入歐洲的《丹溪心法附餘》似乎來自同一版本,並在進入歐洲時被拆分,可能通過荷蘭東印度公司的貿易網絡傳播。歐洲館藏書籍在流通過程中被改裝,部分細節(如出版資訊、藏書印)遺失,而北美館藏則較爲完整,並呈現更豐富的版本變異。北美藏書大多在 20 世紀或之後通過捐贈、購買等方式入藏圖書館,與 17 世紀流入歐洲的館藏存在明顯的時代與傳播途徑的差異。這些發現不僅説明了明代刊本在歐洲與北美的不同流傳模式,也爲研究漢籍在全球的流傳歷史與圖書交易模式提供了新的視角。

結　語

(一)17 世紀歐洲漢籍收藏與《丹溪心法附餘》的流傳考察

　　1632 年入藏劍橋大學的《丹溪心法附餘》與同期進入歐洲其他大學與學術機構的漢籍情況相似,收藏過程較爲隨機,但此時期歐洲漢籍收藏卻達到了一個小高潮。這一現象與荷蘭東印度公司在東亞的貿易活動密切相關。然而,在此高峰期過後,歐洲的漢籍收藏出現停滯,劍橋大學圖書館在接下來 200 多年內幾乎沒有新的中文藏書入藏,即便是早期藏量較大的牛津大學,在 18 世紀以後中文書籍的收藏量也明顯減少。

　　本研究以劍橋大學收藏的第一本漢籍《丹溪心法附餘》爲核心案例,結合劍橋大學的漢籍收藏史與漢學發展史,考察該書的入藏歷史,對比歐美不同館藏版本,並探討 17 世紀漢籍在歐洲各大圖書館的流傳與變遷。同時,本文也對 17 世紀中歐文化交流的背景進行分析,至於 18 世紀至 19 世紀末歐洲漢籍流通與收藏的發展變遷,則有待進一步探討。

(二)劍橋大學洋裝本《丹溪心法附餘》的考證

　　本研究對劍橋大學所藏洋裝本《丹溪心法附餘》的考證表明:第一,裝幀、裝飾、徽章,以及圖書館藏書章與藏書票均爲判斷書籍收藏時段的重要依據;第二,歷任藏書者留下的拉丁語筆記與書法風格,以及館藏編目與收藏記錄,提供了書籍流傳與擁有者變遷的證據;第三,學者筆記則爲研究書籍在西方學術界的影響提供了珍貴材料。

　　此外,西文善本書的鑒定涉及多學科與跨語種專業知識,在研究過程中,筆者獲得劍橋大學善本部與手稿部的支持,確認查理一世徽章的年代,辨識拉丁語拼寫與手寫體特徵,以及透過荷蘭人名縮寫推斷全名,並依據裝幀技術特徵推斷其裝訂時代。

（三）漢籍館藏對比與文化交流價值

　　劍橋大學與歐洲其他大學圖書館漢籍收藏來源信息的保存較爲完整,館藏目錄開放度較高,這爲比較同一書籍在不同館藏的各種版本提供了可能性。透過版本對比,可進一步推動歐洲漢籍收藏史與流通史的研究。此外,漢籍作爲中西文化交流的重要物質載體,其流傳脈絡不僅關聯貿易與學術交流,也涉及中外政治與外交關係。因此,研究歐洲漢籍的流通與收藏史,有助於拓展對全球漢學發展史的認識,並爲漢籍在海外的歷史研究提供新的視角與證據。

（四）歐洲對中醫的興趣與醫學類漢籍的流傳

　　筆者在研究過程中注意到,17 世紀流傳至歐洲的漢籍中,醫學類書籍比例不小,如《丹溪心法附餘》這類醫書廣受關注。當時,歐洲對中國醫學產生了濃厚興趣,這種興趣主要通過傳教士、貿易往來、科學交流以及東西方醫學比較研究逐步發展。

　　儘管關於中醫對歐洲影響的研究成果豐富,歐洲館藏醫學類漢籍的流傳史與收藏史的研究卻相對薄弱。若能將中醫影響研究與漢籍流通史研究結合,將能爲跨文化醫學交流史提供更完整的圖像。

　　總之,本研究基於劍橋大學圖書館的漢籍館藏,通過實證考證方法,對《丹溪心法附餘》在歐洲的流傳與收藏情況進行初步探索。這一研究不僅揭示了17 世紀歐洲漢籍收藏的高峰期與後續停滯,也證明了館藏記錄、裝幀細節、藏書標記等是判斷書籍流傳時段的重要依據。

　　此外,本研究嘗試從漢籍作爲物質文化載體的角度出發,將其視爲貿易、學術、外交交流的關鍵證據,以期爲海外漢籍研究提供新的方法論與視角。希望本研究能爲中西文化交流史、漢籍收藏史與流通史的研究提供有益的啟發,並促進學界對 17 世紀歐洲漢籍收藏與中醫傳播的進一步關注與討論。

（作者單位 : 英國劍橋大學圖書館）

　　（感謝普林斯頓大學東亞圖書館的曹淑文老師、何義壯(Martin Heijdra)館長,劍橋大學圖書館 Shaun Thompson, Paul Frank, Clarck Drieshen, Liam Sims 以及基督學院圖書館、三一學院圖書館同事們的熱心幫助、答疑解惑）

俄羅斯傳教士沃茲涅先斯基的手寫日記及其漢籍收藏

馬義德（Maiatskii Dmitrii）

一、引言

　　19 世紀上半葉鮮爲人知的俄羅斯漢學家尼古拉·伊萬諾維奇·沃茲涅先斯基（Николай Иванович Вознесенский, 1799—？）是第十屆俄國東正教駐北京傳教團的成員之一。很多學者毫不誇張地承認，第十屆東正教傳教團（在北京的時間爲 1821—1830 年）對俄羅斯的中國研究以及對中俄人文交流的發展發揮了比較重要的作用①。該團人員的有效工作爲俄羅斯有關中國任何方面的了解和中文藏書的積累做出了特別大的貢獻。這是因爲，在其首領彼得修士大司祭（世俗姓名爲帕維爾·伊萬諾維奇·卡緬斯基，Павел Иванович Каменский, 1765—1845）的努力下，該傳教團不僅組織了傳教活動（即位於北京東正教教堂的修復、宗教資料的俄中翻譯等），還開展了井井有條的教育和學術活動。結果第十屆傳教團出了一大批優秀的漢學家，這一點是俄羅斯漢學家所無法比擬的。該傳教團的九名教職員和學生中，除了首領卡緬斯基外，有七人在俄羅斯漢學界留下了重要印記。其中修士丹尼爾（世俗姓名爲德米特里·彼得羅維奇·西維洛夫，Дмитрий Петрович Сивиллов，

---

① 有關此次傳教團意義的更多詳情請參閱：Самойлов Н. А., "Десятая Пекинсєая Духовная миссия и ее роль в российско-китайских культурных связях", *Клио*, № 5 (185), 2022, с.33-40.

1798—1871）、奥西普·帕夫洛維奇·沃伊捷霍夫斯基（Осип Павлович Войцеховский，1793—1850）兩人在喀山大學創建了俄羅斯高校最早的漢語系。傳教團成員所收集並保存於俄羅斯圖書館的中國書籍現在很多是獨一無二的，引起了研究人員的極大興趣。就是因爲這些緣故，俄羅斯科學院東方文獻研究所的漢學家葉夫根尼·伊萬諾維奇·基恰諾夫（Евгений Иванович Кычанов，1932—2013）在《19世紀中葉前俄國東方學史》一書中如此高度評價第十屆傳教團的工作："卡緬斯基傳教團爲俄國培養了最多的學生，使他們從中國回國後能夠從事實際的語言工作……"①

　　儘管在不同年份已經發表了一些有關第十次傳教團成員的生活和工作的研究成果，但尚未出版任何有關沃兹涅先斯基的專門著作，這位學者並不爲人所知。同時，有理由相信他也對俄國漢學做出了貢獻，而他個人收藏的不爲人知的中國書籍也可能引起學者的興趣。本文將討論筆者最近在聖彼得堡大學東方學院圖書館發現的沃兹涅先斯基的私人收藏的書籍，特別是他的日記。

二、關於沃兹涅先斯基的信息

　　關於沃兹涅先斯基的生活和工作，人們知之甚少。没有專門爲他出版的出版物。關於他的資料留存甚少，僅在有關俄羅斯漢學史或其他更著名的傳教士的活動的稀有文章和專著中找到。

　　斯卡奇科夫的《俄國漢學史論文集》中，介紹了沃兹涅先斯基的一些基本情況。據斯卡奇科夫②，他於1799年出生於聖彼得堡省一個叫做索非亞的地方。當時這是區級小鎮，現爲聖彼得堡郊區普希金市南部的歷史街區。他在聖彼得堡的彼得保羅神學院上過學，後被任命爲第十屆北京傳教團的小教士教堂差役。學生瓦西里·阿布拉莫夫（Василий Кириллович Абрамов，1796—？）很快離開傳教團以後，沃兹涅先斯基放棄神職並被招收爲代替阿

---

① 請參閲：*История отечественного востоковедения до середины XIX века*, ответственные редакторы: Ким Г. Ф., Шаститко П.М., Москва, издательство «Наука: Восточная литература», 1990, с. 270.

② Скачков П. Е. *Очерки истории русского китаеведения*, АН СССР, Институт востоковедения, Институт Дальнего Востока, Москва: Наука, 1977, с .138.

布拉莫夫的學生。在傳教團期間，他研究了漢語、滿語和藏語，以及中國的政治和經濟問題。後來他在恰克圖擔任海關翻譯，在那裏去世。他的去世年份尚未確定。

　　根據斯卡奇科夫的信息，沃茲涅先斯基只留下了兩種手寫資料，分別藏在聖彼得堡的俄羅斯國家圖書館和俄羅斯韃靼斯坦共和國檔案館[①]。那兩種資料是：

　　（1）中國政府簡要經濟統計數據[②]。1831年5月29日。一共18頁。出自《大清會典》的片段翻譯，都是基本數據。該文件上有一個題語，說明卡緬斯基讓沃茲涅先斯基從神職人員調任爲學生。

　　（2）尼古拉·伊萬諾維奇·沃茲涅先斯基關於中國的評論[③]。1829年。北京。198頁。包含了有關中國的日記、筆記，以及有關俄中關係的官方文件的副本等。

　　筆者有理由相信沃茲涅先斯基還留下了其他一些材料，例如日記。這些日記是筆者最近在聖彼得堡國立大學圖書館中發現的，經鑒定爲沃茲涅先斯基藏書的一小部分。在此發現之前，人們對這些日記和書籍一無所知。儘管缺乏檔案資料表明沃茲涅先斯基的書籍被聖彼得堡國立大學從他那裏接收，但在該大學中國書籍收藏中，可以在不同的地方找到帶有他個人筆跡的書籍材料。這些書籍可能是在1854年與第十次傳教團成員西維洛夫和小教士索斯尼茨基（Алексей Исакович Сосницкий，1843年去世）的書籍一起從喀山大學被移到聖彼得堡大學的。或者聖彼得堡大學是從第十次傳教團的學生札哈爾·費多羅維奇·列昂季耶夫斯基（Захар Федорович Леонтьевский，1799—1874）那裏收到它們的。這些假設是基於這樣一個事實：第十屆傳教團的上述三位成員所持有的書籍均已正式被東方學院圖書館接收，並且至今仍保存在那裏。

---

① Скачков П. Е. *Очерки истории русского китаеведения*, АН СССР. Институт востоковедения, Институт Дальнего Востока, Москва: Наука, 1977, с .421.

② 藏在聖彼得堡的俄羅斯國家圖書館手稿部：Отдел рукописей Российской национальной библиотеки，1950，14/11.

③ 藏在俄羅斯韃靼斯坦共和國檔案館：Национальный архив Республики Тагарстан, ф. 10, № 832.

　　西維洛夫從中國回國後,於 1837 年在喀山大學東方學院創辦了中文系,
直至 1844 年離開大學爲止一直擔任該系主任①。喀山大學的教授和圖書館
顧問沃格特(Карл Карлович Фойгт,1808—1873)在其《帝國喀山大學報告》
中這樣描述西維洛夫的中文書籍進入大學圖書館的情況:"1837 年,圖書館從
中國文學教授丹尼爾大司铎手中購買了……216 部中文著作,此藏書豐富了
圖書館。"②

　　大約在這時,喀山教育區董事穆辛普希金(Михаил Николаевич Мусин-
Пушкин,1795—1862)按照西維洛夫的建議,下令從喀山中學教師索斯尼茨
基那裏購買中文書籍③。

　　19 世紀 50 年代,東方學院及其圖書館從喀山大學遷至聖彼得堡大學。當
時西維洛夫和索斯尼茨基的兩套藏書與其他有關東方語言的書籍一起被轉移
到聖彼得堡大學去了,並成爲 1855 年在聖彼得堡大學開設的東方學院圖書館
藏書的一部分。

　　至於第十次傳教團的另外一位成員列昂季耶夫斯基的書籍,東方學院圖
書館的舊庫存文件表明,聖彼得堡大學是於 1855 年至 1866 年之間收購它
們的。

　　遺憾的是,由於筆者尚未找到圖書館從西維洛夫、索斯尼茨基和列昂季耶
夫斯基收到的書籍的清單,所以只能假設,沃兹涅先斯基的書籍是作爲這三個
人的藏書的一部分來到大學的。它們是怎麼分出來的?

　　筆者前幾年整理研究東方學院館藏的中文書籍,發現有的書上有沃兹涅
先斯基的簽名、題語或記載。至今一共查到了十二部這樣的書。下面筆者將
提供這些書籍的列表,每一條指出書名、圖書館編號和書目特徵:

---

① Хохлов А.Н., Д.П. Сивиллов – руководитель первой в России кафедры китайского
　языка, *Актуальные вопросы китайского языкознания. Материалы 6-й Всероссийской
　конференции*, Москва: ИВ РАН, 1992, с . 155-158.

② Фойгт К.К., Отчет Императорского Казанского университета и Учебного округа
　за 17 лет, с 1827 по 1-е генваря 1844 года, под управлением Тайнаго Советника
　Мусина-Пушкина, Казань: Тип. ун-та, 1844, с . 108.

③ Хохлов А.Н., Китайские старопечатные книги в России XIX-XX вв. (государственные
　и частные коллекции китайских ксилографов), Архив российской китаистики, т. 4,
　Москва: ИВ РАН, 2016, с . 331.

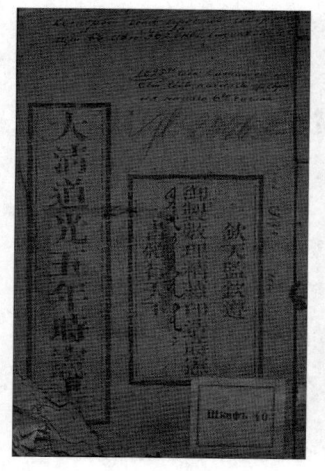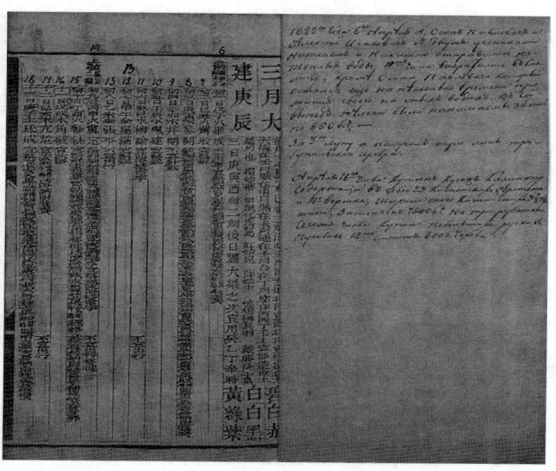

圖 1　《大清道光五年時憲書》　　圖 2　《大清道光五年時憲書》（Xyl 2046），第 9 頁 B 面
（Xyl 2046），封面

（1）《大清道光五年時憲書》不分卷一册。編號:Xyl 2046。刊刻本，每頁 17 行，行字不一，黑口，四周雙邊，雙黑魚尾，板框:23.6×15 釐米，書:28.5×21 釐米。有大量沃茲涅先斯基手寫的俄文批語。

（2）《大清道光七年時憲書》不分卷一册。編號:Xyl 2047。刊刻本，特徵同上。有大量沃茲涅先斯基手寫的俄文批語。

（3）《大清道光八年時憲書》不分卷一册。編號:Xyl 2048。刊刻本，特徵同上。有沃茲涅先斯基手寫的俄文批語，比上少。

（4）《大清道光十年時憲書》不分卷一册。編號:В у 224-a。刊刻本，特徵同上。有沃茲涅先斯基的俄文批語。封面上他手寫:"尼古拉·沃茲涅先斯基的收藏。1829 年 12 月 31 日。"

（5）《大清道光十年時憲書》不分卷一册。編號:В у 224-b。是 В у 224-a 的副本。也有俄文批語。

（6）《歷代紀年便覽》不分卷一册。編號:Xyl 2005。寫本，頁 9 行，行字不同，歐式裝訂，書:24.7×16.4 釐米，262 頁。有沃茲涅先斯基的俄文批語。封面上寫:"尼古拉·沃茲涅先斯基的書。1826 年 10 月 2 日。"

（7）《勵修一鑑》上卷一册。編號:Xyl 149。明李九功纂評，明崇禎十二

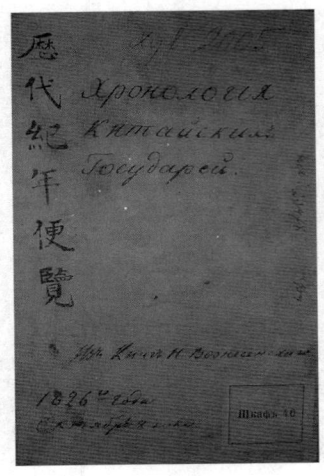

圖 3　《大清道光十年時憲書》（BY 224- a），　　圖 4　《歷代紀年便覽》（Xyl 2005），封面，
　　封面，沃兹涅先斯基的俄文簽名　　　　　　　沃兹涅先斯基的俄文簽名

年（1639）刻本，9 行 20 字，白口，四周單邊，無魚尾，板框 :25.3×15.7 釐米。
書 :26.8×20 釐米。封面題 :"沃兹涅先斯基的書，1825 年 9 月 18 日。"

　　（8）《辰垣識略》一函八册十六卷。編號 :Xyl 346。清吳長元輯，清乾隆
五十三年（1788）池北草堂刻本，9 行 21 字，白口，左右雙邊，單黑魚尾，板框 :
17.8×11.8 釐米，書 :19.8×13 釐米。封面上有沃兹涅先斯基的簽名。

　　（9）《唐景教碑頌正詮》一册。編號 :Xyl 1015。唐釋景净著，（西）陽瑪
諾注，抄寫本，據乾隆十九年（1754）刻本摹寫，8 行 20 字，小字雙行同，白口，
四周雙邊，單黑魚尾，板框 :27.4×18.6 釐米，書 :27.9×18.9 釐米。封面上寫 :
"沃兹涅先斯基藏書，1825 年 1 月 27 日。"還寫 :"萬曆時期在中國找到的基
督教作品。1830 年 8 月此書被尼古拉·伊萬諾維奇·沃兹涅先斯基送給我。
札哈爾·列昂季耶夫斯基簽名。"扉頁與末頁含耶穌會的標志。

　　（10）《勵學古言》一册。編號 :Xyl 1932。（西）高一志，抄寫本，9 行 18
字，朱欄，白口，四周雙邊，單魚尾，板框 :24.5×16.3 釐米，書 :28.2×19.4 釐
米。封面上寫 :"沃兹涅先斯基藏書，1826 年 9 月 12 日。"

　　（11）《大清一統志》一函十五册。編號 :Xyl 2017。清刻本，10 行 21
字，小字雙行同，白口，左右雙邊，單黑魚尾，版心上鐫"大清一統志"，板框 :

23.3×17.2 釐米，書：30.6×21.2 釐米。不全。存：卷 338、408 至 415、418 至 420、422 至 424。封面上寫："沃茲涅先斯基藏書，1824 年 4 月 18 日。"

（12）《五方元音》二册。編號：Xyl F-10。寫本，西曆 1826 年 1 月 25 日，北京，書：33.2×22.1 釐米。一册 180 頁，一册 238 頁。是漢語拉丁語對照本。封面上有沃茲涅先斯基的簽名，還有俄文題語："給 Peter Zhao 付了抄寫費五兩八錢銀子。"

可以斷言，聖彼得堡大學圖書館擁有一批以前不爲人知的由沃茲涅先斯基收藏的中國書籍。這些書籍本身可以證明其主人的興趣，因此有助於研究他的生活和工作。

三、沃茲涅先斯基的日記

研究沃茲涅先斯基的藏書時，筆者發現，《大清道光五年時憲書》（Xyl 2046）、《大清道光七年時憲書》（Xyl 2047）、《大清道光八年時憲書》（Xyl 2048）、《大清道光十年時憲書》（В У 224-a）、《大清道光十年時憲書》（В У 224-b）和《歷代紀年便覽》（Xyl 2005）等六本書都包含了某人的手寫日記。

前五本書是普通的時憲書。都有白紙粘貼在裏邊，上面用俄語手寫記錄了俄羅斯第十屆傳教團在北京所發生的事件。這些筆記是在 1825 年、1826 年、1827 年、1828 年和 1830 年寫的。

《歷代紀年便覽》（Xyl 2005）是一本手工製作的中國皇帝統治年的參考書。其書頁上有的地方包含了比較簡潔的俄文條目，標記了第十屆傳教團從 1819 年 12 月 26 日（根據條目，這是傳教團前往中國離開聖彼得堡的日期）至 1832 年 2 月 19 日（即卡緬斯基出傳教團返回聖彼得堡的日期）工作的主要里程碑。

這些日記的作者是誰，書上沒有人寫，他沒有直接表明自己的身份。在敘述自己身上發生的事情時，他只用了人稱代詞"我"。然而，我們認爲日記的作者是沃茲涅先斯基。理由如下：

（1）如上所述，兩本書（Xyl 2005 和 В У 224-a）的封面上有簽名，表明它們都曾經屬於尼古拉·沃茲涅先斯基。

（2）日記的内容表明，這些條目的作者不可能是書中以第三人稱提及的第十届傳教團的團長卡緬斯基、修士維尼阿明（瓦西里·雅科夫列維奇·莫拉切維奇，Василий Яковлевич Морачевич，中文名字是魏若明，1794—1853）、修士丹尼爾（西維洛夫）、小教士索斯尼茨基、學生列昂季耶夫斯基、學生科德拉特·格里戈里耶維奇·克里姆斯基（Кодрат Григорьевич Крымский，1796—1861），醫生沃伊采霍夫斯基等人。在許多筆記中，作者（“我”）在談論發生在他身邊的事件時，都提到了這些人的名字。筆者可以舉一個例子：

> （1827年）1月28日，我和奧西普·帕夫洛維奇（沃伊采霍夫斯基）去四牌樓看燈時，途中在一家熟悉的布店停下。札哈爾·費多羅維奇（列昂季耶夫斯基）、科德拉特·格里戈里耶維奇（克里姆斯基）和阿列克謝·伊薩科維奇（索斯尼茨基）很快也到了那個地方。店主對我們的到來十分高興，爲我們準備了水果、紹興酒和木瓜酒，並誠摯地邀請我們一起玩，我們毫不猶豫地在店裏吃了兩個多小時，最後，我們和店主道別後，晚上10點才回到家。①

（3）日記與沃兹涅先斯基之間的聯繫也可以通過間接信息表明。比如，有一個地方，作者寫他在1827年5月9日慶祝他的天使日。根據東正教日曆，這一天名字叫“尼古拉”、“瓦西里”、“伊萬”、“彼得”、“斯捷潘”的人都慶祝他們的天使日。不過作者還寫道：

> （1827年）5月9日，在我的天使日，我爲我們傳教團的成員準備了餐食，整天都在歡樂和幸福中度過，丹尼爾神父還爲聖尼古拉斯主持了禮拜和祈禱儀式。②

有這樣的記載，可以假設，作者就是以聖尼古拉斯的名義命名的。否則，這一天不會專門爲他做禮拜的。

還有一個地方，作者提到他的“弟弟伊萬·伊萬諾維奇”：

> （1827年6月）14日，經理藩院的批準，一位姓Guo的官員被派往主教府（即卡緬斯基的住房），詢問他是否希望給住在祖國的親戚寄信……我們對這次機會感到非常高興，我們都馬上開始寫信，而我，趁著這次機會，給我的弟弟伊萬·伊萬諾維奇寫了一封信並封上，請修士大司祭將其

---

① 《大清道光七年時憲書》，第11頁A面。
② 《大清道光七年時憲書》，第15頁A面。

附在他自己的信中,並寄給理藩院。①

　　雖然筆者還没有找到關於沃兹涅先斯基親屬的信息,但這個片段所提到的"弟弟"跟沃兹涅先斯基有一樣的父名("伊萬諾維奇"),所以能知道他們兩位是同父兄弟。如果他們是同父兄弟,作者自然是尼古拉·伊萬諾維奇,他弟弟是伊萬·伊萬諾維奇。

　　(4)從視覺上看,條目的筆迹完全相同,最大可能都是由同一個人手寫的。

　　筆者認爲,所有提出的觀點均可令人信服地證明,日記確實屬於沃兹涅先斯基的。

四、沃兹涅先斯基日記的内容

　　對日記内容的研究表明,它主要描述了 1825 年至 1830 年間傳教團生活中每天發生的事件。作者描述了自己的經歷,中國皇帝的祭祀行爲(例如 1825 年祈雪),中國人和傳教士的節慶活動(例如 1825 年的春節),中國皇帝的一些法令,蒙古大臣或朝鮮國王的使節抵達北京,俄羅斯人與這些使節以及中國官員、教師、恰克圖商人和西方傳教士的交流,俄羅斯傳教士的内部事務(教會和民事)和經濟事務,他們的閑暇,阿爾巴津人的生活,醫生沃伊捷霍夫斯基對待中國要員的方式,日常事件(例如 1825 年 12 月的物品丢失),乾旱,氣温,等等。

　　這些信息通常單調、枯燥、簡潔,但有時它們包含所見所聞的詳細描述,並輔以對話和對細節的引用。

　　例如,沃兹涅先斯基詳細報道了一年一度的全國性儀式,該儀式雖然充滿迷信色彩,但對於經常遭受旱災的中國説卻具有重要的神聖意義,因此引起了作者的注意:

　　　　1825 年新年到來時,皇帝曾多次親自到天壇求雪,但天庭都没有滿足他的願望。最後,他只好求助於住在京城的活佛。活佛應皇帝的要求,答應上天祈求,並説五天後一定會下雪。皇帝對此大喜,立即任命大公出席祭祀。五天過去了,還是没有下雪。活佛第二次來到皇帝面前,請求再

①《大清道光七年時憲書》,第 17 頁 B 面。

等十天——並宣稱一定會下雪。十天過去了，我們還是没有看到雪。於
是活佛第三次出現在皇帝面前，説："皇帝，請您再等十二天，一定會下雪
的。"皇帝聽後非常生氣，説道："你這個騙子！"活佛回答皇帝説："我不
能讓天下雪，而天的旨意是讓雪花落在所有的天上。"説完他就走了。①
　　作者反復提到乾旱和其他自然災害給普通民衆帶來的問題。這些問題可
能會對傳教士的生活條件産生影響，也會使他們的處境惡化：

　　　　（1827 年）5 月 30 日和 31 日，氣温在 27 到 28 度之間，中午很熱；聽
　　説整個帝國的旱災仍在繼續；時至今日，田地裏很多莊稼已經完全乾枯，
　　人們傷心欲絶，無事可做……我們親眼見證了我們在這裏七年的遭遇，没
　　有一年是好的，前三年中國發生了徹底的饑荒，最後幾年，無論是洪水還
　　是乾旱，莊稼都被毀了。

　　筆記有關天主教傳教士以及俄羅斯傳教士與他們的交流的消息爲北京天
主教傳教團的歷史學家提供了重要信息。筆記不僅記録了有關中國耶穌會士
財産（其書籍、天文儀器等）命運的新信息，而且解釋了俄羅斯圖書館藏書中相
當一部分天主教書籍的來源。這些數據證明，俄羅斯傳教士主要在琉璃廠街
用自己的錢購買書籍。
　　沃兹涅先斯基在 1827 年 2 月的報告中提到了購買耶穌會書籍的情況：

　　　　2 月 18 日，我們遺憾地獲悉北歐教會所有中文、滿文書籍連同滿文
　　基督教書籍被以極低的價格賣給了琉璃廠書店；我們從一位商人得知那
　　裏有基督教書籍出售，因此，當天，我們便立即放下一切事務，去了那家商
　　店，購買了一百多本滿文和蒙古文的各種基督教書籍；是因爲知道，將來
　　完全不可能再得到此書了……從那天起，我們還開始以每月 1,250 大文
　　錢的價格收到報紙，並有權永久保留而不退還；到目前爲止，購買報紙只
　　是爲了閲讀，每月支付 300 大文錢。

　　　　（1827 年 2 月）20 日，我們在琉璃廠的一家書店以便宜的價格購買了
　　一百多本滿文的各種基督教書籍。②

日記還記載了耶穌會士有時會向俄羅斯人贈送書籍的情況：
　　　　3 月 18 日，修士大司祭（即卡緬斯基）和奧西普・帕夫洛維奇（沃伊

①《大清道光五年時憲書》，第 1 頁 A 面。
②《大清道光七年時憲書》，第 3 頁 A 面。

采霍夫斯基)去拜訪耶穌會畢主教,主教對他們的到來非常高興,並説道:如果您們不在這裏,我無論如何也不會留在首都,現在,在我這裏的基督徒中,我不能依靠任何一個,因此,現在我正試圖迅速賣掉我所有剩餘的財産,否則一切都將白白被偷,我謙卑地請求您,在我生病的情況下,將我們這裏的所有財産都歸您所有,在我死後,不要忘記埋葬我。這天,畢主教還向我們贈送了一本附有法語譯文的滿語詞典……①

這裏提到的"畢主教"指的是畢學源(Gaetano Pires Pereira,1763—1838)。19 世紀 20 年代天主教傳教士從中國被驅逐後,畢學源是唯一留在北京的耶穌會的代表。這位傳教士的名字多次出現在沃兹涅先斯基的記録中:

　　　3 月 5 日,我們從歐洲人那裏得到消息説,高先生(高守謙,Verissimo Monteiro da Serra,1776—1852)將於當天離開首都,我們很快就派人叫來馬車,前往南堂,在那裏我們發現他穿著旅行服,他幾乎是淚流滿面,向我們告別並準備上馬車,而畢主教則根據法令能留在首都,直到他康復;然後他開始和我們一起悲傷,説道:先生們,我懇求你們,只要我還活著,就不要讓我失去你們的陪伴,因爲我在這裏没有像你們這樣親密的人,我可以和你們愉快地共度時光。我們在這裏坐了幾分鐘,然後我們就回家了。皇帝因爲歐洲人向天文臺捐贈了天文觀測盤,所以頒佈法令,作爲獎勵賜給高主教經費可以當作直達廣東的路費和餐費。他們的北堂被指定拆除,爲此皇帝再吩咐向歐洲人發放 5,000 銀兩的賠償費。②

　　這些針對各種事件的簡短筆記尤其有價值,因爲它們是由這些事件的直接目擊者編寫的。俄國東正教駐北京傳教團的成員向我們提供了少量的這類材料。對其進行更加深入的研究,也可以拓展我們對清代中俄人文關係歷史的認識。

五、結論

　　沃兹涅先斯基日記的資料作爲研究 19 世紀俄國東正教傳教士在華活動、道光年間中國國内形勢和日常生活以及清帝國的對外關係的新資料,具有很

①《大清道光七年時憲書》,第 11 頁 B 面。
②《大清道光七年時憲書》,第 3 頁 B 面。

高的科學價值。這些日記所包含的信息使我們能夠補充第十屆北京修行使團成員活動發展的歷史背景。沃兹涅先斯基在中國期間獲得的、現藏於聖彼得堡國立大學圖書館的書籍和手稿是獨一無二的,具有重要的歷史和文化價值。它們當然需要深入研究,而且俄羅斯和中國科學家都會對此有所需求。

（作者單位：俄羅斯聖彼得堡國立大學東方學院）

學術書評

北魏史研究中的墓志線索[*]

——以窪添慶文《墓志運用與北魏史研究》爲中心

路雲賀　薛海波

　　北魏是中古墓志定型的關鍵期,該時期的墓志數量顯著增加,規制逐漸確立,内容豐富,可謂研究北魏史的重要材料。近年來,北魏史研究中墓志應用的成果日益增加。欣喜之餘,也存在有待改進之處。首先,本世紀以來的研究成果,多依賴新墓志的發現或原有墓志的公開,對於現世已久的墓志的研究熱情有所不足。其次,墓志材料多被孤立地引以爲證而缺少系統整合,内容提取教條,缺少與傳世文獻的主動聯繫。再次,輯録不少卻研究不足,對數量龐大而内在邏輯難顯的諸墓志,缺少有效的整合、分析手段,多著眼細節考證而缺少將墓志應用於制度結構、歷史趨勢乃至社會整體的考察。最後,對墓志資料性質的理解不足,存在盲信盲從或簡單批判的現象。日本學者谷川道雄曾言:"史料的另外一極,必須有歷史學家的洞察力和構想力。"[①]墓志史料的研究也應當超越實證主義,發揮研究者的洞察力和構想力,以科學的方法和視角運用墓志材料,以求迫近歷史的真相。

---

* 本文是教育部中華優秀傳統文化專項課題(A)重大項目(尼山世界儒學中心):"隋唐歷史文化認同與中華民族的發展研究"(23JDTCZ009)及國家社科基金重大項目"中古域外漢籍舊鈔本整理與'漢文化圈'研究"(24&ZD233)階段性成果之一。
① 谷川道雄主編《魏晉南北朝隋唐史學的基本問題》,中華書局,2010年,頁23。

一、日本北魏史研究中墓志應用的發展歷程

縱觀戰後以來日本的相關研究成果，大體以世紀之交爲界，可分爲前後兩個階段。

至上世紀末，墓志作爲傳世文獻的補證而偶見於諸研究，如宮崎市定《九品官人法研究：科舉前史》爲説明北魏末以來上層州官由中央任命的風氣而引證柳遐墓志，然通觀全書，墓志的出現只是個例[①]。墓志的專論多關注墓志起源層面，如日比野丈夫《關於墓志的兩三點思考》[②] 等。墓志輯録方面，有中田勇次郎的《中國墓志精華》[③]，氣賀澤保規著《中國新出石刻關係資料目録》系列[④]，小原俊樹、勝目浩司《北魏石刻考》[⑤] 等一定數量的成果面世。

本世紀以來，隨著更多石刻史料的公開或出土，有關墓志應用的研究成果也接連面世，大致可分爲以下類型：一、墓志輯録。如梶山智史《新出北朝隋代墓志所在總合目録》[⑥] 和《稀見北朝墓志輯録》[⑦] 對新出墓志和過往遺漏的墓志加以補充、釋文。二、民族史研究應用。如園田俊介《北魏時代匈奴之徙民遼西及其背景》[⑧] 及《南北朝時代的匈奴劉氏祖先傳説及其形成》[⑨] 二文利用墓

① 宮崎市定《九品官人法研究：科舉前史》，中華書局，2008 年，頁 314。
② 日比野丈夫《墓誌についての二、三の考え》，《東洋史研究》1975 年第 34 卷第 3 號，頁 456。
③ 中田勇次郎編《中國墓志精華》，中央公論社，1975 年。
④ 氣賀澤保規《中國新出石刻関係資料目録 1-4》，《書論》第 18/20/22/25 號，1981—1989 年；氣賀澤保規《中國新出石刻関係資料目録 5》，《富山大學教養部紀要》第 24 卷第 2 號，1991 年，頁 23—68；氣賀澤保規《中國新出石刻関係資料目録 6》，《明治大學人文科學研究所紀要》第 41 號，1997 年，頁 117—154。
⑤ 小原俊樹，勝目浩司《北魏石刻考》，《福岡教育大學紀要》第 43 號，1994 年，頁 1—17。
⑥ 梶山智史《新出北朝隋代墓志所在總合目録》，《東アジア石刻研究》第 3 號，2011 年，頁 97—117。
⑦ 梶山智史《稀見北朝墓志輯録 1-5》，《東亞石刻研究》第 5—9 號，2013—2019 年。
⑧ 園田俊介《北魏時代における匈奴の遼西徙民とその背景》，《中央大學大學院研究年報》第 27 號，2011 年，頁 47—72。
⑨ 園田俊介《南北朝時代における匈奴劉氏の祖先伝説とその形成》，《中央大學大學院研究年報》第 34 號，2004 年，頁 1031—1044。

志作爲重要材料,揭示了北魏後期到唐匈奴族的動向,討論匈奴祖先與漢代劉氏、李陵的傳説,分析匈奴的歸屬意識。三、制度史研究應用。如松下憲一《北魏後期墓志的官位與大小的關係》和《北魏部族解散再考》,前者討論了北魏墓志大小與禮制的關係,後者以元萇墓志中的"俟懃曹"爲線索,將其廢除視爲胡漢雙重體制轉爲一元化中華統治體制的諸項改革之一。四、胡漢諸姓研究應用。如堀井裕之《〈北魏楊鈞墓志〉譯注與考察》,通過墓志考察不僅揭示了弘農楊氏的存在狀況,也爲特定門閥姓族的專題性研究提供了範例。同氏《北魏的東西分裂與山東貴族》通過博陵崔氏墓志的考察,揭示博陵崔氏和趙郡李氏的多重婚姻及在此基礎上的緊密合作關係。五、其他類型。如田熊信之《高道悦、李夫人墓志銘和"父天母地"之語》,將墓志銘作爲宗教研究的材料。

　　需特别關注的是,日本學者窪添慶文自本世紀以來陸續發表了《北魏榮陽鄭氏》《墓志的起源及其定型化》《北魏墓志中的銘辭》《關於長樂馮氏諸問題》《北魏弘農楊氏》《遷都後的北魏墓志補考》《北魏後期的將軍號》等多篇研究成果,涉及墓志在北魏政治史、民族史、社會史等各個領域的研究應用,在扎實、系統地梳理墓志之外,也深入探討了墓志材料的性質。收録這些成果的集大成者便是《墓志運用與北魏史研究》這一巨著。故此,本文沿循該著的研究邏輯,力求呈現窪添慶文在北魏史研究中墓志應用的方法和觀點,以期在學習交流基礎上,助力今後的北魏史研究開展。

---

① 松下憲一《北魏後期墓誌における官位と大きさの関係》,《史朋》第 44 號,2011 年,頁 16—25。

② 松下憲一《北魏部族解散再考:元萇墓誌を手がかりに》,《史學雜志》第 123 卷第 4 號, 2014 年,頁 545—568。

③ 堀井裕之《〈北魏・楊鈞墓誌〉の訳注と考察》,《駿臺史學》第 144 號,2012 年,頁 141— 164。

④ 堀井裕之《北魏の東西分裂と山東貴族—「隋・李希仁妻崔芷蘩墓誌」を手掛かりに—》,《明大アジア史論集》第 18 號,2014 年,頁 72—93。

⑤ 田熊信之《高道悦、李夫人墓誌銘と「父天母地」の語》,相川鐵崖古稀記念書學論文集編集委員會《相川鐵崖古稀記念書學論文集》,木耳社,2007 年,頁 216—233。

⑥ 窪添慶文《墓誌を用いた北魏史研究》,汲古書院,2017 年。

二、《墓志運用與北魏史研究》成果與方法概觀

　　墓志資料是本書各篇章最主要的研究著力點,因此作爲前提性研究,必須明確墓志的發展歷程、史料性質等基本問題,這也是窪添慶文在本書第一編《北魏墓志的地位》討論的主題。第一章《墓志的起源及其定型化》從墓志記載内容和順序等方面考察了墓志起源及定型化的過程。關於北魏墓志源流與南朝影響的問題,窪添慶文以梳理表呈現北魏墓志特點,與西晋、東晋、南朝墓志相對比,指出遷都以前的北魏墓志繼承自西晋傳統,並非來自東晋南朝的影響 [①]。北魏遷都後的墓志出現了序中諸要素 [②] 固定化和順序化等變化,呈現出北魏墓志的定型化趨勢,時間爲太和十八年(494)至正始末年(508)的 14 年間,這一趨勢在接下來的永平年間(508—512)更爲明顯。

　　第二章《關於遷都後的北魏墓志的補考》,首先考察了帝室元氏與元氏以外人物在墓志形式與内容、製作地域上的異同。從研究方法看,窪添慶文以遷都之後到孝明帝治世最終年的孝昌三年(527)所做的墓志爲對象,將墓志主分成元氏和元氏之外兩組,兩組内又各自分爲皇帝子孫和代王子孫、墓地在洛陽和不在洛陽的情況,分別整理祖先、家族、官歷等記載情況並進行對比。由此得出結論:墓志記録與皇帝的血緣關係遠近有關,關係越遠墓志記録的自由度越高 [③]。此外,本章還討論了馮熙、馮誕父子的墓志在北魏墓志中的重要地位,尤其馮熙墓志由孝文帝親自撰寫,在結構和書寫方式上對皇子元楨的墓志影響極大,推動了此後的北魏墓志新範例的形成。

　　第三章《北魏墓志中的銘辭》的研究對象指向北魏墓志定型化中銘辭的變化,指出北魏墓志銘辭的長篇化應當受到梁皇族墓志的影響。北魏墓志的銘辭的表現内容也與南朝較爲相似。本章雖篇幅不多,但從銘辭的角度呈現

[①] 作爲特例的劉賢墓志,與宋劉懷民墓志多有相似之處,學界因此多有討論。窪添慶文認爲二者間並非直接關係,這一時期南朝對北魏的影響非常有限。

[②] 包括志額、諱、字、本籍、家系、品行、官歷、卒日、享年、追贈、葬日或立碑日、銘辭等 12 項。

[③] 學界對於這種聯繫背後是否存在明確的等級制度存有爭議,作爲正反觀點的代表,參見趙超《試談北魏墓志的等級制度》(《中原文物》2002 年第 1 期,頁 56—63+68)和松下憲一《北魏墓志的等級制度考略》(《中國魏晋南北朝史學會第十屆年會暨國際學術研討會論文集》,日本北海道大學大學院文學研究科,2011 年,頁 9)。

了北魏墓志定型化過程中與南朝的聯繫。

　　第二編《應用墓志的北魏官僚制研究》通過整理現存的北魏墓志，並與文獻對勘，以推證北魏官僚制的諸側面。第一章《正史與墓志中官職記載的比較——以北魏墓志的官歷記載爲中心》作爲前提性研究，討論了墓志記載的可信度問題。北魏墓志的官歷記載通常比列傳更爲詳細，且大體上是準確的，不過也存在"稍遷""累遷"等省略實務官的情況，兼官、將軍號也可能被省略，更存在只記載最終官的墓志，因此墓志的應用需要仔細研判。

　　第二章《北魏後期的將軍號》通過將大量的墓志整理與傳世文獻對勘得出北魏後期將軍號的一些特點：文官的將軍號官品基本在六品以上，且文官官品與將軍號官品不一致時，絕大多數是將軍號一方更高；起家官、初見官基本上都是文官，帶有將軍號的情況非常少見；從三品將軍的多次歷官順序（龍驤—輔國—冠軍—征虜）反映了官品配置中上下關係的次序性等。此外，他選取墓志中的典型事例以進一步呈現將軍號的特點。如以元暐[1]和元遥[2]二人墓志，説明官員遷轉前的將軍號繼續維持但省略記載的可能（前提是新任官比將軍號低），若調動後的官職高於前職和前將軍號，則不再帶有將軍號。窪添慶文強調，將軍號只在有必要表示官僚地位時授予，無此必要時不授，前職的將軍號也會解除（甚至没有明文）。將此結論對比唐初武德令的部分規定，如"職事高者解散官，欠一階不至爲'兼'。職事卑者不解散官"[3]，則頗見相類之處。

　　第三章《北魏後期的官僚遷轉》中，窪添慶文從墓志和列傳中提取了宣武帝以後至北魏末年的官員遷轉記載事例 80 多個，並且對墓志和列傳中矛盾難明之處，一一注記，整理形成若干表格。窪添慶文發現，以從三品爲分界，其下的遷轉幅度爲一或二官品，其上的遷轉以相鄰將軍號爲一單位，遷轉幅度爲一或二單位，這是北魏後期遷轉的基本方式。對於王翊[4]等特例，窪添慶文指出

---

① 毛遠明校注《漢魏六朝碑刻校注》第 6 册，線裝書局，2008 年，頁 147。

② 毛遠明校注《漢魏六朝碑刻校注》第 4 册，線裝書局，2008 年，頁 350。

③ 杜佑撰，王文錦等點校《通典》卷三四《文散官》，中華書局，1988 年，頁 938。

④ 王翊墓志載："解褐爲秘書郎中……俄轉員外散騎侍郎，又除襄威將軍，補司空主簿。追申起家之屈，遷爲從事中郎，特除中書侍郎，加鎮遠之號，又爲清河王友，餘官如故。"（參見毛遠明校注《漢魏六朝碑刻校注》第 6 册，線裝書局，2008 年，頁 258）由於"起家之屈"而授正五品官，從而實現官品差二的遷轉，隨後加鎮遠（正四品），也是官品差二的遷轉，其理由爲"特除"。

官品差超過一的遷轉通常伴隨著特殊的理由。

　　第四章《北魏後期的品與階》，以北魏後期（宣武帝及以後）爲研究對象，考察北魏的“階”的規則以及“階”與“品”的關係。從結論來看，四品以下官品與官品的間隔爲一階，官品内的上下的間隔爲半階，三品以上則以將軍號間隔爲半階。以軍功而獲得的軍階依據累計數量獲得對應的將軍號，軍事以外的功績也以階累計，考課的結果同樣以階的上升來體現，依據這些上升的階獲得將軍號或官職。本章的研究依據墓志梳理，並以表格的形式更爲直觀地呈現了階的層級結構。窪添慶文認爲，這種層級化的階與黜陟制度一並，給官僚的評價與考課提供了可能，與唐代的考課晋升機制有一定近似性。本章末對過往存在爭議的楊侃、張彝、石信、侯忻等八人的墓志、列傳中階的問題加以解釋。

　　第五章《北魏後期的門閥制——起家官與分定姓族》中，窪添慶文在考察起家官時，整理了太和後令實施以來，宣武帝即位（500）起至孝莊帝即位（528）期間墓志和列傳中的事例。結果發現，起家年齡高低、軍功、南朝“歸國”、父祖的政治地位、北魏當時的政治環境等因素影響起家的高低。以同一年齡、同一官品起家的，若干年後大概率也達到相同官品，並就元乂[①]等特例分析了背後的特殊原因。關於“四姓”的爭議，窪添慶文認爲“四姓”指具體的“崔、盧、鄭、王”，即胡三省的理解[②]，不過柳芳傳的“甲乙丙丁”姓的等級[③]也同樣存在。代人的“姓”姓對應漢族的“甲·乙”姓，代人的“族”姓對應漢族的“丙·丁”姓，代人的“八姓”對應漢族的“四姓”，由此產生的門第差別影響起家官的高低。漢族的姓族除考慮父祖三代的任官情況外，還考慮了婚姻[④]、

----

① 元乂墓志載：“年方弱冠，應物來仕，掩浮雲而上征，搏積風而鼓翼，初除散騎侍郎。”（參見毛遠明校注《漢魏六朝碑刻校注》第 6 册，線裝書局，2008 年，頁 18）推測他 20 歲左右起家，其傳所載延昌四年（515）30 歲時任通直散騎侍郎（從五品上）。正光元年（520）官至侍中、領軍將軍（從二品）。在五年間升六階，升進速度異常之快。窪添慶文認爲是受靈太后寵幸的特殊原因。

② 司馬光編著，胡三省音注《資治通鑒》卷一四〇《齊紀六》，中華書局，1956 年，頁 4394。

③ 歐陽修、宋祁撰《新唐書》卷一九九《柳沖傳》，中華書局，1975 年，頁 5678。

④ 魏收撰《魏書》卷六〇《韓顯宗傳》：“朝廷每選舉人士，則校其一婚一宦，以爲升降，何其密也。”中華書局，1974 年，頁 1341。

先朝官爵①等其他因素。在本章的補論中，窪添慶文依據墓志和列傳的整理，發現北魏前期居於政權上層、勢力强大的胡族（不計宗室）在北魏後期顯著衰減，隨之可見的是漢族與宗室的勢力得到擴張②。窪添慶文認爲，孝文帝改革後的門閥制度，實則是門閥主義外表下的賢才主義③。

　　第三編《運用石刻資料的北魏史研究》拓展到各種石刻史料的應用，研究範疇也深入到北魏政治與社會的若干重要課題。第一章《北魏服屬諸族紀要》，通過《弔比干墓文碑》④《文成帝南巡碑》⑤等石刻材料，與傳世文獻結合，梳理了華北統一過程中諸族納入北魏後的情況。對於四方諸姓，徙民是通常性措施，而四方諸姓之外的胡姓，如匈奴、氐、羌、丁零系則基本留在原居住地。從徙民目的地來看，遷入平城、京師的移民主要是漢族。四方諸姓則大多不進入畿内，被安置在畿内周邊的郊甸地區。窪添慶文强調，儘管郊甸及其接壤地區盛行畜牧業，但不能忽視農業在這些地區的重要意義。另外，對於近來學界關注的"申洪之墓志"⑥，窪添慶文基本認同其作爲原有部落解體證據的觀點，並在此基礎上將部族解散的討論拓展到内入諸姓，認爲隨著北魏領土的擴大，以内入諸姓爲核心的軍團逐漸向各地屯駐，再加上向北方和西北的鎮的人員輸送，内入諸姓所在的八部逐漸縮小爲六部、四部。窪添慶文將這一現象解釋爲部族解散開始涉及内入諸姓的體現。《文成帝南巡碑》中可見的從内入、四

① 唐長孺先生曾以隴西李氏與河東薛氏爲例，指出門第評定時將先朝的官爵與入魏後的官爵一併考慮。參見唐長孺《論北魏孝文帝定姓族》，《魏晋南北朝史論拾遺》，中華書局，1983 年，頁 83—87。

② 對於這一問題，參見窪添慶文《魏晋南北朝官僚制度研究》（窪添慶文著，趙立新等譯，復旦大學出版社，2017 年，頁 420—440）一書。

③ 關於"門閥主義"與"賢才主義"的觀點，谷川道雄有專論。參見谷川道雄著，李濟滄譯《北魏官界的門閥主義與賢才主義》，《隋唐帝國形成史論》，上海古籍出版社，2004 年，頁 110—131。

④ 王昶《金石萃編》，新文豐出版公司，1977 年，頁 477—481。

⑤ 張慶捷、李彪《山西靈丘北魏文成帝〈南巡碑〉》，《文物》1997 年第 12 期，頁 70—80。

⑥ 墓志記録了延興年間去世的申洪之從文㳇于吴提、賀賴吐伏延、賀賴吐根、高梨高郁突四人手中購買平城桑乾河南二十頃地作爲墓域一事。侯旭東先生以此爲原有部落解體的證據的觀點，並在此基礎上討論内入諸姓的解散時期。參見侯旭東《北魏申洪之墓志考釋》，吉林大學古籍研究所編《"1—6 世紀中國北方邊疆·民族·社會國際學術研討會"論文集》，科學出版社，2008 年，頁 218—221。

方諸部廣泛選擇内朝官的做法,説明了北魏統治者力圖維持舊部族間平衡的想法。

　　第二章《文成帝時期的胡族與内朝官》藉由《文成帝南巡碑》以及《弔比干墓文碑》,梳理了北魏政權中胡族諸姓所處的位置。本章的研究思路從四個角度整理並對比:一、孝文帝改革前在列傳中活躍且能夠確認官名的胡姓;二、《文成帝南巡碑》中可見的胡姓;三、《弔比干墓文碑》中可見的胡姓;四、孝文帝改革中擁有官職的胡姓。從研究結論來看,漢族在官歷中很少以内朝官爲初任官,而中途就任的情況較爲常見。與之相對,胡族普遍通過中散官等内朝官而加入官僚隊伍,並推想這一途徑適用於北魏的諸姓全體[①]。《文成帝南巡碑》與《弔比干墓文碑》所載的兩個時期與皇帝隨行的胡族的姓存在不小的重疊,顯示北魏前期高官輩出的姓在北魏後期也基本得以保持,這些姓在北魏政權内長期活躍並據有重要地位。此外,《文成帝南巡碑》中可以見到同一姓存在複數的内朝官,由此推測出於該姓的不同支系。同一姓的不同支系分別擔任内朝官,體現出這一族的壯大。中散官作爲北魏内朝官的代表,在《魏書》中有大量記載,然而在《文成帝南巡碑》中卻未見一例。相反,碑中多見的“内行内小”和墓志中散見的“内小”卻在《魏書》中不見記載。窪添慶文推論二者應當不同,“内小”相當於“中散”,“内行内小”相當於“侍御中散”,《魏書》在書寫時進行了替換。

　　第三章《北魏滎陽鄭氏》研究對象爲“四姓”之一的滎陽鄭氏。依據《滎陽鄭文公之碑(下碑)》,窪添慶文分析鄭氏在永嘉之亂後離開故鄉的情況,如在滎陽東南的淮西地區以及淮南也可以發現鄭氏的活動,甚至成爲當地最有影響力的豪族之一[②]。此外,依據鄭道忠的墓志的記載,鄭叔夜有供職本州的記録,推論鄭叔夜的其他兄弟也有州郡之職,説明正史記載中存在忽略州郡非要職的現象。關於鄭胡墓志中鄭胡及其他三祖(另有一族十七人)在太昌元年十二月改葬一事,學界持有不同的觀點[③]。窪添慶文認爲這一墓志的背景應與

① 不僅指《魏書·官氏志》所列一一八姓,也包含隨著北魏征服而新加入的諸姓全體。

② 此處引用韓樹峰先生的觀點,參見韓樹峰《南北朝時期淮漢迤北的邊境豪族》,社會科學文獻出版社,2003年,頁86—87。

③ 參見郭世軍、劉心健《開封發現北魏鄭胡墓志磚》(《文物》1998年第11期,頁82—83)及羅新、葉煒《新出魏晉南北朝墓志疏證》(中華書局,2016年,頁133—136)。

爾朱榮被誅引起的爾朱氏反擊相關。本章的諸推論中,墓志都發揮了重要的作用。

　　第四章《關於長樂馮氏的諸問題》,從婚姻、子弟教育、人際關係(孝文帝與文明太后、馮熙)等角度考察長樂馮氏的情況。窟添慶文基於列傳和墓志,整理出長樂馮氏與北魏帝室的婚姻關係①以及馮氏子弟引入禁中與皇子同受教養的現象,認爲這些都體現出馮氏與北魏帝室親密的關係,而文明太后就是這種關係的幕後推動者,其主要目的是促進馮氏的繁榮,同時也希望將馮氏作爲帝室的藩屏。馮熙夫妻墓在洛陽建造,對於遷都以後代人葬於洛陽的政策的推行有非常重要的意義。另外,關於文明太后與孝文帝是否爲親生母子,窟添慶文持否定態度,指出由於拓跋鮮卑的習俗,保母、乳母對皇帝的影響力很大,文明太后正是利用了這一習俗幫助其更好地執掌權力,並使得她與孝文帝之間通過養育和教導而形成了如同"母子"般的強烈聯結。對於以内田昌功等日本學者認爲馮氏是鮮卑族或東北諸族出身的觀點,窟添慶文指出馮熙墓志由孝文帝撰寫,志文以長樂信都作爲馮氏本籍,在北魏應是公論。

　　第五章《北魏的弘農楊氏》討論對象爲楊播兄弟及其子孫。窟添慶文依據列傳和墓志,製作了楊氏譜系圖,呈現了自五胡十六國時代的楊結②開始,二子楊珍和楊繼及相應發展的兩支系,並以諸楊氏墓志爲線索逐次討論。歸葬後的楊氏一族墓志本貫記載中精確到"里"名,以及對於"舊塋"意識的強調,體現出墓志是楊氏一族強化家族團結、標志家族"本貫"的重要工具。通過墓志梳理,從楊結開始到楊氏在華陰營造家族墓地爲止,其間楊氏子孫與華陰的聯繫很少,與同時代的滎陽鄭氏等北朝名族顯然不同,推論楊播一族並非出自弘農。此外,《魏書》中留下的疑問——楊播晚年遭遇削除官爵,後卒於家且"停柩不葬",最終贈官和復爵,這一系列變故在其傳中含糊其辭,窟添慶文依據墓志以

①　此處對魯才全先生的成果有所借鑒,參見魯才全《長樂馮氏與元魏宗室婚姻關係考——以墓志爲中心》,《魏晉南北朝隋唐史資料》1996 年第 14 輯,頁 68—79。

②　關於楊結的存在與否學界尚有疑問。作爲正反代表觀點,參見郭偉濤《論北魏楊播、楊鈞家族祖先譜系的構建——兼及隋唐弘農楊氏相關問題》(《中華文史論叢》2017 年第 4 期,頁 131—159+393—394)及尹波濤《北魏時期楊播家族建構祖先譜系過程初探——以墓志爲中心》(《中國史研究》2013 年第 4 期,頁 101—116)。

楊播與高肇的對立 ① 作爲解釋。楊氏的政治地位較爲特殊,特別是擔任禁衛軍或首都周邊防衛的四中府等指揮官而受到當權者的警戒,在政治鬥爭中也難以保持中立 ②。從楊氏一族的妻子的墓志可見,楊氏在婚姻上並没有特意攀附權勢者。加之楊舒墓志記載了楊舒因母親去世哀傷過度,最終去世的事蹟,説明楊播兄弟維持著高度倫理性的生活方式,窪添慶文認爲這是爲了努力塑造名族子孫的形象。普泰元年(531)爾朱氏的報復給予了楊播兄弟及其子孫極大的打擊,由楊穆墓志可見,爾朱氏的報復也波及到楊懿的兄弟後代。

三、墓志應用於北魏史研究的思考與展望

《墓志運用與北魏史研究》一書中,窪添慶文呈現了北魏史研究中墓志材料的多種應用方法。首先,將對應章節主題的所有墓志進行系統整理並補以傳世文獻,重視以各種圖表的形式展現結果,這是窪添慶文貫穿本書各部分的最核心的方法。如窪添慶文從墓志和列傳中提取宣武帝以後至北魏末年的官員遷轉記載,製作“宣武帝以後北魏官僚遷轉過程一覽” ③,進而生成“官職就任次數表” ④(節選爲下表 1),以呈現該時期官職就任的分佈情況。表格呈現的内容豐富,注釋詳細,顯然爲此花費了大量的時間和精力。不過正因如此,研究結論的可信度得以顯著增加,某些共性和趨勢也得以水到渠成地呈現出來。如通過下表直觀可見,正四品以下和從三品以上同一官品内的官職就任次數存在明顯的差異,從三品以上在同一官品内的變動非常顯著,這種真實存在的反差即爲官僚制研究的切入口。依據此種方法,幾乎翻轉了墓志在傳統研究中處於輔助甚至“點綴”的地位,充分展現以墓志材料作爲研究線索甚至研究主體的價值。窪添慶文在本書每章都整理了對應主題的墓志(或文獻)並形成直觀的圖表,爲今後的北魏史研究提供了相當便捷的研究工具。

① 楊播墓志載:“君以直方居性,權臣所忌。帝舅司徒公高肇譖而罪之,遂除名爲民……四年,高肇伏辜,怨屈斯理。以熙平元年,有詔申雪,追復爵位。”見趙超《漢魏南北朝墓志彙編》(修訂本),中華書局,2021 年,頁 119。

② 此處借鑒了李文才、俞鈺培的觀點,參見李文才、俞鈺培《北朝楊播家族研究》,《北朝研究》第 6 輯,科學出版社,2008 年,頁 107—116。

③ 窪添慶文《墓誌を用いた北魏史研究》,汲古書院,2017 年,頁 220—263。

④ 同上,頁 186—189。

表 1　官職就任次數表（節選）

23	22	21	20	19	18	17	16	15	14	13	12	11	10	9	8	7	6	5	4	3	2	1	序號
元略	元諶	元端	元譚	元瞻	元順	元淵	元融	元壽安	元乂	元懌	元誘	元熙	元顯魏	元子直	元昭	元譿	元暉	元遥	元萇	元彥	元詮	元鷙	姓名
																							從7
1									1		1	1											正7
稍遷				1	1						稍遷	1											從6
1	2		1													1							正6
	1				超轉	1	↓		1		1			↓		↓							從5
		1	[2官]					王	↓		1	王	1	1	1	1			王				正5
	1				1				1					1	1		1	↓	↓	王			從4
1	2	1	↓	1	1	1	1			2				2	2	1	1	1	1	↓	1	王	正4
2	1	1	4	2		2		☆1	1	王	1				2	1	1	4	2	1	1	↓	從3
1	2	4	3	4	3	4	4	☆5	1		1	4		1		2	3	3			3	2	正3
	2	2	2	3	4	1	2		1		2				4		2	1			1		從2
					1	4	5	1	1		1						2	3					正2
從3冠軍2、正3之前亡命、歸國、封王	正6上下各1	正3四安3、從2撫軍、鎮軍	從3冠軍3（另假左1）、征虜1、正3四平、四安各2、假四安1	從3龍驤和征虜、正3四平2、從2護軍2	正3四安3、從2護軍2	正4之前王爵、從3冠軍和征虜、從2四鎮4、正2衛2	☆時2官（假征虜）、正3四平2、正3四征3	☆時1官（行州事）、正3前後左右2			正3品四安3		正4品上下各1、從3品冠軍2	正4品上下各1、從3品撫軍3	正4品上下各1、從2品撫軍3	轉直閣將軍官品不明		四征大2	從3輔國、征虜各1	四平3	四平3		備考

注:(1)該時期没有八品以下就任事例,只記録從七品以上。正四品以下雖有上下階之分,此處不羅列。各官品的上下階都有就任的情況,在備考欄中標注。

(2)不記録正從一品的就任數。這是因爲存在正一品不帶將軍號、帶從一品將軍同時就任正一品官職等不符合第二編第二章結論的情況。

(3)深色部分表示没有就職更高的官職。正二品下一欄未塗色的,説明有升進一品的情況。

(4)没有遷轉之語但可判斷爲遷轉的情況,同樣統計次數。將軍號和官職基礎上帶有其他官職的,也統計在備考欄。

(5)官品不明的官職就任,在前後官職之間標記☆或[ ]。不過,官品不明但通過前後就官可以推測的情況不限於此。☆也用於除名、封王的時期。

(6)"稍遷"表示就任官職省略的可能,記録於前後官職之間。

(7)記載順序基本按照没年(没年不明時按照葬年)。

　　其次,將現世已久的墓志加以充分整理,用於傳統問題的再審視,以獲得更全面的新認識,而非局限於新墓志的考釋。如窪添慶文對於北魏官僚制的研究,既有前人結論基礎上的創新,也將過往基於傳世文獻而"推測"的一些觀點,通過墓志的應用加以佐證。特別是以墓志與傳世文獻互補,將前人研究中分散的、孤立的觀點系統地串聯起來,從而愈發接近孝文帝改革官僚制的整體面貌。正如"分定姓族"以緩和民族矛盾,推動胡漢一體化進程;扶植漢族與宗室以打壓胡族貴族,鞏固皇權地位;將起家官之差設置較小,使考課和黜陟得以發揮更大效果,使賢才更容易追趕甚至超越高門子弟等,有賴於墓志對這些制度的補正和串聯,得以窺見作爲最高設計者的孝文帝力圖革故鼎新的改革動機與政治理想,這一點尤爲重要。

　　最後,窪添慶文將墓志的研究方法拓展到以"碑"爲代表的其他石刻的綜合利用,除重視各類圖表的應用外,也有跨時期的不同類型石刻的對照應用、基於石刻性質與製作傳統推敲論證等更加靈活多樣的研究方法,如對於楊椿的次子楊仲彦墓志的製作時間、墓志中的空白行等問題[①],以及學界争論的楊

---

① 由楊仲彦去世時其父楊椿(尚健在)的官歷的中斷,推斷了墓志製作的時間爲孝昌三年。又以墓志不正規(短小、空行、日期塗抹),推測臨時停葬,進而推測突發了難以歸葬華陰的情況。於是與孝昌三年二月莫折念生軍佔領潼關以及同年十月討伐長安叛軍的蕭寶寅反叛建立歷史聯繫。

椿墓志中"高祖結石中山相"的含義^①，窪添慶文利用墓志的性質和製作傳統加以解釋，這些推論體現了墓志史料特有的價值與魅力。

當然，本書也存在一些思考與討論的空間。如窪添慶文在第三編第二章中提出墓志和碑中散見的"内小"及"内行内小"在《魏書》中統一替換爲"中散"及"侍御中散"的觀點，筆者認爲，究竟是替換還是隱去，亦或二者兼有，仍待今後更多論證。首先，《魏書》中官職缺失記載的事例並不罕見，自魏收書成時便已有人控訴^②。當然，"内小""内行内小"畢竟一例未見，因此，更應推測是魏收故意曲筆，原因是此類官職被時人認爲"不雅"^③。既如此，相比於改寫，隱去不記顯然更加便利且穩妥。其次，如丘哲墓志載"七歲之年，擢爲内行内小……在司未幾，復轉爲中散"^④，説明二者顯然並非同一職（這一墓志本書有載，並直言難以解釋）。再如侯剛一例，其墓志載："太和五年，文明太后調爲内小……嘗食典御。"^⑤且《魏書·侯剛傳》載："少以善於鼎俎，進飪出入。久之，拜中散，累遷冗從僕射、嘗食典御。"^⑥依據窪添慶文的理解，墓志的"内小"即列傳的"中散"。然而，《魏書》所言侯剛的"進飪出入"與"拜中散"之間明確有"久之"一語，顯然二者之間存在相當程度的時間差。根據墓志記載，侯剛卒於孝昌二年（526），享春秋六十有一，倒推可知太和五年（481）的侯剛只有十七歲。如果侯剛所任"内小"就是"中散"，那麼"久之"以前"進飪出入"的侯剛恐怕只有十四五歲甚至更加年幼，作爲侍者自然没有問題，但作爲服務禁内的庖廚實在過於年輕。

---

① 《魏書·楊播傳》中記録楊結爲慕容氏（前燕）的中山相，然而楊椿、楊順、楊津的墓志中有"結石中山相"的記録。窪添慶文結合北魏墓志的習慣——記録祖先的官職時，非北魏的官職會冠以王朝名，認爲"石"指的是後趙。後趙滅亡後楊氏仕於前燕，前燕滅亡後仕於後燕，導致了《魏書》中擔任慕容氏的中山相的錯誤。

② 參見周一良《魏收之史學》，《魏晉南北朝史論集》，北京大學出版社，2010年，頁226。

③ 《文成帝南巡碑》載有21個内行内小，普遍年齡較小，也盡是服侍皇帝的文秘、廚師之類地位低微的工作。嚴耀中先生曾指出"内侍長"被時人認爲"不雅"的現象（嚴耀中《北魏内行官試探》，《中國魏晉南北朝史學會成立大會暨首屆學術討論會論文集》，1984年，頁338—351），那麼地位低微的"内小""内行内小"應更是如此。

④ 趙超《漢魏南北朝墓志彙編》（修訂本），中華書局，2021年，頁342。

⑤ 毛遠明校注《漢魏六朝碑刻校注》第6册，線裝書局，2008年，頁36。

⑥ 魏收《魏書》卷九三《侯剛傳》，中華書局，1974年，頁2004。

藉由上述討論，筆者希望將視角重新轉向對墓志性質的關注。正如《魏書》不載（無論被替換還是被隱去）的"内小"之語卻在墓志中散見，應當認識到，與《魏書》等文獻的"傳世"之性質相比，久眠地下的墓志顯然在"志"的層面具有特別意義。儘管墓志天然地存在美化墓主及其家族的主觀傾向，卻也可見其有別於文獻的客觀一面。理解並利用墓志的這種性質，需要從龐雜的内容中抽絲剝繭、去僞存真，對研究者洞察力與耐心的考驗極大。而本書以墓志爲主要線索，開展了繁雜的梳理工作，爲今後研究者的墓志運用提供了極大便利。書中對於墓志的處理方法及生成的新觀點，也多有可供思考借鑒之處。展卷讀來，頗爲感佩作者思維之縝密、用力之深切，唯望藉由本文，更能使之惠及今後學界。

（作者單位：南京師範大學歷史文博學院）

先唐女性話語的遮蔽與建構

——評胡秋蕾《棄婦和閨怨：早期中古文學中女性話語的形成》*

賴伶雙　張　月

　　胡秋蕾教授於哈佛大學師從宇文所安教授（Stephen Owen）並獲得博士學位，現任教於紐約城市大學（The City University of New York），其研究領域涵蓋中國歷史、文學、文化、東亞研究及宗教等。2023 年，她出版了專著《棄婦和閨怨：早期中古文學中女性話語的形成》[①]，該書探討了早期中古時代的文人心態、文化思潮、社會政治對文學表達中女性話語的影響和互滲。中國古典文學語境形成了以男性爲中心的叙述傳統，女性作者處於邊緣地位甚至被排除在外。然而在文學文本中，男性描繪了諸多的女性人物形象，甚至有時會代入女性身份替其發聲。文本在“代言體”形式下呈現出的女性話語，與真實的女性作者的聲音存在顯著差異，其背後隱藏的是男性的思維以及對女性的“凝視”視角。據此，該書探討了男性文人在作品中對女性凝視的變化，女性形象在詩賦創作中充當的角色，中古時期文人嘗試引入女性聲音的心態和原因，考察了可能繫於女性名下或由女性創作的詩歌，揭示了不同視角、不同主體的寫作中的女性話語及其包涵的社會意識及文化觀念。

　　* 本文是澳門大學多年度研究資助（MYRG–GRG2023–00028、MYRG-GRG2024–00068）的階段性成果。

[①] Qiulei Hu, *Abandoned Women and Boudoir Resentment: The Construction of the Feminine Voice in Early Medieval Chinese Literature*, Brill, 2023. 本書評中直接引用的古籍均出自該書，以下注釋從略。

　　美國學者艾朗諾教授（Ronald Egan）對男性寫作主體與女性話語生成進行了專門的考察和討論①。圍繞李清照才女形象的生成及接受現象，艾朗諾指出，在“男子作閨音”的作品中，讀者能夠很好地區分作者與叙述者，而女性詞人的詞作則被視爲自傳。通過將角色與作者相聯繫，能夠滿足男性對女性的想像。此外，李小榮教授也在研究中指出，所謂女性聲音並非對寫作主體的定義：“中國歷史上男子長期地大量地模擬閨音，説明女性聲音可以只是一種文本效果。”②就現有的文學選集中普遍存在的女性聲音而言，即使是那些署名爲女性作者的作品，可能由男性代言並分配了女性作者的名稱，也可能是男性編撰者依據傳統的性別立場篩選出符合期待視野的作品。國內學者蔣寅教授曾就女性話語的生成和建構進行了分析：“所有對女性的觀照、表現和評價，無不出自男性的視角，無不是男性話語，甚至作品中出現女性第一人稱的陳述，也往往是男性欲望對象化的表現。理解了這一點，我們就知道中國古代的女性形象，純然是按照男性的意志模塑出來的，體現了男性世界的倫理和審美要求。”③在以男性爲主導的話語體系之下，女性主體長期處於被建構的狀態。同時，主流之外的女性寫作，則呈現出與男性所建構的女性化話語截然不同的樣貌。在不同時代、性別、立場文人的多方互動之下，被建構的女性話語與女性自身話語之間形成張力，共同構成了中國文學傳統中不可或缺的景觀。

　　胡秋蕾的《棄婦和閨怨：早期中古文學中女性話語的形成》在此學術背景中展開，全書除前言和“尾聲”外共五章，大體按照時代發展及相關女性話語的演變推進論述，在時間範圍上主要聚焦於早期中古時代（書中定義爲漢末建安至南朝梁）。前言強調，應當正視文獻材料和歷史叙述中的“缺失”。這種“缺失”可能是由於文獻的散佚，也可能是文人有意的遮蔽，導致某些特定的女性話語在文學發展中出現了缺席。全書試圖論證這種缺失的背後存在著一種有意的建構，而被建構出的女性形象和女性話語，連同女性自己的創作，共

---

① Ronald Egan, *The Burden of Female Talent: The Poet Li Qingzhao and Her History in China*, Harvard University Asia Center, 2014. 中譯本：艾朗諾著，夏麗麗、趙惠俊譯《才女之累：李清照及其接受史》，上海古籍出版社，2017 年。
② 李小榮《女性聲音與主體：西方漢學研究明清女性詩歌的理論與方法》，《國際漢學研究通訊》第 6 期，頁 10。
③ 蔣寅《美感與性感——唐前文學中對女性美的表現及其流變》，《安徽大學學報》（哲學社會科學版）2010 年第 1 期，頁 8。

同構成了文學傳統,從這一角度而言,無論是被代言的女性還是女性的創作都具有不可忽視的意義。同時,前言部分辨析了"性別""文學話語""表演"三個關鍵詞。"性別"概念受到朱迪·巴特勒(Judith Butler)的啟發,即不僅關注作者真實性別,更重視文本呈現出的性別特徵[①]。"文學話語"則源於"詩言志"的理論背景,試圖討論其在具體呈現過程中的諸多可能性,包括作品與作者之間的對應關係及代言現象。"表演"不僅包括戲劇舞臺演出的含義,還指向具有文學獨特意義的文本模仿與扮演。最後,前言通過分析樂府詩《塘上行》的傳播和接受史,展示了這些關鍵詞的具體含義及應用,談及原作者的不確定性、文本的表演性與代言性、後世擬作對作者身份模糊性的消除,以及不同版本對女性話語的選擇等問題,這正是全書核心論題的縮影。

第一章指出,儒學思想和文化活動在漢代興盛,尤其是東漢以來,大量文人從事解經、注經的工作,形成一種將女性作爲政治隱喻的寫作模式與闡釋體系。這使得女性形象與政治話語緊密相聯,並爲士人在文學作品中書寫女性賦予了合法性。該書著重關注《詩經》和《楚辭》兩大經典的解釋傳統之外的書寫女性與欲望的作品,深入探討這些作品中的政治與道德内涵、寫作心理以及接受現象。因此,本章考察了三類女性書寫,分別是宮廷賦中的女性、樂府題材下的採桑女和《古詩十九首》中的樓上女。

宮廷賦中的女性人物往往成爲溝通作者、讀者以及統治者之間的媒介。例如,宋玉在《高唐賦》中描述了楚襄王夢境中的神女,通過對其美貌、神聖與夢幻的描寫拉開了帝王與讀者的距離。帝王將對自己夢中女性的記述權力交予臣下,借由媒介使自己不必直接面向受衆,也不必直接講述自己的親身經驗,從而向公衆維護了自身作爲帝王的權威和神秘性。在這裏,神女成爲了帝王的專屬品,女性的美貌與他所擁有的財富、權力等共同展示給世人。宋玉作爲代寫者,雖極力描繪神女的外貌,但最終目標是向帝王致意和效忠,同時代表帝王面向受衆。宮廷賦中的女性形象被視爲帝王權力的象徵,對女性的書寫不以女性本身爲目的,而是一種鞏固帝王至高無上地位和威嚴的手段。通過這種君王、作品、代寫臣下及受衆的互動,帝王擁有了對整個過程的絕對享受,也宣示了他的絕對權威。

然而,對女性身體形象的展示引發了男性的道德焦慮,作者需要反復地强

---

① Hu, *Abandoned Women and Boudoir Resentment*, p.8.

調自己對美貌毫不在意,常用的手法是將自己的堅貞和道德置於美色的誘惑和考驗之下。譬如在司馬相如的《美人賦》中,講述者因受到鄒陽誣讒而向梁王自我澄清,認爲孔子和墨子因躲避到見不到誘惑的地方而保持了節操,自己卻能夠在直面美人的情況下保持正直,更勝一籌。講述者借此向君王證明了自己的高尚品格和忠貞不貳,面對道德危機,女性形象變爲了宣告自身清白與能力的手段。相似地,臣子以帝王的命令爲理由鋪陳描寫女性之美,並將其塑造爲他人(帝王)的慾望對象,也能有效地宣告自己面對女色危機的掌控力,從而消解了可能産生的道德焦慮。總體而言,在宮廷賦的女性寫作中,由於女性作爲被凝視、觀賞的對象,其美貌的展示容易引發對道德危機和政治秩序動搖的恐懼和焦慮,因此在寫作中,書寫者或通過建構道德榜樣,或是通過替帝王代寫,從而使得對女性美貌和欲望的書寫具有了政治與道德上的合法性。

到了樂府詩及魏晉時期的同題材詩歌中,對女性的書寫有所變化,出現了"向前"(stepping forward)和"後退"(stepping back)[1]兩種不同的方向,引發了觀衆對女性凝視欲望的持續以及凝視對象的轉移。胡秋蕾以不同時期"採桑女"形象的描寫爲例進行分析:在樂府詩《陌上桑》中,女性羅敷主動展示美貌,並與詩中的男性及詩外的觀衆積極互動。當詩中男性産生了超脫道德和秩序的私人佔有慾望時,爲了維持觀衆對女性的凝視與欲望,詩歌便安排羅敷採取轉移凝視對象的策略,即將描寫外貌的焦點轉向羅敷的丈夫。通過推出新的對象,文學作品對外貌美的戲劇化展示具有了"向前"的推進效果。到了魏晉文人的筆下,採桑女形象則出現了反向的變化。曹植《美女篇》中的採桑女不像樂府詩那樣主動向外界展示美貌,而是儘量回避感官性和戲劇性的用語。在詩人的有意引導下,讀者的注意力從對外貌的觀看轉向對内心的感知[2]。在胡秋蕾看來,凝視目標由外至内的轉向,意味著一種外界欲望與權力操控的"後退",通過這種後退,女性的内心世界得以展示,内在價值得以彰顯,而女性在詩歌中發聲也獲得了可能性和必要性。

對《古詩十九首》中樓上女形象的塑造展現了男性凝視下女性書寫的不同面向,以及女性人物在詩歌中所展現出的不同回應姿態。一種明顯的"共

---

[1] Hu, *Abandoned Women and Boudoir Resentment*, pp.52-53. 本書評中的英文術語均出自該書,以下注釋從略。

[2] Hu, *Abandoned Women and Boudoir Resentment*, p.48.

情性凝視"（Sympathetic Gaze）出現在了樓上女的書寫之中。胡秋蕾對比了
《古詩十九首》的《其二》與《其五》。《其二》刻畫出"娥娥紅粉妝，纖纖出素
手"的樓上女形象，詩歌在細節上以極具戲劇表現力的方式描摹出女性對自己
美貌的主動展示，迎合了觀衆的凝視。相反地，《其五》通過隱晦的方式描寫
樓上女，避免了直接呈現其容貌和形象，只有琴聲透露她的存在。學界常言此
詩是失意人聽聞樓中琴聲而感到知音不遇的悲涼[1]，然而胡秋蕾強調，詩人默
認高樓中的彈琴者爲女性，試圖通過琴聲與女性的内心世界產生共鳴，同時促
使讀者的凝視目光轉移和深入女性的内心，從而激發出對其内在的共情。通
過這樣的視角，《其五》中的女性形象與《其二》形成了截然相反的特徵，也呼
應了詩人對女性書寫的"向前"與"退後"兩種建構模式。女性從作爲溝通帝
王、代寫者與受衆的媒介及男性證明自身道德的參照，轉向以美貌迎合觀衆的
欲望，再到後來退出外貌凝視、得到同情。此過程中，女性人物的主體性逐漸
被挖掘和彰顯，從而爲後期男性文人借助女性進行自我觀照甚至女性的自我
表達提供了思想基礎。

　　第二章探討了建安時期詩歌中的女性話語。隨著帝國的崩潰所導致的混
亂和複雜的政治秩序，以及建安文人集團的興起，當時以宮廷詩爲代表的女性
話語寫作呈現出不同於漢代的模式。士人從此前以滿足帝王需要爲目的，轉向
了自我關注以及對理想人格和同道中人的追求。因此，這一時期作品中的女
性話語更多地用以男性的自我映照。首先，統治者如曹操和曹丕親自參與了宮
廷文學的建設，使得原本需要中介進行間接展示的文學話語變得更加直接和親
近，文學創作的階級性被打破，文人開始在寫作中思考自我的理想和價值。由
於經歷亂世，對人生的感喟、對生命不朽的渴望成爲這一時期文人寫作的共調。
隨著文學寫作不再以表現君王的權威和榮耀爲目的，建安文學的期待讀者"從
個體的統治者或在場的文人，擴展到包括局外人和後來者在内的更大的讀者群
體"[2]。受衆的參與使得文學中的女性話語内涵發生了顯著變化，從早期的道德參
照以及欲望凝視，轉變爲個人理想價值的象徵、情感吸引和溝通讀者的媒介。

　　其次，胡秋蕾以陳琳的《神女賦》作爲建安時期女性人物書寫的標志，認

---

[1] 葛曉音提到，此詩"由夜半獨聽高樓弦歌聲的場景引起'知音稀'的傷感"。參見葛曉音
　《論漢魏五言的"古意"》，《北京大學學報》（哲學社會科學版）2009 年第 2 期，頁 11—21。
[2] Hu, *Abandoned Women and Boudoir Resentment*, p.73.

爲其開啓了女性人物作爲作者自身詩意想像的建構模式。《神女賦》中“感詩人之攸嘆,想神女之來游”一句,表明了作者對於女性的書寫完全出於個人豐富的文學經驗,胡秋蕾稱之爲“靈感”的引發[①]。作者不再將神女塑造成帝王夢境中遥不可及的神聖對象,而是一位能與之平等相處的女性人物。另外,《神女賦》還展現出神女對作者才華的極高欣賞。陳琳在作品中建構了神女與作者相互傾慕的關係,同時也讓女性人物與作品之外的讀者産生情感的互動。作者借由神女反映自身才華,將之作爲自己傑出品質的映照,從而讓女性成爲了自己的化身。對此,胡秋蕾敏鋭地指出:“幾乎所有的建安賦中的神女寫作,都建立了一種作者與神女之間的認同,這種認同建立在相互承認和欣賞的基礎上,以至於神女的形象有時與作者的形象難以區分。”[②] 在建安文學的環境中,神女形象更進一步代表了一個文人群體,映照出文人集團共同的價值觀和理想追求,對神女的贊頌彰顯了文人群體的自身凝聚力和精神。當時的文人群體更多地轉向對個體價值的反思,女性建構則是他們個人價值反思中的一個重要介質。

其三,建安文人並不止步於塑造神女形象,而是進一步將對女性的觀照下沉到了民間。胡秋蕾列舉了曹植《妾薄命行·其一》中的歌女、《妾薄命行·其二》中的侍餐女以及曹丕《善哉行》中的女性樂曲家,探討了建安文人對女性的書寫從君子好逑轉向了對“知音”的追求。以曹丕《善哉行》爲例,詩歌的前半部分描述了一位精通音樂的女性人物,後半部分以“鳥”的意象暗示了詩人對知音的渴求。相應的,女性的崇拜也引申出有志之士對政治抱負的追求。胡秋蕾以曹丕詩中的“嗟爾昔人,何以忘憂”一句爲線索,發掘了詩人對於過往文學知己的追念,在對女性的建構之中,建安文人進一步表達了對知音的渴求。對自我的鏡照、對知音的渴望、對過往的追思最終形成了建安文人對於集體身份的確認和一種對“同道中人”的篩選。通過對比曹植《雜詩·四》中的“佳人”與“時俗”,胡秋蕾觀察到建安文人在對女性人物的建構中蘊含了文人價值的優越感以及有意與庸俗大衆相區別的觀念。她總結道:“女性從中央集權的皇權象徵轉變爲文學界的共同理想。建安作家通過描寫女性與他們在詩歌中的自我形象的共鳴互動,使女性成爲詩人自身美德、抱負

---

① Hu, *Abandoned Women and Boudoir Resentment*, p.74–75.

② Hu, *Abandoned Women and Boudoir Resentment*, p.76.

和才能的外在表現。”①

　　建安文人對“情”普遍悲觀,對女性的追求往往都以失敗告終,早期宮廷賦中將美女作爲所屬物的觀念在建安時期幾乎不存。在胡秋蕾看來,這種對情的不信任在建安文學中常常與神女追求的主題兩相結合。基於這種不信任,普通詩人或賦作者需要在寫作時極力地壓抑自己的情感,掌權者如曹丕則在《戒盈賦》中表現出了“對滿足的焦慮”(anxiety about satisfaction)。建安文人的焦慮與西漢宮廷寫作中對秩序危機的憂慮存在不同,因爲建安文學並不要求節制欲望,學者指出,“及時行樂”與“建功立業”的兩大重要主題並存於魏晉及劉宋文學中②。因而胡秋蕾提出:“建安時期的賦作對情欲的否定態度,更多的是由於意識到情欲的無常,而不是因爲擔心情欲可能造成道德敗壞或其他不良後果。”③命途多舛的女性人物進入了文人視野,成爲他們筆下用以比附生命無常的對象。這種由命運不定引發的悲觀態度,事實上與建安時期文人在特定的歷史社會環境之下對於時光易逝、政權動蕩的敏感心態緊密相關。女性情感的脆弱與對生命短促的憂鬱結合在了一起,成爲此時期文人心境的鏡照。

　　第三章探討了文學體裁與女性話語的關係。魏晉時期的五言詩作爲承載諸多歷史故事中女性形象和女性聲音的常見載體,以其體裁本身具備的“表演性”(performativity)或“表達性”(expressivity)特徵,成爲情緒表達的媒介,許多五言詩被認爲是女性作家的作品。胡秋蕾探討了這些五言詩緣何與女性話語產生了密切聯繫。她提及了宇文所安的《中國早期古典詩歌的生成》④,如其所言:“在很多情況下作者跟標題一樣,也是推論的結果,是添加給一篇作品的。”⑤胡秋蕾的關注點則是站在性別的角度考察詩歌獲得女性話語的過程,關注詩歌中的情感因素緣何被默認爲是女性的聲音,以及一些詩歌爲何被認

---

① Hu, *Abandoned Women and Boudoir Resentment*, pp.85-87.

② 詹福瑞《魏晉劉宋詩文建功立業與及時行樂的生命取向》,《清華大學學報》(哲學社會科學版)2020 年第 5 期,頁 36—43。張月《論江淹對左思〈詠史〉的模擬與接受》,《北京大學學報》(哲學社會科學版)2024 年第 3 期,頁 63—73。

③ Hu, *Abandoned Women and Boudoir Resentment*, p.93.

④ Hu, *Abandoned Women and Boudoir Resentment*, pp.100-101.

⑤ 宇文所安著,胡秋蕾、王宇根、田曉菲譯《中國早期古典詩歌的生成》,生活·讀書·新知三聯書店,2012 年,頁 8。

爲出自女性之手。

　　本章考察了《漢書》中的記載,其中的五言詩並未明確體現出與女性話語之間的緊密聯繫,反而是楚歌具有更明顯的抒情效果。除去兩首出自無名氏的民謠或童謠之外,《漢書》中只有兩首繫於具名之下的五言詩,即戚夫人的《春歌》和李延年的《佳人歌》,胡秋蕾總結其特徵:作詩者通常身處下位、語言樸實無華、詩歌以描述性而非表現性爲主,“它們陳述事實或真理,而非傳達個人情感”[1]。但到了建安時期,五言詩的創作取得了明顯的進展。胡秋蕾從五言詩情感表達的轉向、文人以棄婦口吻寫作、將詩繫於女性名下,以及女性“缺失的聲音”四方面展開探討。

　　第一方面,建安時期的五言詩真正開始轉向對個人化情感的表達。以王粲《七哀詩》爲代表的文人五言詩通過記録個人經歷和心路歷程,與讀者進行直接的情感交流。此外,五言詩在當時還承擔一定的娛樂和表演功能,更適合文人在輕鬆、愉快的氛圍中抒發自己的情感。文人在五言詩的寫作中可以暫時擺脱身份地位的約束,自由地吟詠一些可能與他人共情的內容。他們有時會在詩歌中模仿和充當他人,創作“代言詩”。在這樣的背景下,建安文人的五言詩中常常可見女性的聲音,這些聲音源自詩人對女性人物的模擬[2]。

　　第二方面,建安文人常以棄婦的口吻進行寫作,如曹丕《代劉勳出妻王氏雜詩》、徐幹《室思詩六首》。清代張玉穀曾評價曹丕的《寡婦詩》:“詩傷寡婦,而竟代寡婦自傷,最爲親切。”[3]這種“男子作閨音”的現象在建安流行起來。建安文人除了寫作大量的代言體五言詩,還有如曹植的《出婦賦》《寡婦賦》《感婚賦》及王粲《出婦賦》《寡婦賦》等賦作,均體現了男性文人在作品中代擬女性聲音的寫作模式。這種寫作模式既是文人追隨潮流、迎合輿論的體現,也表露出對不幸女性的共情,從而以寫作實踐推動五言詩從叙事轉向抒情。

　　第三方面,除了明確的男性代言詩,還有一些詩歌被繫於女性名下,在胡秋蕾看來,這大多是後代讀者依據詩歌內容而分配的作者。例如,前叙《代劉勳出妻王氏雜詩》在《玉臺新詠》中被歸到棄婦“王宋”的名下,班婕妤的《怨詩》亦可能是寄名,或許是人們考慮到此詩與班婕妤的經歷相吻合:“班婕妤

①　Hu, *Abandoned Women and Boudoir Resentment*, p.105.

②　Hu, *Abandoned Women and Boudoir Resentment*, p.112.

③　張玉穀著,許逸民點校《古詩賞析》卷八《文帝》,上海古籍出版社,2000 年,頁 181。

作爲歷史上最著名的棄婦之一,成爲這首詩的一個完美的敘述聲音,後來成爲
'作者'。……女性作者的確認往往與一種理念有關,即失落、遺棄和絶望的情
緒只屬於女性,而對這種情緒的真誠表達只能來自個人經歷。"①將詩中的自傷
繫於女性作者,體現了文人觀念中不幸的、弱勢的情緒與女性人物的適配。胡
秋蕾稱這種寫作模式爲"錯誤的歸屬"(misattribution)②。這種問題在後世對
女性作品的解讀中也存在,例如艾朗諾提到的李清照③。以上現象表明,儘管
對女性的凝視已經不再浮於外在,但是這種窺探女性内心並以不約而同的默
契爲女性賦予情感經歷的做法,更體現了男性文人對於女性話語的不平等的
掌控。

　　最後一方面,五言詩在對於歷史上諸多女性人物的吟詠中加入女性本人
的聲音,體現了早期中古文人對女性在史傳中"缺席的聲音"的關注和記録,
例如相傳爲蔡琰所作的《悲憤詩》、石崇的《王明君辭》。在胡秋蕾看來,這種
做法緣於"六朝文人對官方歷史記録中缺失的聲音,以及對了解過去的另一種
視角,有著强烈的興趣",以及"被遺棄的女性角色的痛苦是幾乎所有這些歷史
故事中不可或缺的因素"④。爲了滿足受衆對於歷史故事的期待和對於女性人
物情感經歷的好奇,詩人寫作了大量以女性爲主體的怨婦詩,有些在後世的傳
播中被直接繫於她們名下。此外,五言詩的體裁在這個過程中發揮了重要的
媒介作用,以至於當徐淑寫作四言詩《答秦嘉詩》時,文人也要通過插入"兮"
字而使之變爲五言,從而使詩歌與女性聲音之間的聯繫更緊密。通過爲詩歌
賦予女性作者、加入歷史女性的聲音以及更改體裁等舉措,魏晋文人希冀爲歷
史補缺,並將棄婦、離情與女性緊密結合,使這樣的女性話語和形象進入後世
的詩歌記憶之中⑤。

　　第四章探討了詩歌寫作中的性別模糊性和解讀多義性,這種模糊多義性
在漢末、魏晋時期開始逐漸降低。模糊性的消解以及性別和形象的明確,使得

---

① Hu, *Abandoned Women and Boudoir Resentment*, pp.114-117.

② Hu, *Abandoned Women and Boudoir Resentment*, p.116.

③ 艾朗諾著,《才女之累:李清照及其接受史》,頁 84—86。

④ Hu, *Abandoned Women and Boudoir Resentment*, pp.124-127.

⑤ 關於女性形象與記憶書寫的互動關係研究,可參見賴伶雙、張月《重構、固定與流傳:文
　　化記憶視域下的〈長生殿〉研究》,《文學研究》2024 年第 1 期,頁 91—102。

詩歌文本的性別闡釋空間逐漸變得狹窄和局限,後期對詩歌意義的解讀也逐漸轉向了性別之外的意象、語詞、韻律等方面。本章從《古詩十九首》及擬作和"李陵詩"中的性別問題、對詩歌性別模糊性的修正、對女性聲音的標記三大主題論述了魏晉文人如何對文學書寫中的女性聲音進行賦予、明確和限制。

　　《古詩十九首》中的講述者性別存在模糊性,使得詩歌所表達的情感具有了普遍性,這爲後世的詩歌闡釋提供了開放空間。讀者在閱讀詩歌的過程中可以將自身帶入叙述者的角色,從而對詩歌吟詠的情感産生共鳴。由於讀者的性別不定,詩歌將講述者性別的模糊處理可以讓詩歌面向更普遍的接受群體,平等地向不同性別的受衆進行積極的互動和情緒渲染。胡秋蕾以《古詩十九首·行行重行行》作爲案例,認爲詩歌中以"去性別化"的語言描述對離別之人的思念,訴說者具有身份和面貌的多種可能性,由此,許多正處於不同離別場合和心境中的讀者都有可能在詩中代入自身①。《古詩十九首》極大地開拓了對詩歌內涵,尤其是詩歌講述者及其情感表達的闡釋空間。然而,魏晉文人在對其進行模擬的過程中,開始有意地減少詩歌作者和形象的模糊性,情感流露的主體形象變得明確②。這種身份的分配基礎源於文人的慣常認知中對於男性與女性社會角色的分工和定位。例如,在陸機的擬詩《擬明月何皎皎》中,尾聯的"游宦會無成"通過仕途話題與男性遊人的形象緊密地聯繫起來,不僅爲模糊的詩歌事件賦予了一個合乎情理的動機,並"將原本開放性的講述者身份定義爲了男性"③。劉鑠的模仿也爲詩歌分配了具體的性別身份,並試圖在詩歌書寫中加入個體化的聲音。

　　相傳是李陵和蘇武的詩歌在流傳的過程中被加入女性的聲音。胡秋蕾以繫於李陵名下的一組詩歌爲例,探討了其中的性別表達和性別話語中的前後矛盾和不一致的問題。詩歌中人物聲音所歸屬的性別常常發生變化,其原因可能是多首離別詩的組合。後人爲了給這些矛盾的性別話語提供合理的解釋,採用了不同的記錄方式。例如,《玉臺新詠》將部分詩歌歸入蘇武名下,認爲這部分作品是蘇武寫給妻子的,並同時收錄了蕭衍爲蘇武妻子代言的"答詩";江淹在對李陵詩歌的擬作中的"結髮"一詞爲作品加入此前未有的女性

① Hu, *Abandoned Women and Boudoir Resentment*, pp.136-137.

② Hu, *Abandoned Women and Boudoir Resentment*, p.135.

③ Hu, *Abandoned Women and Boudoir Resentment*, p.141.

角色。由此可見，早期中古文人可以根據自己的想法爲詩歌分配或更改性別元素。這種自由的組配體現了詩歌寫作和接受本身具有相對的靈活性和開放性，也側面説明了詩人對於詩歌中性別元素的關注。除了作者身份的自由以外，研究重點提出，傳統上還常常將詩歌中具有思念愛人意味的話語視作女性的聲音。以《玉臺新詠》和《藝文類聚》中所收徐幹《室思》的不同版本爲例，《藝文類聚》版本中講述者的性別存在不同的可能性，然而《玉臺新詠》版本通過對一些關鍵字句的改動將之明確爲妻子對丈夫的思念。南朝文人在對《室思》的模仿中，更以鮮明的用語寫作擬代女性思念愛人的作品，由此出現了大量的閨怨詩。這種因與丈夫分開而産生怨情的女性心境，與那些追求仕途功名、羈旅思鄉的男性心境，成爲了兩種與性別緊密結合的情感特徵，不同類型的情感也成爲讀者用以識別詩中主角性別的標志。

　　通過進一步比較西漢宮廷賦、漢樂府詩歌中的女性形象，還可以發現在魏晋以後的詩歌中處於神聖、神秘、具有引發道德和秩序混亂的危機中、迎合或操控男性的凝視和欲望的女性形象大大減少，取而代之的是那些順從的、獨守空閨的、苦情的、思念和渴望愛人的女性形象。並非這些美人、採桑女等人物不再出現在後世詩歌中，相反，她們仍然存在，但是卻增加了被拋棄、悲傷失意的經歷與情感色彩。自魏晋之後，文學作品中雖然不乏具有神秘色彩的神女、美麗的採桑女，但是她們已然與早期的形象相去甚遠，而被賦予了魏晋文人所建構的棄婦、閨怨色彩。文人將曾經面對男性處於強勢地位的女性人物進行了逆轉，文學中的女性話語逐漸轉向了劣勢和被壓制的地位。這種地位的逆轉不僅僅體現在文本層面，更重要的如胡秋蕾所指出的，這已然融入了中國傳統的“文化直覺”（cultural intuition）之中，後期文人讀者對於文學中女性人物的普遍接受心態，正在很大程度上受到了中古時期文學中女性話語建構的影響，成爲了中國傳統文化內涵中的一部分。

　　在探討了早期中古作品中男性文人對女性話語的書寫和建構之後，第五章作爲全書的推進及收束，集中研究了早期中古時期的女性文學寫作。胡秋蕾於章首提出了一個問題：“傳統的女性聲音和女性自己的聲音之間有什麼關係？”[①] 基於此，本章聚焦於三個重要的命題：第一，胡秋蕾敏銳地關注到了作爲被建構出來的“女性化話語”（feminine voice）與出自女性作家之手的“女

---

① Hu, *Abandoned Women and Boudoir Resentment*, p.171.

性話語”（female voice）之間存在著密切的聯繫。在受到“女性化話語”這一早期龐大文學傳統影響之下保存的女性寫作，一定程度上並不能對這一傳統做出顛覆性的逆轉，相反，“女性話語”在很大程度上體現出了“女性化話語”的色彩。在男性編纂的文集中，女性作家所寫作的詩歌，也順應了此前被男性文人建構和凸顯出來的文本中的女性化聲音。本章的諸多例證和分析印證了這些“女性話語”本身並没有反叛傳統建構的“獨特性”。例如，《玉臺新詠》中收録的南朝女性作家作品，包括鮑令暉、沈滿願、劉令嫻及其胞妹王氏。這些女性的詩歌大多描繪了被拋棄的、獨居閨中而悲怨的、忠貞的人物形象。以鮑令暉對古詩的擬作《擬青青河畔草》爲例，詩人通過突出女性對男性的依附、依戀和盼望，體現了女性身上所具有的美與德，這基本上遵循了此前男性在寫作中通過代言體所建構的女性化話語傳統。此外，選集中女性作家筆下的女性形象同樣將自己的生活沉浸在閨房的範圍之中，詠物詩基本圍繞房内的物品，如沈滿願的《戲蕭娘詩》便吟詠了“明珠”“羽帳”“金蒲”“綃帷”等閨房内的物件配飾，完全符合了傳統文人對於女性的期待視野。

第二，本章進一步追問女性“爲什麽”寫作以及“如何”從事寫作。從徐陵對《玉臺新詠》所作序言中對於女性寫作的觀點來看，作爲一部男性編撰的詩歌集合，所收録的女性作品是經過篩選的，故而符合男性對女性的認知和期待視野。在序言中，徐陵強調了女性寫作範圍基本爲豔詩，豔詩從《詩經》“風”類詩歌發展出來，是與政教相關的雅、頌類詩歌所不同的類別，由此劃分了女性寫作的社會地位。女性適合閱讀和寫作那些諸如豔詩一類的不具備政治社會意義的作品。徐陵的觀點代表了當時男性文人對於女性寫作的認知以及篩選標準是基於“娛樂價值”（entertaining value），由此形成了以《玉臺新詠》爲代表的男性所編撰的女性作品。

第三，基於對男性編撰女性作品選集的觀念認知，本章試圖搜尋和挖掘那些篩選範圍之外的女性話語，這些女性話語在當時對於男性話語的正統地位造成了威脅。從散見於主流文學話語之外的女性作品中可以聽到與男性傳統建構截然不同的女性聲音。一類是對於哲學和歷史的反思。中國早期不乏對社會、歷史展開反思 ①，而非專注於椒房閨怨的女性。例如班婕妤在《自悼賦》

---

① 關於中國早期文化中的歷史之思，可參見張月《異域回聲——晚近海外漢學之文史互動研究》，北京大學出版社，2024 年。

中的後部分體現了女性對人生的思考以及對"道德和精神的趄越"（moral and spiritual transcendence）："惟人生兮一世，忽一過兮若浮。"該詩句以大氣磅礴的語調，宏觀地鳥瞰人生的長河，正體現了後世諸如蘇軾"寄蜉蝣於天地，渺滄海之一粟。哀吾生之須臾，羨長江之無窮"的先聲。再到《綠衣》兮《白華》，自古兮有之"，引入《詩經》及歷史典故，諷刺了類似周幽王那樣的君王是自古便有的，此處生發的議論體現了班氏對歷史規律的深刻反思，彰顯了女性作家傑出的文學、哲學和歷史素養。以班氏此篇爲代表的諸多女性作品飽含精彩的議論和反思，但是與傳統男性所建構的女性話語産生了出入和矛盾，因此不被收於《玉臺新詠》等專門的選集之中，成爲了散失於歷史的遺憾。與此形成鮮明對比的是，班婕妤名下的《怨詩》，儘管在作者歸屬上疑點重重，卻成爲她最廣爲人知的"作品"。

還有一類作品記載和揭示了早期女性活動的另一番面貌：女性並非僅僅被局限於房間之中，相反，她們也積極地參與和開展了諸多社會活動，其中不乏一些極具思辨性、文學才華交鋒的活動。在《世說新語·賢媛》中便記錄了不少從事文墨和辯論活動的女性，她們具有出衆的才華、膽識與智慧，尤以謝道韞爲代表。錢南秀便對《世說新語》中記載的賢媛與《列女傳》中的貞女節婦進行了對比，前者代表著一批具有自覺意識和身份認同的女性群體[1]。賢媛創作的諸多充滿哲思的作品並沒有被妥善地保存和流傳下來，後代對她們的關注也多在其不幸的生命經歷和坎坷的情感遭遇，這正是源自男性文人所建構的棄婦、閨怨傳統。

本書的尾聲探討了一些存在於精英文化對立面的地方民歌中的女性話語語料，這構成了對文學中女性話語探討的另一面向。自西漢至魏晉以來的精英文學寫作中，男性對女性的凝視經歷了從外表逐漸向内心的轉變，然而地方民歌中的女性話語恰好相反，其對女性的描繪專注於外在[2]。例如《子夜歌》中的"宿昔不梳頭，絲髮被兩肩。婉伸郎膝上，何處不可憐！"地方民歌對女性外在的欲望描寫，與精英文學中轉向關注女性内在的情感、引發對女性的内在同情形成了鮮明對比。此外，《子夜歌》中還展現了女性大膽追求戀人以及直

---

[1] Nanxiu Qian, *Spirit and Self in Medieval China: The Shih-shuo hsin-yü and Its Legacy*, University of Hawai'i Press, 2001.

[2] Hu, *Abandoned Women and Boudoir Resentment*, p.208.

白坦露内心的想法：“郎爲旁人取，負儂非一事。攤門不安横，無復相關意。”這樣的女性形象幾乎不可能出現在傳統文學的書寫之中。然而，胡秋蕾指出，吳歌語料庫的流傳不是時代的偶然，而是精英文人精心構建的結果，其中甚至不乏出自文人之手的作品[①]。精英文人通過創作和保存一些反面的作品素材，作爲主流的、精英的、傳統的文學寫作才能夠確立其正統性。通過放大俗文學的“俗”來襯托雅文學的正當和高雅，正是文人對於建構主流話語而進行的努力，其目的在於不斷地弱化女性及女性話語，以此建構男性自身的話語權力和身份認同。

　　女性話語的研究是一個龐大且困難的命題，其不僅涉及書寫者自身的性別及觀念，更依託於一個時代的文化背景，牽涉著處於文學傳統之中的成員如何寫作、接受和批評的諸多範疇。在作品所體現的女性話語的背後，呈現的是基於不同性別、不同地位、不同立場的文人對自身的身份確立和建構。胡秋蕾的《棄婦和閨怨》一書對女性話語展開了龐大的研究，所探討的內容縱向跨越了多個時代，考察了女性話語建構的歷時轉變，並進一步論及被建構的女性話語與女性寫作的關係；横向囊括了精英文學和地方俗文學中女性書寫的不同呈現，揭示了精英階層的男性文人通過塑造棄婦形象而獲得對自身的認同，並將這種建構的女性話語確立爲傳統文學中的普遍書寫。就文體來看，該書也探討了宮廷賦、樂府詩、四言詩、文人五言詩、民歌等不同體裁的作品，考察了文人引入女性話語的不同方式和效果。該書最爲關鍵的貢獻在於其始終以問題意識牽動反思和探討，呼籲和啓示當今的讀者、學者警惕歷史上受到主觀篩選和人爲建構的文學景象可能帶來的誤導，這樣才能夠更好地理解文學和歷史。全書脈絡清晰地梳理和討論了女性話語與當時的文人心態、社會政治、文化思潮等因素的互動，論述過程中不斷地拋出案例，對於具有典型性和特殊性的詩文作品信手拈來，極大地充實了文章的可信度，使得整部著作具有了文學、史學、社會政治、性別研究等多方面的厚重分量。

（作者單位：澳門大學中國語言文學系）

[①] Hu, *Abandoned Women and Boudoir Resentment*, p.210.

感受前朝，講述前朝

——評魯大維《在蒙古帝國的陰影下：明代中國與歐亞世界》

胡簫白

　　"在 14 世紀後期歐亞大陸的政治環境下，朱元璋是個不折不扣的'外來户'。他無法達到一個'成吉思世界'（Chinggisid World）對君主身份的最基本要求：朱元璋的血管中連一滴黄金家族的血液都没有。他没有娶到一個黄金家族的女子，因之亦没有辦法以駙馬身份自居。哪怕是狐假虎威地替一位貴族政要發號施令，對朱元璋來説也是奢望。在大元的行政體系中，朱元璋無足輕重，從未扮演過任何政治角色。他的揭竿而起是對大元統治合法性的直接背叛。在相當長的時間段中，蒙古統治者及其散處歐亞大陸各地的擁躉對朱元璋的'皇帝'身份都直截了當地予以否認和拒斥，即便在退居漠北以後，蒙古大汗亦選擇無視朱元璋，根本不願屈尊回復他的信件。以此，我們只有了然朱元璋在蒙古帝國的陰影下無比邊緣的位置時，才能夠認識到他所提出諸項宣稱時的魄力、勇氣與創見。唯有在東部歐亞大陸政治文化的語境中，朱元璋處於元明之交的歷史意義才能變得更加明晰。"[①]

　　以上這段引文，是美國柯蓋特大學（Colgate University）亞洲研究暨歷史學講席教授魯大維（David M. Robinson）在其近著 *In the Shadow of the Mongol Empire: Ming China and Eurasia*（暫譯名《在蒙古帝國的陰影下：明代中國與歐亞世界》）結論部分的一段提煉。對於任何一位政治家而言，如何

---

① David M. Robinson, *In the Shadow of the Mongol Empire: Ming China and Eurasia*, New York, NY, Cambridge University Press, 2022. p.316.

處理前任遺留的政治遺産總是對其政治智慧和手腕的極大考驗,對於王朝的開創者而言更是如此。作爲將世界歷史上最爲龐大的政治體親手推翻而在其遺存之上建立新朝的"淮右布衣",朱元璋面對蒙古帝國退場卻未完全覆滅的情形下留下的巨大權力真空,究竟如何自處與應對,是一個讓我們在設身處地的共情以後不免咂舌的歷史情境。

　　2020 年,魯大維在劍橋大學出版社同時出版了兩本討論元明過渡的重磅專著:*Ming China and Its Allies: Imperial Rule in Eurasia* 與 *In the Shadow of the Mongol Empire: Ming China and Eurasia*。兩本書中,前者已然以《稱雄天下:早期明王朝與歐亞大陸盟友》的譯名於 2024 年得以引介[1],並受到學界同仁關注,後者則因尚未出版譯著的緣由,在中文學界所引起的相關學術討論仍顯不足。但事實上,這兩本專著實爲姊妹篇關係,學術聚焦一以貫之,且以《在蒙古帝國的陰影下》爲上篇。而據卜正民(Timothy Brook)透露,在投稿給劍橋大學出版社時,兩書甚至本爲一更大部頭的作品。惟出版社從篇幅、出版和市場角度考慮,要求作者將之拆分爲兩本[2]。因此,若不將兩本專著並置閱讀,可能便無法充分理解作者的學術關懷和野心。基於上述原因,筆者不揣淺陋,在曾經對《稱雄天下》進行過述評以後,再試對《在蒙古帝國的陰影下》的内容及其理論框架進行介紹與分析,以期推進中英文明史學界的學術對話,並由衷希望此書可以儘早翻譯出版。

　　在關乎中國歷史朝代分期的理念中,唐以降的"宋元"往往被視作一個時空單元,而"明清"則另成一體。這樣的思維慣性淵源有自,前者或與"宋夏遼金元"的錯綜糾葛不無關聯[3],後者則和"清承明制"的習見表述脱不開干係。

---

[1] 中文學界對 *Ming China and Its Allies* 較早的學術評介,可參考胡簫白《胡簫白評〈明代中國及其盟友〉:歐亞世界的大明王權》,《上海書評》2021 年 3 月 2 日。

[2] Timothy Brook, "*In the Shadow of the Mongol Empire: Ming China and Eurasia* by David M. Robinson, and: *Ming China and Its Allies: Imperial Rule in Eurasia* by David M. Robinson (review)," *Harvard Journal of Asiatic Studies*, Volume 81, Number 1&2, 2021, pp.403-409.

[3] 相較於中文學術表述中往往强調宋元王朝的正統地位而有意無意地忽略了西夏、遼、金,英文學界更傾向於將此數個政權平行看待,可參見 Morris Rossabi ed., *China among Equals: The Middle Kingdom and Its Neighbors, 10th-14th Centuries*, Berkeley, CA, University of California Press, 1983.

而與學者普遍承認唐宋之間存在變革、宋元之間表現出斷裂以及不少學者所
贊同的明清延續論不同，元明之間的朝代更迭究竟應該如何理解，似乎仍是一
個鼓勵爭鳴的開放場域。近年來，與漢族本位論調下對朱元璋民族革命意義
的發覆有所不同，中英文學界多關注元明鼎革過程中的延續性。2003 年，史
樂民（Paul Jakov Smith）、萬志英（Richard von Glahn）等學者圍繞江南地區的
歷史演進態勢提出了"宋元明過渡論"①，約略同時期，李治安開始在北制、南
制並存博弈的框架下討論中國歷史的長時段演進，並將元代與明前期視爲北
制因素強勢的統合期②。可以説，在強調蒙古時代對明初王朝的持續影響層面，
《在蒙古帝國的陰影下》是對上述中西方學術的一種延續。

　　在一個用以釐清概念和問題意識的導論及進行抽象提升的結論以外，《在
蒙古帝國的陰影下》依内容分爲四個部分、十個章節。第一部分從蒙古人的視
角出發，追溯了元明易代在歐亞世界範圍内掀起的漣漪效應。在蒙古時代的
歐亞大陸，人與物資的流動便捷而頻繁。以此，即便在帝國崩解以後，大量蒙
古人亦没有回到草原，而是成爲新興領地的實權階層，並通過種種方式強化或
者製造與舊帝國的關聯以獲得權威與合法性。在這個維度上，魯大維將明朝
放置在一個比較研究的框架下，因爲各地統治者與朱元璋都需要面對同樣的
政治挑戰，亦即如何處理後蒙古時代的權力繼承問題——"北元"的統治者即
爲其中之一。在一種常見的歷史叙事裏，離開大都、退居漠北的元朝皇室所建
立的政權被稱爲"北元"，且其運勢衰微，在一連串的陰謀與殺戮之後，最終爲
鬼力赤篡位而捨棄了"大元"國號。但魯大維提醒我們，關乎這段歷史的文獻
材料相互間多有抵牾，明朝方面的記載、朝鮮方面的記錄、各類實物遺存以及
後世的蒙古史叙述之間往往存在矛盾，我們因之應當對任何一種習見的慣性
思維保持審慎的態度。以此，本部分尤其值得注意的是魯大維對文獻的處理
方式：一方面，雖然在還原"北元"歷史的過程中對於明朝方面文獻的使用不
可避免，但魯大維亦著力強調要對此類文獻蘊含的漢地本位保有警醒，需盡力

---

① Paul Jakov Smith and Richard von Glahn, eds., *The Song-Yuan-Ming Transition in Chinese History*, Cambridge, MA, Harvard University Press, 2003.
② 李治安《元代及明前期社會變動初探》，《中國史研究》中國社會科學院歷史研究所建所
　　50 周年增刊，2005 年；《元和明前期南北差異的博弈與整合發展》，《歷史研究》2011 年
　　第 5 期；《元至明前期的江南政策與社會發展》，《歷史研究》2016 年第 1 期。

去除相關記載中的華夏偏見,也要看見"北元"政權其實從未放棄對於統治合法性的追求;另一方面,魯大維用有限的文本記載和考古發現嘗試還原了 14世紀晚期"北元"在黑水城的地方統治(第四章"Black City")。明朝方面的文獻選擇性地淡化了一個事實,即蒙古勢力在大都陷落以後仍對河西地區頗具影響。利用黑水城文書以及碑刻、印章等實物遺存,魯大維細膩呈現了 14世紀晚期河西地區地方基層行政體系的調整、後勤補給的跨區域調撥以及以文書爲載體的政令流通。既有研究多從明朝的角度討論洪武時代河西地區行政區劃的設置,尤其是在明代邊略方針不斷調整的語境中聚焦陝西行都司的形塑過程。而魯大維的叙述則從"北元"視角出發,認爲蒙古勢力對河西持續的影響力或可幫助理解明代河西邊政的嬗變。對有限的材料施以自洽的拆解和詮析,魯大維的精妙叙述和深厚功力在這一章節中體現得尤爲明顯。

　　魯大維的文本細讀能力在全書的第二、三、四部分中表現得更爲典型。在這幾部分中,魯大維分別討論了朱元璋向國内臣民(第二部分,第五、六章)及歐亞大陸其他政權(第三部分,第七至九章;第四部分,第十章)表達他理解元明鼎革的方式、邏輯和目的。爲了概括"明廷如何講述蒙古帝國的故事"[1],魯大維提出了"成吉思叙述"(Chinggisid narrative)的概念,並以"叙述"一詞所蘊含的"具有目的性的觀點叙說"之意來提煉明初朝廷對成吉思汗及其後裔,乃至整個蒙古帝國與時代的評述策略。與此同時,魯大維尤其強調他對"明廷"(Ming court)而非明朝社會、文化抑或政體的聚焦。這其實是魯大維近年來一系列專著的共同關注,即他認爲至少在明代前期,包括政治文化、宗教態度及外交邏輯的後蒙古時代的諸般要素其實都在"宮廷"的場域下表現得更爲突出。

　　在魯大維看來,朱元璋時代的"成吉思叙述"絶非很多人認爲的平面的、程式化的意識形態口號,而是值得細細拆解的、能夠反映洪武朝政治文化的文本凝聚(第五章)。通過在短時間内編纂《元史》,朱元璋希冀掌握對元朝歷史的解釋權,而各類文本中反復强調的"天革元運"之類的表述,則承襲自元代史書中針對宋、遼、金衰微狀態而對"運"概念的調用,並起到了使他自己起事反元合法化的功能。一方面,朱元璋在地理空間和政權權威層面著力凸顯"北元"的邊緣性,另一方面則適時地打"族群"牌,時而使用强烈的民族革命式的

---

[1] David M. Robinson, *In the Shadow of the Mongol Empire: Ming China and Eurasia*, p.3.

口吻，時而又轉爲對華夷一統的强調。而在第六章中，魯大維更循著相同的邏輯，關注此一書寫方式如何影響了明廷對元明戰爭的描寫。

　　魯大維對於明廷"成吉思叙述"的處理有兩方面值得關注。首先，他對於明廷"成吉思叙述"的對象問題進行了考察。如情感態度激烈的"反蒙古"言論，顯然是將國内臣民視作主要聽衆。而大元國運已失、明代元興實屬水到渠成的自然之選這樣的邏輯，則主要是説給北元朝廷，尤其是身處明初疆域東南西北方向邊地的那些摇擺者聽的。與軍事行動相比，這樣的"宣傳戰"對於明朝開疆拓土、穩定邊防而言同樣重要。從史學方法的層面評説，魯大維頗爲關注文本的生產情境與生產目的，强調將特定歷史文獻放置在特定的時空架構中加以理解。在這個意義上，我們需要在通過《元史》嘗試認識元朝時抱持謹慎態度，因爲《元史》的編纂本身便是目的性極强的帝國工程，是明初王朝具有預設的、有意識的話語生產。其次，魯大維對於史料的選擇與判斷亦值得擊節。除卻習見文獻以外，他更廣泛搜集材料，不僅使用了藏於臺北"故宫博物院"的《明太祖皇帝欽録》及《明太祖御筆》，還深度參考了"無論在輯録的範圍、編目的分類，皆遠比《明太祖御製文集》優勝……其原始性及珍貴史料價值尤爲突出"的《大明太祖皇帝御製集》[1]，並在採録《天臺林公輔先生文集》時尤其强調其使用的是静嘉堂文庫本，從而避免了四庫本可能存在的曲筆問題。由此可見，新一代的美國明史學家對於史料文獻的掌握、使用及思辨能力已經與中文學界的研究者没有本質性的區别了。

　　如果説《在蒙古帝國的陰影下》的第二部分主要呈現的是明初"成吉思叙述"的國内版本，那麼第三部分則凸顯的是此一政治文化的外向輸出。第七章《給大汗的信》考察了朱元璋在二十餘年間向妥懽帖睦爾、愛猷識理達臘、脱古思帖木兒所發出的十餘封信件。在這些信中，朱元璋不厭其煩地叙述了爲何元運已失、爲何他能夠代元而立，以及爲何這幾位大汗應該接受甚至擁抱這樣的變化。本章對這些信件的表述和邏輯進行了事無巨細的文本分析，聚焦信中關乎黄金家族命運與明朝政權合法性的勸服性甚至威嚇性表達，並將之與同時期進行的軍事行動及政治決策聯繫在一起，從而爲看似重複和程式化的信件内容尋得了進行歷史化詮釋的空間。

---

[1] 宋繼剛《史學新增量：近十年明代宫廷史研究綜述》，《故宫學刊》第 23 輯，2022 年，頁502。

　　第八章、第九章展示了朱元璋如何對環伺於新興王朝的諸個後蒙古時代政權進行政治文化與意識形態層面的溝通、宣講或拉攏。第八章全然聚焦雲南的一個個案,在某種意義上與"黑水城"章節的處理方式類似。在追溯了蒙古治下的雲南的社會經濟及政治狀態之後,本章著力描寫了朱元璋在 14 世紀70 及 80 年代與雲南的梁王、段氏及麓川等地方勢力的溝通。在諸類敕書中,朱元璋選擇說什麼,選擇不說什麼,以及爲何做出這些選擇,都是他在充分了解雲南地方的地緣政治結構以及幾大勢力之間錯綜複雜的權力關係以後的策略性選擇。相較而言,第九章的關注人群則較爲多元,包括了處於明朝疆域東北、北部、西北、西部和西南方向的故元勢力及中亞的莫卧兒、帖木兒帝國兩類政權。就前者而言,諸如王保保、納哈出一類忠誠於元廷的軍政實權派是朱元璋著力爭取的對象,因爲他們的表態不僅對轄下人衆的歸屬頗爲重要,更是其他同類型話事者掂量政治投資的重要參考。在與這一批區域實權派進行溝通時,朱元璋主要從負隅頑抗的徒勞、愚忠元廷的虛無以及對相關利益的承諾這三方面展開遊說。至於莫卧兒、帖木兒帝國與明廷的互動,魯大維廣泛採錄了中亞歷史學家所整理的一手文獻及相關學術研究,嘗試還原了明初中國與廣大西域地帶的跨地域交往,並考察此類交往過程中的資訊流通及其之於地緣政治走向的意義。

　　值得說明的是,魯大維在全書的第三部分(第七至九章)中對大量敕諭進行了全文英譯,爲日後學者的翻譯工作與中英對讀提供了重要參考素材。除此之外,魯大維在分析具體文本内容時尤其注意明初朝廷對漢文與蒙古文、波斯文之間的翻譯問題的處理。利用《華夷譯語》中保存的多語種史料,魯大維分析了華夏本位下的諸多概念,如天、天命、天運、氣數及對元朝的各類貶低性表述是如何在相對應的非漢語文史料中進行對譯轉換的。限於篇幅,此一部分的討論在書中並沒有得到充分的展開。然若諸位讀者對此議題好奇,不妨參看現任教於英國伯明翰大學的羅思翰(Johannes Lotze)於 2016 年在曼徹斯特大學完成的博士論文《帝國的譯介 : 蒙古遺産、語言政策與明初的世界秩序,1368—1453》(*Translation of Empire: Mongol Legacy, Language Policy, and the Early Ming World Order, 1368-1453*)。羅思翰通過關注既有研究不甚矚目的明初朝廷的 "語言政策",認爲明初所接受的蒙古帝國的遺産並非僅見於制度設計或是領土擴張,在語言的層面亦有所體現。明廷有意識地模仿並意圖超越元朝,而多語言主義(multilingualism)則在象徵層面和日常交流層面扮演了關鍵角色。明朝一方面繼承了元代的政治文化實踐方式，比如通過多語彙碑文來象徵一個世界帝國無遠弗届的權勢，另一方面則將漢語提升爲唯一的官方語言，這與其在元代只是諸多官方用語之一的地位形成了鮮明對比。此一過程中的張力需要新興政權不斷調適，知識、語言以及與之相伴的權力的轉移，即爲明初朝廷在接續蒙古帝國遺産過程中尋找平衡狀態與自洽方式的切面。以此，羅愚翰博士論文與魯大維的專書實存異曲同工之妙，即在軍事、政治制度以外，主要從文化角度考察元明嬗變。

　　《在蒙古帝國的陰影下》的第四部分只有一章，主要矚目明廷之"成吉思叙述"對於朝鮮、日本、越南這三個"東邊的鄰居"的價值和意義（第十章"Eastern Neighbors"）。面對著對於蒙古時代體認不同、與蒙古皇室關係不同、與明初王朝互動方式不同的三個政權，明廷講述"成吉思叙述"的方式亦需因地制宜。對於在相當程度上被並入蒙古帝國的朝鮮，朱元璋嘗試利用半島政界與北元統治集團藕斷絲連的聯繫，將其政治態度與"成吉思叙述"經由朝鮮轉達給蒙古草原的潛在聽衆。對於並未受到蒙古勢力過多浸染的日本，朱元璋則在相關敕諭中長篇累牘地對失敗的"蒙古襲來"進行追溯，通過強調明朝武功較之蒙古大軍更爲強勢的方式，希冀調用日本人關乎蒙古時代的歷史記憶來迫使他們接納明廷的權威與合法性。至於安南，因爲在元朝統治期間多次發起抗元鬥爭，朱元璋有意識地避免過度談論"成吉思叙述"，而嘗試尋求更爲有效的溝通方式和語彙。

　　《在蒙古帝國的陰影下》的結論部分對全書中的很多觀察與觀點進行了系統化的概述和提煉。魯大維認爲，朱元璋之所以面對各類聽衆不厭其煩地叙説蒙古帝國的崛起、榮耀與衰微，緣於這樣的表述擁有廣大的應用場域：明初的"成吉思叙述"不僅可以使朝廷對於權力的掌握合法化、提醒人們元朝興復的無望，還努力對那些尚持觀望態度的豪強輸出"附明即得生、附元即滅亡"的道理。蒙古時代是歐亞大陸諸多政權的"起點"，所以"成吉思叙述"是一種切合跨地域語境的、大家都能聽懂的政治宣傳。而這種叙述的底色則是"規勸"。在魯大維看來，既有研究對於朱元璋與洪武朝的專制主義特質矚目甚多，往往將其理解爲殺伐決斷的絶對權威，這當然是他尤爲鮮明的一面；但與此同時，論者可能較少看到他反覆調整語彙、用一種規勸式的口吻進行政治表達的面向。在這個維度下，朱元璋的"成吉思叙述"展示出的更多是耐心、容忍與堅持，並且貫穿了洪武朝始終——這直接指向了朱元璋頗爲看重卻無可奈何的一個要素,亦即本文開頭所討論的朱元璋在蒙古世界權力結構中極度缺乏的政治資本。

　　從朱元璋的不安、焦慮與政治因應説開去,魯大維認爲所謂的“成吉思叙述”其實尚從屬於一個更大的時空框架和歷史邏輯。對於15、16世紀的明朝而言,大元的遺痕依舊在多種場域醒目而明顯;帖木兒大帝去世以後,蒙古時代的遺産依舊統攝著帖木兒王朝的發展態勢與地方實權派的行事邏輯,莫斯科公國、莫卧兒王國亦復如是。再至數百年後,我們依然能夠在烏兹別克、准噶爾以及清王朝的政權底色中找到蒙古時代的影子①。在這個邏輯中,《在蒙古帝國的陰影下》的一個重要貢獻是將元末明初的中國放在一個比較框架裏進行審視。一方面,“感受前朝、講述前朝”是無論任何政權都需要尋得自洽邏輯的政治需求,且對於與前朝之文化底色差異較大的政權而言尤是——無論是西班牙帝國對伊斯蘭統治歷史記憶的處理還是印度對於英帝國殖民痕跡的清理,我們都能夠觀察到前朝揮之不去的陰影並想象新朝的迫切與焦慮。另一方面,如果説某種討論元明易代的舊範式是在民族國家線性史觀中理解王朝變換的話,那麼魯大維此書便指出了此一政權更迭的全球語境——在14世紀幾乎可以被視作全球的歐亞大陸,對於蒙古帝國的政治文化遺産如何處理,是不分種族、宗教、文化的各地統治者共同思考的難題。《在蒙古帝國的陰影下》聚焦於元末明初的數十年,切面不可謂大,然關懷亦不可謂小。

　　據筆者所知,魯大維漢語極佳,韓語亦流利,這樣的語文能力也形塑了他頗具全球性的學術目光:雖然以中國史家自居,但魯大維沒有就中國而論中國史,反而是廣泛徵引各種語文的史料文獻,並嘗試與多個領域的學術成果進行對話。魯大維對中文學界學術前沿的跟蹤亦提醒中國學者當對域外中國學研究保有及時的跟進,如此,方能在文明互鑒的邏輯下更好地叙説中國故事。

　　在爲魯大維的姊妹篇所撰寫並發表於業内頂尖刊物《哈佛亞洲研究學報》的書評中,卜正民對魯大維之研究不吝贊美之辭,認爲這兩本書是“很多年未有的關乎中國王權統治的最有份量的研究”②。卜正民認爲,包括他在内的一代

---

① David M. Robinson, *In the Shadow of the Mongol Empire: Ming China and Eurasia*, p.323.

② Timothy Brook, "*In the Shadow of the Mongol Empire: Ming China and Eurasia* by David M. Robinson, and: *Ming China and Its Allies: Imperial Rule in Eurasia* by David M. Robinson (review)," p.409.

明史學者仍致力於觀察明朝與世界的聯繫，尤其是借由晚明中國考察白銀全球化將世界各地勾連在一起的形式。而新一代的明史學者則受到近年來學術範式的促動，更傾向於將元以降的中國放置在歐亞大陸的時空框架下進行考察。毫無疑問，魯大維的一系列研究便是此一思潮轉換的標志性成果。以此，我們不妨進而思考：如果明朝的前一百五十年尚在因應蒙古時代的影響，而後一個半世紀則與海洋世界發生了愈深愈廣的聯繫，那麼這樣的轉變是如何發生的？理解這樣的轉變，又可以如何刺激我們去反思明代中國，反思這個朝代在元朝與清朝之間的位置，以及更廣泛時空中的角色？更多的問題，亟待更多的研究去回答。

（作者單位：南京大學歷史學院）

學術訪談

一帖蘭亭只爲卿

—— 吉川忠夫《王羲之：六朝貴族的世界》的歷史場景

胡阿祥　張學鋒　童嶺　陸帥對談
康海源　解冰清整理

　　《王羲之：六朝貴族的世界》是江蘇人民出版社“海外中國研究叢書・藝術系列”推出的第三本著作。作者爲日本著名漢學家、歷史學家吉川忠夫先生。在這本書中，作者沒有過多琢磨王羲之的書法作品，而是“走入歷史場景”，將王羲之置於多彩的文化和紛亂的政治交相輝映的六朝時代。爲了深入體察這一點，2024 年 11 月 22 日，江蘇人民出版社邀請了四位六朝史專家——南京大學歷史學院教授、六朝博物館館長胡阿祥，南京大學歷史學院教授張學鋒，南京大學文學院教授童嶺，南京師範大學歷史文博學院副教授、《王羲之：六朝貴族的世界》譯者陸帥，以及蒞臨活動現場的幾位關注六朝歷史的學者，請他們一起帶領讀者從不同角度走入“書聖”的歷史場景，感受 1700 多年前王羲之的生命脈搏。本文内容整理自活動現場嘉賓發言，已經發言人審定。

一、吉川忠夫與《王羲之：六朝貴族的世界》

　　主持人解冰清：大家下午好！歡迎來到由先鋒書店、江蘇人民出版社思庫和江蘇省六朝史研究會共同舉辦的《王羲之：六朝貴族的世界》新書分享會。
　　《王羲之：六朝貴族的世界》是江蘇人民出版社“海外中國研究叢書・藝術系列”推出的第三本著作。王羲之一向以書法大家著稱，他的天下第一行書《蘭亭集序》傳説中令唐太宗去世前都難以割捨。但是本書的作者，日本著名漢學家、歷史學家吉川忠夫先生卻没有過多地琢磨他的書法作品,反而將他置於多彩的文化和紛亂的政治交相輝映的六朝時代。

爲了深入體察這一點,我們今天非常有幸邀請到了四位六朝史專家,分別是南京大學歷史學院教授、六朝博物館館長胡阿祥,南京大學歷史學院教授張學鋒,南京大學文學院教授童嶺,南京師範大學歷史文博學院副教授、《王羲之:六朝貴族的世界》譯者陸帥。下面我們跟隨四位六朝史學者一起重回"書聖"的歷史場景,感受 1700 多年前王羲之的生命脈搏。首先邀請譯者陸帥老師爲我們介紹本書基本情況。

陸帥:謝謝主持人。吉川忠夫先生寫這本書的時候還比較年輕,30 多歲,那個時候——其實到今天也是一樣——日本學界有這樣一個傳統:每年出版社都會出版一些有關中國歷史、人物的普及性讀物,讀者不是專業研究者,而是日本普通老百姓。當然,這些讀物具有學術性,會找專業學者來寫,但是比較輕鬆、愉快,用學術語言把有關人物的這段歷史情況簡單講清楚。

我個人在翻譯吉川忠夫《王羲之:六朝貴族的世界》這本書時的最大感受是什麼呢? 就是,中國人講到王羲之這個人的時候第一印象肯定是書聖,所以我們在寫王羲之的傳記,或者電視臺拍王羲之題材的節目,首先關注的肯定是這一點。他是一個大書法家,他是書聖,所以我們習慣從書聖這一角度出發,看看王羲之這一生爲了成爲書聖,或者在書聖的光環下度過怎樣的人生,他做過哪些事情,他有哪些書法造詣,對後世有多少影響,留下多少精美書法作品。

吉川忠夫先生的這本書與我們的傳統視角有點差別,今天中國古代史研究中經常會講到一句話,叫"走向歷史場景"。簡單來説,我們在觀察古人、理解古人的時候,最好還是能回到古人生活的那個時代,從他個體的角度出發去想一想,他自己最在乎的身份是什麼,他自己過著怎樣的生活。所以,這樣一部書在開頭的時候,吉川忠夫先生就説:我要寫的不是作爲書法家的王羲之。因爲對於一個六朝人來説,對於王羲之來説,書法家不是他最看重的身份。他最重要的身份是什麼呢? 首先,他是琅邪王氏家族的成員,他是一個士族,其次他是官僚,再次他有一個大的家族,他是一家之長,他有自己的兒子、兄弟姐妹,所以吉川忠夫先生寫王羲之的時候,主要是通過這樣一些視角來讓我們重新認識王羲之這樣一個歷史人物,尤其從六朝貴族的視角。

主持人：剛才陸老師談到翻譯《王羲之》的感受，請其他三位老師也談一談讀完《王羲之：六朝貴族的世界》感受最深或者印象最深的地方。

胡阿祥：中國人應該都知道王羲之，但是，大家所知道的是作爲書法家的王羲之、作爲士族的王羲之，還是作爲官員的王羲之呢？吉川忠夫這本書給我們提供了一個非常好的視角。我初步翻閱這本書，有幾個方面的感受。

第一個感受：好看。這本書會説故事，比方一開始説"蕭翼賺蘭亭"，是非常好玩的事情。我們知道唐太宗很喜歡王羲之的東西，想把王羲之的一些作品弄到手，尤其是《蘭亭集序》。實際上《蘭亭集序》傳在王羲之第七代孫智永和尚手上。智永没有後代，臨終時託付給了弟子辯才。朝廷下了公文要調這個東西，辯才就説没有這個東西，朝廷就派了原來南方梁朝皇族的後代蕭翼去"賺"蘭亭。這裏面充滿傳奇故事，就像探秘小説一樣。吉川忠夫1971年寫完這本書，1972年出版，他的手法很厲害，首先讓你能看下去。説完"賺蘭亭"之後，後面説的是《蘭亭集序》引起書法之爭的問題。《蘭亭集序》到底是真的王羲之作品還是後人僞造的呢？《蘭亭集序》和《臨河序》有什麼差異？這有點像探案小説。

第二個感受：到位。我們經常講，讀書要因世見人，一個作者肯定會受時代的影響。我們今天看民國教授的文章，就能感受到，起碼在1930年代的時候，這一批在北平、南京的教授，心境是很平静的，所以他能夠寫出平静的文字，他能夠做很深的、有條不紊的考證。因世見人，然後因人見書。我們一定要知道這個人所生活的那個時代是什麼狀況。吉川忠夫先生從這個角度寫了王羲之的時代。西晉末年，北方動亂，衣冠南渡，王羲之應該是幼年來到南方。北方的僑人到南方來以後，和南方的吳姓之間有矛盾，朝廷一直宣告要北伐，但實際上只想在江南安逸下去。那樣一個複雜的時代，在這部書裏面有著非常鮮活的、到位的描述。我們知道了這個時代，然後再來看王羲之的所作所爲、所思所想，就能夠比較貼近，人物也就比較鮮活起來。所以，這本書不僅僅是寫王羲之個人的，也是寫王羲之那個時代的。

第三個感受：有趣。吉川忠夫這本書裏面用的主要資料是書信。讀書信有點"窺秘"的感覺。王羲之給朋友們寫信到底寫什麼？吉川忠夫又對這些信進行解讀，其中很多事情都是雞毛蒜皮的事情，我們好像窺見了王羲之的私生活。這類資料把整個書給串起來。那個年代留到今天的東西中間，王羲之

的尺牘應該是最豐富的,什麽方面都有,讓我們真的看到一個鮮活、立體的王
羲之。

第四個感受:行書。我們知道王羲之《蘭亭集序》被稱作"天下第一行
書"。什麽叫行書? 甲金篆隸楷草行,行書是説書法像行雲流水。這本書的翻
譯就擔得起"行書"這兩個字,行雲流水。能夠譯到這種程度,很難得。陸帥
的翻譯真的達到了"信、達、雅",他的"文化自信"很厲害,最後譯後記説"做
到了力所能及的最好程度,没有遺憾"。到了我這種年紀,後記還要客氣一下,
"敬請方家指正"云云,他没有遺憾,盡到了自己力所能及的程度。陸帥的這種
自信是有基礎的。

第五個感受:漂亮。這本書真漂亮,裝幀、用紙、版式、插圖、封面、裝訂方
法真漂亮。

這五個關鍵詞,就是我粗粗閱讀的感受。

張學鋒:陸帥的譯著其實我没有讀,我是在十幾年前讀的吉川忠夫先生的
日文版。剛剛聽了胡阿祥老師的介紹,此書翻譯得如"行書",我回去以後一定
要讀一讀。因爲吉川忠夫的原版太拗口,這本書寫於 1971 年,已經是講標準
白話的時候,但日文版的文字還停留在魯迅時代,讀了吉川忠夫原版以後就能
感受到。陸帥竟然能把它譯出來——你的日文水準比我高多了,從此以後我
對你刮目相看,這是第一點。

第二點,前不久童嶺翻譯了我的老師永田英正先生的《項羽》這本書①,聯
繫到吉川忠夫的《王羲之:六朝貴族的世界》,再回憶起讀上個禮拜剛過世的
我的導師礪波護先生的《馮道》②,包括谷川道雄先生的《唐太宗》③——這些書
叫袖珍本,現在叫口袋書,帶在路上讀非常方便——我感慨這些書都是這些老
先生們 30 多歲時候寫的,包括吉川忠夫在中文版序中都有同樣的表述,那個
時候年輕,無所畏懼,再往後真正成了一位知名學者以後反而束手束腳,什麽
都不敢講。所以在座這麽多年輕人,寫書要趁年輕,在 30 多歲寫的書應該是
最能夠體現一個作者的風貌和氣質的。這個是聽了胡老師介紹後我的感受,

---

① 永田英正著,童嶺譯《項羽》,山西人民出版社,2023 年。

② 礪波護《馮道:亂世の宰相》,中央公論新社,2003 年。

③ 谷川道雄《唐の太宗》,人物往來社,1967 年。

可能主持人還有其他的話題，其他的我先按下不表。

　　童嶺：謝謝主持人。今天非常榮幸，在座右邊兩位是我的老師，左邊的陸帥兄和我都在京大留過學。主持人問的第一個問題，我就按照六朝式風格回答——漸入佳境，圍繞這個書的周邊談一談我的第一印象。正如胡老師所說，這本書完全稱得上是"信、達、雅"，我正好買過日文版，我大致對了幾段，自己試譯了一下，我譯的話肯定沒有陸帥兄譯的好，這本書譯得就跟他的名字一樣——"帥"。這是第一點。

　　第二點，一本好書出來其實幕後離不開我們出版同仁，這本書的責編就是今天我們美麗的主持人解冰清。我借這個機會介紹一下她，她是倫敦 UCL 畢業，那個學校靠著哈利·波特里的國王十字車站非常近，我也去過。解老師學的是英國史、英國文學。我覺得這本書的編輯出版結合了兩個很奇妙的點，一個是研究中國的最美麗的六朝文學史的陸老師翻譯，還有一個就是在國王十字車站旁邊學英國史的解老師把它編出來。值得特別一提的是這本書的布包真的太漂亮了，包上面印的文字也非常漂亮——"一帖蘭亭只爲卿"，用了一個古今結合的意思，我覺得非常用心。

　　第三點，讓我們進入這本書。這本書裏面有很多很精彩的句子——我大概在前天發了一條朋友圈，我記得我們四人都發了朋友圈，每個人都不一樣。我引了一句話，在本書第 171 頁，王羲之兒子王凝之的夫人是陳郡謝氏，她說了這麼一句話，"不意天壤之中，乃有王郎"[①]。王凝之跟他爸爸一樣書法也很好，但是有點宅男，打個不恰當的比方，就是一天到晚在家裏打遊戲的那一類。謝氏家裏都是謝安這一輩，娘家這一批都是很厲害的人，看到丈夫王凝之其實很反感，沒有想到還有這樣的王郎。"不意天壤之中，乃有王郎"，另一個解讀，就是跳出原始語境：天壤之間居然還有王羲之這樣風流倜儻的人，我覺得可以做兩層解讀，都很美妙。

　　第四點，我自己對這本書最大的感受就是代入了很強的時間感，吉川忠夫寫這本書的時候 35 歲。我 35 歲在修改我的博士論文，36 歲博士論文《六朝隋唐漢籍舊鈔本研究》出版了。日本學者，特別是京都的學者，對季節感或者

---

① 語出《世說新語·賢媛第十九》。見朱碧蓮、沈海波譯注《世說新語》，中華書局，2011 年，頁 686。

時間感非常敏鋭,我後來讀這本書的後記,也把我自己帶進去。王、謝兩個人,謝安從東山出來坐鎮建康,指揮北府兵破了苻堅,那個時候謝安虚歲是 41 歲,我現在比他大 2 歲了。王羲之寫《蘭亭集序》又是多大? 根據吉川忠夫綜合考證是 47 歲,所以他那時比我現在大 4 歲左右,胡阿祥與張學鋒他們兩位是我的老師,已經超過這個時間段,我感覺自己現在正處於本書兩個最重要人物的兩個最重要的時間點——41 和 47 歲之間,所以看了這本書之後,要我説具體什麼感慨可能説不出來,但是自己處在這個時間段——謝安破苻堅百萬大軍以及王羲之創作《蘭亭集序》——之間,"一帖蘭亭只爲卿",我覺得感慨萬千。

二、六朝的時代特徵

　　主持人:謝謝幾位老師的分享。王羲之是典型的六朝名士。各位老師都是六朝史研究領域的專業研究者,那麼能否談一談在自己的認知中,六朝是一個怎樣的時代? 令您印象最深刻的時代特徵是什麼?

　　胡阿祥:我先抛磚,然後引玉。六朝,我們從幾本書説起。我經常喜歡説,不讀《唐詩三百首》,算不上合格的中國人;不讀《顏氏家訓》,算不上合格的中國家長;不讀《世説新語》,算不上合格的中國文人。《唐詩三百首》裏面很多的唐詩是懷古詩,懷的是什麼"古"? 六朝的"古"。《顏氏家訓》爲什麼能成爲中國家訓之祖? 顏之推經歷了南北朝那個太複雜的時代,所以顏之推的家訓是充滿矛盾的一個家訓,他像富有智慧的老人,跟子孫談心——這個事情應該怎麼樣、那個事情應該怎麼樣,其實反觀他自己的所作所爲,也往往覺得心裏過意不去。所以這個家訓很真實,而不是板起面孔的家訓,是在魏晉南北朝時期複雜的歷史背景中產生的。這些名家、士族就像一葉浮萍一樣在漂。《世説新語》,魯迅先生説這是名士的教科書,馮友蘭先生説這是中國文化的風流寶鑒,美國學者馬瑞志説這是一部士族生活的百科全書[1]。我想從這些就能看出六朝時代的特別魅力所在。

---

[1] Richard Mather, *Shih-shuo Hsin-yü: A New Account of Tales of the World*, Minneapolis: University of Minnesota Press, 1976.

　　六朝真的是一個亂世，跟今天這個時代距離太遠。我們今天如果穿越回秦漢隋唐，可能不會太陌生。但是如果穿越到魏晉南北朝，可能非常陌生。我們會感慨怎麼會有這樣的亂世、這樣的異象、這樣"出軌"的時代。魏晉南北朝是亂世，説不清歷史紀年。魏晉南北朝到底從哪一年到哪一年？如果説從曹丕代漢的220年，到隋文帝楊堅取得北周的581年，那可能不對，581年南京的陳朝還在。如果算到589年，那麼當時哪個政權算合法、哪個政權算正統呢？説不清楚。三國是從什麼時候到什麼時候也説不清楚，220年開始到266年嗎？司馬炎取代曹魏是266年的1月份，我們現在歷史紀年表上都寫著265年，實際上不對的。但是266年的時候吳國還在。魏晉南北朝可以概括成三個階段、四個系統，三個階段是分裂的三國、短暫統一的西晉、分裂的東晉十六國南北朝，四個系統是三國、西晉、南方漢族系統的東晉南朝和北方胡族系統的十六國北朝，這就是這個時代的亂。

　　怎麼個異象？這個時代跟前面的秦漢和後面的隋唐不一樣，它的文化是豐富多彩的——儒、玄、佛、道、文、史、陰陽。這個時代文化的取向非常豐富，有人稱魏晉南北朝是中國歷史上第二次百家爭鳴的時代。這個時代沒有文化的獨尊，大家自由發展、平等競爭。在這種背景之下，這個時代的社會面貌按照今天的評價可能有點負能量。這個時代盛行階層歧視，誰都看不起誰，文人看不起武人，先到南方的人看不起後到南方的人，等等。這個時代什麼都講究品目，什麼都要品，人有品，九品，書有品，書品，畫有品，畫品，棋有品，棋品。"品"這個字從那個時代一直影響到了今天。這個時代宗教迷狂，這個時代淫祀氾濫，這個時代的文人尤其官人不喜歡做具體的俗事。東晉末年的名士王恭有一句名言，説："名士不必須奇才，但使常得無事，痛飲酒，熟讀《離騷》，便可稱名士。"[①]這幾點之間是有關係的。《騷體》裏面有《天問》，《天問》問了近200個問題，都是沒有答案的問題，沒有答案才能吹牛皮，吹牛皮要喝酒，喝酒要時間，所以"常得無事，痛飲酒，熟讀《離騷》"。我們今天的人活得有點累，我真的很羨慕這種生活狀態。

　　王羲之那個時代到底怎麼樣？説得清楚嗎？説不清楚，因爲説不清楚所以有魅力。王羲之從他的官員身份來説，最重要一段經歷是紹興市市長，大家覺得他在紹興市市長任上沒有什麼政績，他的政績就是養鵝，"王羲之愛鵝"

---

① 語出《世説新語・任誕第二十三》。見朱碧蓮、沈海波譯注《世説新語》，頁755。

的故事經常爲大家所説。他在紹興還幹了什麼？ 喊朋友、子侄在一起喝酒，曲水流觴。然而後人不僅説王羲之是書聖，明朝的項穆還説"宣尼、逸少，道統、書源，匪由悉邪也"[1]，這就將王羲之跟孔子並列了，這是我看到的對王羲之最高的評價。魏晉南北朝的特點是亂世加異象，所以這是一個"出軌"的時代。我們今天一切都在軌道裏，所以跟那個時代差別很大。我們今天是盛世，那個時代是亂世，那個時候文人的玩法跟我們不一樣，我們這些文人是循規蹈矩地玩，所以差異產生美，所以那個時代讓我們追慕。

　　張學鋒：我心目中的六朝時代並不是一個美好的時代。如果從歷史學上來談六朝是一個什麼時代，川本芳昭有一本書的題目最能夠體現這個時代的特徵：《中華的崩潰與擴大：魏晉南北朝》[2]。這本書的題目分成前後兩部分，前面一部分是"中華的崩潰"，如果我們把秦漢大一統帝國看成中華文明的話，進入魏晉南北朝時代，這個巨大的文明體就崩潰了，崩潰以後到了隋唐再次統一，即這本書的後面一半題目——"與擴大"。所以這本書的題目真的非常扼要地概括了魏晉南北朝史的特點，也即處在分裂時代，大家爲了生存必須努力，努力以後一旦合成一股力量，這個力量就遠比秦漢大得多。這就是我對魏晉南北朝近 400 年間一句話的概要：中華的崩潰與擴大。

　　童嶺：聽著兩位老師的講授，我仿佛又回到課堂，學到很多。我覺得這個時代符合胡老師的説法，我非常認同這是一個亂世，六朝是亂世，但是它不是一個衰世。可能有朋友認爲亂世就是衰世，但這是一個充滿能量的亂世，如果亂世又是衰世，是每個人都躺平的時代，那是不好的。六朝是亂世但不是衰世。

　　如果有關鍵詞，我就説兩個拼音 F 開頭的詞。一個關鍵詞就是"封建"。"封建"當然是學理上的封建，尚鉞先生就認爲中國最接近學理意義上的封建時代，也只有魏晉南北朝。這個時代最類似於我們主持人解冰清老師留學的歐洲，最類似於西歐封建時代的樣子，就是皇權無法直接控制到地方。最典型

---

[1] 項穆《書法雅言》，中華書局，2010 年，頁 178。

[2] 川本芳昭著，余曉潮譯《中華的崩潰與擴大：魏晉南北朝》，廣西師範大學出版社，2014 年。

的,侯景過了江之後和梁武帝説,大意是"我的太太留在鄴城,被蘭陵王的爸爸給幹掉了是吧? 我現在孤家寡人一個,請幫我續弦。聽説你們江南的王謝是高門,幫我找一個王謝家的"。梁武帝回復他,"王、謝門高非偶,可於朱、張以下訪之"①,這是個經典的段子。就是皇帝也没法指派婚姻,王謝他找不了。所以這是我第一個感受。

　　我對六朝感受的第二個關鍵詞也是 F 開頭的詞,就是"風流"。同樣的,"風流"我們要稍微闡釋一下。打個不恰當的比方,比如説我跟陸帥兄今天活動結束,我們一人湊 500 塊錢吃一頓、喝一頓,好像很風流。六朝人也會唱歌也會喝酒,六朝人的風流爲什麼吸引人? 六朝人的特點是將兩個像電池正負般完全不同的性質,很不可思議地結合在一個人或者一類人身上。典型的例子就是王、謝。謝安攜妓東山,但在國家最有困難、誰都不出來的時候,他出山了,41 歲拯救天下。王羲之也是一樣,關心自己的家人、朋友,也同樣很關心北伐的局勢,所以王羲之絶不是我們想像的只是寫寫字、喝喝酒的人,所以六朝時代特色就是把兩種不同性質的屬性集中在一個人身上。

　　再回到這本書,這本書在座各位朋友也有,可能我手頭的這本是唯一一個已經去過蘭亭的。國慶期間我帶著這本書坐火車去紹興,然後就去了蘭亭。蘭亭我上次去是考上大學去的,那個時候没有手機没有微信,我記憶已經完全模糊了。這次是第二次去,帶著這本書去。去了之後到了蘭亭邊上,我找了小石頭坐下來,就像胡老師説的,人文學科需要静下來,我跟我太太和小朋友講,你們出去玩讓我坐一會。我太太就帶著小朋友玩去了,拍照去了,我就坐在邊上思考,多年前,王羲之就坐在這兒,這個時候一下就似乎更理解王羲之的生死觀了,這就是到歷史場景裏面。

　　研究六朝文學的人,大家看胡老師和張老師都是風流倜儻,感覺没有顔值都不好意思研究魏晋南北朝,右邊的陸帥兄也是顔值爆表,夾在他們中間我壓力很大。我也做過一些瘋狂或者説"風流"的事情,跟這本書的封面有關,這本書的封面我覺得很完美。這本書封面裏面是《蘭亭集序》,外面是《喪亂帖》。《喪亂帖》第一次回到中國(上海博物館)展覽是將近 20 年前的 2006 年 3 月 13 日,我爲什麼記得這麼詳細? 因爲那年 3 月 13 日開展,而幾天後就是南大中文系博士生入學考試。我當時就説我要去上海了,我爸當時講:"你瘋了,考

---

① 李延壽撰《南史》卷八〇,《點校本二十四史(精裝版)》,中華書局,2011 年,頁 1996。

不上博士怎麽辦？"那個時候都是硬考，没有什麽碩博連讀或者直博生之類。我猶豫了一下，説考不上博我第二年可以再考，但如果看不到《喪亂帖》，下一次不知道什麽時候能看到真跡，所以説走就走，買了車票就到上博，排隊排兩個半小時，到我站到《喪亂帖》面前4秒可能就被後面的觀衆擠開了。

陸帥：我補充一下，胡老師説王羲之在會稽太守任上什麽也没幹，這的確是六朝地方行政的一個特點。我們今天把秦漢和六朝做比較就能夠發現，秦漢這個時代社會治理非常細緻。現在出土的很多秦漢簡牘可以説明這點。每年8月，地方郡縣就要開始統計轄區内有多少户、多少口、男的、女的、繳税的、不繳税的，土地多少、開墾多少、能開墾、没開墾，還有各種財産資訊。此外，秦漢簡牘中還有很多隨葬的《算術書》。爲什麽官員要帶著這些東西隨葬？因爲和他們的日常行政相關，比如説丈量土地。土地標準是長條形，但有的矮一點、短一點怎麽算，半圓形怎麽算？梯形怎麽算？還有運送物資，地方上收上來賦税、田租不是留在當地，米送倉，錢要送庫，中間怎麽調配？此外呢，秦漢時代是官僚制的初期，官員能上能下，不像魏晉以後強調資歷，這其實是一個人人壓力都非常大的時代，無論是官員還是百姓。魏晉南北朝當然存在很多問題，例如一般老百姓在官僚體制内想往上升很困難，但是任何一種社會狀態、制度都有兩面性，這個時代政府的行政力量不強，雖然很難保證地方秩序的公平，但老百姓可以一定程度上喘一口氣。我們看六朝時代對一個地方官評價比較高的一個詞是清静，這是與秦漢時代的精神相反的。秦漢時代地方官員每年報數據，開墾土地有没有增加、人口有没有增長都是很重要的指標，這直接關係到政治前途。反過來，六朝時期受到高度評價的地方政治是清静無爲。這是其一。

其二，從氣候環境上來説，六朝時代是一個相對比較冷的時代，這個和漢唐有很大的差别，當然這是歷史學研究者的常識。竺可楨先生曾寫過一篇《中國近五千年來氣候變遷的初步研究》[①]，從中可知，中國的時代盛衰與氣候變遷有很密切的關係，比較好的時代，如漢唐時代都是相對温暖的，而魏晉南北朝是氣候急劇下降的時代，很多社會、族群問題也因此而來。前些年有一個電視劇大家都很熟悉——《權力的遊戲：冰與火之歌》，其實大背景也很相似。天

---

① 竺可楨《中國近五千年來氣候變遷的初步研究》，《中國科學》1973年第2期。

氣一冷,社會上就會出現很多的問題。因此一個國家、一個王朝的衰敗、崩潰,有時候不僅僅是人或者制度的問題,也很有可能是氣候環境變遷所致。

三、永嘉南渡背景下的王羲之

主持人:謝謝陸老師。談到六朝時代,王羲之籍貫琅邪郡臨沂縣,因此他不是江南本地人,而是北方南下的僑民。這後面有一個大歷史背景,就是西晉永嘉之亂發生後,大量的北方人南渡,來到江南。在六朝僑流人口的研究上,胡阿祥老師是權威專家,可否請您談一談永嘉南渡的具體情形,您的相關研究,以及這一事件對中國歷史走向的影響?

胡阿祥:王羲之是山東琅邪郡臨沂縣人,很小就遷到南方,這個事情影響是蠻大的。從歷史背景來說,中國自先秦以來就形成了一種觀念——華夷之辨,就是華夏和蠻夷戎狄一定要區分開來。西晉——其實早在東漢時期——這些非漢民族已有很多遷到內地。後來,由於種種原因,按照我們傳統史書上的說法,發生了"五胡亂華",這是古代民族交融的方式。北方的漢人不願意受他們的統治,因此大量南遷,在國史上稱爲"衣冠南渡"。渡過來多少人呢?從西元三百零幾年到《宋書·州郡志》斷限的西元 464 年,也就差不多 160 年的時間裏,按照我的老師譚其驤先生的研究,渡到南方來的有 90 萬人,也就是平均北方每 8 個人中間有 1 個到了南方,南方每 6 個人中間有 1 個是北方人。而且這種南渡,它不是像滿天星斗一樣地撒在南方大地上面,而是集中在一些地方。地位最高的,像陳寅恪先生在《述東晉王導之功業》裏面說的,集中在建康,在建康從政,或到浙江那邊去自己的莊園。然後稍微次一點的,早期是在揚州、鎮江這一塊地方[1]。而按照我後來的研究,從西晉末年到南朝劉宋的末年,差不多 160 年間,北方南遷人口及其後裔的人數,大約 200 萬人[2],這是非常高的一個數字。說真的,如果從文明比較的角度來說,當時的北方中原文化比南方還是要高一些,所以這些北方人過來以後,真的提升了南方的文化

---

[1] 陳寅恪《述東晉王導之功業》,文載《金明館叢稿初編》,生活·讀書·新知三聯書店,2001 年。
[2] 胡阿祥《東晉南朝僑州郡縣與僑流人口研究》,江蘇教育出版社,2008 年。

層次,促進了南方的經濟發展,改變了南方的語言。南方的軍隊(東晉南朝北伐西征的軍隊)基本是由北方人組成的,他們有動力打回老家去。《國史大綱》裏説,永嘉南渡後,長江流域從此代表了傳統的中國[①];按照陳寅恪先生的説法,南人和北人戮力同心,共禦外侮,赤縣神州免於全部陸沉,東晉南朝三百年的世局因是決定;按照范文瀾先生在《中國通史簡編》裏的説法,東晉南朝在南方的發展,使得後來隋唐的文化與經濟都提高了一層[②]。所以永嘉南渡在中國歷史上的地位非常重要,南京也因此成了傳承華夏文明的地方。這是就大的背景來説。

　　從小的背景來説,在司馬睿南渡過程中間,琅琊王氏的王導、王敦起到至關重要的作用,逐漸形成後來東晉的門閥政治。司馬睿坐在御床,要拉著王導一塊坐。但是王導很聰明,太陽只能有一個,你是普照萬物的,我不能坐上去,這就形成了我們大家都很熟悉的"王與馬共天下"。天下姓司馬,但是治天下的是王。當然,不可能王家一直治天下,大家得輪著來。東晉一朝百餘年的歷史,前面是"胡與馬失天下",馬是司馬氏,胡是五胡,八王之亂,很多胡人參加,所以司馬氏把天下搞沒了,所以"胡與馬失天下"。然後,才有"王與馬共天下"。後面是以庾亮爲代表的潁川庾氏,以桓溫爲代表的譙國桓氏,以謝安爲代表的陳郡謝氏,以王恭爲代表的太原王氏,這就有了"庾與馬亂天下","桓與馬爭天下","謝與馬安天下","王與馬弱天下"。最後門閥政治走到盡頭,"劉與馬禪天下",劉是京口劉裕。所以東晉這一朝,天下不是皇帝一家的,是貴族和皇帝共治天下。

　　王羲之處在這麼一個大環境裏面,他作爲這麼一個代表性的門閥人物,有的時候周邊關係蠻複雜的。他怎麼處理這些問題? 吉川忠夫書裏面提到一點,但是沒有展開,就是書裏説王羲之寫給朋友們的尺牘中,經常提到自己身體不舒服——腿不舒服、胃不舒服。吉川忠夫先生就説王羲之"體弱多病",又説"有人認爲他身患癲癇"。這個問題我倒是真做過研究。王羲之其實活得不大,59 歲,跟我另外關心的一個人——"唐宋八大家"之首的韓愈很像。我是中國唐代文學學會韓愈研究會的常務副會長,前些年參加活動比較多,每年要貢獻一篇文章,我就從歷史學角度寫韓愈。我寫韓愈時發現,王羲之、韓愈、柳

---

① 錢穆《國史大綱》(全兩册),商務印書館,1994 年,頁 237。
② 范文瀾《中國通史簡編》,收錄於《民國叢書》第一編 74,上海書店,1989 年,頁 200。

宗元三個人得的是同一種病,王羲之59歲,韓愈57歲,柳宗元47歲。生的什麼病? 腿疼,肚子不舒服。我當年爲什麼寫韓愈? 很多人說韓愈是吃壯陽藥死的。韓愈是吃了那種藥——硫黃,但他吃硫黃不是壯陽的,而是治病的,我把藥方都找出來了。這是我寫得最得意的韓愈研究文章。後來我們歷史學院要編一個論文集,每個人最多兩篇文章,我提交的其中一篇文章,就是《韓愈"足弱不能步"與"退之服硫黃"考辨》①。

　　王羲之得的什麼病? 按今天的說法是維生素B1缺乏症。王羲之體質是北方人,北方人不太得這種病。得這種病是因爲吃的東西太精細,以稻米爲主,又生活在潮濕、濕氣重的地方,身體又有點虛胖。王羲之信裏面寫身體狀況跟唐宋藥方描寫的狀況是一樣的。這幫從北方到南方來的人開始都不重視這個病,用南方藥方治北方人就會出問題。王羲之的腳没有力量,走起路來很麻煩。韓愈、柳宗元都有長期在南方生活的經歷。韓愈早年生活在廣東韶關,準備科考在安徽宣城,後來又到陽山、郴州、江陵、潮州、袁州,南方經歷佔了他一生的很大部分,而且韓愈多是貶官,心情不好。王羲之也是在南方。柳宗元是在夏口、江西、永州、柳州。所以這些人到南方來都比較短命,跟這個有關係。我就喜歡講這些有意思的東西。

四、考古學視角下的王羲之

主持人:我們都知道,南京作爲六朝古都,考古發現非常豐富,其中就包括了王羲之所屬的琅琊王氏家族墓地。在六朝考古這方面,今天參加活動的張學鋒老師是專家,可否請您談一談相關的情況? 以及這些考古發現給我們帶來了哪些新的歷史認識?

張學鋒:謝謝提問。關於王氏和建康的關係,剛才胡老師也提到,他們原來住在今天山東臨沂市北面(不是今天的臨沂市區),王羲之4歲跟著叔父到南京來,所以基本上是在南京長大的。剛才其他老師都提到"王與馬共天下",在東晉政權建設過程當中,琅琊王氏起到了關鍵作用。不僅如此,到東晉第三

---

① 胡阿祥、胡海桐《韓愈"足弱不能步"與"退之服硫黃"考辨》,《中華文史論叢》2010年第2期。

代皇帝成帝的時候,由於"蘇峻之亂",原本舊的建康城基本上被燒毀了。在這樣一種情況下,重新規劃建設建康城的任務迫在眉睫,當時的當權派是王導,王導把都城的規劃和建設具體交給了自己的家裏人。這個家裏人就是王羲之的堂兄弟,名字叫王彬。王彬是將作大匠,專門掌管國家工程。王彬所屬的琅邪王氏的一支死後就葬在南京北郊的象山。早年象山發掘了王興之夫婦墓,出土的墓志引發《蘭亭集序》的真偽之辯;王興之墓旁葬的是王家"老姑娘"王丹虎。王興之和王丹虎的父親就是王彬,王彬就是主持建康城規劃設計的直接責任者,王導則是監造者。所以建康城的建造是王家的責任,而那個時候王羲之也已經年紀不小了,他在這個過程當中對建康城的設計理念應該非常執著。從結果上來看,他們都在洛陽生活過,所以要在江南地區建設一個新的都城時,他們觀念中的都城就是洛陽。因此在 20 里 19 步這個周長的建康城中間,有中軸線,宮城在中軸線的最北端,宮城南門外御道兩側是官衙等,包括六座城門的名字都來自洛陽,這反映了中原文明如何在江南地區傳播並且扎根 ①。從琅邪王氏建設都城一直到南朝最晚期,中間雖然對一些內部的細節有過一些改進,但是大體沒有改變過。這是第一點跟王羲之家族有關的,這已經不僅僅是王導、王彬了,我們將其歸爲琅邪王氏,他們是一個集團。

南京象山東晉琅邪王氏家族墓地王丹虎墓出土"丹丸"

---

① 張學鋒《六朝建康城的發掘與復原新思路》,《南京曉莊學院學報》2006 年第 2 期;張學鋒《所謂"中世紀都城"——以東晉南朝建康城爲中心》,《社會科學戰線》2015 年第 8 期。

　　第二點與他們的墓葬相關。長江大橋南引橋旁邊的象山，現在一共發掘了十幾座墓。象山王氏家族墓地現在也是全國重點文保單位，在那裏發現的墓葬中基本上都有墓志出土。我們今天如果到南京六朝博物館去看，在二樓或者三樓有好多墓志。像這樣的墓葬裏面爲什麼要放墓志？我們統計了南京地區所有出墓志的墓葬，墓主人無一例外都是北方人，或者説都是外地人。最南的可能就是廣陵的高氏，墓葬在南京師範大學仙林校區裏。南朝以後，隨葬墓志成爲一種習慣。但是在東晉時期，因爲東晉政權是個流寓政權，一切都是具有臨時感的。在這樣一種情況下，“北歸”作爲當事人的一種政治正確的口號是一定要提的。至於王導一支的墓葬在哪里，還没有發現，有過一些線索。象山東邊的郭家山出土過一些墓葬，其中有個青瓷碗的底部有墨書“王”，所以有人推測是琅琊王氏王導家族的，但是没有依據。王彬有一個兒子叫王彪之，王彪之的墓葬在象山没有發現，但是後來在燕子磯發掘出土了南朝齊名叫王珪之的墓志。王珪之的墓志告訴我們，他就葬在他的爺爺王彪之的墓旁。這樣的家族，一旦有人地位提高了，就會另立門户。所以王彪之做大以後就另立門户葬到燕子磯去了。總而言之，他們家的葬地没有離開南京的城北，因爲那一塊地方就是僑臨沂縣，安葬臨沂縣遷過來的人。那個時候大部分人當然可以生活在南京城裏，但是去世以後還是葬回到給他們劃定的一個區域去。

　　還有一個是空間上的問題，雖然不在南京。今後我們各位如果去山東省臨沂市的話，可以去看看王羲之故居。爲了建設王羲之故居，臨沂劃了一塊地，在這個地劃的範圍中，一共發掘了數十座墓葬。發掘過後最終保存了兩座墓。這個地點現在被命名爲洗硯池，當地宣稱王羲之就是在這個地方洗毛筆、洗硯臺的，而且傳説中把這個水池都洗黑了。王羲之4歲就離開山東了，他什麼時候能夠跑過去洗硯？那個地方現在堂而皇之地建立了規模非常大的王羲之故居，兩個墓葬之上蓋了兩座廟，金碧輝煌，王羲之故居又成寺廟了。所以，我們今天總講歷史文化，但是歷史和文化完全是兩個概念。一個假現象傳了500年，也能夠成爲文化，但是成不了歷史。

　　對我們南京的讀者來説，和王羲之有關的遺址記住這三個具體的地點就可以。一個是南京的建康都城，第二個是象山琅琊王氏家族墓地，還有一個是遙遠的琅琊的王羲之故居。謝謝！

五、在書法與文學之間

主持人：謝謝張老師的分享。我們知道王羲之不僅是一個政治人物、一個書法家，也是一位文人。童嶺老師是六朝思想史和文學史領域的專家，我們在傳世文獻中也能看到不少王羲之的文學作品，請您從古典文學的角度跟我們談一談怎麼樣看待王羲之和他的作品。

童嶺：謝謝，接著剛才的話。我覺得日本的京都學者看的書真的很多，有很多像吉川先生，他們除了留學中國以外必須去歐洲一個國家留學，所以他們也有很多歐洲的學術文藝的修養。吉川先生在本書 76 頁裏面講了東晉南朝北伐就非常像歐洲的十字軍奪取耶路撒冷聖地的行動。今年年初我才把"甲骨文"裏很厚的一本丹·瓊斯的《十字軍》①通讀完了。歐洲這個已經不光是政治正確了，而是宗教正確，就是奪回聖地耶路撒冷。

接著剛才胡老師話講，當然，兩京是聖地，沒有這個口號，南方政權其實早就沒有存在的意義了，政治一定要正確。我剛剛突然想到，同時它也帶有一點很像十字軍的宗教意義。特別是劉裕北伐打洛陽的時候，在洛陽嵩山旁邊獲得了象徵劉宋天命的玉璧與金餅，而且是一個叫普嚴的僧人到山中祈禱出來的。十字軍裏面是有僧人隨軍的，而東晉南朝北伐軍隊裏面一定也是有僧人在的。這個話題好像還沒有學者進行過深入研究，我先回應一下剛才兩位老師的話。

回到文學，中國古代的文人自我期許和後世定位是不同的，我們後世給王羲之的定位是書法家，書法現在歸類爲藝術，但在古代你給一個人定義說他是一個偉大的藝術家，你這是表揚他嗎？你這絕對是罵他。不論是顏真卿還是王羲之，如果你能穿越回去——我是很想穿越到寒冷的魏晉南北朝的，因爲我怕熱，所以如果真的穿越回古代我不想穿越回漢唐，漢唐太熱了（笑）——見到王羲之，說"你是一個偉大的藝術家"，王羲之估計要拿筆來打你的，他的自我期許並不是藝術家。剛剛胡老師引到《顏氏家訓》，顏之推直接跟他小孩講不要做一個藝術家，不要只是以書法行世。講王羲之沒法繞開蘭亭，但是現在大家談到蘭亭基本上都是在書法交流，但是我借著主持人的話講，《蘭亭集序》

---

① 丹·瓊斯著，譚琦譯《十字軍：一部爭奪聖地的史詩》，社會科學文獻出版社，2022 年。

在文學史和思想史上也是非常重要的。

《蘭亭集序》的文本很有意思，《晋書》也收録了《蘭亭集序》，有一些字的不同。《蘭亭集序》的文本是有兩個層次的，“天朗氣清，惠風和暢，仰觀宇宙之大，俯察品類之盛”，前面都是非常愉快。大家注意“俯仰”這兩個詞在《蘭亭集序》短短的 300 字中間出現了三次，人生就是一俯一仰之間，已爲陳跡。但第一次出現俯仰的時候它是一個比較愉快的概念，“仰觀宇宙之大，俯察品類之盛，所以遊目騁懷，足以極視聽之娱”。下面一句，“信可樂也”。古文“信可樂”是什麽意思？真的很快樂。但是從這開始，下面一轉折，他已經不是在想快樂的事情。

所以再回到我抱著這本書坐在蘭亭邊上的時候，我腦海裏面就在背《蘭亭集序》，其實背到這的時候呢，我大致在想爲什麽王羲之在 300 字中間説到“信可樂也”。“信可樂”翻譯成現代漢語就是“真的是很快樂啊”，下面一轉之間，就是“夫人之相與，俯仰一世，或取諸懷抱，悟言一室之内；或因寄所托，放浪形骸之外”。就是人相處之間，俯仰之間，就是一世過去了。這下面就開始轉折，全是一種體會到人生宇宙中間深深的孤獨感和悲哀感。這是很奇怪的，我不知道你們有没有這個經驗，就像今天這麽一個很愉快的類似於 party 的時候，你突然一瞬間已經聽不到我在上面説話，你只聽到自己“咚咚咚”的心跳的聲音，然後感受到一種孤獨感，那你就可能是六朝人了。你回想這點，其實可以讀《蘭亭集序》了。

從文學角度講。我們一般講魏晋南北朝人是佛道二家，道家當然就是莊子。大家注意，在《蘭亭集序》裏面，它雖然引用了莊子的概念，但是王羲之是反對，或者説跟莊子是完全不一樣的。莊子最基本的“齊物論”講的是“一生死”“齊彭殤”——生死是一樣的，活 800 歲的彭祖跟幾歲夭折的小朋友本質是一樣的，没有區别，“齊物論”嘛。那麽王羲之呢？大家看文本説什麽？王羲之説什麽？“死生亦大矣，豈不痛哉。”所以他是很眷念這個塵世的，眷念自己的友人的。我們今天看好像會覺得成就這麽高的書聖不會眷戀塵世，他應該跟高僧一樣超脱。不，他没有超脱，就像胡老師講的，他就是關心自己的家人，關心生死，家人死了之後他感覺到一種無限的孤獨。另外他下面繼續説“故知一生死爲虚誕，齊彭殤爲妄作”，直接就説莊子你胡説八道。什麽叫“一生死”？生就是生，死就是死，生死之間是永隔，我們主持人解老師英國留學回來的，我們知道西方傳説裏面説那個不死鬼、吸血鬼叫 immortal 是吧？這個就是 immortal。那麼我們凡人没有被吸血鬼咬過,這個叫 mortal。mortal 一個是凡人,另外一個就是終有一死的物體,mortal 就是終有一死。

我覺得在這個角度上王羲之的概念跟英文裏面的 mortal 是一樣,他知道我們每天都是一刻不停地向著最終極的那個終點去,叫"終期於盡",我們最終都會走向那個終點的。所以在這個過程中間即使是遇到很快樂的時光,他還是能夠體會一種孤獨感。我覺得,我們人都是在有限的空間跟時間座標上。我們只存在於這個地方,我們都是"微塵"。而王羲之就是把自己投射到這個時間軸上,就是永恒的時間軸上,所以這是他作品偉大的地方。

《蘭亭集序》不僅僅是書法,作爲文學作品它絕對也是不朽了。大家如果去蘭亭的話,可以帶著陸帥兄的這本譯作,就抱在手邊上,找一個人少的地方坐一下,心裏面默默背一下《蘭亭集序》,你就能夠理解《蘭亭集序》的文學意義了。好,謝謝!

胡阿祥:我就童嶺説的這個話題稍微引申一下。我覺得他説得非常好,因爲説王羲之,不可能離開蘭亭,不可能離開天下第一行書。這個裏面怎麼進一步地加深對王羲之這個人的感悟呢?我覺得不妨用比較的方式。西晋元康六年(296),在洛陽有一個大官叫石崇,在他的園子金谷園裏面辦了一場金谷宴,流觴、賦詩、罰酒,然後主持人石崇寫成《金谷詩序》。後來王羲之蘭亭雅聚,其實也是這個路子,流觴,賦詩,賦不出來詩就罰酒,然後做了一篇《蘭亭集序》。

如果按照今天的學術規範來討論的話,王羲之的《蘭亭集序》涉嫌"剽竊",起碼也是"抄襲"。諸位朋友有興趣,可以回去把這近 300 字的《金谷詩序》和 300 多字的《蘭亭集序》比對一下,很多意思是差不多的。王羲之當時也不回避這個,當他知道有人把他的蘭亭聚和石崇的金谷宴進行相比的時候,他還很開心:我這個玩法居然能跟石崇比!

但是今天除非是做專業研究的,試問有幾個人記得石崇?有幾個人記得石崇的《金谷詩序》?這裏面就凸顯出一個蠻深刻的問題——人。因爲石崇爲人太不堪了,而王羲之爲人,我們就用不著多説了,大家都明白。

所以中華文化對一些藝術的評價和人是相關的。比如説王鐸,也是書法上面很厲害的人——薛龍春就是做王鐸的。我就跟他討論過幾次,我問他爲什麼花這麼多心思做王鐸,王鐸的字真的很好,但是王鐸畢竟是"貳臣","貳臣"影響到對他的評價。再比方説戲劇上面,阮大鋮是一個巔峰,但是大家只記得阮大鋮是奸臣。王羲之的這個玩法是跟石崇學的，但是後來人們只記住王羲之，只記住王羲之的《蘭亭集序》，以至於我們童嶺到蘭亭那邊去玩六朝的味道，這個就玩到了極致，這個味道太足了。所以我想，有一些事情，通過比較以後，能夠更加地貼近我們的書聖，貼近書聖王羲之的天下第一行書。

六、隱逸、宴飲及其他

陸帥：今天還有一些做六朝研究的老師也來了。東南大學的畢雲老師，是專門研究六朝的隱逸文化的，王羲之後來其實也歸隱了。請畢雲老師談談，從您這個研究視角來看，您對王羲之是怎麼認識的？

畢雲：好，謝謝陸老師提問。

說到六朝的隱逸問題，我想問大家：當你被問到中國古代著名隱逸人士的時候，你會想到誰？其實我們不一定會想到王羲之，一定不會首先想到他，甚至根本不會想到他。我自己寫博士論文，"附庸風雅"起了一個主標題叫"儒玄之間"，其實是想探討六朝隱逸群體的學術背景，當然也有相關的仕途政治背景。相關的還有一個問題也可以問大家：王羲之是不是一個玄學家？或者換個方式問，大家能想到的玄學家有誰？可能大家不會第一時間想到王羲之。

這些問題讓我覺得王羲之是一個非常有意思且重要的人物，因爲很多問題我們在王羲之的身上能夠得到新的啓發和新的想法。比如說我們做專業研究的都知道，講六朝歷史是離不開玄學這兩個字的。但是我長期以來有一個困惑：大家對於玄學定義是多麼理所當然，理所當然到接近於社會上認爲女性在家裏面就應該承擔家務的程度，但對玄學的定義是什麼？我們如果通過王羲之來看，很多被認爲是名士的人，在放浪、飲酒等通常被引申爲玄學人士的言行特徵方面，可能還沒有王羲之表現得那麼突出。所以在這些問題上我們可以反思到底什麼樣的人可以算到玄學家群體裏面。

另外在儒學這個問題上也很好玩。剛才我想到一個事情，我們中國有一個非常有意思的地方，長期以來我們都特別看重一個人在本職工作以外做的事，一個廚師飯做得好沒有什麼，但如果我們陸老師飯做得好，那就不得了。這個其實一直根植於我們說的古代早期的士大夫政治。士大夫是我們古代政治很重要的組成部分，但是他們很業餘，爲什麼呢？因爲從獲取官員身份的角度講,他們不是通過爲官的相關訓練而獲得身份,很多東西可能是上任之後現學或者一直没有學會需要下面的吏員來幫助他。但是從學者的身份來講,肯定也不是他們的主業,成爲一個士大夫、成爲一個官員之後主業是當官,所以不管是學術還是爲官,這兩方面都是業餘的。

我們在説隱逸的時候,大家有没有想過你們心目中隱逸的定義或者界限是什麽,什麽樣的人可以稱爲隱士? 我們對於早期很多隱逸人物的認知基本上可以概括爲兩個字:不群。但是從東漢開始一直到六朝的時候,當時的人們包括寫這些史書的人,會把隱逸標準放寬,變成了"不仕"——只要你不當官,甚至你曾經當過官,在你告老還鄉之前你主動放棄當官,都可以往這裏面算,從這個意義上我們才會把王羲之算到隱逸的範疇裏面。

陸帥:韓賓偉剛剛入職南京大學歷史學院,也關注過六朝這塊,也請説兩句。

韓賓偉:謝謝陸老師。我的主要方向是明清史,之所以今天會來到這裏,一方面是因爲臺上的各位都是我的師長,更吸引我的是前幾天公衆號上陸老師的一篇訪談——《狂傲風流的王羲之其實很"溫柔"》①,這個標題很吸引我。胡老師也在群裏説這篇寫得很扎實,我們都認真讀了一下,有兩個詞讓我印象很深刻,讓我不得不來。

一個是所謂的錯位感。在我們普通人的心目當中,上高中的時候學《蘭亭集序》,聽到王羲之愛鵝的故事,包括後來做研究以後,對王羲之存在固有的一個印象,就是他的書法家身份。這樣的認識是單一的,有很多内容值得考察和考究,我覺得陸帥師兄翻譯的這本書,給我們帶來另外一種眼光和視角,這是其一。

第二個感覺是多面性。胡老師説我們研究歷史就是研究陳年舊事,陳年舊事都發生在人的身上,一個人有多重的身份,有漫長的年歲,不是一個刻板的印象、一個最終的評語能夠去概括的。歷史太長,内容太多,我們無論研究哪個時段,對於人全面性的把握、全時空的考察都是最本職的工作。我覺得王羲之的例子,能夠讓我們更加深入或者有更多的方法去瞭解六朝時代的人物。

這是我學習到的一個很好的地方,謝謝各位!

陸帥:南京農業大學的吳昊老師專門研究魏晉南北朝時代宴會以及飲食

---

① 《狂傲風流的王羲之其實很"溫柔"》,《現代快報·讀品周刊》2024 年 11 月 10 日。

文化。請吳老師聊一聊，您覺得王羲之作爲一個北方人來到南方，他的飲食結構會不會有變化？《蘭亭集序》中大家一起集會的時候具體吃些什麼、喝些什麼？這個也是現在中國古代史很受關注的一個研究方向——物質文化研究。

吳昊：謝謝陸兄的邀請，其實陸兄送我這本書的時候我也在想這個問題，現在我們説歷史的研究要朝下看，其實在一定程度上也是研究更爲細節的東西。其實剛才胡老師講的關於北方人腿不好，包括缺少維生素的問題，和我現在所關注的點也有相似之處。南朝到底吃什麼？具體的宴會到底扮演什麼角色？這些其實是很有相關性的。胡老師也提醒了我一下，這其實體現了中國傳統醫食同源的概念，吃的東西在一定程度上既有可能是治病的藥，也可能在不合時宜情況下食用就成了慢性毒藥。

蘭亭雅集當中講到喝酒，講到很多場景，那到底吃什麼？這個其實有時候受限於文獻，我們很難完整地還原。剛才胡老師講了永嘉南渡之後，北人南遷了之後，其實除了帶來了北方原來一些習俗，還帶來了當時北方先進的農業生產技術，其實對於推進南方的農業發展起到十分重要的作用。

那麼，中國古代很多宴會，包括飲食習俗基本上都是從上往下傳的，上層吃什麼，有時候會上行下效。所以我在考慮這個問題的時候，首先看到了蘭亭雅集當中一個非常傳統的習俗叫修禊，《後漢書》中已經提到過了，在春秋鄭國的時候就已經出現修禊，當時叫祓禊，其實是一個具有巫術祭祀的禮儀。但是到了東晉的時候，原來的禮儀，包括巫術的特點已經很少了，更多是一種娛樂性的東西在裏面，我覺得這個跟剛好三月三的上巳節是很有關係的，我們現在很少會關注到三月三，其實在古代經常會有二月二，三月三，包括五月初五，重複的日子其實都是非常重要的。

結合這個我也想到在當時整個大環境當中，南方其實是飯稻羹魚，但是秦漢魏晉時期飯稻魚羹並不是褒義，更多的可能是帶有一點貶義的描述，因爲《史記·貨殖列傳》裏面也講到了"無凍餒之人，亦無千金之家"這麼一個概念。所以我想當時喝的酒很有可能還是跟稻米有關的清酒，清酒的穀物釀製技術其實當時已經比較成熟了，雖然當時還會有拿秫米做的濁酒、醪酒，還有菖蒲酒，但是我覺得這種宴會更多喝的是一種清酒，這可能會更符合文人雅士對於酒的喜好。因爲我們説喝酒包括吃東西除了講究味道，還要外形好看，要符合身份，如果説醪酒裏面有雜質，包括裏面摻了其他東西，可能視覺感觀上就不太好。所以我覺得可能清酒會比較多。

另外具體吃什麼？當時基本上不會有羊肉和牛肉，東晉時候肯定沒有，這個宴會上也不會出現。牛羊肉的食用推廣有更爲準確的記載，這個要到公元6世紀三四十年代成書的《齊民要術》當中才會有。當時在南方的東晉，很有可能存在食用一種風乾的肉類的情況。另外，我覺得當時可能還會有一些胡餅，因爲東床快婿那個典故裏面有王羲之曾經囓胡餅的記載。所以，我覺得當時可能像風乾的食品，包括一些果子會吃得比較多。

我自己現在關注六朝時候的宴會，我覺得這種宴會在一定程度上來說，除了政治性，更多還有一些日常交往性質的東西在裏面，這個是我簡單的初步的想法，謝謝大家！

陸帥：謝謝吳昊兄，最後還有安徽師大的劉萃峰老師，我們今天時間有限，關於吉川先生所在的京都大學的話題還沒有聊。劉老師也留學過京都大學，可否圍繞京大留學經歷談幾句？

劉萃峰：我去的時間很短，待了不到2年時間，但是談到京大，正好今天童老師在，最有緣的是有一天中午吃完了松屋的牛肉飯之後我騎著自行車回研

訪談活動大合影

究室,從後往前騎的時候我看到前面有一個人有點面熟——不是面熟了,有一點背熟——背個書包,我就喊了一聲童老師,結果童老師一回頭,果然是。其實此前我們倆没説過話,開會的時候碰到過幾次,童老師當時是到日本第二天,所以跟童老師也是比較有六朝式的緣份,在京大校園裏碰到。

剛才胡老師講蕭翼賺蘭亭的故事,其實胡老師講了一半,後面的結局有兩個不同的版本,我想跟大家分享一下。一個是隋唐式的大一統的結局,另一個是六朝式的結局。隋唐大一統的結局就是蕭翼賺了《蘭亭集序》之後,連夜派人把它送到長安,李世民得了之後大喜,下令封賞蕭翼,推薦蕭翼的房玄齡也獲重賞。同時,此前隱瞞《蘭亭集序》不在手裏的智永弟子辯才,本來是欺君之罪,現在也赦免,因爲《蘭亭集序》拿到手了。辯才本來非常害怕,現在被赦免後很高興。蕭翼立了如此大功回到長安封賞,這是一個比較大一統的唐朝結局。

另外一個結局就是辯才失了《蘭亭集序》之後,一下子整個人就放空了,然後第二年就病死了。而蕭翼在賺得《蘭亭集序》之後,也是感覺辯才把他當成莫逆之交,傾囊把自己珍藏多年的佳寶都獻出來了,結果卻被騙了,蕭翼感覺十分對不起辯才,自己就出家做了和尚,留在了寺廟。我想這個就是非常六朝式的結局。

我就補充這一點,謝謝大家!

主持人:感謝幾位老師有趣的分享,我們今天的分享會就到這裏,非常感謝!

(對談者:胡阿祥　南京大學歷史學院,

張學鋒　南京大學歷史學院,

童　嶺　南京大學文學院,

陸　帥　南京師範大學歷史文博學院;

整理者:康海源、解冰清　江蘇人民出版社學術圖書出版中心)